Civilistische Abhandlungen

von

Heinr. Eduard Dirksen,
Professor der Rechte zu Königsberg.

Erster Band.

Berlin,
bei G. Reimer.
1820.

Inhalt.

Erste Abhandlung.

Ueber den öffentlichen Gebrauch fremder Sprachen bei den Römern.[1]

Es ist ohne Zweifel von dem mannichfaltigsten Interesse, zu untersuchen, wie das römische Volk bei Verhandlungen mit fremden Nationen den Gebrauch der lateinischen

1) Nur ein kleiner Theil dieser Abhandlung, nehmlich derjenige, welcher sich über die kaiserlichen Constitutionen und die Schriften der römischen Juristen verbreitet, ist bereits als akademische Gelegenheitsschrift (*Ad audiendas orationes in memoriam instaurationis sacrorum etc invitant ordines Iurisconsultorum et Philosophorum.* Regiom. 1817. 4.) erschienen, hier jedoch mit bedeutenden Abänderungen aufgenommen worden.

Sprache allmählig herrschend machte, wie dieselbe mit der Zeit wiederum andern Sprachen, namentlich der griechischen, nachstehn mußte, und die letztere sich sogar in dem Mittelpunkte der römischen Herrschaft festzusetzen und zur Geschäftssprache zu erheben anfing. Außerdem ist gerade der Gegenstand dieser Abhandlung vorzüglich geeignet, um sich von der Unzulänglichkeit der in der neuesten Zeit oft gehörten Behauptung zu überzeugen, daß die Eifersucht der Römer auf ihre Freiheit auch in ihren rechtlichen Verhältnissen überall vorherrschend gewesen sei, und ihr Festhalten an alten Formen ganz besonders aus dieser achtbaren Quelle abgeleitet werden müsse. Die folgende Darstellung wird nehmlich zeigen, daß die Römer allerdings aus politischen Rücksichten die Herrschaft ihrer Sprache möglichst zu verbreiten suchten, aber dennoch dem dringenden Bedürfnis, in fremder Sprache öffentliche Verhandlungen zu leiten, auch zu einer Zeit nachzugeben wußten, als ihre Freiheit längst noch nicht verblüht hatte, oder wenigstens ihre politische Selbstständigkeit noch ungefährdet war.

Daß diese Aufgabe bis jetzt, mit Ausnahme einzelner höchst beschränkter Parthieen, keine genügende Bearbeitung erhalten hat, [2]) darf nicht befremden. Das Ma-

---

2) Die Litteratur findet sich bei *Haubold: Institution. Iur. Rom. priv. historic. dogmaticar lineament.* §. 142. Lips. 1814. 8. Außer den daselbst angeführten Schriftstellern ist noch *Gu. Pancirollus Thesaur. variar. lection.* Lib. 3. cap. 15. (in *Heineccius Iurisprud. Rom. et Att.* Tom. II. pag. 1420.) zu vergleichen. Die bedeutend-

terial zu dieser Untersuchung muß für die Zeit der Kaiserregierung zum größten Theil aus juristischen Quellen geschöpft werden; mithin gehört die Bearbeitung derselben in das Fach der Jurisprudenz und in das der klassischen Litteratur zugleich. Dergleichen Gegenstände pflegen aber von den Bearbeitern jeder einzelnen dieser Disciplinen vernachlässigt zu werden, indem jeder dieselben, als der Hauptsache nach in das Gebiet des andern gehörig, von sich ablehnt. Indeß scheint es rathsam, daß der Jurist hier einen gründlichen Anfang mache, und der Philolog sich ihm anschließe, die Lücken und Irrthümer in dessen Arbeit ergänzend und berichtigend. Dies mag zur Entschuldigung unsres gewagten Unternehmens hinreichen.

Die älteste Geschichte Roms, an historischen Thatsachen arm, giebt über die Geschäftssprache wenig Aufschlüsse. Bei ihren Unterhandlungen mit den Nachbarvölkern Italiens bedurften die Römer schwerlich eines Dollmetschers; denn theils verband sie eine gemeinsame Sprache, 3) theils war die etruskische Sprache den Römern dieser Zeit, wenigstens den vornehmern unter ih-

sten Ausleger einzelner Stellen der Klassiker sind im Verfolge dieser Abhandlung genannt. Gelegentliche Aeußerungen einiger Antiquare über die Dollmetscher der Römer, z. B. in *Franc. Polletus Histor. fori Rom.* Lib. V. cap. 13 sind von keinem Belange.

3) *Livius Hist. Rom. Lib 8. cap. 6.* Curam acuebat, quod adversus Latinos bellandum erat, lingua, moribus, armorum genere, institutis ante omnia militaribus congruentes.

nen,[4]) die zu Wortführern ernannt wurden, durchweg geläufig.[5]) Livius berichtet aus alten Quellen,[6]) daß damals der Unterricht in der etruskischen Sprache einen wesentlichen Theil der Erziehung bei den Römern ausgemacht habe; und im Kriege mit etruskischen Stämmen wurde manche Kriegslist, z. B. die des Mucius Scävola,[7]) den Römern durch die Kenntnis dieser Sprache erleichtert. Auch wird dies nicht durch die Erzählung[8]) widerlegt, daß in dem Feldzuge vom Jahre d. St. 451 die im römischen Heere dienenden Cäritaner dem römischen Legatus die Worte etruskischer Spione verdollmetscht haben; denn es kam hier, nach des Livius ausdrücklicher

4) Denn von den geringeren leugnet es *Livius* Lib. 5. cap. 15. ausdrücklich.

5) Umgekehrt blieb den an der Grenze wohnenden Etruskern durch die Vermischung mit römischen Colonisten, auch die lateinische Sprache nicht fremd. *Livius Lib. 1. cap. 27.*

6) *Livius Lib. 9. cap. 36.* Habeo auctores, vulgo tum romanos pueros, sicut nunc graecis, ita Etruscis litteris erudiri solitos.

7) ***Plutarch** in Valerio.* pag. 106. edit. Francof. 1599. fol. *Dionysius Halycarn. Antiqu. Rom.* Lib. 5 pag. 298. edit. *Sylburg.*

8) *Livius Lib. 10. cap. 4.* Haec cum legato (Cn. Fulvio) Caerites quidam interpretarentur, et per omnes manipulos militum indignatio ingens esset, nec tamen iniussu movere auderent, iubet peritos linguae adtendere animum, *pastorum sermo agresti an urbano propior esset.* Cum referrent, *sonum linguae*, et corporum habitum, et nitorem *cultiora, quam pastoralia, esse* etc.

Bemerkung, auf die Unterscheidung gewisser Freiheiten in der etruskischen Sprache an, die den Bürgern von Cäre unfehlbar besser bekannt waren, als den Römern. Zwar meint Niebuhr,[9] daß das römische Volk im fünften Jahrhundert der Stadt, um mit den Umbrern zu unterhandeln, einen der thuskischen Sprache kundigen Gesandten habe gebrauchen müssen;[10] allein nicht ohne Grund ist dagegen erinnert worden,[11] die Römer hätten einen Boten, der dieser Sprache vollkommen mächtig war, gewählt, nicht um sich mit den Umbrern zu verständigen, welche die lateinische Sprache gewiß ohne Ausleger verstanden, sondern damit derselbe in dem feindlichen Etrurien, durch welches er sich schleichen mußte, nicht entdeckt werden mögte.

Das Bündnis mit Porsena scheint, nach der bei Plinius[12] erhaltenen Nachricht zu schließen, lateinisch verfaßt gewesen zu seyn. Für das Latinische Bündnis bedarf dies kaum eines Beweises. Ueber die älteste, angeblich von Servius Tullius herrührende Urkunde dieses Bundesvertrages spricht Dionys von Halycar-

9) Dessen Römische Geschichte. Bd. I. S. 99.

10) *Livius Lib. 9. cap. 36.*

11) S. A. W. Schlegel's Recension von Niebuhr's Röm. Gesch. In den Heidelberg. Jahrbüchern. 1816. Nr. 54. S. 861.

12) *Plinius Histor. Natur. Lib. 34. cap. 14.* In foedere, quod expulsis regibus populo romano dedit Porsena, nominatim comprehensum invenimus, *ne ferro, nisi in agricultura uterentur.*

naß[13]) umständlich und als Augenzeuge; und was er von der dabei angewendeten altgriechischen Schrift sagt, gilt nur von den, gewiß den Etruskern abgeborgten, Schriftzeichen: wie er dies an einer andern Stelle[14]) in Bezug auf den zwischen dem letzten Tarquinius und der Stadt Gabii eingegangenen Tractat ganz unumwunden erklärt. Hinsichtlich des später erneuerten Latinischen Bündnisses wird unsre Behauptung durch das Zeugnis des Grammatikers Festus[15]) über allen Zweifel erhoben.

Ob die Unterhandlungen der Römer mit den Bewohnern von Grosgriechenland griechisch geführt seien, und ob überhaupt die griechische Sprache den Römern in der frühesten Zeit bei Traktaten mit Außeritalischen Völkern als nothwendiges Mittel zur Verständigung gedient habe? ist eine schwer zu beantwortende Frage. Niebuhr[16]) hält es für ganz unzweideutig, daß die ältesten Verhandlungen zwischen Rom und Carthago nur in griechischer Sprache haben geführt werden können: indeß der im ersten Jahre der Republik mit Carthago geschlossene Handelsvertrag, der sich im Zeitalter des Polybius[17]) noch im Archive des Staates im Originale vorfand, ist nach

13) a. a. O. Lib. 4. pag. 230.

14) Ebendas. pag. 257. *Festus* v. *Clypeum.*

15) v. *Nancitor.* — Item in foedere Latino: „*Pecuniam qui nancitor, habeto!*" et „*Si quid pignoris nancitor, sibi habeto!*"

16) a. a. O. Bd. I. S. 310.

17) *Histor. Lib. 3. cap. 26.* edit. *Schweighaeuser.*

dem Bericht dieses Historikers[18]) in altlateinischer Sprache verfaßt gewesen, und von ihm für sein Geschichtswerk erst in's Griechische übertragen worden. Der häufigen Aeusserungen bei den Klassikern[19]) über die Unbekanntschaft der alten Römer mit der griechischen Sprache, wollen wir nicht gedenken; denn theils leiden diese, wie Niebuhr a. a. O. erinnert, mehr Beziehung auf die Litteratur, als auf die Sprache der Griechen, theils enthält es keinen Widerspruch, daß die ältesten Römer, nothgedrungen sich der griechischen Sprache gegen Auswärtige zu bedienen, in Ermangelung einheimischer Sprachkundiger geborene Griechen zum Dollmetscheramte zugezogen haben. (Vergl. unten not. 25.) In der Art würde denn auch die bekannte Erzählung,[20]) daß der Ephesier Hermodorus den römischen Gesandten, welche, Behufs der Abfassung des Zwölftafel-Gesetzes, die Städte Griechenlands bereisten, zum Ausleger für die dortigen griechisch abge-

18) Ebendas. *cap* 22 *Ἃς καθόσον ἦν δυνατὸν ἀκριβέστατα διερμηνεύσαντες ἡμεῖς, ὑπογεγράφαμεν. τηλικαύτη γὰρ ἡ διαφορὰ γέγονε τῆς διαλέκτου, καὶ παρὰ Ῥωμαίοις, τῆς νῦν πρὸς τὴν ἀρχαίαν, ὥστε τοὺς συνετωτάτους ἔνια μόλις ἐξ ἐπιστάσεως διευκρινεῖν·* Foederis istius verba, quanta maxima potuimus fide interpretati, infra subiecimus. Veteris sane linguae etiam latinae tanta diversitas est ab illa, qua hodie utuntur Romani, ut vel peritissimi nonnulla non nisi aegre, urbi animum adtenderint, explanare queant.

19) *Aul. **Gellius** Noct. Att. Lib. 13. cap. 9.* ***Livius** Lib. 1. cap. 18.* ***Festus*** v. *Alumento.*

20) ***Plinius*** a. a. O. *Lib. 34. cap. 5.* z. E.

faßten Gesetze gedient habe, nichts für oder gegen die Herrschaft der griechischen Sprache bei den ältesten Verhandlungen der Römer mit Nichtitalikern beweisen. Wohl aber liegt ein sehr starker Grund für diese Annahme in dem merkwürdigen Berichte, [21]) daß im fünften Jahrhundert d. St. die römischen Abgesandten zur Tarentinischen Volksversammlung schlecht griechisch, also doch ohne Dollmetscher, gesprochen, und dadurch das Gelächter der Tarentiner erregt haben. Ob die Unterhandlungen der Römer mit Pyrrhus in derselben Sprache, wie die mit den Bürgern von Tarent, geführt seien, läßt sich nicht eben so bündig beweisen; denn der uns bei Gellius [22]) erhaltene angebliche Brief der Consuln C. Fabricius und Q. Aemilius an den König ist hinsichtlich seiner Aechtheit durchaus problematisch, weil der Bericht über die ihm zum Grunde liegenden Thatsachen bei den römischen Annalisten ganz abweichend lautete.

Je weiter aber Roms Herrschaft um sich griff, je mehr das römische Volk sich gewöhnte, gegen Fremde in gebietendem Tone zu sprechen, desto eifriger war es auch bedacht, nur in seiner Sprache zu unterhandeln, und sich zum Verständnis der Fremden der Dollmetscher zu bedienen. Den Stolz der Eroberer sollte auch der religiöse Glaube unterstützen: zu dem Ende fabelte man, schon

---

21) *Appianus Excerpt. V. de Legationibus. (Histor. Rom.* Lib. 3. Fragm. 7. §. 2. edit. *Schweighaeus.* Vol. I. pag. 57.) *Dionysius Halycarn. Excerpt. Legation.* pag. 743. edit. *Sylburg.*

22) a. a. O. Lib. 3. cap. 8.

dem ersten römischen Könige habe ein Orakelspruch verkündet, daß alsdann das Glück von dem römischen Volke weichen werde, wenn dieses seine Muttersprache vergessen sollte. Zwar findet sich diese Nachricht bei einem sehr späten Schriftsteller,[23]) allein sein Gewährsmann Fontejus, auf den er sich bezieht, macht sein Zeugnis vollkommen unverdächtig.

Seit dieser Zeit verhandelten Roms Gesandte und Feldherrn mit auswärtigen Nationen lateinisch, und bedienten sich der Dollmetscher, auch wenn die griechische Sprache beiden Theilen ein leichteres Auskunftsmittel zur Verständigung darbot.[24]) Sie scheinen aber dabei so viel als möglich eigene Dollmetscher gebraucht zu haben, welche in ihrer Gewalt, und zu diesem Amte besonders verpflich-

---

23) *Iohannes Lydus de magistratibus Reipublicae Roman.* Paris. 1812. 8. Lib 2. cap. 12. Lib. 3. cap. 42.

24) *Valerius Maximus Lib. 2. cap. 2. §. 2.* Magistratus vero prisci quantopere suam populique romani maiestatem retinentes se gesserint, hinc cognosci potest, quod inter cetera obtinendae gravitatis iudicia illud quoque magna cum perseverantia custodiebant, ne Graecis umquam nisi latine responsa darent. Quin etiam ipsa linguae volubilitate, qua plurimum valent, excussa, per interpretem loqui cogebant; non in urbe tantum nostra, sed etiam in Graecia et Asia: quo scilicet latinae vocis honos per omnes gentes venerabilior diffunderetur. Nec illis deerant studia doctrinae, sed nulla non in re pallium togae subiici debere arbitrabantur: indignum esse existimantes, illecebris et suavitate litterarum imperii pondus et auctoritatem domari.

tet waren.[25]) Fremde Gesandte, selbst die der griechischen Völkerstämme, durften zwar dem römischen Senat ihr Anliegen in ihrer Landessprache vorbringen, allein ein Dollmetscher, oft einer aus der Mitte der Senatoren, mußte den versammelten Vätern den Inhalt ihrer Rede lateinisch auslegen, auch wenn dieser den einzelnen, wegen genauer Bekanntschaft mit der griechischen Sprache,

---

25) *Cicero pro Balbo. cap. 11.* Neque enim sine causa de Cn. Publicio Menandro libertine homine, quem apud maiores legati nostri in Graeciam proficiscentes interpretem secum habere voluerunt, ad populum latum, ut is Publicius, si domum revenisset et inde Romam rediisset, ne minus civis esset. Vergl. ebendas. *cap. 9.* Es ist interessant, das Urtheil eines Juristen, Pomponius, über den nehmlichen Fall zu vergleichen. *L. 5. §. 3. D. de captiv. et postlim.* Captivus autem, si a nobis manumissus fuerit, et pervenerit ad suos, ita demum postliminio reversus intelligitur, si malit eos sequi, quam in nostra civitate manere. — Et ideo in quodam interprete Menandro, qui, posteaquam apud nos, manumissus erat, missus est ad suos, non est visa necessaria lex, quae lata est de illo, ut maneret civis Romanus. Nam sive animus ei fuisset remanendi apud suos, desineret esse civis: sive animus fuisset revertendi, maneret civis; et ideo lex esset supervacua. Umständlich über diesen Menander, wahrscheinlich denselben, dessen auch *Suidas* v. Μενάνδρος gedenkt, handelt **Panciroll** a. a. O. (s. oben not. 2.) *Lib. 2. cap. 143.* Andere Beispiele von solchen öffentlich angestellten Dollmetschern findet man bei *Cicero ad Attic. Lib. 1. Ep. 12. Lib. 16. Ep. 11.*

längst verständlich war. Dies beweist die, wahrscheinlich bis auf die kleinsten Züge dem eignen Bericht des Annalisten abgeborgte, Erzählung bei Livius,[26]) daß Q. Fabius Pictor, im Jahre 536 d. St. von seiner Gesandtschaftsreise nach Delphi zurückgekehrt, im römischen Senat den griechisch abgefaßten Orakelspruch in lateinischer Uebersetzung vorgetragen habe. Ferner die, bei den Klassikern so oft erwähnte,[27]) Gesandtschaft, welche von Athenern um das Jahr 599 nach Rom geschickt wurde; und an deren Spitze sich die Philosophen Carneades und Diogenes befanden, brachte im römischen Senat ihre Anträge in griechischer Sprache vor, indeß die Verhandlung mit ihnen geschah durch einen Dollmetscher, nehmlich den damaligen Prätor und nachherigen Consul A. Albinus. Die Traktaten zwischen den Römern und Hannibal, in Italien und in Afrika, wurden wol in lateinischer Sprache eingeleitet,[28]) wie dies die Erzählung der beiderseitigen Dollmetscher wahrscheinlich macht, nicht aber die Angabe,[29]) daß Hannibal mehrere der lateinischen Sprache kundige Personen in seiner Umgebung gehabt habe; denn deren bediente er sich nicht als Doll-

---

26) *Lib. 23. c. 11.*

27) *A. Gellius* a. a. O. *Lib. 7. cap. 14.* vergl. *Lib. 17. cap. 21.* z. E. *Macrobius Saturn. Lib. 1. cap. 5.* *Cicero Acad. Quaestion. Lib. 4. cap. 45.* **Plutarch** *in Caton. Mai.* pag. 349. 350.

28) *Livius Lib. 30. cap. 30.* *Polybius Lib. 15. cap. 6.* Schweigh.

29) *Livius Lib. 26. cap. 6. Lib. 27. c. 28.*

metscher, sondern als Spione. Für die Herrschaft der lateinischen Sprache, bei Friedensschlüssen und Bündnissen Roms mit kleineren Staaten bedarf es kaum eines Beweises, und der scheinbare Einwand, daß die Bundesurkunden der hispanischen Städte, in der Landessprache verfaßt, daselbst aufbewahrt wurden, und selbst den römischen Beamten nur durch Dollmetscher verständlich gemacht werden konnten,[30]) läßt sich mit leichter Mühe entfernen. Natürlich bedurften diejenigen Städte, deren Bürger der lateinischen Sprache nicht mächtig waren, der Uebertragung ihres Bundesvertrages mit Rom aus dem lateinischen Original in ihre Muttersprache. Gewöhnlich wurde diese Uebersetzung der lateinischen Urschrift beigefügt, wie dies eine sehr merkwürdige Inschrift bei Gruter[31]) darthut. Dieselbe enthält einen Senatsbeschluß vom Jahre d. St. 676, durch welchen einzelnen namhaft gemachten Griechen, für den im Italischen Kriege an Rom geleisteten Beistand, die Rechte römischer Bundesgenossen, nebst einigen besondern Vortheilen, eingeräumt werden. Zu Anfang der Tafel ist noch der Schluß des Senatus Consultes in lateinischer Sprache erhalten, und unmittelbar daran schließt sich der vollständige Inhalt des nehmlichen Senatus Consultes in griechischer Sprache. Der Ort, wo die Tafel gefunden worden, ist nicht genannt; doch steht kaum zu bezweifeln, daß sie in Griechenland entdeckt sei.

Auch die an auswärtige Nationen gerichteten Beschlüsse des römischen Senats waren lateinisch abge-

---

30) *Cicero pro Balbo. cap. 6. cap. 15 — 17.*

31) S. dessen *Thesaur. Inscription.* pag. 503.

faßt,[32]) und um so mehr erhielten sich die den römischen Magistratspersonen zugefertigten von aller Einmischung der griechischen Sprache frei. Die von Cicero[33]) in dem Inhalt des Senatus Consultes, durch welches ihm, als Provincialbeamten, der König Ariobarzanes empfohlen wurde, eingewebten griechischen Worte gehören nicht der Urkunde des Senatus Consultes selbst an, wie dies der Bericht des Julius Cäsar[34]) über denselben Gegenstand zeigt.

Wenn Rom besiegten Städten griechischen Ursprungs in Italien die Formen seiner Verfassung oder Verwaltung verlieh, so scheint im Gefolge derselben die lateinische Sprache daselbst bald herrschend geworden zu sein. Dies würde sich an dem Beispiel der Präfekturen bewähren, wenn unsre Quellen über diese Gattung der Städte nicht so kümmerliche Aufschlüsse enthielten. Vielleicht aber läßt sich folgende sehr verkannte Stelle des Livius dahin deuten:

> *Livius Lib.* 40. *cap.* 42. Cumanis eo anno (572 u. c.) petentibus permissum est, *ut publice latine loquerentur, et praeconibus latine vendendi ius esset.*[35])

---

32) *Iosephus Antiquitatt. Iudaicar.* Lib. 17. cap. 37. *Barn. Brissonius de Formul.* Lib. 2. cap. 125. 130. 131. 135. 137.

33) *Ad Famil.* Lib. 15. Ep. 2.

34) *De Bell. Gall.* Lib. 1. cap. 3. Lib. 4. cap. 12.

35) Sonderbar scheint hier die Zusammenstellung des *publice latine loqui* und des *latine vendere per praecones* zu seyn.

Walch[36]) zieht aus diesen Worten den ganz unerhörten Schluß, daß die Römer am Anfange der Ausdehnung ihrer politischen Macht, um ihr Ansehn aufrecht zu erhalten, den besiegten Nachbarstaaten den Gebrauch der lateinischen Sprache untersagt, dagegen, nach andern Zeugnissen, in der Folge bei dem stäten Fortschreiten ihrer Eroberungen selbst den entferntesten Nationen die Anwendung der lateinischen Sprache bei allen ihren Verhandlungen zur Pflicht gemacht haben. Nicht viel glücklicher ist die Auslegung, welche Heyne[37]) von der Stelle des Li-

---

Die von *Scioppius* ganz lächerlich hierauf bezogenen Worte des *A. Gellius* (a. a. O. *Lib.* 4. *cap.* 1. Sed hoc plane indigeo addiscere, quid sit *penus*, et quo sensu id vocabulum dicatur, ne rem quotidiani usus, tamquam qui in venalibus (nehmlich servis) Latine loqui tentant, alia, quam oportet, voce appellem. Vergl. die Ausgabe von *Gronovius*, a. a. O.) erklären dies freilich nicht, vielleicht aber folgende Parallelstelle aus dem ältesten Handelstraktat zwischen Rom und Carthago: Τοῖς δὲ κατ' ἐμπορίαν παραγιγνομένοις, μηδὲν ἔστω τέλος, πλὴν ἐπὶ κήρυκι ἢ γραμματεῖ. ὅσα δ' ἂν τούτων παρόντων πραθῇ, δημοσίᾳ πίστει ὀφειλέσθω τῷ ἀποδομένῳ· Qui mercaturae causa venerint, his nullum negotium ratum sit, nisi quod coram praecone vel coram scriba fuerit confectum. Quidquid hisce praesentibus fuerit venditum, publica fide venditori debetor. *Polybius Lib.* 3. *cap.* 22.

36) *Car. Friedr. Walch de lingua latina lingua legitima.* (In dessen *Opuscul.* Tom. I. Sect. 2. Exerc. 5. Hal. 1785. 4.)

37) *Chr. G. Heyne Commentat. de usu sermon. roman. in*

vius giebt. Nach ihm soll das griechische Cumä ein römisches Municipium gewesen seyn, welches die Römer unter der Bedingung in ihren Schutz genommen, daß es seine alten einheimischen Einrichtungen, so wie seine Muttersprache, beibehalten möchte. Als aber in der Folge die Cumaner, ihres Verkehrs wegen mit den benachbarten Städten und Flecken, in welchen lateinisch gesprochen wurde, es für zuträglicher gehalten hätten, sich der lateinischen Sprache zu bedienen, so sei ihnen dazu die Erlaubnis des römischen Senates unentbehrlich gewesen, weil darin eine Ueberschreitung der ihnen von Rom in ihrem Bundesvertrage vorgeschriebenen Bedingungen gelegen habe. Die völlige Unhaltbarkeit beider Erklärungen bedarf keines Beweises für denjenigen, der, auch nur aus einer oberflächlichen Bekanntschaft mit dem alten römischen Staatsrecht, weiß, wie eifrig die durch einen Bundesvertrag der römischen Herrschaft unterworfenen Städte Italiens ihre selbstständige Verfassung von der Einmischung römischer Formen rein zu erhalten bemüht waren; wie sie selbst die Theilnahme an dem römischen Bürgerrechte diesem Streben aufopferten, [38]) und wie noch gegen die Mitte des sechsten Jahrhunderts d. St. die übrigen griechischen Colonieen in Italien ihre Muttersprache aufrecht zu erhalten suchten. [39]) Vielleicht bringt folgende Zusammenstellung die

administr. provinc. a Romanis probato. Pag. 7. 8. (In den *Commentation. societat. reg. scientiar. Gotting. recentior.* Vol. I. Gotting. 1811. 4.)

38) *Livius.* Lib. 9. cap. 43. Lib. 27. cap. 21.

39) Ebendas. Lib. 24. cap. 3.

Sache der Wahrheit näher. Cumä's politisches Verhältnis zu Rom war eigenthümlicher Art; wie vorsichtig man aber im römischen Staatsrecht bei der Ableitung allgemeiner Regeln aus den für einzelne Städte geltenden politischen Bestimmungen zu Werk gehn muß, zeigt bekanntlich das Beispiel Capua's, welches auf die Ermittelung des rechtlichen Begriffes der Präfekturen so höchst nachtheilig eingewirkt hat. Cumä stand in gespanntem Verhältnis mit Capua, und schloß sich daher auf alle nur mögliche Weise fester an Rom an.[40]) Es war aber ferner auch, nach Festus[41]) eine Präfektur, und zwar eine von denjenigen, für welche nicht der Prätor in Rom, sondern das gesammte römische Volk einen Präfectus Juri Dicundo ernannte. Die Rechtspflege geschah also daselbst, wie dies bei einem von Rom aus hingesendeten Magistratus nicht anders zu erwarten war, in lateinischer Sprache; und dies mogte bei den Cumanern den Wunsch erzeugen, die lateinische Sprache, welche ihnen durch Nachbarschaft und Handelsverkehr geläufig geworden war,[42]) allgemein bei ihren öffentlichen Verhandlungen eingeführt zu sehn.

In den Provinzen wurde alles, was von römischen Behörden, und namentlich alles, was von dem Statthalter

---

40) *Livius* Lib. 23. cap. 31. 35. 36.

41) v. *Praefecturae.*

42) Aehnlich wie dies von den Bruttiern bezeugt wird. ***Festus*** v. *Bilinges* Brutates, Ennius dixit, quod Brutii et Osce et Graece loqui soliti sint.

selbst ausging, lateinisch verhandelt.[43]) Für diejenigen Provinzen, in welchen weder griechisch noch lateinisch gesprochen wurde, bedarf dies kaum eines Beweises, wiewol es auch hier an Argumenten nicht fehlt.[44]) Hinsichtlich derjenigen Provinzen, wo die griechische Sprache einheimisch war, scheint die Sache schwieriger; doch steht auch hier unsre Behauptung fest. Denn von dem ältern Cato wird uns berichtet,[45]) daß er, wiewol der griechischen Sprache nicht unkundig,[46]) als Legatus des M. Atilius zu den Athenern und den übrigen Provincialen nur mit Hülfe eines Dollmetschers öffentlich gesprochen habe; und zwar, nach Plutarchs ausdrücklicher An-

---

43) Darauf beziehen sich ohne Zweifel auch die Worte des Heil. Augustinus *de Civitate Dei Lib. 19. cap. 7.* Opera data est, ut imperiosa civitas non solum iugum, verum etiam linguam suam, domitis gentibus per pacem (oder besser *per speciem)* societatis imponeret. Vergl. die oben not. 24. angeführten Worte des Valerius Maximus.

44) *Livius Lib. 39. cap. 42. Cicero in Bruto. cap. 46.* Et *Brutus.* Qui est, inquit, iste tandem urbanitatis color? Nescio, inquam; tantum esse quendam scio. Id tu, Brute, iam intelliges, cum in Galliam veneris: audies tu quidem etiam verba quaedam non trita Romae; sed haec mutari dediscique possunt: illud est maius, quod in vocibus nostrorum oratorum recinit quiddam et resonat urbanius.

45) *Plutarch in Caton. Maior. cap. 12.* pag. 343. edit. Francof. 1599. fol.

46) Ebendas. pag. 337. *Cicero de senectute. cap. 1. cap. 8. c. 11.*

gabe, nicht aus bloßer Abneigung gegen die griechische Nation, welche er sonst wol vielfältig an den Tag legte,[47]) sondern zur Aufrechthaltung altrömischer Sitte. Eines für Sicilien, Behufs der Auslegung des Griechischen, angestellten Dollmetschers gedenkt Cicero,[48]) so wie auch eines bei seiner Statthalterschaft in Cilicien ihm beigegebenen;[49]) und eine bedeutende Anzahl officieller Dollmetscher für die Provinzen überhaupt findet sich bei Plinius[50]) genannt. Diese Ausleger waren aber gewöhnlich freigelassene Sklaven, Ueberläufer oder Kriegsgefangene von demjenigen Volke, dessen Sprache sie dollmetschten;[51]) während in Rom selbst, und bei feierlichen diplomatischen Verhandlungen auch wol in der Provinz, dies Amt gewöhnlich nur angesehenen Männern übertragen zu seyn scheint.[52])

---

47) *Plutarch* a. a. O. pag. 349. 350. *Plinius Hist. Nat. Lib. 7. cap. 30. Lib. 29. cap. 1.*

48) *In Verrem. Act. 2. Lib. 3. cap. 37.*

49) *Cicero ad Fam. Lib. 13. Ep. 54.*

50) a. a. O. *Lib. 6. cap. 5.* Subiicitur Ponti regio Colchica. — — Reliqua litorum ferae nationes tenent, Melanchlaeni, Coraxi urbe Colchorum Dioscuriade, iuxta fluvium Antemunta; nunc deserta, quondam adeo clara, ut Timosthenes in eam CCC. nationes, quae dissimilibus linguis uterentur, descendere prodiderit. Et postea a nostris CXXX. interpretibus negotia ibi gesta.

51) *Plinius* a. a. O. *Lib. 25. cap. 2.* Vergl. die Citate in not. 25.

52) *Plinius* a. a. O. *Lib. 18. cap. 3.*

Insbesondre war die Sprache, in welcher die römischen Beamten in den Provinzen gerichtliche Verhandlungen leiteten, unfehlbar die lateinische; wie dies die wenigen noch erhaltenen Fragmente lateinisch abgefaßter Edikte der Provincial Statthalter darthun, z. B. des Qu. Mucius Scävola,[53]) des Verres,[54]) des M. Bibulus,[55]) und Cicero's.[56]) Was aber die mit der Rechtspflege nur in äußerer Verbindung stehenden Institute anbetrifft, z. B. die, von jeder städtischen Commune einzurichtenden, und blos unter Aufsicht der römischen Beamten stehenden, Criminalgefängnisse; so wurden die dabei erforderlichen schriftlichen Verhandlungen, z. B. die Listen der Züchtlinge, in der Landessprache geführt; weil dies Cicero[57]) für Sicilien bezeugt. Die Herrschaft der lateinischen Sprache erstreckte sich ebenfalls nicht auf die Beschlüsse und Verfügungen der einheimischen Verwaltungsbehörden in den Provincialstädten; wie dies aus dem Beispiel von Syrakus hervorgeht, (vergl. unten not. 76.) und auch nicht durch die Anführung der Beschlüsse des Senats von Syrakus und Smyrna in lateinischer Sprache bei Cicero[57 a]) widerlegt wird; indem theils der Inhalt derselben nur summarisch und mit den eigenen

53) Cicero *ad Attic. Lib. 6. Ep. 1.*

54) Ders. *in Verr. Act. 2. Lib. 1. cap. 45. Lib. 2. cap. 13. Lib. 3. cap. 10. c. 14.*

55) Ders. *ad Attic. Lib. 6. Ep. 1.*

56) Ders. a. a. O.

57) *in Verr. Act. 2. Lib. 5. cap. 57.*

57 a) a. a. O. *Lib. 4. cap. 64. pro Flacco cap. 31.*

Worten des Redners wiedergegeben, theils hier von einer öffentlichen Mittheilung an das römische Volk, welche die Uebertragung in die lateinische Sprache überall nöthig machte, die Rede ist. Ferner konnten auch sonstige mündliche und schriftliche Gesuche der Provincialen an die römischen Beamten, wahrscheinlich ohne Ausnahme, in der Landessprache angebracht werden. [58])

In den der römischen Herrschaft unterworfenen Städten Italiens, in welchen die griechische Sprache herrschte, wurden sämmtliche öffentliche Verhandlungen, insoweit sie nicht von römischen Behörden ausgingen, wie die Rechtspflege in den Präfekturen, wahrscheinlich in griechischer Sprache gehalten. Das oben (not. 35.) erörterte Beispiel von Cumä widerlegt dies nicht, wie der Verfasser bei Erklärung der Worte des Livius gezeigt zu haben glaubt; und eben so wenig dürfte unsrer Ansicht das Beispiel der sogenannten Tafel von Heraclea entgegen seyn. Diese enthält bekanntlich auf der einen Seite einen Communalbeschluß der Stadt Heraclea bei Tarent in griechischer Sprache; auf der andern aber das römische Gesetz über städtische Policei in Rom, und über die wichtigsten inneren Verhältnisse der Städte in Italien, in lateinischer Sprache. Denn abgesehn davon, daß den Bewohnern von Unteritalien, namentlich in den Colonieen, das Verständnis

58) *Cicero ad Brutum. Ep. 6.* Cum has ad te scriberem litteras, ab Satrio, legato C Trebonii, reddita est mihi epistola a Tillio et Deiotaro, Dolabellam caesum fugatumque esse. Graecam epistolam tibi misi Cycherei cuiusdam, ad Satrium missam etc.

dieses für ihre Verhältnisse so wichtigen Gesetzes auch in der Ursprache nicht schwer seyn konnte; so ist bei dem fragmentarischen Zustande dieser Tafel immer noch für die Vermuthung Raum, daß, ähnlich wie bei dem oben (not. 31.) beschriebenen Senatus Consult, dem lateinischen Text eine griechische Paraphrase als Anhang beigegeben gewesen seyn mag.

Das Beispiel der Provinzen genügt, auch bei dem Schweigen aller Quellen, zu der Annahme, daß das Recht vom Prätor Peregrinus in Rom, in Bezug auf Fremde, welche der lateinischen Sprache nicht mächtig waren, in keiner andern als eben dieser Sprache, nur etwa mit Zuziehung eines Dollmetschers, gehandhabt seyn kann. Um so weniger bedarf dies bei den *iudiciis publicis* in Rom eines Beweises. Cicero[59]) macht es dem Antonius zum Vorwurf, daß dieser Griechen, welche kaum lateinisch verstanden, in die *decurias iudicum* eingezeichnet habe; und es fand selbst nicht Billigung bei dem Publikum, wenn die gerichtlichen Redner ihren lateinischen Vortrag durch häufige Einmischung griechischer Worte und Wendungen entstellten, wovon sich auch der berühmte Hortensius nicht frei erhalten haben soll.[60]) Auch darf wol kaum erinnert werden, daß die Nachricht von griechischen Deklamationen, welche Cicero gehalten,[61]) von bloßen

59) *Philipp. Lib. 5. cap. 5.*

60) *Cicero de Offic. Lib. 1. cap. 31. Gellius N. A. Lib. 1. cap. 5.*

61) *Suetonius de claris rhetoribus.* cap. 2. *L. Plotius Gallus.* De hoc Cicero ad M. Titinnium sic refert: „Equi-

rhetorischen Uebungen, und nicht von ernstlichen gerichtlichen Reden, gedeutet werden darf.

Ueberhaupt erforderte jede öffentliche Mittheilung an das römische Volk die Anwendung der lateinischen Sprache; und wenn dieselbe einen in fremder Sprache verfaßten Bericht betraf, eine vorgängige Uebertragung in's Lateinische. So z. B. wenn Gesandte oder Könige fremder Nationen durch einen römischen Beamten in die *concio populi* eingeführt und zum Worte gelassen wurden; oder wenn schriftliche Erklärungen auswärtiger Könige, wie z. B. die des Königes Ptolemäus im Jahre d. St. 698,[62]) öffentlich verlesen werden sollten; oder der Senat die Bekanntmachung eines Ausspruchs der Sibyllinischen Bücher, welche wahrscheinlich in griechischer Sprache verfaßt waren,[63]) beschlossen hatte.[64])

Das bisher Gesagte ist nur als die Regel zu betrachten, von welcher sich mehrere Ausnahmen finden. Da nehmlich kein ausdrückliches Gesetz den allgemeinen Ge-

---

„dem memoria teneo, pueris nobis primum Latine do„cere coepisse Lucium Plotium quemdam: ad quem cum „fieret concursus, quod studiosissimus quisque apud eum „exerceretur, dolebam mihi idem non licere. Continebar „autem doctissimorum hominum auctoritate, qui existima„bant, graecis exercitationibus ali melius ingenia posse." Ebendas. *cap. 1.* Cicero ad Praeturam usque graece declamavit: latine vero senior quoque, et quidem Coss. Hirtio et Pansa, etc. Vergl. *Cicero de Offic.* Lib. I. cap. I.

62) *Dio Cassius* Lib. 39. cap. 16. ed. *Reimar.*

63) Niebuhr a. a. O. Bd. I. S. 310.

64) Vergl. *Dio Cassius* a. a. O. cap. 15. c. 16.

brauch der lateinischen Sprache vorschrieb, und nur ein altes Herkommen denselben heiligte; so konnte, besonders in späterer Zeit, der Einzelne ungestraft dasselbe verlassen, oder auch das Ganze sich einen Verstoß dagegen erlauben, wenn höhere Zwecke, namentlich das Streben nach Popularität, dazu riethen. So gedenkt Suetonius[65]) eines, im Namen des römischen Senats und Volks an den syrischen König Seleukus, den Vater des Antiochus, in griechischer Sprache geschriebenen Briefes, durch welchen, unter gewissen den Bewohnern von Troja günstigen Bedingungen, diesem Könige Schutz und Freundschaft zugesichert wurden. T. Quinctius Flaminius, welcher im Jahre d. St. 557 als Proconsul gegen Philipp von Macedonien glücklich focht, und die dem Könige verbündeten griechischen Freistaaten für die Sache Roms zu gewinnen suchte, bediente sich, außer andern zweckgemäßen Mitteln, mit besonderm Erfolge der strengen Mannszucht beim Heere, und der Verhandlung mit Achäern und Macedoniern in ihrer Muttersprache:[66]) nur als, bei Gelegenheit der isthmischen Spiele, die Freiheit der griechischen Staaten feierlich proklamirt werden sollte, scheint er sich eines Dollmetschers bedient zu haben.[67]) Der Besieger von Macedonien, L. Aemilius Paulus, ein großer Freund griechischer Sprache, Wissenschaft und Kunst,[68])

65) *in Claudio.* cap. 25.

66) *Plutarch in Flaminio.* pag. 371.

67) *Polybius Lib. 18. cap. 29. Valerius Maximus Lib. 4. cap. 8. §. 5.*

68) *Plutarch in Aemilio Paulo.* pag. 258.

sprach zu dem Könige Perses, der ihm demüthig entgegen kam, griechisch;[69]) nur als er zu Amphipolis die versammelten Macedonier feierlich anredete, und ihnen die Beschlüsse des römischen Senats, so wie der zu Regulirung ihrer Angelegenheiten ernannten Commission, eröffnete, bediente er sich der lateinischen Sprache, indem der Prätor Cn. Octavius seine Worte in's Griechische übertrug.[70]) Von P. Licinius Crassus Dives wird uns berichtet, daß er als Statthalter von Asien jedem der bei ihm Recht suchenden Provincialen, nicht blos in griechischer Sprache, sondern auch in dem eigenthümlichen Dialekt eines jeden, geantwortet und sich dadurch denselben sehr beliebt gemacht habe.[71]) Plutarch[72]) hat uns Fragmente aus griechisch verfaßten Sendschreiben des M. Brutus an die Bürger von Pergamus, Xanthus und Patara erhalten, deren Inhalt ihren amtlichen Karakter deutlich ausspricht, und welche augenscheinlich kurz vor Brutus Tode erlassen sind, als die genannten Städte ihn, den Proprätor, nebst seinem Heere nicht aufnehmen wollten.[73]) Cicero soll der erste gewesen seyn, welcher während seines Consulates die Reden der auswärtigen, d.

69) *Livius Lib. 45. cap. 8. Valerius Maximus Lib. 5. cap. 1. §. 8.*

70) *Livius* a. a. O. cap. 29.

71) *Valerius Max. Lib. 8. cap. 7. §. 6. Quinctilian. Institutt. Oratt. Lib. 11. cap. 2.* z. E. §. 50.

72) *in M. Bruto.* z. Anf. pag. 985.

73) Ebendas. pag. 997 — 999. *Dio Cassius Lib. 47. cap. 34.*

h. der griechischen Gesandten, denn für andre Barbaren bezeugt Cicero selbst das Gegentheil,[74]) im römischen Senat ohne Dollmetscher angehört hat;[75]) so wie er auch bei seiner außerordentlichen Sendung nach Sicilien, in der Untersuchungssache gegen Verres, mit dem Senat zu Syrakus in griechischer Sprache verhandelte, woraus der damalige Statthalter der Provinz, L. Metellus, einen Vorwurf gegen ihn ableitete.[76]) Ferner während seiner Statthalterschaft in Cilicien gewährte Cicero (*ad Attic.* Lib. 6. Ep. 1. 2.) den griechischen Provincialen Richter aus ihrer Mitte zu ernennen, mithin wahrscheinlich auch die gerichtlichen Verhandlungen in ihrer Landessprache zu leiten. Jedoch das Beispiel des Pompejus,[77]) den der Todesstreich traf, als er die griechische Rede überlas, welche er vor dem Könige von Egypten zu halten gedachte, gehört, da der besiegte Feldherr sich als ein

---

74) *De divinatione. Lib. 2. cap. 64.* Similes enim sunt dii, si ea nobis obiiciunt, quorum nec scientiam neque explanatorem habeamus, tamquam si Poeni aut Hispani in Senatu nostro loquerentur sine interprete.

75) *Valerius Maximus Lib. 2. cap. 2. §. 3.* Quis ergo huic consuetudini, qua nunc graecis actionibus aures curiae exsurdantur, ianuam patefecit? ut opinor, Molo rhetor, qui studia M. Ciceronis acuit. Eum namque ante omnes exterarum gentium in Senatu sine interprete auditum constat.

76) *Cicero in Verr. Act. 2. Lib. 4. cap. 66.*

77) *Zonaras Annal.* Tom. 2. pag. 129. edit. *Wolf.* Basil. 1557. fol. *Plutarch in Pompeio.* z. E. pag. 661.

Bittender nahete, eben so wenig hieher, als der Bericht, daß M. Crassus, nach der von den Parthern erlittenen Niederlage, von seinen Mördern unter dem Schein von Friedenstraktaten, die in griechischer Sprache eingeleitet wurden, angelockt worden sey.[78]) Auch hat man sich vor dem Miskennen solcher Beispiele zu hüten, wo Römer, die sich öffentlich der griechischen Sprache bedienten, nicht in öffentlichem Karakter handelten, wie z. B. der ältere Tiberius Gracchus in seiner zu Rhodus gehaltenen Rede;[79]) oder wo römische Feldherrn, um die des Griechischen unkundigen Feinde zu täuschen, ihre schriftlichen Verhaltungsbefehle an Untergebene in dieser Sprache erließen: wie dies z. B. Jul. Cäsar that, als er von der Grenze Oberitaliens an seinen, von den Galliern im Lager eingeschlossenen, Legatus Qu. Cicero, einen Eilboten sandte.[80])

Die Sprache der Gesetze in Rom war von je her unfehlbar die lateinische. Was Livius[81]) von einem in alterthümlichen Formen abgefaßten Gesetze berichtet, dessen Urkunde sich im Tempel des Jupiter zu Rom befand, darf nicht gerade auf etruskische Sprache bezogen werden, sondern paßt sehr wohl auf die älteste lateinische Sprach-

78) *Plutarch in M. Crasso.* pag. 563.

79) *Cicero in Bruto*, cap. 20.

80) *Dio Cassius Lib. 40. cap. 9.*

81) *Lib. 7. cap. 3.* Lex vetusta est, priscis litteris verbisque scripta, „*Ut, qui Praetor Maximus sit, Idibus Septem-* „*bribus clavum pangat.*“ Fixa fuit dextro lateri aedis Jovis Optimi Maximi, ex qua parte Minervae templum est.

form eines Gesetzes, welches gewiß älter als die zwölf Tafeln war. In den der römischen Herrschaft untergebenen Städten aber, welche das Vorrecht der Autonomie genossen, waren die einheimischen Gesetze gewiß in der Landessprache verfaßt; wie dies die, zum Theil noch erhaltenen, Fragmente von Municipalgesetzen in griechischer und lateinischer Sprache darthun.[82])

Für die Anwendung fremder Sprachen bei Inschriften auf öffentlichen Denkmälern der Römer in der ältesten Zeit scheint mehreres zu sprechen; z. B. die angebliche griechische Inschrift, welche **Romulus** auf das dem Andenken seines Triumphs über die Cameriner gewidmete Monument setzen ließ;[83]) die griechischen und lateinischen Worte, welche auf dem Sarkophage **Numa's** gestanden haben sollen,[84]) und die noch in später Zeit erhaltene etruskische Inschrift der Eiche auf dem Vatikan.[85]) Jedoch die beiden zuerst genannten Beispiele gehören einer

---

82) Vergl. *Festus* v. *Armata. Valerius Probus de Notis Roman.* v. Stliribus. *L. 3. L. 6. D. de decret. ab ord. faciend. L. 1. C. de emancipat.* u. *Brissonius de Verbor. Signific.* v. *Lex. §. 10.*

83) *Dionysius Halycarn. Lib. 2. pag. 116.* Ἀπὸ τῶν λαφύρων τέθριππον χάλκεον ἀνέθηκε τῷ Ἡφαίστῳ, καὶ παρ' αὐτῷ τὴν ἰδίαν ἔστησεν εἰκόνα, ἐπιγράψας Ἑλληνικοῖς γράμμασι τὰς ἑαυτοῦ πράξεις. Ex manubiis Vulcano dedicavit quadrigas aereas; ad quas etiam effigiem suam apposuit, cum graeco rerum a se gestarum elogio.

84) *Livius Lib. 40. cap. 29.*

85) *Plinius Hist. Nat.* Lib. 16. cap. 44.

vorhistorischen Zeit an, und sind hinsichtlich ihrer Aechtheit durchaus problematisch: die angeführte etruskische Inschrift aber ist deshalb für unsern Zweck von keiner Bedeutung, weil sie von Plinius selbst mit vieler Wahrscheinlichkeit in die Zeit vor Gründung Roms gesetzt wird.[86] Beschränken wir unsre Betrachtung auf Beispiele aus der historischen Periode Roms, so begegnen wir fast überall seit der frühesten Zeit auf Werken der bildenden Kunst in Rom nur lateinischen Inschriften; so z. B. bei dem, durch den Dictator T. Quinctius Cincinnatus im Jahre d. St. 375 aus der Pränestinischen Beute geweihten, Standbilde des Jupiter;[87] so bei dem, durch den Censor M. Aemilius Lepidus im Jahre 573 den *Laribus Permarinis* zu Rom geweihten Tempel;[88] bei der Votivtafel, welche im Jahre 578 zum Andenken der, durch den Consul T. Sempronius Gracchus vollendeten, Unterjochung Sardiniens in den Tempel der Mater Matuta gestiftet wurde[89] u. a. m. Die Erwähnung griechischer Inschriften auf öffentlichen Denkmälern in Rom, namentlich auf Tempeln, ist so selten, daß sie auf einen höchst beschränkten Gebrauch der griechischen Sprache für diesen Endzweck schließen läßt, selbst für den Fall, wenn das Werk von griechischen Künstlern verfertigt worden

86) Vergl. Niebuhr a. a. O. Bd. II. S. 528.

87) *Livius. Lib. 6. cap. 29.*

88) Ebendas. Lib. 40. cap. 52. Vergl. die Anmerkgg. von *Duker* u. a. zu dieser Stelle, in der Ausg. von *Drakenborch.*

89) Ebendas. Lib. 41. cap. 28.

war. Dasselbe gilt wol auch von öffentlichen Monumenten der Malerei und Skulptur.[90]) So hat uns Plinius[91]) eine alte lateinische Inschrift erhalten, die sich unter dem berühmten Gemälde des griechischen Malers M. Lucius Elotas befand, welches im Tempel zu Ardea aufgestellt, und vom Maler an Ort und Stelle verfertigt war. Die griechischen Verse, welche unter einem Gemälde der Venus Anadyomene von Apelles standen, das August in den Tempel des Jul. Cäsar stiftete,[92]) rührten augenscheinlich aus früherer Zeit her, als das Werk sich noch in Griechenland befand; von wo aus schon Jul. Cäsar verschiedene Gemälde für römische Tempel erstanden hatte.[93]) Bei einigen andern Inschriften ist der griechische Ursprung noch weniger zu bezweifeln.[94]) Auch fehlt es nicht an vollkommen unzweideutigen Aeußerungen bei Plinius,[95]) daß Gemälde, welche im Zeit-

90) *Plinius Hist. Nat. Lib. 35. cap. 12.* Plastae laudatissimi fuere Demophilus et Gorgasus, iidemque pictores: qui Cereris aedem Romae ad circum maximum utroque genere artis suae excoluerunt, versibus inscriptis graece, quibus significarunt, a dextra opera Demophili esse, a parte laeva Gorgasi. Ante hanc aedem Thuscanica omnia in aedibus fuisse auctor est M. Varro.

91) Ebendas. cap. 10. z. E. vergl. cap. 3.

92) Ebendas. cap. 10. in d. M.

93) Ebendas. a. a. O. Lib. 7. cap. 38. Lib. 35. cap. 11.

94) Ebendas. Lib. 7 cap. 58. *Reinesius Syntagm. Inscription.* Class. 2. Nr. 62 bis 64.

95) *Plinius* a. a. O. *Lib. 35. cap. 4.* Idem (D. Augu-

alter Augusts durch griechische Künstler in Rom ausgeführt wurden, von diesen selbst lateinische Inschriften erhalten haben.

Scheinbare Ausnahmen aus der Periode der freien Verfassung Roms dürfen uns nicht irre machen; z. B. die Erwähnung einer in Rom befindlichen, und mit einer griechischen Inschrift versehenen Statue des T. Quinctius Flaminius.[96]) Wahrscheinlich war dies Standbild dem Flaminius von den Griechen gestiftet, deren Zuneigung er sich, als Proconsul im Kriege gegen Philipp von Macedonien, und später als Legatus des Consuls M. Atilius, in so hohem Grade erworben hatte, daß namentlich die Chalcidenser ihm zu Ehren öffentliche Gebäude errichteten und einen Priester ernannten.[97]) Ueberhaupt aber faßten Provincialen die Inschriften zu Denkmälern, durch welche sie das Andenken römischer Beamtén verherrlichen wollten, jederzeit in ihrer Landessprache ab.[98]) Umge-

stus) in curia quoque, quam in comitio consecrabat, duas tabulas impressit parieti. — Niceas scripsit, „*se inussisse;*“ tali enim usus est verbo. (Daß darunter der lateinische Ausdruck selbst, und nicht der entsprechende griechische zu verstehn sei, erhellet aus dem Gegensatz folgender Stelle. Ebendas. cap. 11. zu Anf.: Lysippus quoque Aeginae picturae suae inscripsit „ἐνέκαυσεν,“ etc.) Alterius tabulae — Philochares hoc suum opus esse testatus est.

96) *Plutarch in Flaminio* zu Anf.

97) Ebendas. pag 374—377.

98) Vergl. *Cicero in Verr. Act. 2. Lib. 2. cap. 63. Valerius Maximus Lib. 4. cap. 6. §. 3.*

kehrt, die von römischen Behörden in den Provinzen errichteten öffentlichen Monumente führten stets lateinische Inschriften; wenn es gleich wahrscheinlich ist, daß bei solchen Denkmälern in entfernten, dem Verkehr der lateinischen Sprache sehr entfremdeten, Gegenden die später allgemein verbreitete Sitte, dem lateinischen Texte Uebersetzungen in mehreren Sprachen, besonders der griechischen, beizufügen, schon gegen das Ende der Republik aufgekommen seyn mag. Vielleicht ist davon zu verstehn die Erwähnung einer griechischen Inschrift, welche Sylla unter die von ihm bei Chäronea errichteten Trophäen gesetzt haben soll. [99])

Was von den Monumenten der Baukunst, Malerei und Bildhauerkunst gesagt ist, leidet ohne Zweifel auch auf die Münzen Anwendung. Die Aufschriften derselben waren in der Sprache des Landes, in welchem sie geprägt wurden, abgefaßt; nur daß auf den Münzen derjenigen Gegenden, wo neben der eigentlichen Landessprache noch andre Sprachen festen Fuß gefaßt hatten, diese Sprachen, besonders die griechische und lateinische, vereint angetroffen werden. Dies hat Spanheim [100]) durch mehrere Beispiele dargethan.

Die gottesdienstlichen Handlungen der Römer, insoweit sie die Verehrung der einheimischen Götter betrafen, erforderten ohne Ausnahme die Anwendung der lateinischen Sprache. Dies bezeugen, außer einigen allgemeinen Aeu-

99) **Plutarch** *in Sylla.* pag. 464. 473.

100) *De usu et praestantia numismatum.* Diss. 2. cap. 1. Diss. 13. cap. 3.

Beruugen,[101]) die Fragmente aus den heiligen Gesängen der Salier, welche lateinisch verfaßt waren, wenn gleich in einer so veralteten poetischen Sprachform, daß sie den spätern Römern nur durch Commentare verständlich gemacht werden konnten;[102]) sodann die von den alten lateinischen Dichtern verfaßten Hymnen, welche bei festlichen Umzügen zur Ehre der Götter von römischen Jungfrauen gesungen wurden.[103]) Jedoch bei den aus der Fremde angenommenen heiligen Gebräuchen, welche ganz mit Beibehaltung ihrer ursprünglichen Formen, und durch Ausländer, die mit denselben vollkommen vertraut waren, abgehalten wurden, wie z. B. der Dienst der Ceres, des Saturn, u. a. m.[104]) ist die Anwendung der griechischen Sprache kaum zu bezweifeln. Denn **Dionys von Halycarnaß**[105]) berichtet aus eigner Erfahrung, daß bei

---

101) *Plinius* a. a. O. *Lib. 11. c. 45.* Est post aurem aeque dextram Nemesios, quae dea latinum nomen ne in Capitolio quidem (wo also doch sonst diese Regel gewesen seyn muß,) invenit, quo referimus tacto ore proximum a minimo digitum, veniam sermonis a diis ibi recondentes. Vergl. daſ. *Lib. 28. c. 2.* und *Cicero de harusp. respons. c. 12.*

102) *Varro de Lingua Latina.* Lib. 6. c. 1. c. 3. Lib. 8. c. 38. *Festus* v. *Latine loqui.* und v. *Manuos.* *Isidorus Origin.* Lib. 9. c. 1.

103) *Livius* Lib. 27. c. 37. Lib. 31. c. 12.

104) *Cicero pro Balbo.* c. 24. *Varro* a. a. O. Lib. 6. c. 5. *Valerius Max.* Lib. 1. c. 1. §. 1. *Dionys. Halycar.* Lib. 1. pag. 26. 27. 30. Lib. 2. pag. 91.

105) Lib. 1. pag. 16. 17.

dem, auch in andern italischen Städten z. B. in Falerii verbreiteten, griechischen Cultus gewisser Gottheiten noch zu seiner Zeit das Absingen griechischer Hymnen gebräuchlich gewesen sei: auch streitet dies nicht gegen eine andre Aeußerung desselben Historikers,[106]) nach welcher die Römer um die Reinigung ihres Cultus von ausländischen Gebräuchen besorgt gewesen seyn sollen; indem gleich hinzugefügt wird, sie hätten fremde, vom Staate genehmigte, Ceremonien nie durch einheimische, sondern nur durch fremde Priester besorgen lassen, z. B. den Dienst der Mater Idäa durch geborene Phrygier.

Bei dramatischen Darstellungen auf den römischen Theatern war gleichfalls die lateinische Sprache ausschließlich herrschend; wiewol einzelne Dialekte derselben gewissen Gattungen dieser Dramen eigenthümlich waren, wie z. B. den Atellanen, bei denen freilich auch ein rein römischer Text nicht ungewöhnlich war,[107]) der oscische Dialekt.[108]) Unsrer Ansicht steht die Erwähnung von *actionibus graecis* auf dem römischen Theater keineswegs entgegen; da diese sich von den *fabulis latinis* nicht in der Sprache, sondern im Stoffe und in der Oekonomie des Stückes unterschieden.[109]) Eben so wenig darf uns die

106) Lib. 2. pag. 91.

107) Vergl. *Gellius Noct. Att.* Lib. 3. c. 17. Lib. 10. c. 14. Lib. 12. c. 10. Lib. 16. c. 6. Lib. 17. c. 2. Lib. 18. c. 6.

108) *Varro de Lingua Lat.* Lib. 6. c. 3. und 5.

109) *Cicero Divinatio in Caecilium.* c. 15. Ut in actoribus graecis fieri videmus etc. *Asconius Pedianus ad h.*

Erzählung von griechischen Schauspielen, welche Marius nach seinem zweiten Triumphe, zur Feier einer von ihm veranstalteten Tempelweihe, in Rom gegeben haben soll,[110]) irre machen. Denn wahrscheinlich haben wir hier nicht an eigentliche Dramen, sondern an die Vorstellungen der damals schon sehr in die Mode gekommenen Pantomimen zu denken. So verwendete L. Lukullus zu seinem Triumphzuge die Mimen, welche Tigranes aus allen Gegenden Asiens zusammengesucht hatte, um den Glanz seiner Spiele zu erheben;[111]) und auf gleiche Weise ergötzte Julius Cäsar bei seinem großen Triumphzuge den Pöbel Roms, indem er Pantomimen von allen Zungen auf den Straßen Roms ihr Spiel treiben ließ.[112])

Ueber die Sprache, in welcher der öffentliche Unterricht in Rom ertheilt wurde, geben unsre Untersuchungen für die früheste Zeit kein Resultat. Sollte auch die Angabe des Plutarch,[113]) daß bis zum Beginne des

---

l.: Palliatarum scilicet fabularum. In his enim, etiamsi latinae sunt, graeca omnia servantur. Nam latinae fabulae per pauciores agebantur personas, ut Atellanae, togatae, et huiusmodi aliae. Vergl. *Iohann. Lydus* a. a. O. Lib. 1. c. 40. *Cicero ad Fam.* Lib. 7. Ep. 1. mit den Anmerkungen von *Manutius.*

110) *Plutarch in C. Mario.* zu Anf.

111) Ders. *in Lucullo.* pag. 511.

112) *Suetonius in Iulio.* c. 39. Edidit spectacula varii generis: — ludos etiam regionatim urbe tota, et quidem per omnium linguarum histriones.

113) *Quaestion. Roman.* cap. 60.

sechsten Jahrhunderts d. St. der Unterricht der Jugend in Rom bloße Privat- und Familien-Sache, öffentliche Unterrichtsanstalten aber ganz unbekannt gewesen; sollte dies auch in mancher Hinsicht problematisch erscheinen, so schweigen doch gerade in Bezug auf unsern Gegenstand die Quellen ganz. Nur so viel wird uns ausdrücklich berichtet, daß bis in Cicero's Jünglingsalter der Unterricht in der Rhetorik zu Rom, und die dazu erforderlichen Uebungen, ausschließlich griechisch gehalten wurden, und die Anwendung der lateinischen Sprache dabei auch nach den ersten Versuchen vielen Widerspruch fand.[114]

Ueber die älteste Schriftsprache der Römer fehlt es uns gleichfalls an bestimmten Nachrichten. Die beim Aufgraben der Gebeine Numa's angeblich in einer Lade gefundenen, in griechischer Sprache verfaßten, Bücher[115] würden, bei der Ungewißheit der Person ihres Verfassers und des Ortes ihrer Abfassung, auf keinen Fall irgend etwas beweisen; dazu kommt aber, daß, nach den umständlicheren Berichten über diesen Vorfall,[116] von allen Annalisten nur der späte und unzuverlässige Valerius Antias über die Sprache dieser Bücher Auskunft gegeben hat. Die von August abgeschafften, und theils in griechischer, theils in lateinischer Sprache geschriebenen Schick-

114) Vergl. oben not. 61. und *Cicero Orator. partition.* c. 1. *de Oratore.* Lib. 1. c. 4. *in Bruto.* c. 47. c. 90.

115) *Livius* Lib. 40. c. 29.

116) *Plinius Hist. Nat.* Lib. 13. c. 13. *Plutarch in Numa.* z. E. pag. 74.

salsbücher [117]) lassen, wegen Unbekanntschaft der Art ihrer Entstehung, ebenmäßig keinen sichern Schluß auf die Schriftsprache der alten Römer zu. Daß die *volumina Hetruscae disciplinae*, welche die Hauptquelle für die gesamte Zeichenkunde der Priester, und überhaupt für das ganze religiöse Ritual bildeten, ihre Benennung lediglich dem allgemein verbreiteten Sprachgebrauch, nach welchem etruskische Weisheit und die Wissenschaft der Priester überhaupt in einander flossen, verdankten, ist eine bekannte Sache. [118]) Ueber die Sprache, in welcher diese Bücher verfaßt gewesen sind, läßt sich hieraus zunächst nichts abnehmen; ja, daß es nicht die etruskische gewesen sei, wird dadurch wahrscheinlich, daß spätere, der thuskischen Sprache wol nicht mächtige, Schriftsteller über den Inhalt dieser Bücher aus eigner Anschauung Bericht abstatten. (Vergl. die vorhergehende Note.)

Der Gebrauch der griechischen Sprache bei schriftstellerischen Arbeiten der Römer findet sich erst sehr spät. In welche Zeit die griechisch verfaßten Annalen des C. Acilius gehören, [119]) läßt sich, wegen der über die Person ihres Verfassers uns abgehenden genaueren Nachrichten, nicht bestimmt ermitteln. Beim Anfange des siebenten Jahrhunderts der Stadt wird in der Epitome

---

117) *Sueton. in Octavian.* c. 31.

118) *Festus.* v. *Rituales. Cicero de Divinat.* Lib 1. c. 33. Lib. 2. c. 23. *ad Fam.* Lib. 6. Ep. 6. und *Graevius* ad h. l. *Plinius* a. a. O. Lib. 2. c. 83. Lib. 10. c. 15.

119) *Livius* Lib. 25. c. 39. *Cicero de Offic.* Lib. 3. c. 32. *Plutarch in Romulo.* pag. 31.

des Livius[120]) es unter den Merkwürdigkeiten angeführt, daß ein römischer Senator, Namens Cajus Julius, eine Geschichte Roms in griechischer Sprache geschrieben habe; wovon sonst kein anderer Autor etwas berichtet.[121]) In dieselbe Zeit fällt das griechisch verfaßte Geschichtswerk des nachherigen römischen Consuls A. Postumius Albinus, der sein Unternehmen angelegentlich zu entschuldigen bemüht war.[122]) Dagegen um die letzte Zeit der freien Verfassung wurde gerade bei historischen Werken der Gebrauch der griechischen Sprache in Rom allgemein Mode; wie dies die Beispiele von L. Lukullus, Sylla, Cicero u. a. m., welche die Denkwürdigkeiten ihres eigenen öffentlichen Lebens in dieser Art verfaßt haben, darthun.[123]) Bei Abfassung medicinischer Werke scheint in Rom die Anwendung der griechischen Sprache von jeher vorherrschend gewesen zu seyn; denn die Römer verdankten die Bekanntschaft mit der Heilkunde den Griechen, und dieselbe wurde

---

120) Lib. 53.

121) Vergl. *Duker's* Anmerkgg. zu *Livius* a. a. O. edit. *Drakenborch.*

122) *Cicero in Bruto.* c. 21. *Academ. Quaestion.* Lib. 4. c. 45. *Plutarch in Caton. Mai.* pag. 343. Ders. *in Apophthegm. Rom.* pag. 199. *Polybius* Lib. 40. c. 6. *Gellius* Lib. 11. c. 8.

123) Vergl. überhaupt *Heeren de fontibus et auctoritate vitarum parallelarum Plutarchi. Commentat.* 4ta *et ultima.* In den Göttinger Gelehrten Anzeigen für 1818. Stück 109. 110.

auch fast ausschließlich von Griechen in Rom ausgeübt. [124])

Uebersetzungen schriftstellerischer Arbeiten aus fremden Sprachen in die lateinische ließen sich die Römer frühe schon angelegen seyn. Die ältere Poesie der Römer, namentlich die dramatische, beschränkte sich fast allein auf Uebersetzung griechischer Dichterwerke. [125]) Einer Uebertragung der griechischen Annalen des Acilius in's Lateinische durch den Annalisten Claudius Quadrigarius gedenkt Livius. [126]) Der Staat selbst beförderte dergleichen Uebersetzungen bei anerkannt gemeinnützigen Werken, und z. B. die Uebertragung von dem Werk des Carthaginensers Mago über den Landbau aus der punischen in die lateinische Sprache wurde durch einen Senatsbeschluß veranlaßt. [127]) Pompejus war nach Besiegung des Mithridates eifrig bedacht, die bei dem Könige erbeuteten Schriften über Gifte und Gegengifte durch seinen Freigelassenen Lenäus in's Lateinische übersetzen zu lassen. [128]) Ja, ungeachtet der immer größer

---

124) *Plinius* a. a. O. Lib. 29. c. 1. *Plutarch in Caton. Mai.* pag. 350.

125) *Cicero de Finib.* Lib. 1. c. 2—4. *Gellius Noct. Att.* Lib. 2. c. 23. *Festus* v. *Barbari. Suetonius de illustrib. grammat.* c. 1. 2.

126) *Livius* Lib. 25. c. 39. vergl. c. 14. Lib. 38. c. 23.

127) *Plinius* a. a. O. Lib. 18. c. 3. *Columella de Re Rust.* Lib. 1. c. 1. §. 13.

128) *Plinius* a. a. O. Lib. 25. c. 2. *Gellius* a. a. O. Lib. 17. c. 16.

werdenden Verbreitung der griechischen Sprache bei den Römern, unterließen es diese gegen das Ende der Republik noch nicht, für lateinische Uebersetzungen der wichtigern griechischen Schriften zu sorgen. So übersetzte Cicero unter andern den *Oeconomicus* des Xenophon;[129]) so wie auch die Reden des Demosthenes und Aeschines.[130])

Unsere bisherige, auf die Periode der königlichen Regierung und die Zeiten des Freistaates beschränkt gewesene, Untersuchung hat, wegen Mangelhaftigkeit der Quellen, manche Lücke nicht auszufüllen vermogt. Für die Zeit der Kaiserregierung, zu deren Betrachtung wir jetzt übergehn, stehen uns ungleich reichhaltigere Quellen zu Gebot, und dennoch lassen diese hinsichtlich der Vollständigkeit noch manches zu wünschen übrig.

Die Hofsprache war, so lange Rom der Mittelpunkt der römischen Weltherrschaft blieb, ohne Ausnahme die lateinische. Daß August bei seinem Aufenthalt in Caprä für sich und sein Gefolge die griechische Sprache zur alleinigen Umgangssprache erhob, wird, als etwas ganz Ungewöhnliches, zu den Vorboten von dem bald darauf erfolgten Tode des Kaisers gezählt.[131]) Bekannt ist ferner, daß die Schwester des, aus Leptis in Afrika herstammenden, Kaisers Septimius Severus, als sie am kaiserlichen Hoflager erschien, und kaum sich in lateinischer

129) *Columella* a. a. O. Lib. 11. c. 1. §. 5. Lib. 12. *Praefat.* §. 7. *Cicero de Offic.* Lib. 2. c. 24.

130) *Cicero de optimo genere orator.* c. 7.

131) *Suetonius in Octavian.* c. 97. 98. vergl. c. 89.

Sprache auszudrücken verstand, von dem Kaiser, der sich ihrer schämte, bald wieder entfernt wurde. [132]) Die Erzählungen, daß einzelne Kaiser griechische Verse und Redensarten in ihr Gespräch gemischt haben, [133]) entscheiden, da dies nur eine Folge des allgemeinen Geschmacks der damaligen Zeit war, [133 a]) nicht für das Gegentheil unsrer Behauptung. Seit der Verlegung der Residenz nach dem Orient aber scheint am Hofe der römischen Kaiser sich sehr bald die griechische Sprache festgesetzt zu haben, und zwar früher als in Bezug auf das eigentliche Geschäftsleben; ohne daß wir diesen Zeitpunkt genauer zu bezeichnen im Stande wären.

Eine der wichtigsten Fragen ist: ob und in wie weit in den Constitutionen der römischen Kaiser, von August bis auf Justinian, die griechische Sprache neben der lateinischen sich behauptet hat? und es ist um so mehr der Mühe werth dieselbe hier umständlich zu erörtern, als die neueren Juristen hiervon nichts weniger als richtige Ansichten haben.

Die Kaiser sollen angeblich bis auf Justinian ihre Verfügungen ohne Ausnahme in lateinischer Sprache erlassen haben. Mylius [134]) und Walch [135]) haben dies

132) *Spartian in Severo*. c. 15.

133) *Suetonius in Claudio*. c. 42. 43. *in Calligula*. c. 22. 29. 47. *in Nerva*. c. 38. *in Vespas*. c. 23. *in Domitiano*. c. 12. 18.

133 a) *Isidorus Origin*. Lib. 9. c. 1.

134) S. dessen *Historia Theophili* c. 5. §. 2. (In des *Theophilus Paraphras. Institution*. edit. G. O. Reitz. Tom. II. pag. 1059. sqq.)

ausführlich zu beweisen gesucht. Nur der letzte hat von den unzähligen seiner Ansicht entgegenstehenden Beispielen auf zwei Rücksicht genommen, nehmlich auf das in *L. 9. D. de Lege Rhodia de iactu* enthaltene Rescript des Kaiser Antoninus in griechischer Sprache, und auf ein gleichfalls griechisches Rescript des Septimius Severus, dessen Ulpian[136]) gedenkt. Indeß diese beiden Argumente weiß Walch schnell zu beseitigen. Von dem Rescript des Antoninus behauptet er, nach dem Vorgang des Jacobus Gothofredus,[137]) daß dasselbe von dem Kaiser ursprünglich lateinisch verfaßt, und nur von dem Juristen Volusius Mäcianus, dem Verfasser der *L. 9. D. cit.*, in's Griechische übertragen worden sei: was jedoch eine ganz unerweisliche Vermuthung ist, indem sich von griechisch geschriebenen Werken dieses Juristen sonst gar keine sichere Spur erhalten hat. Den griechischen Ursprung des Rescripts von Septimius Severus wagt Walch freilich nicht zu bezweifeln, erklärt dasselbe jedoch für ein ganz singuläres Beispiel, welches nicht zu dem Schluß berechtige, als ob der Kaiser dadurch der allgemeinen Sitte, lateinisch zu rescribiren, habe Abbruch thun wollen.

Beispiele griechisch verfaßter kaiserlicher Constitutionen finden sich zwar in unsern juristischen Quellen nicht vor Hadrian; doch ist dies blos eine Folge des beschränkten Planes der auf uns gekommenen Constitutionen-

135) a. a. O. (oben not. 36.)

136) *L. 2. §. 3. D. ad S. C. Velleian.*

137) S. dessen *Dissertat. de imperio maris.* c. 2. u. 3.

Sammlungen. Es fehlt nehmlich nicht an Zeugnissen, daß auch Hadrians Vorgänger sich nach Umständen, d. h. wenn sie zu Griechen sprachen, der griechischen Sprache bei ihren Verhandlungen bedient haben. Von August scheint dies die Aeußerung Sueton's [138]) anzudeuten, daß, wenn der Kaiser sich schriftlich in griechischer Sprache habe ausdrücken müssen, er den von ihm selbst lateinisch verfaßten Aufsatz von einem andern in's Griechische habe übertragen lassen: dagegen die Fragmente aus Augusts Briefen, welche häufig eingemischte griechische Phrasen enthalten, [139]) können, da sie sich lediglich auf die Privatcorrespondenz des Kaisers beziehn, hier als keine Instanz betrachtet werden. Josephus [140]) erzählt, daß Nero seinen Erzieher Beryllus zum Geheimschreiber für seine griechische Sendschreiben ernannt habe. Dio Cassius [141]) erwähnt eines gewissen Taruntejus Paternus unter Marc Antonin's Regierung, mit dem ausdrücklichen Beisatz, derselbe sei *Magister Epistolarum Imper. Latinarum* gewesen; und die Inschriften [142]) gedenken häufig kaiserlicher Freigelassener, als

---

138) *In Octavian. c. 89.* Ne graecarum quidem disciplinarum leviore studio tenebatur: — — non tamen ut aut loqueretur expedite, aut componere aliquid auderet. Nam et, quid res exigeret, Latine formabat, vertendumque alii dabat.

139) *Suetonius in Tiber.* c. 21. *in Claudio.* c. 4.

140) *Antiquitatt. Iudaic.* Lib. 20. c. 14.

141) *Lib. 71. c. 12.*

142) Gruter a. a. O. pag. 587. No. 1 — 5. *Reinesius* a. a. O. Cl. 9. No. 53.

solcher, die den Kaisern *ab epistolis graecis*, oder auch *ab epistolis latinis*, gewesen. Walch[143]) bezieht dies ohne Grund auf die Privatcorrespondenz des Kaisers. Der entsprechende Bericht des Dio Cassius,[144]) daß Caracalla während seiner Abwesenheit von Rom die Sorge für die griechischen und lateinischen Libelle und Briefe, mit Ausnahme der bedeutenderen, seiner Mutter übertragen habe, widerstreitet bestimmt genug einer solchen Beschränkung. Auch von Trajan ist uns bei Plinius[144 a]) die Nachricht erhalten, daß derselbe in der Provinz ohne Hülfe eines Dollmetschers in der Landessprache der Provincialen Gericht gehalten habe.

Weit unzweideutiger sind jedoch die Beispiele griechischer Constitutionen von Hadrian und dessen Nachfolgern, deren unsre juristische Quellen in Menge gedenken. Das Daseyn griechisch verfaßter Constitutionen Hadrians läßt sich freilich nicht mit Casaubonus[145]) aus der griechischen Sammlung der *Sententiae* und *Epistolae Hadriani*, welche Schulting[146]) dem Grammatiker Dositheus beilegt, erweisen; indem diese ganze höchst problematische Schrift unfehlbar die Compilation eines Griechen enthält. Ungleich bedeutender ist die Bemerkung desselben Philologen; daß aus dem *Periplus Ponti Eu-*

---

143) a. a. O. §. 4.

144) *Lib. 77. c. 18.* edit. *Reimar.*

144 a) *Panegyr.* c. 56. vergl. *Epist.* Lib. 6. Ep. 31.

145) In den Anmerkgg. zu *Spartian in Hadrian.* c. 1.

146) In der *Iurisprud. Ante Iustinian.* pag. 860. fgg. edit. Lips. 1737. 4.

xini des *Arrianus*[146 a]) hervorgehe, wie Hadrian von diesem, und wahrscheinlich auch von allen andern Provincialbeamten in solchen Gegenden, wo die griechische Sprache herrschend war, sich über das innere Verhältnis der Provinz und alles zur Verwaltung derselben Gehörige in lateinischer, über alle andre Gegenstände aber in griechischer Sprache habe Bericht erstatten lassen. Daß der Kaiser auf die griechischen Eingaben seiner Beamten auch griechisch verfügt habe, folgt hieraus freilich nicht; vielmehr wird das Gegentheil bestätigt durch das Zeugnis des Eusebius,[147]) welcher aus Justinus die griechische Uebersetzung eines lateinischen Rescriptes beibringt, das Kaiser Hadrian in Bezug auf das Criminalverfahren gegen die Christen an den Proconsul von Asien Minucius Fundanus erlassen hatte. Besonders belehrend sind aber die Fragmente aus des Juristen Herennius Modestinus Werk *de Excusationibus*, welche in den Pandekten, namentlich in Lib. XXVII. Tit. 1., vorkommen. Diese führen mehrere kaiserliche Rescripte an; jedoch bei weitem die Mehrzahl derselben mit lateinischem, und nur folgende wenige mit griechischem Text: nehmlich eine Epistola von Antoninus Pius an die Gemeinde der Griechen in Asien;[148]) und eine damit zusammenhängende

146 a) Pag. 6. u. pag. 10. der *Geographiae veteris Scriptor. graec. minor.* edit. Oxon. 1698. 8. Vol. I.

147) *Histor. Eccles.* Lib. 4. c. 8. c. 9.

148) *L. 6. §. 2—4.* und *§. 7. D. de excusation.* Der hier, und in den folgenden, Rescripten gebrauchte Ausdruck „τὸ „κοινὸν τῆς Ἀσίας, τῶν Θεσσάλων κ. τ. λ.“

Constitution von Commodus.[149]) Da nun die Fragmente aus dem genannten Werke Modestin's griechisch verfaßt sind, so kann man mit Zuversicht abnehmen, daß die darin lateinisch angeführten kaiserlichen Constitutionen auch im Original lateinisch verfaßt, die griechisch citirten aber auch von den Kaisern in griechischer Sprache erlassen worden sind. Womit die eigene Erklärung des Juristen, daß er die *verba legitima* der von ihm benutzten Rechtsquellen stets in der Ursprache anführen wolle, vollkommen übereinstimmt.[150])

---

würde sich, wie Niebuhr a. a. O. Bd. II. S. 473. not. 69. bemerkt, nach dem entsprechenden Ausdruck *commune Latium* bei *Festus* v. *Praetor ad portam*, durch *commune Asiae*, *Thessaliae* etc. lateinisch wiedergeben lassen. *Commune* nehmlich wird in dieser Verbindung von den Römern in der Regel nicht adjectiv gebraucht, wie in der angeführten Stelle des Festus, sondern substantiv, und dabei *concilium* supplirt, (*Gellius Noct. Att. Lib.* 2. *c.* 6. Sicuti quondam a communi concilio Asiae decretum est etc.) ganz entsprechend dem griechischen Ausdruck τὸ κοινον, bei welchem auch ergänzt werden muß πολιτεύμα. Vergl. *Polybius Lib.* 2. *c.* 10. ed. *Schweigh.* Belege hiefür geben die Ausdrücke *commune Siciliae*, *Asiae* u. a. m. bei *Cicero in Verr.* Act. 2. Lib. 2. c. 46. Lib. 4. c. 59. *pro Flacco* c. 15. und *Graevius* ad h. l. Vergl. auch *Ant. Augustinus ad Modestini libr. singular. de Excusationib.* (in *Ev. Otto Thesaur. Iur. Rom.* Tom. IV. pag. 1572.)

149) *L. 6. §. 8. D. eod.*

150) *L. 1. §. 2. D. eod.*

Außerdem geschieht in den Pandekten folgender, nach dem Titel und andern unzweideutigen Merkmalen zu schließen unfehlbar griechisch verfaßter, Constitutionen der Kaiser Erwähnung. Von Hadrian nennt Callistratus[151]) ein an die Gemeinde der Thessalier gerichtetes griechisches Rescript, und Paulus[152]) führt ein Bruchstück aus einem griechischen Briefe desselben Kaisers an. Von griechischen Rescripten des Antoninus Pius finden sich mehrere deutliche Spuren: nehmlich Rescripte an die Corporationen der Griechen in Thracien[153]) und Thessalien;[154]) an die Bürger von Antiochia,[155]) und an die Zunft der Vogelsteller.[156]) Auch das Sendschreiben desselben Kaisers an die Gemeinde der Griechen in Asien, welches die Verletzung der Christen verpönt, und das sich bei Eusebius[157]) erhalten hat, scheint im Original

151) *L. 37. D. de iudic.* Statt Θεσσάλων liest hier *Haloander* Συρακουσίων; allein die Lesart der *Florentina* wird durch das Zeugnis andrer Handschriften unterstützt. Vergl. *Clossius Descriptio Codicum Digesti veteris.* Vimar. 1818. §. 23. z. E. pag. 147.

152) *L. 48. D. eod.*

153) *L. 1. §. 1. D. de appellat.*

154) *L. 5. §. 1. D. ad L. Iul. de vi publ.* Ohne Grund wird dies Rescript für eins mit dem zuvor (not. 151.) dem Hadrian beigelegten, und an dieselbe Gemeinde gerichteten, gehalten. S. *Ant. Augustini Emendation. et Opinion.* Lib. 4. c. 16. (Bei Otto a. a. O. Tom. IV.)

155) *L. 3. D. de custod. et exhibit. reor.*

156) *L. 16. D. de servitutib. praedior. rusticor.*

157) a. a. O. Lib. 4. c. 13. vergl. c. 12.

griechisch verfaßt gewesen zu seyn; indem Eusebius bei demselben nicht bemerkt, daß er blos eine Uebersetzung liefere, was er sonst bei lateinisch geschriebenen Urkunden nie zu thun versäumt hat.[158]) Von den Divi Fratres ist blos ein griechisches Rescript in den Pandekten, bei Callistratus.[159]) Ob das von Volusius Mäcianus in *L. 9. D. de Lege Rhodia in iactu* angeführte griechische Rescript dem Antoninus Pius oder Marcus Antoninus beizulegen sei, darüber sind die Ausleger uneinig.[160]) Die letztere Annahme hat unzweifelhaft das mehreste für sich; denn der Jurist Mäcianus unterrichtete den Kaiser Marc Antonin in der Rechtswissenschaft,[161]) mithin kann die von ihm ohne weitern Beisatz gebrauchte Benennung Antoninus nur dem, damals ohne Zweifel noch lebenden, Marcus Antoninus, nicht aber dem Antoninus Pius, welchem der Jurist unfehlbar nicht das Prädikat Divus versagt haben würde, gegolten haben. Von Helvius Pertinax führt Callistratus[162]) ein griechisches Rescript an. Ein gleichfalls griechisch verfaßtes, und an die Gemeinde in Asien

---

158) Vergl. denselb. a. a. O. c. 8. c. 9. Lib. 7. c. 13. Lib. 8. c. 17. Lib. 9. c. 1. c. 7. c. 9. c. 10. Lib. 10. c. 2. c. 5. und in der *Vita Constantini.* Lib. 2. c. 47.

159) *L. 5. §. 6. D. de iure immunitat.*

160) Vergl. *Bynkershoeck ad L. 9. D. de Lege Rhodia de iactu liber singular.* Cap. 2. (In dessen *Operib.* Tom. II.)

161) S. *Bach Histor. Iur. Rom.* Lib. 3. c. 2. Sect. 5. §. 16.

162) *L. 5. §. 2. D. de iure immunitat.*

gerichtetes, Rescript, dessen Ulpian [163]) gedenkt, ist wahrscheinlich dem Antoninus Caracalla zuzuschreiben, indem der Jurist den Verfasser dieses Rescriptes *Antoninum Augustum Imperatorem nostrum* nennt. Ein griechisches Rescript von Septimius Severus findet sich ebenmäßig bei Ulpian, [164]) so wie auch ein solches, an die Gemeinde der Griechen in Bithynien erlassenes, von Alexander Severus bei Paulus. [165])

Die hier angeführten Beispiele, von welchen absichtlich alle diejenigen ausgeschlossen sind, welche blos Einmischung griechischer Worte in den lateinischen Text enthalten; (wie z. B. zwei Rescripte von Sever und Antonin, [166]) und wahrscheinlich auch mehrere Rescripte von Alexander Sever, wiewol die Erzählung des Lampridius [167]) es noch ungewiß läßt, ob wirklich öffentliche schriftliche Aeußerungen des Kaisers in Bezug auf die Rechtspflege von ihm gemeint sind,) bestehn fast ohne Ausnahme aus Constitutionen, welche an einzelne Griechen, oder an ganze entfernte griechische Gemeinden gerichtet sind. Denn häufig, wo die uns noch erhaltene Addresse der kaiserlichen Constitution den griechischen Ursprung derselben zu erkennen giebt, und wo sie vollständig aufbewahrt ist, lautet sie so: τῷ κοινῷ τῶν ἐν κ. τ. λ. Ἑλλή-

163) *L. 4. §. 5. D. de offic. Procons.*

164) *L. 2. §. 3. D. ad S. C. Velleian.*

165) *L. 25. D. de appellation.*

166) *L. 6. §. 3. D. de offic. Procons. L. 13. §. fin. D. de iure iur.*

167) *in Alexandro.* c. 18.

νων;[167a]) gewöhnlicher aber ist das τὸ κοινὸν allein, mit bloßer Angabe der Provinz (z. B. ἐν Βιθυνίᾳ, oder τῶν Θεσσάλων κ. τ. λ.) angeführt, und dann muß nothwendiger Weise των Ἑλλήνων supplirt werden. Besonders belehrend ist hier auch die angeführte *L.* 9. *D. de Lege Rhodia*, wo die noch erhaltene Eingabe, welche das Rescript Kaiser Antonin's veranlaßte, auch in griechischer Sprache abgefaßt ist. Alle diese Umstände berechtigen uns zu der Schlußfolgerung, daß die römischen Kaiser ihre, an einzelne Provincialen oder an ganze Körperschaften in den Provinzen gerichteten, Sendschreiben bald lateinisch bald griechisch erlassen haben, je nachdem die Personen, welche sie betrafen, sich zu der einen oder der andern Sprache bekannten. Jedoch nur diese beiden Sprachen herrschten im kaiserlichen Cabinet, und es steht nicht zu bezweifeln, daß die Kaiser den weder rein lateinisch, noch rein griechisch sprechenden Provincialen in derjenigen von beiden Sprachen rescribirt haben, welcher sich ihr Idiom am meisten näherte: wie dies lateinische Rescripte von Hadrian und Antoninus Pius[168]) an die Gemeinde in Hispania Bätica bezeugen. Diejenigen kaiserli-

---

167 a) *L. 25. D. de appellat.*

168) *Collatio Legum Mosaicar. et Romanar.* Tit. 11. §. 6. 7. Vergl. *L. 1. D. de abigeis.* und oben not. 74. Das in der *Collat. Legg. Mosaic.* Tit. 1. §. 11. Tit. 3. §. 3. enthaltene Rescript Hadrians an den Proconsul von Hispania Bätica gehört nicht hieher; denn die an römische Beamte gerichteten kaiserlichen Constitutionen waren ohne Ausnahme lateinisch verfaßt.

chen Constitutionen, welche an verschiedene Provinzen, in denen zum Theil die griechische und zum Theil die lateinische Sprache herrschte, zugleich gerichtet waren, wurden, auch wenn die Masse der griechischen Provincialen die Mehrzahl bildete, in lateinischer Sprache verfaßt. Dies beweisen einige bei Eusebius[169]) erhaltene Constitutionen von Gallienus, Constantinus und Maximinus, welche den Christen, besonders denen im Orient, die freie Ausübung ihres Cultus zu sichern bestimmt waren.

Von Gordianus dem Dritten hat sich ein lateinischer Brief an seinen Schwiegervater und Präfectus Prätorio erhalten, als Antwort auf dessen Anschreiben, welches nach Einigen[170]) in griechischer Sprache verfaßt gewesen seyn soll. Indeß diese Thatsache ist für unsern Zweck von geringer Bedeutung, indem sie sich mehr auf die Privatcorrespondenz des Kaisers mit seinem Schwiegervater bezieht. Vopiscus[171]) führt eine griechische Benennung des Kaisers Firmus aus dessen Edicten an, ohne uns jedoch über die Sprache dieser Edicte selbst näheren Aufschluß zu geben. Vom Kaiser Diocletianus erfahren wir, daß derselbe in seinem Consistorium die durch Advocaten in griechischer Sprache gehaltene Vertheidigung einer Rechtssache, bei welcher die Partheien Griechen wa-

169) In dessen *Histor. Eccles.* Lib. 7. c. 13. Lib. 8. c. 17 Lib. 9. c. 7. und 9.

170) *Capitolinus Gordiani tres.* c. 25. vergl. c. 24.

171) *in Firmo.* c. 2. De Graecis autem Aegyptiisque libris convicit, illum 'ΑΥΤΟΚΡΑΤΟΡΑ. in edictis suis esse vocitatum.

ren, angehört, und die Entscheidung in lateinischer Sprache erlassen habe. Dies geht aus *L. 2. Cod. Iust. de excusation. muner.* hervor. In den gewöhnlichen Ausgaben lautet der Text dieser Constitution so:

Pars Actorum Dioclet. et Maxim. AA. et CC.
Inductis Firmino et Apollinario, et caeteris principalibus Antiochensium adstantibus, Sabinus dixit, et caetera: Diocletianus dixit, etc. etc.

Cujacius[172]) bemerkt zu diesen Worten: **Sabinus advocatus dixit graece quaedam, quae eruere ex libris manuscriptis non potuimus; nec fuere umquam integra, quoniam subiicitur „*et caetera.*"** Jacob. Gothofredus[173]) tritt zwar der Meinung des Cujacius bei, daß der Advocat Sabinus im Consistorium des Kaisers seinen Vortrag in griechischer Sprache gehalten habe; erklärt jedoch diese Ansicht für eine bloße Conjectur. Dies ist sie aber keineswegs; denn Cujacius giebt deutlich zu erkennen, daß er in Handschriften des Codex Spuren griechischer Worte aus der Rede des Sabinus gefunden habe, und dies bekräftigen auch die noch jetzt vorhandenen Manuscripte des Codex. Die ehemalige Schwarzische, jetzt Göttinger, Handschrift liest nehmlich in der angeführten Constitution: „*Sabinus dixit gr. Diocletianus dixit;*"[174]) und eben so die Königsberger Handschrift: „*Sab' dixit g'g'. etc. Dioclet'. dixit.*"

---

172) *Commentar. ad Libr. X. Cod. Iust.* Tit. 47. c. 2.

173) *Commentar. ad Cod. Theodos.* Lib. 11. Tit. 39. c. 5.

174. Vergl. *Cod. Iust.* edit. *Spangenberg.* (Corpor. Iur. Civ. Tom. II. Götting. 1797. 4.)

Von griechischen Constitutionen Diocletians findet sich keine Spur: selbst, daß er sich in der lateinischen Rede griechischer Phrasen bedient habe, läßt sich aus *Lib. Cod. Iust. de Patria Potestate*, nur unvollständig abnehmen.

Constantin hatte, wie Jac. Gothofredus[175]) und Du Cange[176]) gründlich gezeigt haben, bei Verlegung der Residenz offenbar den Wunsch, daß in Byzanz die lateinische Sprache neben der griechischen im öffentlichen Verkehr herrschen mögte; wie dies unter andern die Benennung der Stadt, ihrer Straßen und öffentlichen Gebäude in beiden Sprachen zeigt. Die griechische Sprache zu verdrängen konnte ihm unmöglich einfallen, und diese blieb auch die Sprache des Volks, welches sich um die Kenntnis der lateinischen Sprache, die ihm ungleich fremder war als den Römern die griechische, nicht eben bemüht haben mag:[177]) Als Geschäftssprache scheint aber Constantin ausschließlich die lateinische sanctionirt zu haben, und Eusebius[177 a]) erwähnt, daß dieser Kaiser, wiewol ihm die Kenntnis des Griechischen keineswegs abging, doch alle seine Reden in lateinischer Sprache aufsetzte, und sie, wo es nöthig war, von den dazu angestellten Dollmetschern in's Griechische übertragen ließ. Die Geschichts-

175) a. a. O.

176) *Glossarium mediae et infimae graecitatis.* Praefat. §. 15. pag. XI.

177) Vergl. die Worte des *Laonicus* bei *Du Cange* a. a. O.

177 a) S. dessen Vita Constantini. Lib. 4. c. 32.

schreiber jener Zeit [178]) berichten, daß Constantin auf der Kirchenversamlung zu Nicäa den gesamten anwesenden Clerus lateinisch angeredet, mit Zuziehung eines Dollmetschers, und nur in einer den präsidirenden Bischöfen ertheilten Privataudienz sich der griechischen Sprache bedient habe. So findet sich auch im Theodosischen und Justinianischen Codex keine griechische Constitution von diesem Kaiser, und kaum ein Beispiel von Einmischung griechischer Floskeln in den lateinischen Text seiner Verordnungen. [179]) Wir entdecken sogar ein unzweideutiges Zeugnis, daß Constantin auf an ihn ergangene griechisch verfaßte Libelle in lateinischer Sprache geantwortet habe. [180]) Dennoch läßt das hier ganz unverwerfliche Zeugnis des Eusebius die wirkliche Existenz griechisch verfaßter Constitutionen Constantin's nicht bezweifeln. Eusebius nehmlich erinnert in seiner Kirchengeschichte, [181]) daß alle in diesem Werk von ihm erwähnten dem Christenthum günstigen Gesetze Constantins von ihm aus der lateinischen in die griechische Sprache übertragen seien. Dagegen in dem Leben Constantins berichtet derselbe Verfasser, [182]) daß dieser Kaiser nach dem Siege über Licinius zwei Edicte, welche seine Anhänglichkeit an die christliche Lehre und deren Begün-

178) *Eusebius* a. a. O. Lib. 3. c. 12. 13. *Sozomenus Histor. Eccles.* Lib. 1. c. 18.

179) *L. 1. Cod. Iust. de excusat. artific.*

180) *Cod. Theod. Lib. 8. Tit. 15. c.* 1

181) *Lib. 10. c. 2. c. 5.*

182) *Lib. 2. c. 23.* fgg.

stigung bezeugten, an die christlichen Kirchen und an die Städte sämtlicher ihm untergebener Provinzen, sowol in griechischer als auch in lateinischer Sprache erlassen habe. Bei andern auf das Christenthum sich beziehenden Verordnungen dieses Kaisers, deren Inhalt Eusebius in dessen Biographie mittheilt, bemerkt derselbe ausdrücklich, er liefere die griechische Uebersetzung des lateinischen Originals;[183]) bei mehreren aber, namentlich bei Briefen Constantins an ihn, den Eusebius selbst, bei Sendschreiben an den Bischof von Jerusalem, und die Bischöfe von Palästina überhaupt, an die Bürger von Antiochia, u. a. m.[184]) fehlt dieser Zusatz bei ihm, und es entsteht daher die dringende Vermuthung, daß Eusebius hier nicht eine bloße Uebersetzung, sondern das griechische Original mittheile.

Kaiser Julianus scheint umgekehrt mehr das Griechische zur Geschäftssprache gemacht zu haben; denn es finden sich griechische Constitutionen unter den wenigen von ihm erhaltenen;[185]) und der Text der lateinischen steckt voll griechischer Floskeln.[186]) Von der Regierung dieses Kaisers an nimmt überhaupt der Gebrauch der griechischen Sprache im Geschäftsleben der Römer bedeutend zu. Constitutionen von Valentinian und Valens, von Gratian, Valentinian und Theodosius ent-

---

183) *Lib. 2. c. 47. — 60.*

184) *Lib. 2. c. 64. Lib. 3. c. 29. — 33. c. 51. — 53. c. 59. — 62. Lib. 4. c. 35. 36.*

185) Cod. *Theod. Lib. 11. Tit. 39. c. 5.*

186) Ebendas. *Lib. 6. Tit. 24. c. 1. Lib. 12. Tit. 7. c. 2.*

halten zum Theil ein buntes Mosaik römischer und griechischer Ausdrücke.[187]) Von Theodosius und Valentinian hat sich ein in beiden Sprachen bekannt gemachtes Edict über die Heiligkeit der Freistatt an geweihten Orten,[188]) und ein andres Gesetz derselben Kaiser erhalten, welches gegen die Nestorianer gerichtet ist, und von dem es in dem Concilienschlusse von Ephesus[189]) heißt: *Hanc legem Romano simul et Graeco sermone edidimus, quo omnes perspicue intelligere queant.* Von den Constitutionen der Nachfolger dieser Kaiser tragen mehrere das Gepräge griechischer Entstehung unverkennbar an sich. Dahin gehört z. B. eine Verfügung des Kaisers Marcianus über das ehrliche Begräbnis der Ketzer.[190]) Dieser Kaiser sprach auch auf dem Concilium zu Chalcedon zuerst lateinisch, sodann griechisch, zur Versammlung,[191]) und ein Fragment seiner lateinischen Rede hat sich noch in des Petrus *Exceptiones Legum Romanorum*[192]) erhalten. So liefert auch der Codex Justinians einige griechische

187) *L. 1. Cod. Iust. de metallar. Cod. Theod. Lib. 16. Tit. 5. c. 6.*

188) *Cod. Theod. Lib. 9. Tit. 45. c. 4.*

189) *Synod. Ephesin. Concilior.* Tom. V. c. 13. Vergl. *Pancirol.* a. a. O. Lib. 2. c. 176. (oben not. 2.)

190) *L. 9. C. Iust. de haeretic.* Vergl. *Cuiacius Observatt.* Lib. 12. c. 30.

191) S. *Concilior.* Tom. II. pag. 463. fgg. ed. *Harduin.*

192) *Lib. 4. c. 37.* In Savigny's Geschichte des Röm. Rechts im Mittel-Alter. Bd. II. S. 383.

Constitutionen von Leo und Anthemius,[193] mehrere von Zeno,[194] und Anastasius,[195] wenige von Justinus.[196]

Daß unter Justinian die lateinische Sprache zu Byzanz sich noch bei öffentlichen Geschäften im Gebrauch erhalten habe, ist von Du Cange[197] umständlich und gründlich bewiesen worden: allein er hat sich, gleich mehreren andern,[198] durch Justinian's Aeußerungen[199] zu der gewagten Behauptung verleiten lassen, daß das Lateinische ausschließlich die Hofsprache, und auch Vorzugsweise die Geschäftssprache gewesen sei. Die Zahl der griechisch verfaßten Constitutionen Justinians in dessen Codex[200] und Novellen ist freilich bei weitem über-

---

193) *L. 14.* **Cod. Iust.** *de episcop. audient. L. 29. L. 30. de episcop. et cleric.*

194) *L. 15.* **Cod. Iust.** *de Sacro Sanct. Eccles. L. 27. de procurator. L. 12. de iudic. L. 1. de pluspetition. L. 13. L. 15. de testib. L. 12. de aedific. privat. L. 7. de fide et iure bastae fiscal.*

195) *L. 17. L. 18.* **Cod. Iust.** *de Sacro Sanct. Eccles. L. 9. de exactor. tributor. L. 18. de agricol.*

196) *L. 12. — L. 14. C. de baeretic.*

197) a. a. O. §. 16.

198) z. B. **Pet. de Ludewig** *vita Iustiniani.* Hal. 1731. Cap. 8. §. 19. not. 126. 127. **Heineccius** *defensio compilation. iur. Rom.* (Opp. Tom. III. pag. 156. edit. Genev. 1748.)

199) *Nov. 7. c. 1. Nov. 66. c. 1. §. 2.*

200) *L. 5. — L. 7. C. de summa trinit. L. 20. L. 24. — L.*

wiegend. Der Kaiser selbst bekennt, daß er durch Abfassung seiner Verfügungen in griechischer Sprache den Bewohnern des Orients das Verstehen derselben habe erleichtern wollen;[201] und diejenigen Verordnungen, deren Auslegung er allen Bewohnern seines Reichs zugänglich machen wollte, z. B. einige der Conceptions- und Publications-Patente seiner Rechtsbücher, welche nicht an eine einzelne Behörde gerichtet sind,[202] ließ er griechisch und lateinisch zugleich bekannt machen.[203] Vorzüglich entscheidend ist hier das Zeugnis des Johannes Lydus,[204] und das der Notitia Dignitatum.[205] Der erste, welcher unter Justinian lebte, berichtet, daß der Gebrauch der lateinischen Sprache sich zu seiner Zeit in den Bureaus des Kaisers nur noch in Bezug auf die Angelegenheiten der zu Europa gehörigen Länder erhalten habe; und die letztere zählt zu

26. de SS. Eccles. L. 43. — L. 48. L. 53. L. 57. de episcop. et cleric. L. 22. L. 23. L. 25. L. 26. L. 29. L. 30. L. 32. — L. 34. de episcop. audient. etc. etc.

201) *Nov. 7. c. 1. Nov. 66. c. 1. §. 2. L. 4. C. de bon. libertor. §. 3. I. de success. libert.*

202) Vergl. *Hoffmann Histor. Iur. Rom.* Lib. 2. c. 2. §. 3. not. f. §. 10. not. d.

203) *Nov. 17.* Praefat. *Nov. 66. c. 1. §. 2. Const. Omnem reipubl. De confirmat. Digestor.* ad *Antecessor.* Prooem. *Const. Tanta. De confirm. Dig.* ad Senat. §. 22.

204) a. a. O. Lib. 3. c. 68.

205) *Notitia Orientis,* bei *Gu. Pancirollus in Commentar.* Cap. 95. z. E.

den für den Orient bestimmten Beamten auch einen Magister Epistolarum Græcarum, der nicht von einem eigenen Officium, sondern von bloßen Gehülfen unterstützt, das Geschäft hatte, die griechisch zu erlassenden Bescheide entweder selbst zu concipiren, oder, wenn sie schon lateinisch entworfen waren, in's Griechische zu übertragen. Die in lateinischer Sprache erlassenen Constitutionen Justinians sind zwar nicht frei von eingemischten griechischen Floskeln;[206] jedoch der Kaiser hat diese bisweilen ganz schicklich eingestreut, nehmlich da, wo es darauf ankam, das Formular eines Rechtsgeschäfts in der lebenden Geschäftssprache der damaligen Zeit anzuführen.[207]

---

206) Vergl. z. B. *L. 8. §. 2. C. de summa trinitate. L. 20. §. 1. de agricol.*

207) *L. 4. §. 6. C. de recept. arbitr.* Si quis autem post arbitri definitionem subscripserit „ἐμμένειν," vel „πληροφορεῖν," vel „διδόναι," *(Graecis enim vocabulis hoc enarrare propter consuetudinem utilius visum est.)* etsi non adiecerit „ὁμολογῶ" etc. *L. 2. C. Commun. de legat.* Omne verbum significans testatoris legitimum sensum, legare vel fideicommittere volentis, utile atque validum est, sive directis verbis, quale est „*iubeo*" forte, sive precariis utatur testator, quale est „*rogo, volo, mando, fideicommitto*;" sive iuramentum interposuerit: cum et hoc nobis audientibus ventilatum est, testatore quidem dicente „ὁρκῶ," partibus autem huiusmodi verbum huc atque illuc lacerantibus etc. *L. 8. de novationib.* Et generaliter definimus, voluntate solum esse, non lege, novandum; et si non verbis exprimatur, ut sine novatione (quod solito vocabulo „ἄνευ

Den Zeitpunkt des gänzlichen Verschwindens der lateinischen Sprache aus der Verwaltung des römischen Kaiserstaates versetzt Du Cange[208]) nicht ohne Grund in die Regierung des Mauricius und Heraclius, unter welcher die Distrikte, in denen noch lateinisch gesprochen wurde, vom römischen Reiche abgerissen wurden.

Die Sprache in den Edicten der römischen Magistratus scheint ausschließlich die lateinische geblieben zu seyn; wie dies einige aus dem vierten und fünften Jahrhundert n. Chr. uns erhaltene Edicte der Präfecti Prätorio und Präfecti Urbi darthun.[209])

Für die Verhandlungen des römischen Senates unter der Kaiserregierung statuirt Walch[210]) nach dem Vorgange andrer, ausschließlich den Gebrauch der lateinischen Sprache, indem er sich auf die Berichte der Klassiker beruft, daß Tiberius sich jedes griechischen Ausdrucks sorgfältig im Senate enthalten, und nicht geduldet habe, daß ein Centurio ein öffentliches Zeugnis in griechischer Sprache ablegte;[211]) ferner daß Kaiser Claudius ei-

---

καινότητος" Graeci dicunt,) causa procedat, hoc enim naturalibus inesse rebus volumus, et non verbis extrinsecus supervenire. Vergl. *Cuiacius Observatt.* Lib. 17. c. 16. c. 25.

208) a. a. O.

209) S. über dieselben *Haubold Institution. Iur. Rom. litterariae.* Tom. I. §. 99. pag. 269. fgg. Vergl. auch noch *Ammianus Marcellin.* Lib. 27. c. 9. Lib. 28. c. 4.

210) a. a. O. §. 5. 6.

211) *Suetonius in Tiber.* c. 71. *Dio Cassius* Lib. 57. c. 15.

nen Gesandten der Lycier, welcher ihm im Senate auf seine lateinische Anrede, wegen Unbekanntschaft mit der lateinischen Sprache, nur griechisch zu antworten gewußt, des römischen Bürgerrechts zur Strafe beraubt habe,[212]) und daß derselbe Kaiser dem Könige Herodes und dessen Bruder nur aus besonderer Gunst verwilligt habe, ihre Danksagung im römischen Senat in griechischer Sprache zu halten.[213]) Indeß diese Ansicht ist nichts weniger als richtig. Valerius Maximus[214]) bezeugt, daß zu seiner Zeit Verhandlungen in griechischer Sprache im römischen Senat an der Tagesordnung gewesen seyen. Dio Cassius[215]) bemerkt bei dem Vorfall zwischen Tiberius und dem Centurio, daß die Strenge des Kaisers ganz inconsequent gewesen sei, indem derselbe im Senat mehrere Sachen in griechischer Sprache theils selbst verhandelt theils verhandeln gehört habe. Dies läßt sich nicht mit Walch dadurch entkräften, daß der Kaiser, an kein Gesetz gebunden, auch wol in vorkommenden Fällen sich eine Abweichung von der allgemein befolgten Geschäftssprache habe erlauben dürfen, denn der ausdrückliche Zusatz bei Dio Cassius, Tiberius habe griechische Verhandlungen im Senate angehört, zeigt die Nichtigkeit dieses Einwandes. Eben so berichtet uns Suetoni-

212) *Dio Cassius* Lib. 60. c. 17. *Suetonius in Claudio.* c. 16.

213) *Dio Cassius* a. a. O. c. 8.

214) Vergl. oben not. 75.

215) S. not. 211.

us,[216]) Kaiser Claudius habe es während seines Consulates geduldet, daß sein Adoptivsohn Nero die Sache der Rhodier und Trojaner, Behufs ihrer Befreiung von der Grundsteuer, in griechischer Sprache im Senate verfochten: auch soll der nehmliche Kaiser häufig den griechischen Gesandten im Senate in einer ganz griechisch verfaßten Rede Bescheid ertheilt, und überhaupt gegen den Senat sich häufig Aeußerungen in griechischer Sprache bedient haben.[217]) Die von Walch angeführten Beispiele bethätigen also nur, daß die römischen Kaiser bei wichtigen Veranlassungen bemüht gewesen sind, die lateinische Sprache als Geschäftssprache aufrecht zu erhalten: Dies wird auch durch die Erzählung unterstützt, daß Nero den König von Armenien, Tiridates, um ihm in Folge der Uebereinkunft mit Corbulo das Diadem zu Rom aufzusetzen, auf dem Forum sitzend empfangen, und dessen wahrscheinlich griechisch gehaltene Rede dem versammelten Volke durch einen vornehmen Römer habe verdollmetschen lassen.[218]) Auch die an den Senat gerichteten Reden und Sendschreiben der römischen Kaiser scheinen ohne Ausnahme lateinisch verfaßt gewesen zu seyn; wie dies der Bericht des Spartianus[219]) unterstützt, daß Ha-

216) *in Nerone* c. 7. vergl. *in Claud.* c. 25. *Tacitus Annal.* Lib. 12. c. 58.

217) *Suetonius in Claud.* c. 42. *Dio Cassius* a. a. O. c. 16.

218) *Suetonius in Neron.* c. 13. *Tacitus* a. a. O. Lib. 15. c. 25. — 29.

219) *in Hadriano.* c. 3. vergl. c. 1. z. E.

drian sich früher fast allein der griechischen Sprache beflissen habe, und erst durch den Spott, welchen er als Quästor bei Ablesung einer Rede Kaiser Trajans im Senat wegen seines schlechten lateinischen Vortrags erfahren mußte, zu einem gründlichen Studium der lateinischen Sprache angetrieben sei. Ferner bezeugen dies mehrere uns noch erhaltene *Orationes* und *Epistolae* späterer Kaiser, welche sämtlich lateinisch verfaßt sind.

Schon vor Constantinus, besonders aber seit der Regierung dieses Kaisers, scheint bei Unterhandlungen mit Auswärtigen von Seiten der Römer allmählig die griechische Sprache in Gebrauch gekommen zu seyn, während die Barbaren, welche mit den Römern unterhandelten, sich fast immer des Vorrechts bedienten, in ihrer Muttersprache sich auszudrücken. So z. B. schrieb Kaiser Aurelianus an die Königin Zenobia einen griechischen Brief, welchen diese, wiewol sie nicht weniger des Lateinischen als des Griechischen kundig gewesen seyn soll,[220]) in syrischer Sprache beantwortete.[221]) Der bei Eusebius[222]) erhaltene Brief Constantins an den persischen König Sapor scheint auch in der Urschrift griechisch verfaßt gewesen zu seyn, da Eusebius hierbei einer von ihm veranstalteten Uebersetzung nicht gedenkt, was er beim Uebertragen kaiserlicher Verfügungen, die nicht griechisch abgefaßt waren, sonst jederzeit beobachtet.

---

220) *Trebellius* **Pollio** *in 30 tyrann.* c. 30. *Vopiscus in Aureliano.* c. 30.

221) *Vopiscus* a. a. O. c. 26. 27. 30.

222) *Vita Constantini* Lib. 4. c. 9. — 13.

(Vergl. oben not. 158.) Chosroës, König der Perser, ertheilte seine Einwilligung zu dem mit dem römischen Hofe abzuschließenden Frieden in einem an Justinian gerichteten persisch geschriebenen Briefe;[223]) und die Gesandtschaft der Türken an Kaiser Justinus *II.* überbrachte demselben von ihrem Oberhaupte einen in scythischer Sprache geschriebenen Brief.[224]) Bei Gesandtschaften barbarischer Stämme an den römischen Kaiser ist immer von einer Verhandlung durch Dollmetscher die Rede; wie dies die *Excerpta de Legationibus* fast auf jeder Seite bezeugen: z. B. um uns auf die frühesten Fälle zu beschränken, bei der Erzählung von Gesandtschaften an Kaiser Aurelianus und Julianus;[225]) ähnlich wie früher schon bei Gelegenheit der scythischen und celtischen Gesandtschaft an Caracalla.[226]) Dagegen bei den Abgeordneten griechischer Völkerschaften geschieht niemals der Dollmetscher Erwähnung, wol aber wird berichtet, daß sie ihr Anliegen in griechischer Sprache vorgebracht haben: z. B. die Gesandte der Jonier und Lydier, welche an Kaiser Julianus nach dessen Thronbesteigung geschickt wurden;[227]) die Abgeordnete, welche Valentinian in Bithynien empfing,[228]) u. a. m. Besonders entscheidend für unsre

---

223) *Excerpta de Legationibus.* pag. 137. (In dem *Corpus Histor. Byzantin.* edit. Paris. 1648. Fol. Vol. I.)

224) Ebendas. pag. 108.

225) Das. pag. 8. und 15.

226) *Dio Cass.* Lib. 78. c. 6.

227) *Excerpta de Legationib.* pag. 17. 18.

228) Das. a. a. O. und *Ammian. Marcellin.* Lib. 30. pag. 497. fg. edit. *Sylburg.*

Annahme ist der ausführliche Bericht des Menander[229]) über den Friedensschluß zwischen Justinian und Chosroës, welcher alle Kennzeichen historischer Wahrheit an sich trägt. In demselben heißt es, daß das Friedensinstrument von Justinians Abgeordneten in griechischer, von denen des Chosroës aber in persischer Sprache niedergeschrieben, darauf das griechische Original in's Persische, und das persische in's Griechische mit großer Sorgfalt übertragen, und endlich die Originalurkunden nicht blos von den Gesandten, sondern auch von den sechs Dollmetschern jedes contrahirenden Theils unterschrieben und besiegelt worden seien.

Nur von Kaiser Justinus *II.* wird uns berichtet, daß der König der Perser an ihn einen der griechischen Sprache mächtigen Gesandten, mit einem, wie es scheint griechisch verfaßten Briefe geschickt habe.[230])

Ein solcher Geschäftsgang macht die große Anzahl von Dollmetschern erklärlich, welche sich bei den Römern dieser Zeit vorfindet. Der Rhetor Priscus[231]) legt dem Magister Officiorum auch die Aufsicht über die Dollmetscher bei, und die Notitia Dignitatum[232]) zählt zu den Unterbeamten dieser obrigkeitlichen Person auch *Interpretes omnium gentium.* Diese Dollmetscher standen im Range den gewöhnlichen Beamten gleich, ohne

229) *Excerpta de Legationib.* pag. 140. — 142.

230) Ebendas. pag. 118.

231) Das. pag. 38.

232) *Notitia Orient.* c. 71. *Occident.* c. 33. edit. *Pancirolli.*

die Vorrechte höherer Würdenträger zu genießen: daher Procopius, in einer bei Gu. Pancirollus[233]) angeführten Stelle, es als eine beispiellose Auszeichnung anführt, daß Justinian einen solchen Dollmetscher zur Tafel gezogen habe. Uebrigens erhielt sich bis auf die späteste Zeit die schon früher (oben. not. 25.) berührte, Sitte der Römer, ihren Gesandten an fremde Völker eigene Dollmetscher mitzugeben. So z. B. wird dies bei der Gesandtschaft bemerkt, welche Theodosius an Attila nach dessen Thronbesteigung abschickte;[234]) eben so bei den Abgeordneten des Kaisers Justinus *II.* an den Anführer der Avaren.[235]) Auch die Gesandte auswärtiger Nationen brachten gemeinhin ihre Dollmetscher schon mit sich; z. B. die Perser, nicht blos bei den Friedensunterhandlungen mit Justinian, (oben not. 229.) sondern auch nachher, als sie wegen des in Empfang zu nehmenden Tributes zur Unterhandlung kamen;[236]) eben so die an Justinus *II.* geschickten Abgeordneten der Avaren.[237])

Die Gerichtssprache blieb in Rom selbst wol fortwährend die lateinische allein. Dies bezeugen nicht blos einzelne Beispiele lateinisch abgefaßter richterlicher Erkenntnisse,[238]) sondern vornehmlich die in den Pandek-

233) *Procopius de Bello Persico.* Lib. 2. *Gu. Pancirollus Commentar. ad Notit. Dignitatt. Orient.* a. a. O.

234) *Excerpta de Legationibus* pag. 48. 51.

235) Ebendas. pag. 111. z. E.

236) Das. pag. 143.

237) Das. pag. 154.

238) *L. 1. §. 1. 2. D. Quae sentent. sine appellat. L 3. L.*

ten[239]) deutlich ausgesprochene Regel: „*Decreta a Praetoribus latine interponi debent.*" Indeß dies leidet folgende Auslegung. Nur die Gerichtssprache des römischen Magistratus und der ihm assistirenden Geschwornen mußte lateinisch seyn; dagegen den bei ihm Recht suchenden Individuen, welche Ausländer waren, stand, auch bei nicht gänzlicher Unkunde des Lateinischen, der Gebrauch ihrer Muttersprache vor Gericht frei.[240]) So dürfte sich am natürlichsten der Widerstreit in folgenden Aussagen des Suetonius beseitigen lassen. Nach ihm[241]) soll Kaiser Claudius einen angesehenen Griechen, welcher in die *decuriae iudicum* zu Rom aufgenommen war, wegen dessen Unkunde in der lateinischen Sprache aus der Zahl der *iudices* ausgestrichen und des römischen Bürgerrechtes beraubt haben; während von demselben Kaiser gesagt wird,[242]) er habe Griechen und andere Aus-

---

4. C. de sentent. quae sine certa quantit. L. 1. C. si plures una sentent. L. 2. C. Quando provoc. non est nec.

239) *L. 48. D. de re iudic.*

240) Dies bewährt unter andern auch *Tacitus Annal. Lib. 4. c. 45.* Iisdem Consulibus (a. u. 778) facinus atrox in citeriore Hispania admissum a quodam agresti nationis Termestinae. Is Praetorem provinciae, L. Pisonem, pace incuriosum, ex improviso in itinere adortus, uno vulnere in mortem adfecit. — et repertus, voce magna, *sermone patrio*, „frustra se interrogari," clamitavit; „adsisterent socii ac spectarent, nullam vim tantam doloris fore, ut veritatem eliceret.

241) *in Claudio c.* 16.

242) *a. a. O. c. 15.* Ac ne cui haec mira sint, litigatori Graeculo

länder vor Gericht ihre Rechtssache in ihrer Landessprache vertheidigen lassen. Auch darf uns dies nicht befremden, da wir aus der Regierung der spätern Kaiser oben[243] Beispiele kennen gelernt haben, daß in einer Prozeßsache die Parthcien ihren Vortrag in griechischer Sprache halten durften, während die Entscheidung des Kaisers lateinisch lautete.

In Constantinopel erhielt sich gleichfalls unter den ersten dort regierenden Kaisern die lateinische Sprache in den Gerichten. Angeblich jedoch sollen Arcadius und Honorius[244] der griechischen Sprache gleichen Gebrauch neben der lateinischen *in foro* bewilligt haben. Ueber die Vereinigung dieser Constitution mit der zuvor (not. 239.) angeführten Stelle der Pandekten ist unendlich gestritten worden.[245] Am überzeugendsten ist die von mehreren, und unter andern auch von Walch,[246]

---

vox in altercatione excidit, „καὶ σὺ γέρων εἶ, καὶ μωρός." Ebendas. *c. 16.* Nec quemquam nisi sua voce, utcunque quis posset, ac sine patrono, rationem vitae passus est reddere.

243) not. 172. und 180.

244) *L. 12. Cod. Iust. de sentent. et interlocut. Impp. Arcadius et Honorius AA. Iuliano Procons. Asiae.* Iudices tam latina quam graeca lingua sententias proferre possunt.

245) Vergl. Walch a. a. O. §. 6. 7. 13. und Dionys. Gothofredus in den Anmerkungen zu *L. 48. D. de re iud.* und *L. 12. C. de sentent. et interloc.*

246) a. a. O.

angenommene Erklärung, daß die Constitution der genannten Kaiser sich nur auf die Rechtspflege in den Provinzen beziehe. Doch irrt Walch offenbar, wenn er annimmt, daß die angeführte Constitution sich blos auf die Provinz Asien erstreckt habe, und ihr Inhalt erst durch Tribonian, der sie in den Justinianischen Codex aufgenommen, zum allgemeinen Gesetz erhoben sei; denn die Worte dieser Constitution sprechen einen ganz generellen, auf alle Provinzen, welche gleich Asien griechisch sprechende Einwohner zählten, anwendbaren Rechtssatz aus, und unfehlbar hatte diese Verordnung schon durch ihre Aufnahme in den Theodosischen Codex und dessen Bestätigung im Occident allgemeine Gültigkeit erhalten. Die hier befolgte Auslegung der angeführten *L.* 12. *C.* soll jedoch keineswegs zu der Schlußfolge Veranlassung geben, als ob in Constantinopel bis auf Justinian nur die lateinische Sprache in den Gerichten geherrscht habe; denn ein unverdächtiger Zeuge, sobald er von der ihm zunächst liegenden Zeit spricht, Johannes Lydus,[247]) berichtet, daß ein als Dichter bekannter Aegypter Namens Cyrus, welcher nach Evagrius und Suidas[248]) unter Theodosius dem Jüngern zu Constantinopel lebte, und in hohem Ansehn stand, als er die Würde eines Präfectus Prätorio und Präfetcus

247) a. a. O. (not. 23.) Lib. 2. c. 12. Lib. 3. c. 42.

248) *Evagrius Histor. Eccles.* Lib. 1. c. 19. *Suidas* Tom. II. pag. 402. Vergl. *Frid. Iacobs Animadvers. in Epigramm. Antholog. Graec.* Vol. III. Pars III. Lips. 1814. *Catalog. Poëtar.* pag. 878. fg.

Urbi zugleich bekleidet, von dem allgemeinen Gebrauch die Urtheilssprüche lateinisch abzufassen zuerst, wegen seiner Unkenntnis der lateinischen Sprache, abgewichen sei, und sich während seiner Amtsführung nur der griechischen Sprache bedient habe. Lydus spricht von diesem Ereignis so, als ob es fortan den Gebrauch der lateinischen Sprache in den Gerichten gänzlich verdrängt habe, (womit auch Agathius[249]) übereinstimmt,) und er sieht darin eine theilweise Erfüllung des früher[250]) erwähnten Orakelspruches, indem um dieselbe Zeit die Macht des Präfectus Prätorio bedeutend geschmälert wurde.

In den Provinzen scheint die Verwaltung überhaupt, und die Rechtspflege insbesondre, unter der Kaiserregierung für die griechisch sprechenden Provincialen häufig, und seit der Verlegung der Residenz wol allgemein, in griechischer Sprache gehandhabt zu seyn. Hinsichtlich der einheimischen Behörden in den Provincialstädten überheben die, uns noch auf Inschriften erhaltenen[251]) und griechisch verfaßten Beschlüsse der städtischen Communen in Sicilien, Griechenland, Asien, u. s. w. es jedem Zwei-

249) *Histor.* Lib. 4. pr. pag. 463. edit. Basil. 1531.

250) Vergl. oben not. 23.

251) *Gruter* a. a. O. pag. 400. No. 8. pag. 401. No. 1. pag. 406. No. 10. pag. 428. No. 11. pag. 458. No. 1. pag. 460. No. 1. pag. 1025. No. 10. pag. 1037. No. 5. pag. 1094. No. 5. pag. 1095. No. 5. *Reinesius* a. a. O. Cl. 1. No. 203. 204. Cl. 2. No. 59. — 61. Cl. 3. No. 35. 52. 84. — 86. Cl. 5. No. 9. Cl. 6. No. 101. 121. Cl. 7. No. 23. — 25. 36.

fel, daß dieselben sich fortwährend der Landessprache bei ihren öffentlichen Verhandlungen bedient haben. Dagegen für die Thätigkeit der römischen Beamten bedarf unsre Behauptung noch einer genaueren Erörterung. Zu diesem Ende können wir uns auf die Erzählung des Dio Cassius[252]) berufen, daß August, als er im Jahre d. St. nach der Unterwerfung Aegyptens den gesamten Aegyptern seine Verzeihung bekannt machen wollte, die zu dem Ende abgefaßte, und auf das allgemeine Verständnis bei der Versammlung berechnete Rede in griechischer Sprache gehalten habe. Ferner wird uns von Plutarch[253]) berichtet, daß Nero zu Corinth bei der Feier der Isthmischen Spiele zu den versammelten Griechen in feierlicher Form und ohne Dollmetscher gesprochen habe; während bei seinen sonstigen Anreden an Fremde jederzeit ein Dollmetscher, meistens ein vornehmer Römer, genannt wird.[254]) Sodann gehört hieher die Nachricht bei Tacitus,[255]) daß Vespasian, nachdem die Armee ihn in seiner Provinz zum Kaiser ausgerufen hatte, die im Theater zu Antiochia versammelten Provincialen kraft seiner neuen Würde in griechischer Sprache angeredet habe. Auch dürfen wir auf die schon früher[256]) aus Plinius beigebrachte Nachricht über Kaiser Trajans Rechtspflege in den Provinzen verweisen. Besonders entscheidend ist

252) Lib. 51. c. 16. ed. *Reim.*

253) *in Flaminio* pag. 376.

254) *Dio Cassius* Lib. 63. c. 14.

255) *Histor.* Lib. 2. c. 80.

256) S. not. 144. 2.

aber die Erwähnung griechisch verfaßter Urtheilssprüche in den Provinzen,[257]) so wie die oben[258]) angeführte Constitution von Arcadius und Honorius. Von solchen durch römische Provincialbehörden in griechischer Sprache abgefaßten oder abzufassenden richterlichen Erkenntnissen sind einige Stellen der Pandekten zu verstehn;[259]) sodann auch zwei Rescripte Kaiser Gordians.[260]) In dem ersten dieser Rescripte ist der Spruch des die Strafe der Stockschläge vollziehenden Gerichtsdieners, in dem letzten der Inhalt der richterlichen Sentenz in griechischer Sprache angegeben: und zwar in den Basiliken vollständiger als in den Handschriften des Codex; daher haben einige den Zusatz der Basiliken für

---

257) *L. 9. §. 8. D. de poenis*, welches Fragment, seiner Inscription zufolge, nur auf die Provinzen bezogen werden kann. *L. 13. §. fin. D. de iurciur.*

258) S. not. 244.

259) S. die Citate in not. 257.

260) *L. 16. C. Ex quib. caus. infam. Imp. Gordianus A. Domitiano.* Fustibus caesum, cui per praeconem ita dictum est ἐσυκοφάντησας," ut calumniatorem videri notatum, ideoque esse famosum, manifestum est. Ebendas. *L. 17. Idem A. ad Magnum.* Verbum precibus insertum potius verecundiam onerare, quam ullam existimationis maculam videtur adspergere. Etenim cum non causa cognita dictum est „ἐσυκοφάντησας," sed ad postulatum patroni interlocutione iudicis responsum sit, nequaquam hoc infamiam irrogat.

ein Glossem der Griechen erklärt,[261] während Cujacius[262] die Aechtheit desselben in Schutz nimmt, und zwar mit um so größern Recht, da diese Rescripte sich auf einzelne Rechtsfälle beziehn, und wahrscheinlich auf Prozesse, welche in einer Provinz anhängig waren, und bei denen der Kaiser aus den ihm mitgetheilten Verhandlungen einige der wesentlichsten Punkte in der Originalsprache in seine Verfügung aufnahm. Walch,[263] der die Anwendung der griechischen Sprache in den römischen Gerichten durchaus leugnet, führt zum Beweise für seine Meinung an das von Pontius Pilatus in lateinischer Sprache über Jesus ausgesprochene Todesurtheil,[264] und die zu Vienne in derselben Sprache erfolgte Verurtheilung des Attalus.[265] Indeß diese Argumente beweisen nichts. Das Todesurtheil unsers Heilandes wurde nach andern Zeugnissen[266] zugleich in lateinischer, griechischer und hebräischer Sprache bekannt gemacht; ähnlich wie öffentliche Inschriften in entfernten Provinzen in mehreren Sprachen zugleich verfaßt wurden, auch wenn nur eine von diesen in der Provinz die vorherrschende war. (Vergl. oben not. 99. und unten not. 271.) Die Er-

261) Vergl. die Anmerkungen zu L. 16. C. a. a. O. in der *Gebauer Spangenberg*'schen Ausgabe des Corpus iur. civ.

262) *Observation.* Lib. 13. c. 3.

263) a. a. O. §. 6. 7.

264) *Lucas* c. 23. v. 38. *Evang. Ioannis* c. 19. v. 20.

265) *Eusebius Histor. Eccles.* Lib. 5. c. 1.

266) *Isidorus Origin.* Lib. 9. c. 1. *Prudentius Apotheos.* v. 323.

zählung des Eusebius aber von der Verurtheilung des Attalus würde überhaupt nur dasjenige bestätigen, was niemand bezweifelt, nehmlich daß außer der griechischen und lateinischen Sprache keine andre von den römischen Obrigkeiten in den Provinzen gesprochen wurde; und mithin da, wo die Provincialen weder lateinisch noch griechisch verstanden, die lateinische die Geschäftssprache blieb; worauf auch die allgemein gefaßten Worte eines Schriftstellers des vierten Jahrhunderts n. Chr. des Julius Firmicus Maternus,[267]) deren Nachweisung wir dem Brissonius[268]) verdanken, bezogen werden können. Ueberdem aber ist noch zu bemerken, daß der Prozeßfall zu Vienne, von welchem hier die Rede ist, sich in einer aus römischen Colonisten bestehenden Pflanzstadt zugetragen hat, wo die lateinische Sprache vorherrschte, wie dies der Zusatz bei Eusebius ergiebt, daß der mit Attalus zugleich verurtheilte Arzt Alexander eine Rede an das dortige Publikum in lateinischer Sprache gehalten habe.

Auf öffentlichen Monumenten, deren Errichtung von römischen Behörden ausging, erhielt sich der Gebrauch der lateinischen Sprache fortwährend; wie dies mehrere vom Kaiser oder Senat angegebene Inschriften darthun,[269]) unter andern auch die unter dem Standbilde, welches sich

---

267) *Mathes. Lib. 3. c. 8.* Reddit etiam sic, per noctem collocutus, Imperatorum aut potentissimorum iudicum interpretes.

268) *de Verbor. Significat.* v. *Interpres.*

269) *Capitolinus Gordiani tres.* c. 27. *Trebellius*

Constantin nach dem Siege über den Maxentius setzen ließ, befindliche.[270]) Bei Denkmälern in entfernten Provinzen wurde jetzt aber die Hinzufügung von Uebersetzungen der lateinischen Inschrift in mehrere Sprachen ganz gewöhnlich.[271]) Einer griechischen Inschrift auf einem von Domitian in Rom errichteten Triumphbogen gedenkt Suetonius,[272]) als eines Spiels der Laune und einer Abweichung vom allgemeinen Herkommen. Andere scheinbare Ausnahmen der oben von uns aufgestellten Regel lassen sich leicht beseitigen. Das für das Denkmal des Kaisers Aureolus verfertigte griechische Epigramm[273]) wurde blos privatim, ohne Anerkennung des Staates gestiftet. Das sehr ähnliche Standbild des Pescennius Niger mit einer griechischen Inschrift, welches sich noch im Zeitalter Diocletian's in dem ehemaligen Hause des Pescennius zu Rom erhalten hatte, war nicht in Rom gefertigt, sondern ein Geschenk des Königes von Theben.[274]) Erst seit der Regierung des älteren Theo-

---

Pollio. XXX. tyranni. c. 7. c. 33. *Vopiscus in Probo.* c. 21. *in Numeriano.* c. 11.

270) *Eusebius Vita Constantini.* Lib. 1. c. 40.

271) *Capitolinus* a. a. O. *cap. fin.* Gordiano (tertio) sepulchrum milites apud Circeium castrum fecerunt, in finibus Persidis; titulum huiusmodi addentes et graecis, et latinis, et persicis, et iudaicis, et aegyptiacis litteris, ut ab omnibus legeretur, etc.

272) *in Domitiano.* c. 13.

273) *Trebellius Pollio* a. a. O. c. 11.

274) *Spartianus in Pescennio Nigro.* c. 12.

dosius finden sich griechische Inschriften auf einzelnen öffentlichen Monumenten der Römer, und werden von dieser Zeit ab immer häufiger.[275])

Das bisher Gesagte leidet aber durchaus keine Anwendung auf Denkmäler, welche von Privatleuten errichtet wurden, und eben so wenig auf solche, welche zur Ehre römischer Kaiser oder Beamten, in Rom oder in den Provinzen, durch sämmtliche Provincialen oder von einzelnen Corporationen und Zünften gesetzt wurden. Hier machte der Stifter des Monuments jederzeit von dem Vorrecht Gebrauch, die Inschrift beliebig in griechischer oder lateinischer Sprache, oder auch in beiden Sprachen zugleich, abzufassen; wie dies die Inschriften-Sammlungen auf jeder Seite zu erkennen geben.

Was den Cultus angeht, so finden sich im dritten Jahrhundert der christlichen Zeitrechnung deutliche Spuren, daß auch bei den eigenthümlich römischen heiligen Gebräuchen die griechische Sprache sich immer mehr Eingang verschaffte. Zosimus[276]) berichtet aus glaubwürdigen Quellen, daß bei der Säcularfeier unter Septimius Severus im Tempel des Apollo zu Rom griechische und lateinische Hymnen und Päane von *patrimis et matrimis* gesungen worden sind; und als der ältere Gallienus die Hochzeit seiner Bruderskinder feierlich beging, wurden

275) Vergl. *Gruter.* a. a. O. pag. 185. No. 6. pag. 391. No. 5.

276) *Historiar.* Lib. 2. zu Anf. pag. 669. fg. (Edit. *Sylburg Roman. histor. scriptor. graeci minor.* Francof. 1590. fol.)

mehrere Tage hinter einander Epithalamien in griechischer und lateinischer Sprache vorgetragen.[277] Die christlichen Religionsgebräuche wurden von jeher in der Sprache jedes einzelnen Landes gefeiert, wie Jos. Bingham[278] ausführlich bewiesen hat; und es ist nur noch zu erwähnen, daß Constantin seinen Soldaten ein bestimmtes in lateinischer Sprache verfaßtes Gebet vorschrieb, welches sich bei Eusebius[279] erhalten hat.

Hinsichtlich der Darstellungen der Pantomimen, welche in Justinians Zeitalter alle andre Arten von Dramen verdrängt hatten,[280] blieb es unter der Kaiserregierung in demselben Zustande, wie zur Zeit der Republik. Von Dramen, welche in griechischer Sprache zu Rom auf das Theater gebracht wären, findet sich keine Spur, und was in den Schriften der Klassiker darauf bezogen werden könnte, leidet eine ganz andre Auslegung. Nehmlich entweder ist von *fabulis graecis*, in dem früher[281] bezeichneten Sinne, die Rede;[282] oder es sind pantomimische Darstellun-

---

277) *Trebellius* Pollio *Gallieni duo*. c. 11.

278) *Origines, sive Antiquitates, Eccles.* Vol. IV. Lib. 13. c. 4.

279) *Vita Constantini* Lib. 4. c. 19. c. 20.

280) *Iohannes Lydus* a. a. O. Lib. 1. c. 40.

281) Vergl. oben not. 109.

282) *Suetonius in Octavian.* c. 89. *in Neron.* c. 39. *Tacitus Annal.* Lib. 14. c. 15. Non nobilitas cuiquam (nehmlich unter Nero's Regierung,) non aetas, aut acti honores impedimento, quo minus graeci latinive histrionis artem exercerent.

gen gemeint;[283]) oder die griechischen Dramen wurden nicht in Rom, sondern in Neapel bei der Anwesenheit des kaiserlichen Hoflagers vorgestellt.[284])

Beiläufig muß hier auch der unter den Kaisern sehr verbreiteten Sitte, eigene poetische Arbeiten öffentlich zu recitiren, im Gegensatz der bloßen Privatmittheilung vor Freunden, gedacht werden. Zwar werden uns hier gemeinhin nur Produkte, die in lateinischer Sprache verfaßt waren, genannt;[285]) jedoch, bei dem Bestreben der damaligen Römer, sich auch in griechischen Versen zu versuchen,[286]) ist nicht zu vermuthen, daß griechische Poesien von dieser Art der Bekanntmachung ausgeschlossen gewesen seyn sollten.

Auch die öffentlichen Wettkämpfe in gebundener und ungebundener Rede sind hier nicht zu übergehn. Dergleichen veranstalteten mehrere Kaiser bei feierlichen Veranlassungen; z. B. Caligula,[287]) Nero,[288]) Domitian;[289]) und es wird ausdrücklich dabei bemerkt, daß die Preisbewerber sich in griechischer und lateinischer Sprache versucht haben.

Der Unterricht auf den Universitäten des römischen

---

283) z. B. in der Stelle des *Suetonius in Neron.* c. 46.

284) Ders. *in Claudio.* c. 11. *in Neron.* c. 20.

285) *Plinius Epist.* Lib. 1. Ep. 13. Lib. 2. Ep. 10.

286) Ders. Lib. 4. Ep. 3. und 18.

287) *Suetonius in Caligula.* c. 20.

288) Ders. *in Neron.* c. 12. *Tacitus Annal.* Lib. 14. c. 20. c. 21.

289) *Suetonius in Domitiano.* c. 4.

Kaiserreiches, besonders der in der Rechtsgelehrsamkeit, soll angeblich unter Justinian und dessen Vorgängern in griechischer und lateinischer Sprache ertheilt worden seyn; nur mit dem Unterschiede, daß in Constantinopel und in den orientalischen Provinzen die griechischen Lehrer in größerm Ansehn gestanden haben als wie die lateinischen, während in den übrigen Theilen des Reichs umgekehrt jene diesen nachgesetzt seyn sollen. Mylius,[290]) welcher diese Ansicht vorzüglich verfochten hat, beruft sich auf mehrere, im Codex Theodosianus enthaltene, kaiserliche Verordnungen.[290 a]) Allein alle diese, wie auch Jacobus Gothofredus,[291]) und andere nach ihm[292]) annehmen, sprechen nur in Bezug auf die Grammatik und Rhetorik von Lehrern in beiden Sprachen; für den Unterricht in diesen beiden Disciplinen forderte man aber schon frühe bei den Römern die Kenntnis der griechischen und lateinischen Sprache[293]) und wie, nach der obigen Darstellung, (not. 114.) noch in Cicero's Tagen der Unterricht in der Rhetorik zu Rom hauptsächlich griechisch betrieben wurde, so erhielt sich bei demselben auch unter der Kaiserregierung in Rom so wie in den Provin-

290) a. a. O. c. 5. §. 2.

290 a) Namentlich auf Lib. 11. Tit. 16. c. 15. c. 18. Lib. 13. Tit. 3. c. 1. c. 2. c. 11. Lib. 14. Tit. 9. c. 2. c. 3.

291) *Commentar. ad Cod. Theod.* Lib. 13. Tit. 3. c. 11.

292) z. B. *Heineccius Antiquitatt. Iur. Rom.* Lib. 1. Tit. 25. §. 21. 22.

293) *Suetonius de illustrib. grammatic.* c. 1. 2. 7. 10. *de clar. rhetorib.* c. 5.

zen der Gebrauch der griechischen Sprache neben der lateinischen.[294] Erwägt man aber, daß noch zu Justinians Zeit die Rechtsquellen, über welche sich der juristische Unterricht verbreitete, fast ohne Ausnahme lateinisch verfaßt waren; so fühlt man sich sehr geneigt anzunehmen, daß auch die Sprache des Unterrichts keine andere als die lateinische gewesen seyn könne;[295] wiewol auf der andern Seite die sehr wahrscheinliche Vermuthung, nach welcher die griechische Paraphrase der Institutionen von Theophilus ein in den Vorlesungen dieses Rechtslehrers nachgeschriebenes Collegienheft ist,[295 a] der entgegengesetzten Meinung einen nicht unbedeutenden Stützpunkt verschafft.

Die römischen Juristen unter der Kaiserregierung, da sie wol ohne Ausnahme beider Sprachen kundig waren, ertheilten ihre Rechtsgutachten wahrscheinlich bald lateinisch bald griechisch, je nachdem die sie um Recht fragenden Personen sich in dieser oder jener Sprache an sie gewendet hatten. Die zahlreichen Fragmente aus den *Libris Responsorum* dieser Juristen sind zwar sämtlich lateinisch geschrieben, aber aus keinem andern Grunde, als weil ihr juristisches Publikum aus Römern bestand, deren Sprache sie sich accommodiren mußten. In mehreren dieser Fragmente[296]

---

294) *Plinius Ep.* Lib. 2. Ep. 3. Lib. 4. Ep. 11. *Gellius Noct. Att.* Lib. 12. c. 1. Lib. 13. c. 24. Lib. 14. c. 1. *Dio Cassius* Lib. 45. c. 2. Lib. 76. cap. fin.

295) *Heineccius* oben not. 198. a. a. O.

295 a) S. die oben, not. 134. angeführte Ausgabe des Theophilus, in der Vorrede.

296) z. B. *L. 4. L. 16. §. 1. D. de aliment. vel cibar. le-*

ist freilich die an den Juristen gerichtete Rechtsfrage in griechischer, sein Gutachten aber in lateinischer Sprache verfaßt; indeß dies enthält einen blos scheinbaren Einwand gegen unsre Behauptung. Bei näherer Prüfung sehen wir nehmlich, daß nicht die ganze Anfrage, sondern nur der Inhalt des letzten Willens oder Contractes, welcher griechisch concipirt war und den Hauptgegenstand des in Frage stehenden Rechtsstreites ausmachte, von dem Juristen in griechischer Sprache wiedergegeben ist, damit der Leser hier, wo es auf die Beachtung jedes einzelnen Wortes ankam, gleich die Ausdrücke der Urkunde in der Originalsprache vor Augen haben mögte.

Die Bestimmung des Verhältnisses der griechischen und lateinischen Sprache in Beziehung auf die Schriftsprache der Römer überhaupt unter der Kaiserregierung würde hier zu weit führen, und es mögen daher nur folgende Bemerkungen eine Stelle finden. Kaiser Constantin erscheint auch als Beförderer der lateinischen Schriftsprache. Auf seinen Befehl wurden die griechisch verfaßten Biographieen der römischen Kaiser durch einen vornehmen Römer, Tatius Cyrillus, in's Lateinische übersetzt;[297]) so wie

---

gat. L. 10. D. de pollicitat. L. 34. §. 1. 7. D. de legat. II. L. 37. D. de Servitutt. praedior. rusticor. L. 26. §. 1. D. depositi. L. 39. §. 1. D. de fideicommissar. libertatib. L. 29. §. 1. Qui testam. fac. poss. L. 14. de dote praeleg. L. 23. §. 2. de pecul. leg. L. 101. pr. de legat. III. L. 34. §. 1. de pignorib. L. 61. pr. de Obligation. et Action. L. 60. §. 4. mandati.

297) *Capitolinus in Maximin. duob.* c. 1.

auch er die Uebertragung der Schriften des Eusebius in dieselbe Sprache durch einen geschickten Dollmetscher veranlaßte.[298] Die Verlegung der Residenz hatte aber auf die Befestigung der griechischen Sprache als Schriftsprache den bedeutendsten Einfluß; und namentlich finden wir bei Schriften christlich religiösen Inhalts, sie mogten in morgenländischen Sprachen oder lateinisch verfaßt seyn, die Uebersetzung in's Griechische als nothwendiges Hülfsmittel zu ihrer allgemeinen Verbreitung genannt.[299]

Einer genaueren Erörterung bedarf indeß noch die Schriftsprache der römischen Juristen. Bei Abfassung wissenschaftlicher Werke bedienten diese, selbst die unter Constantin und nach diesem Kaiser lebenden, wie z. B. Hermogenianus, Aurel. Arcad. Charisius, Jul. Aquila u. a. m. sich fast ausschließlich der lateinischen Sprache. Nur aus zwei griechisch geschriebenen Werken finden sich Fragmente in den Pandekten. Das eine ist Papinians *liber singularis de officio Aedilium*, aus welchem sich ein einziges Fragment[300] erhalten hat. Der Grund, aus dem Papinian dieses Buch in griechischer Sprache niedergeschrieben, ist nicht im Klaren; denn die Vermuthung Otto's,[301] daß der Jurist die Amtsthä-

---

298) *Eusebius in vita Constantini.* Lib. 4. c. 35.

299) Ders. *Histor. Eccles.* Lib. 2. c. 2. Lib. 4. cap. fin. Lib. 5. c. 5.

300) *L. 1. D. de via publ. et si quid in ea.*

301) S. dessen *vita Papiniani* c. 4. §. 3. und *de Aedilib. Coloniar.* c. 9. §. 6. 7.

tigkeit der Aedilen, in den Municipien und Colonieen beschreiben wollen, und sich deshalb zu einer auch den Provincialen verständlichen Sprache habe bekennen müssen, hat den Umstand gegen sich, daß das einzige erhaltene Bruchstück aus dieser Schrift seinem Inhalte nach ganz füglich auf die römischen Aedilen bezogen werden kann.[302]) Das andre griechisch verfaßte Werk sind die *libri VI. excusationum* von Herennius Modestinus.[303])

Die übrigen in den Pandekten benutzten und durchaus in lateinischer Sprache verfaßten Werke lassen dennoch mehr oder minder den Einfluß des Griechischen erkennen. Hier ist nicht von denjenigen Juristen die Rede, welche ihren lateinischen Werken griechische Titel gegeben haben; wie z. B. Qu. Mucius Scävola seinem *Liber ὁρῶν*,[304]) M. Antistius Labeo seinen *libris VIII. Πιϑανῶν* u. s. w.; noch von denjenigen, welche Stellen aus griechischen Philosophen, Rednern oder Dichtern anführen, was bei fast allen der Fall ist: sondern es soll hier nur derjenigen gedacht werden; welche der lateinischen Rede griechische Worte und Phrasen beimischen[305]) Diese

302) Vergl. *Bach Histor. Iur. Rom.* Lib. 3. c. 2. Sect. 5. §. 19. not. x.

303) Vergl. *Hommel Palingenesia Iuris.* Vol. I. pag. 456. sqq.

304) *L. 73. §. 4. D. de Regul. Iur.*

305) Einige spärliche Beispiele hiervon liefert *Brissonius de Verbor. Significat.* Lib. 20. — 22. edit. *Heineccii.* pag. 1379. sq. Von griechischen Wendungen in der lateinischen Rede, welche in den Schriften der römischen Juri-

Sitte findet sich nicht blos bei Juristen aus dem Zeitalter Constantins, wie bei Hermogenian[306]) und Charisius,[307]) sondern auch bei solchen, deren Latinität übrigens tadelfrei ist, wie bei Labeo,[308]) Juventius Celsus,[309]) Neratius Priscus,[310]) Aristo,[311]) Julianus,[312]) Gajus,[312 a]) Marcianus,[313]) Florentinus,[314]) Papinianus,[315]) Ulpia-

sten sehr häufig vorkommen, (s. *Brissonius* a. a. O. *Parergon liber singular.* No. 90. — 92. In der edit. citata. *Appendix* pag. 1390. *Ant. Augustini Emendation. et Opinion.* Lib. 2. c. 1. Lib. 4. c. 8.) sprechen wir hier eben so wenig, als von dem Gebrauch griechischer Ausdrücke, welche sich in die lateinische Sprache eingebürgert hatten. (Vergl. *Cuiacius Observation.* Lib. 8. c. 1.)

306) *L. 1. §. 2. D. de muner.*

307) *L. 18. §. 5. D. eod.*

308) *L. 28. de probation. L. 20. pr. de condition. institution. L. 19. de verbor. signif.*

309) *L. 7. in f. de suppellect. leg. L. 3. pr. de condict. tritic.*

310) *L. 20. §. 7. famil. erciscund.*

311) *L. 7. §. 2. de pact.*

312) *L. 104. §. 1. de legat. I. L. 1. unde legitimi. L. 8. pr. de suis et legitim. L. 8. de legib. L. 20. de fideicommissar. libertatt.*

312 a) *L. 50. L. 30. §. 2. L. 58. pr. L 233. §. 2. L. 236. de Verbor. Significat. L. 25. §. 6. locati.*

313) *L. 8. §. 1. de rer. divis. L. 6. de custod. et exhibit. reor.*

314) *L. 42. de religios.*

315) *L. 6. §. 1. ad Leg. Iul. de adulter.*

nus,[316]) Paulus,[317]) und Modestinus.[318]) Bei Ulpian insbesondre findet sich eine Menge griechischer Ausdrücke, und die Behauptung von Jac. Gothofredus,[319]) daß das in den Pandekten excerpirte Werk, welches den Titel führt „*libri Opinionum Ulpiani*," nicht dem berühmten Juristen Domitius Ulpianus, sondern einem gleichnamigen Unbekannten, etwa dem mit dem Juristen häufig verwechselten[320]) Rhetor Ulpianus von Antiochia, zuzuschreiben sei, würde, wenn sie keinen andern Grund für sich hätte, als den, daß der Verfasser häufig griechische Redensarten seinem lateinischen Text beimischt, schwerlich auf unsre Ueberzeugung wirken.

Indeß wenn gleich den Juristen Ulpian der genannte Vorwurf trifft, so dürfen wir doch nicht glauben, daß in seinen lateinischen Schriften ganze Perioden in griechischer Sprache vorgekommen sind. Zwei scheinbare Beispiele der Art, welche sich in den Pandekten finden, beweisen dies keineswegs. In *L. II. §. 1. D. ad Leg. Iul. peculat.*, welche aus dem *Lib. LXVIII. ad Edictum* von Ul-

316) *L. 8. pr. de fideiussor. L. 55. §. 5. L. 70. pr. §. 9. de legat. III. L. 1. §. 7. 9. L. 9. L. 10. §. 4. L. 14. §. 8. de Aedilit. Edicto. etc. etc.*

317) *L. 6. de legib. L. 9. L. 10. de gradib. L. 5. §. 1. L. 144. L. 205. de Verb. Signif.*

318) *L. 23. de statu homin. L. 4. de gradib.*

319) *Commentar. ad Tit. Dig. de Regul. Iuris.* Fragm. 61.

320) Vergl. *Ant. Schulting Oratio: culpandusne sit Tribonianus etc.* hinter dessen *Iurisprud. Ante Iustinian.* edit. Lips. 1737. pag. 898. 900.

pian entlehnt ist, fängt der Satz mit den Worten an: 'Ο ἐν θυσιαστηρίῳ εἰσιὼν κ. τ. λ.; indeß dieser ganze Paragraph fehlt in sämmtlichen Handschriften der Pandekten, und ist erst aus den Basiliken[321]) und aus Harmenopulus[322]) restituirt worden. Auf jeden Fall also würde es ganz unerweislich seyn, daß Ulpian diesen Satz in griechischer Sprache niedergeschrieben hat: dazu kommt aber, daß der Inhalt dieser Stelle, der den Geist des Zeitalters der christlichen Kaiser ausspricht, und die Zusammenstellung mit andern unverwerflichen Zeugnissen Ulpians über denselben Gegenstand[323]) uns hinreichend überzeugen, daß jene Worte gar nicht den Juristen Ulpian zum Verfasser haben können. Auch ist schon längst durch einen gründlichen Kenner der griechischen Quellen des römischen Rechts[324]) der Satz verfochten worden, daß

321) *Basilic.* Lib. 7. p. 771.

322) *Promtuar. Iur.* Lib. 6. Tit. 5. §. C.

323) *L. 6. pr. L. 9. D. ad Leg. Iul. peculat.*

324) *Ioh. Guil. Hoffmann Meletemata academica ad Pandectas.* Francof. ad Viadr. 1735. 4. pag. 352. (*Diss. 41. §. 4.*) Imo in universum nulla Digestorum pars minus fideliter a Graecis versa, et ad rationem temporum Leonis et Constantini accommodata magis est, quam ea de criminibus. Quidquid illius aetatis indoles in poenis delictorum exacerbaverat, illud Basilicorum interpretes non tantum expresserunt, (quod ferendum fuisset in legum corpore fori usui inservituro,) sed ita expresserunt, ut veterum Iuris Consultorum oracula Novellis suis interpolare, et praefixis antiquorum interpretum nominibus novum ius suum, additis et mu-

die Compilatoren der Basiliken in dem criminalrechtlichen Theil der Pandekten sich die meisten und gröbsten Interpolationen aus dem spätern, und zum Theil aus dem Postjustinianischen, Recht erlaubt haben. Aehnlich verhält es sich mit einem andern gleichfalls dem Ulpian zugeschriebenen griechischen Fragment, nehmlich der *L.* 15. §. 1. *D. ad Leg. Cornel. de sicar.* Auch dieses ist erst aus den Basiliken[325]) und aus Harmenopulus[326]) in die Pandekten übertragen worden, und also dessen griechischer Ursprung durchaus problematisch. Die Autorschaft Ulpians ist aber auch hier nichts weniger als gewiß. Der Inhalt des genannten Paragraphen stimmt nehmlich auffallend mit des *Paulus Rec. Sentent. Lib.* 5. *Tit.* 23. §. 11. überein. Ohne Zweifel haben nun Justinians Compilatoren diesen Paragraphen, als ein von *L.* 15. *D.* a. a. O. verschiedenes selbstständiges Fragment, aus dem genannten Werke des Paulus entlehnt; die Abschreiber verwechselten aber dies Fragment mit der *Lex* 17. desselben Titels, wegen der ganz übereinstimmenden Inscription, (*Paulus Lib. V. Sententiarum*) und ließen es ausfallen. Wollen wir nun dieses Bruchstück wieder in die Pandekten aufnehmen, so müssen wir es, als *L.* 16. *D. ad Leg. Cornel. de sicar.* von der *L.* 15. ib. trennen, ihm eine eigene Inscription geben, und die jetzt

---

tatis multis, obtrudere religioni sibi minime duxerint. Exempla in promtu sunt. (Cf. L. 54. D. de furt. L. 2. D. si famil. furt. fec. L. 10. L. fin. D. ad L. Cornel. de sicar.)

325) *Basilic.* Lib. 7. pag. 687.

326) a. a. O. Tit. 6.

als *L.* 16. und *L.* 17. bezeichneten Fragmente als *L.* 17. und *L.* 18. auf dasselbe folgen lassen.

Vollständige Uebersetzungen lateinisch verfaßter juristischer Werke, so wie auch andrer Quellen des römischen Rechts in die griechische Sprache scheinen gar nicht vorgekommen zu seyn; desto häufiger aber dergleichen Compilationen aus verschiedenen Quellen dieser Art. Dahin gehört unfehlbar das Excerpt aus den *Sententiis et Epistolis Hadriani*, dessen oben (not. 146.) Erwähnung geschehn ist; und wahrscheinlich ist auch das bekannte *Fragmentum de iuris speciebus et manumissionibus* [327]) nicht die Uebersetzung des Werkes eines einzelnen römischen Juristen, sondern eine Compilation aus mehreren juristischen Schriften; wie neuerlich aus überwiegenden Gründen gezeigt ist. [328])

Den Beschluß unsrer Untersuchungen soll die Betrachtung der Geschäftssprache bei außergerichtlichen Privatverhandlungen, nehmlich bei Verträgen und letztwilligen Verfügungen, ausmachen.

Bei Ritter [329]) und Walch [330]) findet sich die richtige Bemerkung, daß die Römer wol von jeher nur

---

327) In *Schulting Iurisprud. Ante Iustinian.* pag. 803. und im *Ius Civile Ante Iustinian.* edit. Berolin. 1815. Vol. I. pag. 251.

328) Vergl. *Frid. Adolph Schilling Dissertat. critica de Fragmento Iuris Rom. Dositheano, denuo graece et latine edito.* Lips. 1819. 8.

329) In den Anmerkgg. zu den *Novell. Theodos.* Tit. 9.

330) a. a. O. §. 2. §. 8. fgg. §. 13.

bei *negotiis iuris civilis* die Anwendung der lateinischen Sprache für unerläßlich erklärt, hingegen bei *negotiis iuris gentium* die Bezeichnung durch fremde Sprachen, namentlich die griechische geduldet haben; wofür auch das Zeugnis Ulpians[331]) spricht. Ferner erinnert Walch, daß selbst bei civilen Rechtsgeschäften seit dem Verschwinden der *legis actiones* auch die Anwendung der lateinischen Sprache, welche zum Theil durch jene bedingt war, nicht mehr wie ehemals überall erforderlich gewesen sei. Man kann aber hinzusetzen, daß besonders seit der Verlegung der Residenz die lateinische Sprache bei den außergerichtlichen Geschäften weit eher abnehmen mußte, als bei den von der obrigkeitlichen Behörde ausgehenden, weil sich dem öffentlichen Verkehr nicht so leicht durch erschwerende Formen gebieten ließ.[332])

Von den Verträgen ziehen hier die Verbalcontracte, als die einzige feierliche Vertragsform, über welche uns verhältnismäßig reichere Quellen zu Gebot stehn, Vorzugsweise unsre Aufmerksamkeit auf sich. Hinsichtlich der römischen Litteralcontracte, im Gegensatz der *Syngraphae*, galt wol in Bezug auf die Sprache nichts Besonderes, indem diese Contracte kein feierliches schriftliches oder mündliches Formular erforderten, wie Savigny[333]) vortrefflich gezeigt hat. Bei der Stipula-

---

331) *L. 8. in f. D. de acceptilat.*

332) Namentlich war wol zu Justinians Zeit die griechische Sprache im Orient allgemein herrschend bei rechtlichen Geschäften. Vergl. *Cuiacius Observation.* Lib. 17. c. 16.

333) Ueber den Litteral Contract der Römer. In

tion war ursprünglich die Anwendung lateinischer Wortformulare unerläßlich; [334]) allein im Zeitalter von Alexander Sever finden wir nicht blos den Gebrauch der griechischen Sprache dabei als etwas längst Angenommenes, [335]) sondern auch die allgemeine Regel ausgesprochen, daß Frage und Antwort bei der Stipulation in jede beliebige den Contrahenten verständliche Sprache gekleidet werden könne. Ulpian, [336]) der dies vertheidigt, führt den Sabinus als Gewährsmann an; indeß es ist unwahrscheinlich, daß schon zur Zeit dieses Juristen der angeführte Satz in der Ausdehnung, in welcher Ulpian ihn nimmt, gegolten haben sollte; und überdem ist der Text der Stelle in den entscheidenden Worten: „*Et (exstat) scriptura Sabini etc.*“ augenscheinlich verdorben. Die Versuche der Ausleger, vermittelst der Kritik demselben zu helfen, haben keinen Erfolg gehabt. [337]) Sehr überzeugend dagegen ist die Lesart, welche sich in der Königsberger Handschrift der Pandekten findet, und aus welcher sich die Entstehung der sinnlosen Lectio Vulgata zur Genüge erklärt. Diese Handschrift, welche

---

den Abhandlungen der Berliner Academie der Wissenschaften 1816 — 17. Histor. philolog. Classe.

334) Wiewol *Heineccius Antiquitatt. Iur. Rom.* Lib. 3. Tit. 16. §. 5. die Sache so stellt, als sei es von jeher hierin so gewesen, wie in den Tagen Ulpians.

335) *L. 12. C. de fideiussor. L. 8. in f. D. de acceptilat. L. 8. pr. D. de fideiussor.*

336) *L. 1. §. fin. D. de Verbor. Obligation.*

337) Vergl. Walch a. a. O. §. 11.

übrigens auch in den Schlußworten die richtige Lectio Florentina enthält: *„ut uterque alterius linguam „intelligat,“* liest, indem sie das Unterscheidungszeichen wegläßt: *„dubitari potest ex scriptura Sabini etc.“* Demnach erscheint Sabinus noch als zweifelnd, während Ulpian schon entschieden sich erklärt. Uebrigens dürfen wir aus diesen von den klassischen Juristen aufgestellten Fragen nicht folgern, daß schon zu ihrer Zeit der Gebrauch fremder Sprachen bei der Stipulation unter Italienern vorherrschend gewesen sei. Diese Untersuchungen hatten damals wol nur für die Provinzen, oder für das Contrahiren mit Provincialen in Italien, ein praktisches Interesse. Darauf scheint auch die Erwähnung eines *verus interpres* (wahrscheinlich eines vom Staate beglaubigten Dollmetschers) in der angeführten Stelle der Pandekten zu deuten.

Ueber den Grund der Neuerung, in Folge deren auch fremde Sprachen bei der Stipulation allmählig für zulässig erklärt wurden, stellt Cujacius[338]) folgende scharfsinnige Vermuthung auf. Er glaubt, daß diese Zulässigkeit zuerst bei accessorischen Obligationen, oder Nebenverabredungen der gewöhnlichen Verträge anerkannt sei. Diese Nebenverabredungen kleidete man, ganz abgesehen von der Form des Hauptgeschäftes, gewöhnlich in eine Stipulation. Wenn nun der Hauptvertrag selbst ohne die Solennien eines Verbalcontractes abgeschlossen werden sollte, so stand bei ihm der Anwendung einer fremden Sprache nichts im Wege; wie sonderbar aber mußte es nicht erscheinen, wenn bei

338) *Observation.* Lib. 14. c. 40.

dem weit unbedeutenderen Nebenvertrage mit aller Strenge auf das Aussprechen des Wortformulars in lateinischer Sprache fortwährend hätte gehalten werden sollen!

Testamente konnten noch im Zeitalter Ulpians nur in lateinischer Sprache errichtet werden.[339]) Dies zeigen die bei der Erbeinsetzung überall sichtbaren lateinischen Formulare;[340]) ferner die bei Legaten deutlich ausgesprochene Regel,[341]) welche nicht durch die in den Pandekten[342]) vorkommende scheinbare Beispiele griechisch errichteter Legate umgestoßen wird, da alle diese, wie Schulting[343]) richtig bemerkt hat, ihrer ganzen Fassung nach als Fideicommisse zu betrachten sind; endlich bewährt dies das Beispiel der directen Ernennung eines testamentarischen Tutors, für welche erst Theodosius und Valentinian[344]) den Gebrauch der griechischen Sprache gestatteten, denn frühere Spuren dieses Gebrauchs[345]) deuten unverkennbar auf eine *tutoris datio fideicommissaria.*

---

339) *Brissonius de Formul.* Lib. 7. c. 6. Walch a. a. O. §. 9. 12. *Heineccius* a. a. O. Lib. 2. Tit. 10. §. 10.

340) *Brissonius* a. a. O. Lib. 7. c. 15.

341) *Ulpiani Fragm.* Tit. 25. §. 9. *L. 4. D. de aliment. legat. L. 34. §. 1. D. de legat. II.*

342) *L. 34. §. 1. L. 88. §. 15. D. de legat. II. L. 37. §. 5. 6. D. de legat. III. L. 23. §. 2. D. de pecul. legat. L. 4. pr. de aliment. vel cibar. legat. L. 60. de manumiss. testam. L. 41. §. 4. de fideicommissar. libertatt.*

343) S. dessen Anmerkgg. zu *Ulpiani Fragm.* a. a. O. not. 21.

344) *Nov. Theod. Tit. 9. (L. 8. Cod. Iust. de testament. tut. L. 14. de manum. testam.)*

345) *L. 47. D. de administr. et peric.*

Fideicommisse dagegen, und die für sie bestimmten Codicille, durften von jeher in jeder beliebigen, namentlich in der griechischen Sprache errichtet werden.[346]

Der gemeinen Ansicht[347] nach soll seit Verlegung der Residenz die Errichtung der Testamente in griechischer Sprache allgemein gestattet worden seyn. Indeß Ritter[348] hat dies gründlich widerlegt. Die *L.* 15. *Cod. Iust. de testamentis*, sagt er, das einzige Argument, welches die Vertheidiger jener Meinung für sich anführen können, erklärt blos die Beobachtung der herkömmlichen Wortformulare bei der Erbeinsetzung für überflüssig, und ist nicht einmal von Constantin, sondern, wie die Ueberschrift überzeugend darthut, von Constantius; auch waren Constantin und dessen Nachfolger eher bemüht die lateinische Sprache in Gebrauch zu erhalten, als sie zu verdrängen. Er bemerkt ferner, daß erst Theodosius der Jüngere die Errichtung der Testamente in griechischer Sprache allgemein gestattet habe, wahrscheinlich um das Jahr 439 n. Chr., unmittelbar vor *Nov. Theod. Tit.* 9., in einer uns verloren gegangenen Constitution, auf welche Tribonian in *L.* 21. *Cod. Iust. de testamentis* anspielt. Dies wurde hinterher auf Legate, *tutoris dationes* und testamentarische Manumissionen angewandt.[349]

---

346) *Ulpian.* a. a. O. *L.* 11. *pr. D. de legat. III. Brissonius* a. a. O. Lib. 7. c. 146. z. E. c. 166.

347) *Otto Commentar. ad Institution. Iustinian.* Lib. 2. Tit. 10. *Heineccius Elementa Iur. Civ.* eod.

348) a. a. O.

349) Vergl. die Citate in not. 344.

Zweite Abhandlung.

Ueber die Criminal-Jurisdiction des römischen Senates.

Das geschichtliche Studium der einzelnen Zweige des Staats- und Regierungs-Rechts, mit Bezugnahme auf die Behörden, für welche dieselben ressortirten, hat beim Römischen Recht seine eigenthümlichen Schwierigkeiten. Die Periode der republikanischen Verfassung bietet fast überall das Schauspiel eines heftigen Kampfes dar, welcher in der früheren Zeit die Stände (Patricier und Plebejer,) gegen einander bewaffnet, und so die römische Verfassung ihrer Vollendung entgegenführt, später aber das mühsam errungene Gleichgewicht der Stände wieder aufzuheben trachtet, und durch die aus beiden Ständen gebildeten politischen Partheien, (Optimates und Populares) der Verfassung selbst gefährlich wird. Nun aber ist es überhaupt bei dem Kampf der Stände, welcher die

Theilnahme an der Staatsverwaltung zum Gegenstand hat, nur gar zu leicht möglich, wegen des wechselnden Erfolges der Anstrengungen jeder Parthei und wegen der Misbräuche denen der obsiegende Theil sich hingiebt, daß der Historiker die Behörden verwechsele, von welchen die einzelnen auf Staats- oder Regierungsrecht sich beziehenden Verfügungen ausgehn. Dies ist selbst dann zu befürchten, wenn er kritisch unverdächtige Quellen vor sich hatte, welche wir bekanntlich bei der ältesten römischen Geschichte durchaus vermissen. Nirgend aber lag die Versuchung zu diesen Misgriffen so nahe, als in der ältesten Geschichte des römischen Freistaates, wo der erste Stand fast alle Behörden (Senat, Volksgemeinde, Magistratspersonen,) repräsentirte, und es daher im Groben auf eins hinauszukommen schien, ob man sagte: der Wille der Patricier habe sich durch das Organ des Senates, oder, er habe sich durch das der Comitia Curiata im einzelnen Falle ausgesprochen. Die Belege zu dieser Ansicht sind vornehmlich in der, bei den römischen Historikern und namentlich bei Livius überall sichtbaren und durch Niebuhr [1]) vortrefflich hervorgehobenen Doppelsinnigkeit des Ausdrucks Patres, welcher bald die Senatoren, bald die in den Comitien der Curien sich berathenden Patricier bezeichnet, enthalten; ferner in der Bemerkung, daß bei den ältesten Berichten verschiedener Referenten, über die zum Lohn öffentlicher Verdienste einer Person vom Staate verliehene Auszeichnung, die beschließende Behörde bald

---

1) Römische Geschichte. Bd. II. S. 9. und an mehreren andern Stellen dieses Werks.

unbestimmt bezeichnet wird, bald theils die Volksgemeinde, theils der Senat, theils beide zugleich als competente Behörden genannt sind. Z. B. bei der dem ersten Consul L. Valerius Publicola bewilligten Auszeichnung;[2]) bei den den Rettern Roms im Kriege gegen Porsena, nehmlich dem Mucius Scävola, Horatius Cocles, und der Clölia decretirten Belohnungen;[3]) bei der Aufnahme unter die Patricier, welche dem von den Sabinern zu den Römern übergegangenen Appius Claudius zu Theil wurde;[4]) bei der Belohnung des Caj. Duilius für den über die Carthager erfochtenen Sieg,[5]) u. s. w. Zu diesen Gründen kommt noch hinzu, daß in der spätern Zeit, als der zweite Stand sich einigen Antheil an den Hauptzweigen der Staatsverwaltung errungen hatte, dabei aber unter Bevormundung des ersten Standes blieb, indem dieser sich das Recht vorbehielt, durch seine Bestätigung allen nicht unmittelbar von ihm ausgehenden Beschlüssen Kraft und Ansehn zu verleihen, daß hier, sage ich, es so leicht war, durch Verwechslung der beschließen-

---

2) *Plinius Hist. Nat.* Lib. 36. c. 15. *Plutarch in Valerio.* pag. 102. 109. ed. Francof. 1599. fol.

3) *Livius* Lib. 2. c. 10. c. 13. *Dionys. Halycarn.* Lib. 5. pag. 296. 303. 304. edit. *Sylburg.* *Festus* v. *Mucia prata.*

4) *Livius* a. a. O. c. 16. Lib. 4. c. 3. Lib. 6. c. 40. *Plutarch in Valerio* pag. 108. *Dionys. Halycarn.* a. a. O. pag. 308.

5) *Livius* Lib. 17. Epit. *Valerius Maximus* Lib. 3. c. 6. §. 4. *Cicero de senectute.* c. 13.

den und der bestätigenden Gewalt die nehmliche Verfügung bald der einen bald der andern Behörde zuzuschreiben, ohne gegen die historische Wahrheit offenbar zu verstoßen. Finden sich ja noch zur Zeit der untergehenden freien Verfassung Beispiele, daß unter vorzüglich eigenmächtig verwalteten Consulaten, z. B. dem ersten Consulat des Jul. Cäsar, Verfügungen, welche nur vom Senate ausgehn konnten, wie namentlich der Erlaß der schuldigen Pachtsumme für die Steuerpächter, geradezu den Consuln beigelegt werden. [6])

Die genannte Schwierigkeit bei dem Geschäft die Thätigkeit der verschiedenen Behörden zu sondern, und die Versuchung ihre Competenz zu vermengen, steigen für die Periode der Kaiserregierung; selbst wenn wir uns auf die alleinige Untersuchung des Verhältnisses beschränken, in welchem die Thätigkeit des Senates zum Antheil des Kaisers an der Staatsverwaltung gestanden hat. Der Kaiser stellte nehmlich eine doppelte Person vor, das Oberhaupt des Staates und das erste stimmfähige Mitglied im Senate. Die Verfügungen des Souverains in dieser zwiefachen Beziehung können um so eher verwechselt werden, als despotische Kaiser durch ihr eigenes Interesse getrieben wurden, ihren Einfluß auf die Staatsverwaltung nach diesen beiden Beziehungen eher zu verwirren als getrennt hervortreten zu lassen; ganz zu geschweigen, daß der knechtisch gesinnte Senat oft Sachen, in welchen er vollkommen competent war, an die Entscheidung des Kaisers verwies. Wir können uns zum Beweise hiefür auf die eignen Aus=

6) *Suetonius* in Julio Caes. c. 20.

sagen der spätern Geschichtschreiber über die Unzuverlässigkeit der historischen Berichte aus der Periode der ersten Cäsaren, wobei die zum Theil absichtliche Verwechslung der Behörden mit als Grund angeführt ist[7]) berufen: indeß am belehrendsten sind immer einzelne Beispiele, von welchen wir hier nur die prägnantesten und am leichtesten zugänglichen hervorheben. Die dem Commodus beim Leben des Marcus Antonius bewilligten Auszeichnungen werden von Capitolinus[8]) dem regierenden Kaiser, von Lampridius[9]) aber dem Senate als der beschließenden Behörde beigelegt. Bei der Apotheose des L. Verus, des Pertinax und mehrerer andrer Kaiser heißt es, theils bei denselben[10]) theils bei verschiedenen[11]) Referenten, bald sie sei vom Nachfolger in der Regierung, bald sie sei vom Senate ausgegangen. Die Verfügung, daß die Quästoren fortan alljährig die Fechterspiele auf eigene Kosten veranstalten sollten, wird von Suetonius[12]) dem Kaiser Claudius selbst, von Tacitus[13]) aber, welcher hiervon sehr umständlich handelt, und als wohl unterrichteter Berichterstatter sich ankündigt, dem Senate beigelegt. Der so bekannten Verwechslung

7) *Dio Cassius* Lib. 53. c. 19. Lib. 54. c. 15. edit. Reimar.

8) *in Marco Anton.* c. 22.

9) *in Commodo.* c. 2.

10) *Capitolinus* a. a. O. c. 15. vergl. c. 20.

11) Ebendas. *in Pertinace.* c. 14. 15. vergl. *Spartianus in Severo.* c. 7. c. 17. c. 19.

12) *in Claudio.* c. 24.

13) *Annal.* Lib. 11. c. 22.

der Senatus Consulte mit der ihnen vorausgegangenen Oratio Principis wollen wir hier gar nicht gedenken;[14]) doch müssen wir bemerken, daß die klassischen Autoren nicht selten die Abhängigkeit der Senatsbeschlüsse von dem Einfluß der Kaiser in ihrer Darstellung auch durch sehr treffende Ausdrücke zu bezeichnen pflegen, z. B. indem sie, selbst von nicht tyrannischen Kaisern, sagen: *Fieri Senatus Consultum coëgit*, *vel iussit;*[15]) oder *decernendum* (scil. per Senatum) *aliquid curavit;*[16]) oder *Caesar auctor Senatui factus est decernendi;*[17]) und vom Senate: *decrevit aliquid Principe auctore.*[18])

Die Würdigung dieser Schwierigkeiten wird jeden, der sich in der quellenmäßigen Bearbeitung irgend eines

---

14) Vergl. hierüber *Barn. Brissonius Antiquitatt. Iur. Civil.* Lib. 1. c. 16. c. 17.

15) *Spartianus* a. a. O. c. 7. c. 14. *Trebellius Pollio in Div. Claudio.* c. 5. *Vopiscus in Caro.* c. 6. *Suetonius in Caligula.* c. 15. *in Claudio.* c. 11. c. 25. *Tacitus in Agricola.* c. 40.

16) *Suetonius in Octaviano.* c. 38. c. 44.

17) *Tacitus Annal.* Lib. 3. c. 19. *Gaius Institution. genuin.* Lib. 2. §. 57. Nam ex auctoritate Hadriani Senatus Consultum factum est, ut tales usu capiones (pro herede) revocarentur.

18) *Plinius Epistolar.* Lib. 2. Ep. 7. vergl. Lib. 1. Ep. 17. Die hier gemachten Bemerkungen über den Sprachgebrauch der römischen Klassiker sind keineswegs neu: sie finden sich z. B. schon bei *Hoffmann Histor. Iur. Rom.* Lib. 1. c. 1. Period. 5. Sect. 2. §. 1. not. e.

Theiles der Geschichte des Römischen Rechts selbst versucht hat, zur billigen Nachsicht gegen die bisherigen Alterthumsforscher stimmen, welche keinen Theil ihrer Wissenschaft so über allen Begriff schülerhaft behandelt haben, als eben den von der Competenz der verschiedenen Verwaltungsbehörden im römischen Staate und dem Eingreifen ihrer Thätigkeitsgebiete in einander. Nur gegen solche, die als Compendienfabrikanten im weiten Felde der Alterthumskunde nichts als angebautes Gartenland gefunden zu haben behaupten, sei jedes schonende Urtheil hintangesetzt

Der Gegenstand unsrer diesmaligen Untersuchung begreift einen der am wenigsten beachteten Geschäftszweige des römischen Senates, nehmlich den Antheil desselben an der peinlichen Gerichtsbarkeit. Nicht als ob alle Antiquare [19]) diesen Theil der Competenz des Senates übersehn hätten; denn dies war bei so bestimmten Zeugnissen der Quellen unmöglich: aber sie haben, so weit ihre Schriften dem Verfasser zugänglich gewesen sind, theils ihre Untersuchung auf einzelne Zeitabschnitte der römischen Geschichte beschränkt, und dadurch den Ueberblick für das Ganze unmöglich gemacht, theils die klassischen Beweisstellen auf eine sehr mangelhafte Weise zu Rathe gezogen, theils endlich Resultate hingestellt, von denen die wenigsten brauchbar genannt werden können. Der Verfasser glaubt die Quellen fleißiger als seine Vorgänger für diesen Zweck studirt, und ihre Zeugnisse besser zusammenge-

19) Die Litteratur findet sich bei *Haubold Institution. Iur. Rom. priv. histor. dogmaticar. lineam.* §. 63. 64. 99.

stellt zu haben: ob er aber in deren Erklärung auch glücklicher gewesen ist, bleibt der Beurtheilung Andrer überlassen.

Ueber die Theilnahme des Senates an der Criminal-Jurisdiction unter der Regierung der Könige haben Manutius[20]) und Zamoscius,[21]) besonders umständlich aber Adrian van der Hoop,[22]) sich verbreitet. Keinen Zweifel setzend in die historische Glaubwürdigkeit der Berichte des Dionysius von Halycarnaß, nach welchen schon Romulus neben sich dem Senate eine selbstständige Criminal-Jurisdiction vergönnt, und Servius Tullius sogar alle nicht gegen den Staat selbst gerichtete Verbrechen den Senatoren zu richten überlassen haben soll,[23]) bemüht sich namentlich der zuletzt genannte Antiquar zu erforschen, ob der König bei den seiner Cognition vorbehaltenen Verbrechen den Senat zu Rathe gezogen habe, und ob er an die gutachtliche Entscheidung desselben bei solchen Prozessen gebunden gewesen sei? Indeß der in der ältesten Geschichte Roms höchst unzuverlässige Dionysius ist die einzige Quelle, welche einer Theilnahme des Senats an der, den Königen unfehlbar zustehen-

20) *De Senatu Romano.* c. 1. In des *Graevius Thesaur. Antiquitatt. Roman.* Tom. I.

21) De eod. Argum. Lib. 1. c. 15. Bei *Graevius* a. a. O.

22) *Disputat. de iis, qui antiquitus apud Romanos de criminib. iudicarunt.* c. 1. In *Meermann Thesaur. Iur. Rom. et Can.* Tom. VIII. (Supplement.) pag. 608. fgg.

23) *Dionys. Halicarn.* Lib. 2. pag. 87. 98. 99. Lib. 4. pag. 228. 229. edit. *Sylburg.*

den, peinlichen Gerichtsbarkeit gedenkt; alle andre Referenten schildern uns den König als obersten Richter, der nur bei besonders wichtigen Anlässen durch Bevollmächtigung die Ausübung seines Strafamtes einer andern Behörde, nehmlich dem Volk, zu übertragen pflegte. Namentlich thut dies Livius,[24]) bei der Erzählung des Prozesses gegen den Horatier, welche deutliche Spuren einer strengen quellenmäßigen Behandlung an sich trägt, und uns nicht, wie die des Dionysius,[25]) durch rhetorischen Bombast anekelt. Sollte aber auch jener Angabe des Dionysius eine historische Thatsache zum Grunde liegen, so würde doch zuvor ermittelt werden müssen, ob nicht derselbe den Ausdruck Patres gemißdeutet, und auf die Senatoren bezogen hat, was die alten Annalisten von der Gemeinde der Patricier (den Comitien der Curien,) verstanden wissen wollten.

Unsre Forschung darf sich nicht in einen Zeitraum verlieren, über welchen historische Quellen fehlen. Doch sei es uns vergönnt, hier eine allgemeine Bemerkung anzuknüpfen, welche das Criminalrecht dieser ältesten Zeit überhaupt angeht.

Manche Berichte aus der Periode der ersten römischen Könige berühren juristische Verhältnisse auf eine so eigenthümliche Weise, daß ihr hohes Alter, wenn auch nicht gerade das bestimmte, welches der Referent andeuten will, dadurch bethätigt wird. Dahin gehört die Erzählung, daß die Genossen des Romulus und Remus beschuldigt

24) Lib. 1. c. 26.

25) Lib. 3. pag. 158 — 160.

worden seien, Numitor's Ländereien verwüstet zu haben, und daß Amulius dem Numitor, wiewol dieser im Verhältnis eines Unterthanen in Alba lebte, den eingefangenen Remus ausgeliefert habe, um beliebige Strafe an ihm zu vollziehen.[26]) Dies ist die unverkennbare Spur eines, dem Strafrecht der alten Lateiner und wahrscheinlich auch aller Italiker zum Grunde liegenden, Systems der Privatrache. Davon zeugt nicht blos das weit verbreitete Institut der *deditio noxiorum*, welche die Aushändigung zu gewissem Tode, ohne vorgängiges Gericht, bezweckte; wie dies, außer manchen andern Beispielen,[27]) auch die Uebereinkunft der Römer mit Frem-

26) *Livius* a. a. O. c. 5. vergl. c. 4. u. c. 6. *Plutarch in Romulo*. pag. 21. *Dionys. Halycarn.* Lib. 1. pag. 68.

27) *Livius Lib. 6. c. 21.*, wo es von den abtrünnigen Colonieen Circeji und Velitrá heißt: Eaque cunctatio colonis spatium dederat deprecandi Senatum; et magna hominum pars eo, ut legatio supplex Romam mitteretur, inclinabat ni privato (ut fit) periculo publicum implicitum esset, auctoresque defectionis ab Romanis, *metu ne*, soli crimini subiecti *piacula irae Romanorum dederentur*, avertissent colonias a consiliis pacis. *Lib. 9. c. 23.* Sora ad Samnites defecerat, interfectis colonis Romanorum. *c. 24.* Iam Sora capta erat, cum Consules prima luce advenere; et, quos reliquos fortuna ex nocturna caede ac fuga fecerat, in deditionem accipiunt. Ex his ducentos viginti quinque, qui omnium consensu destinabantur et infandae colonorum caedis et defectionis auctores, vinctos Romam deducunt. — Omnes, qui Romam deducti erant, virgis in foro caesi, ac securi percussi summo gaudio plebis; cuius maxime intererat, tu-

den, im Fall eines Treubruchs bei beschworenen Bündnissen sofort die Geißeln am Leben büßen zu lassen, darthut.[28]) Bestimmter sind die, auf die Rechtsverfassung von Rom selbst sich beziehenden Berichte. Als im Jahre d. St. 305 der Senat mit der Plebs wegen der Decemvirn unterhandelte, wird unter den Forderungen der Plebejer auch folgender gedacht: *dedi quippe eos* (Decemviros) *aequum censebant, vivosque igni concrematuros minabantur;*[29]) was unmöglich für eine bloße rhetorische Phrase des Historikers gehalten, auch, wie aus einer andern Stelle[30]) hervorgeht, nicht von der Auslieferung zum Gericht verstanden werden kann. Aus der Erzählung des Livius[31]) von dem Vater des Horatiers, welcher nach der Lossprechung seines Sohnes von Seiten des Staats noch gewisse Sühnopfer veranstaltete, die nachher

---

tam ubique, quae passim in colonias mitteretur, multitudinem esse.

28) Ebendas. Lib. 9. c. 5. — 11.

29) *Livius* Lib. 3. c. 53.

30) Ebendas. c. 56.

31) Ebendas. *Lib. 1. c. 26.* Itaque, ut caedes manifesta aliquo tamen piaculo lueretur, imperatum patri, ut filium expiaret pecunia publica. Is, quibusdam piacularibus sacrificiis factis, quae deinde genti Horatiae tradita sunt, transmisso per viam tigillo, capite adoperto velut sub iugum misit iuvenem. Id hodie quoque publice semper refectum manet. Sororium tigillum vocant. Vergl. Kleine deutsche Aufsätze von Trekell, herausgegeben von Haubold. Leipzig. 1817. 8. S. 17. 18.

der Gens Horatia zum bleibenden Gedächtnis zufielen, scheint auf eine Theilnahme der Familienglieder des Beschädigten an der Privatrache geschlossen werden zu können.

Die Zwölf Tafeln enthalten in dem Institut der Talio eine unverkennbare Spur der Privatrache, welche sie so wenig zuerst eingeführt haben können, daß ihnen vielmehr eine Milderung derselben, nehmlich in Bezug auf die Noxä Datio, mit großer Wahrscheinlichkeit beigelegt werden darf. Wir haben nehmlich nicht nöthig, nach den in der neuesten Zeit [32]) versuchten seltsamen Erklärungsgründen für die Entstehung der Noxalklagen zu greifen, indem sich dieselben, nach der zuvor entwickelten Ansicht, als eine ganz folgerechte Anwendung der alten römischen Strafrechtstheorie darstellen. Die Noxalklagen scheinen anfangs die absolute Forderung auf Auslieferung der Schadenbringenden Person, zum Zweck der Ausübung der Privatrache, enthalten zu haben; dagegen aber auch auf die von einer Person ausgegangenen Beschädigungen beschränkt gewesen, und erst allmälig auf das durch Sachen veranlaßte *damnum* übertragen zu seyn. Später, vielleicht schon durch die Zwölf Tafeln, wurde zur Erleichterung des Schuldners die absolute Forderung des Beschädigten in eine alternative verwandelt, nehmlich jenem ein Ausweg eröffnet, um der Auslieferung der Sache oder Person durch die Leistung des Werthes der Beschädigung zu entgehn. Uebrigens steht dieser Ansicht keineswegs der Einwand entgegen, daß unsre Quellen des Römischen

32) Zimmern: das System der Noxalklagen. Heidelberg. 1818. 8.

Rechts das *ius noxae dandi*, nicht aber die Leistung des Werths der Beschädigung, zu den Vortheilen des Schuldners zählen; denn im spätern Recht, wo die Strafrechtstheorie auf einer ganz verschiedenen Grundansicht beruhte, ist sonst jede Spur der Befugnis zur Privatrache geschwunden, mithin der Damnificat nur berechtigt, auf Erstattung des Werths der Beschädigung zu klagen.

Ueber die Criminal-Jurisdiction des römischen Senates zur Zeit des Freistaats herrscht unter den Alterthumsforschern die größte Verschiedenheit der Meinungen; wovon hier nur einige Beispiele stehn mögen. Pighius[33]) statuirt eine concurrente Criminalgerichtsbarkeit von Senat und Volk, ohne sich weiter um die Bestimmung des Verhältnisses derselben zu einander im geringsten zu bemühen. Rosinus[34]) versteht die bekannte Stelle des Polybius[35]) von den aus dem Senatorenstande zu den Volksgerichten erwählten Geschworenen, und leugnet das eigene Strafrecht des Senats. Zamoscius[36]) glaubt wegen des ausdrücklichen Zeugnisses von Polybius dem Senate eine selbstständige Cognition in Strafsachen nicht ganz absprechen zu dürfen; jedoch ist er nicht abgeneigt, die Genauigkeit in den von dem Historiker gebrauchten Ausdrücken in Zweifel zu ziehn, und den nehmlichen Verdacht zu äußern, der sich bei Rosinus ausgesprochen findet. Dies abgeschmackte Urtheil darf aber um so weniger befremden,

33) *Annalium* Tom. II. ad annum 619 u. c.

34) *Antiquitatt. Rom.* Lib. 7. c. 6.

35) S. unten not. 43.

36) a. a. O. (oben not. 21.) Lib. 2. c. 16.

da der zuletzt genannte Verfasser sogleich hinzufügt, kein andrer klassischer Schriftsteller als Polybius gebe von einer solchen peinlichen Gerichtsbarkeit des römischen Senats Zeugnis, und die Erzählungen von Commissarien, denen der Senat die Untersuchung begangener Frevel in Italien aufgetragen habe, dürften durchaus nicht als Instanz betrachtet werden. Gruchius[37]) behauptet, die Criminal-Jurisdiction des Senats sei schlechthin abhängig von der des Volks gewesen, und die scheinbaren Beispiele von Selbstständigkeit bezögen sich auf ein ganz unregelmäßiges Verfahren, wo, wie namentlich bei Catilina's Verschwörung, die bedrohte Wohlfahrt des Staats einen Eingrif in die Rechte des Volks erfordert habe. Ferratius[38]) scheint dem Senat für die früheste Periode des Freistaates eine ganz unabhängige, für die spätere Zeit hingegen eine durch die Zustimmung des Volks bedingte Gerichtsbarkeit zuzugestehn. Van der Hoop[39]) nimmt mit Rupertus[40]) und Polletus[41]) an, daß der Senat den Consuln, so wie früher den Königen, bei Ausübung der Criminalgewalt als Rathgebendes Collegium beigestanden habe. Daneben glaubt er freilich wegen des Zeugnisses des Polybius zugeben zu müssen, daß der Senat in gewissen Fällen mit einer selbstständigen Strafgewalt beliehen gewesen sei, welche er entweder im Collegium

37) *De Comitiis.* Lib. 1. c. 2. Bei *Graevius* a. a. O.

38) *Epistolar.* Lib. 1. Ep. 7. Venet. 1738. 4.

39) a. a. O. c. 4.

40) *In Comm. ad Leg. 2. §. 14. D. de Orig. Iur.*

41) *Historia Fori Rom.* Lib. 3. c. 5. Lugd. 1588. 8.

oder durch eigene Commissarien, die Quästores Parricidii, ausgeübt habe; indeß er fügt sogleich die Beschränkung hinzu, daß derselbe in vielen Fällen nur mit Zustimmung des Volks zur Einleitung einer Criminaluntersuchung habe schreiten dürfen. Dieser zuletzt genannte Schriftsteller beschließt seine Darstellung mit einer höchst naiven Aeußerung,[42]) so daß man ihm seiner Aufrichtigkeit wegen um so weniger gram seyn kann, als manche seiner ohne Verdienst gefeierten Vorgänger[42 a]) sich nichts weniger als bescheiden ausdrücken. Rühmliche Erwähnung verdient noch eine blos gelegentliche Aeußerung von Duker.[42 b]) Derselbe zeigt gründlich, mittelst Anführung zahlreicher Beispiele, welche ihm das sorgsame Studium von Livius Geschichtswerk an die Hand gab, daß die Zuständigkeit einer unabhängigen Criminal-Jurisdiction für den römischen Senat zur Zeit der freien Verfassung durchaus nicht geleugnet werden könne; indeß die Grenzen dieser Jurisdiction und ihr Verhältnis zur Gerichts-

42) a. a. O. Fateor, quaestionem hanc de cognitione Senatus esse difficillimam; atque ideo tantum adduxi ea, quae hac de re dici potuerunt, nec aliquam stabilivi sententiam.

42 a) *Zamoscius* a. a. O. *Lib. 2. c. fin.* Itaque hic iam depono, quam susceperam, de Senatu Romano disputationem, et vehementissime gaudeo me tandem ad operis, utinam ita mihi gloriosi ad posteri temporis memoriam, quam difficilis et labioriosi, exitum et finem pervenisse.

42 b) Anmerkungen zu *Livius* Lib. 39. c. 14. in der Ausgabe des Livius von Drakenborch. Bd. V. S. 322. fgg.

barkeit des Volks und der Beamten anzugeben hat er gar nicht versucht, ja an dem Gelingen eines jeden solchen Versuchs gezweifelt.

Wir wollen sehn, was sich den Quellen als Material für unsere Untersuchung abgewinnen läßt, wobei die generellen Zeugnisse den Beispielen einzelner wirklich geführten Criminaluntersuchungen vorangehn mögen.

Unter jenen Zeugnissen mag sogleich das bestimmteste, nehmlich das des Polybius[43]) voranstehn, zu welchem

43) *Historiar. Lib. 6. c. 13.* edit. *Schweighaeuser.* Ὁμοίως καὶ ὅσα τῶν ἀδικημάτων, τῶν κατ' Ἰταλίαν, προσδεῖται δημοσίας ἐπισκέψεως, λέγω δὲ, οἷον προδοσίας, συνωμοσίας, φαρμακείας, δολοφονίας, τῇ συγκλήτῳ μέλει περὶ τούτων. πρὸς δὲ τούτοις, εἴ τις ἰδιώτης ἢ πόλις, τῶν κατὰ τὴν Ἰταλίαν, διαλύσεως, ἢ ἐπιτιμήσεως, ἢ βοηθείας, ἢ φυλακῆς προσδεῖται, τούτων πάντων ἐπιμελές ἐστι τῇ συγκλήτῳ. Similiter et delicta in Italia admissa, quae animadversione publica opus habent, puta proditio, coniuratio, veneficium, aut caedes dolo malo patrata, ad cognitionem Senatus spectant. Porro, si quis aut privatus, aut civitas ex sociis Italicis aliquid controversiae dirimendum habuerit, aut obiurgatione dignum facinus commiserit, aut ope vel praesidio indiguerit, omnia haec Senatui sunt curae. Vergl. ebendas. c. 15. wo vom Senate gesagt wird: Τὰς δ' ὁλοσχερεστάτας καὶ μεγίστας ζητήσεις καὶ διορθώσεις τῶν ἁμαρτανομένων κατὰ τῆς πολιτείας, οἷς θάνατος ἀκολουθεῖ τὸ πρόστιμον, οὐ δύναται συντελεῖν, ἂν μὴ συνεπικυρώσῃ τὸ προβεβουλευμένον ὁ δῆμος. Gravissima vero quaeque iudicia et maxima peragere non potest, neque delicta contra rempublicam com-

wir noch oft zurückkehren werden, bei dessen Prüfung wir aber nie vergessen dürfen, daß der Historiker lediglich denjenigen Zustand der Staatsverfassung im Auge hatte, welchen sein Zeitalter ihn darstellte, und daß mithin seine Schilderung nicht ungeprüft als Maaßstab für die Zeit der beginnenden oder der untergehenden freien Verfassung gebraucht werden kann. Ferner die häufige Verbindung der *apud Senatum et apud consilium* (scil. iudicum, qui Praetori adsidebant,) *acta* und der *iudicia Senatus aut Populi* bei Cicero[44]) geben einen nicht verächtlichen Beweis für die Criminal-Jurisdiction des römischen Senates ab. Diesem steht auch nicht entgegen,

---

missa, quae capite luuntur, punire, nisi ipsius auctoritatem populus comprobaverit.

44) *De invention. rhetor. L. 2. c. 34.* Quare hoc genus (scil. deprecatio,) quamquam in iudiciis non versatur, nisi quadam ex parte; tamen, quia et pars ipsa inducenda nonnumquam est, et in Senatu aut in consilio saepe omni in genere tractanda, in id quoque praecepta ponemus. Nam in Senatu et in consilio de Syphace diu deliberatum est; et de Q. Numitorio Pullo apud L. Opimium et eius consilium diu dictum est. Derselbe *pro domo. c. 13.* Nego potuisse iure publico, legibus iis, quibus haec civitas utitur, quemquam civem ulla eiusmodi calamitate affici sine iudicio, Hoc iuris in hac civitate etiam tum, cum reges essent dico fuisse; hoc nobis esse a maioribus traditum; hoc esse denique proprium liberae civitatis, ut nihil de capite civis, aut de bonis, *sine iudicio Senatus aut Populi*, aut eorum, qui de quaque re constituti iudices sunt, de trahi possit.

daß Cicero selbst an andern Stellen[45]) bei Gelegenheit der *iudicia publica* des *Populus* allein gedenkt; denn da will er blos die Thätigkeit des Redners nach ihren allgemeinen Verhältnissen bestimmen, und er theilt sie deshalb nach Forum und Curie ab. Die Criminalprozesse, welche für den Senat ressortirten, konnte Cicero hier füglich übergehn, theils indem sie, in Folge der Ausbildung der *Quaestiones perpetuae*, zu seiner Zeit nicht mehr häufig eintraten, theils weil sie meistens durch Commissarien, und nicht in der Curie selbst verhandelt wurden. Endlich können wir uns hier auf ein aus dem innern Zusammenhange der römischen Rechtsverfassung entnommenes, und durch Niebuhr[46]) hervorgehobenes Zeugnis berufen, daß nehmlich die noch in späterer Zeit auf den Senatorenstand beschränkte Wahl der Geschworenen zu den Volksgerichten, bei der mit der Entwickelung der freien Verfassung überall sichtbaren Abnahme des Einflusses des römischen Senats auf die Staatsverwaltung, eine weit umfassendere Gerichtsbarkeit des Senats für die frühere Zeit annehmen läßt.

---

45) Derselbe. *Orator. partition.* c. 3. *Fil.* Quid habes igitur de causa dicere? *Pat.* Auditorum eam genere distingui. Nam aut auscultator est modo qui audit, aut disceptator, id est rei sententiaeque moderator; ita, ut aut delectetur, aut statuat aliquid. Statuit autem aut de praeteritis, ut iudex, aut de futuris, ut Senatus. Vergl. denselb. *de Oratore.* Lib. 1. c. 11. c. 14. Lib. 2. c. 12. c. 82. Lib. 3. c. 17. c. 55. *in Bruto.* c. 29.

46) a. a. O. Bd. II. S. 10. 11.

Dagegen muß man sich wohl hüten, einigen blos scheinbaren Spuren der peinlichen Gerichtsbarkeit des Senats zu vertrauen, und es scheint hier der passende Ort, vor den bedeutendsten Trugschlüssen dieser Art zu warnen.

Häufig, und unter andern auch bei der Ahndung öffentlicher Verbrechen,[47] werden Senat und Volk neben einander genannt, wenn gleich der Berichterstatter nur eine von beiden Behörden als die eigentlich competente im Sinne hat. Dies ist eine bloße Eigenheit des bekannten römischen Curialstyls, nach welchem die beiden höchsten beschließenden Behörden stets verbunden wurden.[48] Ferner der Ausdruck *damnare* wird bisweilen in abusiver Bedeutung auch vom Senate gebraucht, zur Bezeichnung eines ertheil-

47) *Cicero in Verr. Act. 2. Lib. 1. c. 27.* (vergl. *c. 24. — 26.*) non esse metuendum, si istius nefarium scelus Lampsaceni ulti vi manuque essent, ne Senatus Populusque Romanus in eam civitatem animadvertendum putaret.

48) *Asconius Pedianus* ad *Ciceron. l. cit. Lib. 2. c. 5.* verb.: „*Iniussu Populi ac Senatus.*“ Magnifice, cum de miserrimis et tenuissimis oppidis Siciliae loquatur, tamen dicit *et Populum et Senatum. Valerius Maximus Lib. 6. c. 3. §. 1.* Par indignatio civitatis adversus Sp. Cassium erupit: cui plus suspicio concupitae dominationis nocuit, quam tres magnifici consulatus, ac duo speciosissimi triumphi profuerunt. Senatus enim Populusque Romanus, non contentus capitali eum supplicio afficere, interemto domum superiecit, ut Penatium quoque strage puniretur. Aehnlich nennt derselbe Autor (a. a. O. c. 5. §. 1.) bei einer, augenscheinlich vom Feldherrn allein ausgegangenen, Verfügung den Senat als beschließende Behörde.

ten abschlägigen Bescheides; z. B. *voti, triumphi etc. aliquem damnare;* [49]) wobei natürlich an keine Criminaluntersuchung zu denken ist. Eben so wenig deuten darauf die Beispiele der Confiscation der Feldmark eines Volks, welches von den Römern besiegt und denselben durch Dedition unterthänig geworden war; [50]) ferner die Erzählungen von feindlichen Anführern, z. B. von Syphax, Jugurtha, Vercingetorix u. a. m., welche durch den siegenden römischen Feldherrn im Triumph aufgeführt, und sodann dem gewissen Tode preisgegeben wurden; [51]) denn hier ward überall nur, nach den Begriffen des damaligen Völkerrechts, das Recht der Eroberung, ohne Anwendung irgend einer juristischen Form, strenge zur Ausübung gebracht. Auch darf man bloße polizeiliche Sicherheitsmaaßregeln, welche der Senat traf, [52]) nicht

---

49) *Livius* Lib. 7. c. 28. und die Ausleger zu dieser Stelle. *Cicero in Pison.* c. 38. zu Anf. und *Abramius* in den Anmerkungen ebendas. *Nonius Marcellus de proprietate sermon.* Lib. 4. §. 111.

50) z. B. *Livius* Lib. 8. c. 11. c. 13. c. 14.

51) *Polybius* Lib. 16. c. 23. *Plutarch in Mario.* pag. 412. *Cicero in Verr. Act. 2.* Lib. 5. c. 30. *Dio Cassius* Lib. 40. c. 41. Lib. 43. c. 19. Eine Sammlung von Beispielen s. bei *Abramius* zu *Cicero in Pison.* c. 25. pag. 703. fg. der Ausgabe von Grävius.

52) Vergl. z. B. *Plinius Histor. Nat. Lib. 21. c. 3.* Alias in usu promiscuo ne ludicrae quidem erant (coronae). Ingensque et hinc severitas. L. Fulvius argentarius, bello Punico secundo, cum corona rosacea interdiu pergula sua in

als die wirklichen Resultate einer criminellen Untersuchung ansehn. Daß aber endlich, wenn in gerichtlichen Reden Ankläger oder Vertheidiger die Senatoren anreden, und diesen die Sorge für die *dignitas ordinis Senatorii*, u. dergl. m. an's Herz legen,[53]) dies auf die geschwornen Beisitzer der *iudicia publica* oder der gewöhnlichen Criminal-Commissionen bezogen werden muß, würde kaum unsrer Erinneruug bedürfen, wenn nicht selbst sogenannte gelehrte Antiquare[53 a]) sich zum Theil dieses handgreiflichen Irrthums schuldig gemacht hätten.

Wir wenden uns jetzt zur Betrachtung der vorzüglichsten Beispiele von Criminaluntersuchungen, welche die Quellen darbieten und bei denen der Senat als competente Behörde genannt wird. Die zur Uebersicht unentbehrliche Klassifikation der einzelnen Fälle läßt sich nur objectiv, nach den der Untersuchung zum Grunde liegenden Verbrechen, machen und nicht nach dem Stande der Verbrecher; denn z. B. Senatoren genossen zur Zeit der freien Verfassung nicht, wie zum Theil unter der Kaiserregierung, das Vorrecht wegen begangener Verbrechen vom Senat gerichtet zu werden, sondern sie standen unter der gewöhnlichen Criminalbehörde.[54]) Zugleich soll auf die obige Darstellung des Polybius (s. not. 43.) stets Bezug genommen, und das bei ihm Fehlende ergänzt werden.

---

forum prospexisse dictus, ex auctoritate Senatus in carcerem adductus, non ante finem belli emissus est.

53) *Auctor. Rhetoricor. ad Herenn.* Lib. 4. c. 35.

53 a) Zamoscius a. a. O. (oben not. 36.) Lib. 1. c. 15. Lib. 2. c. 16. Rosinus a. a. O. (oben not. 34.)

54) *Valerius Maximus* Lib. 6. c. 2. §. 5.

Zunächst weist Polybius dem Senate die Cognition über Verrath (προδοσία) und Meuterei (συνωμοσία) zu, jedoch mit Beschränkung auf Italien; wodurch die Ahndung dieser Vergehen sowol in Rom selbst als auch in den Provinzen dieser Behörde aberkannt wird. Das letzte erklärt sich sehr leicht durch die Bemerkung, daß zur Zeit der Abfassung von Polybius Geschichtswerk der römische Staat noch keine bedeutenden außeritalischen Provinzen hatte; denn Sicilien wird, als *provincia suburbana* und *continens* (scil. Italiae) [55]) nicht selten mit Italien verbunden. Umgekehrt in Rom waren die *crimina perduellionis* und *maiestatis* im Zeitalter des Polybius schon längst der Cognition des Volks überwiesen, und wenn gleich der Senat, wie wir im Verfolge sehen werden, auch damals noch thätigen Antheil an der Untersuchung gegen dergleichen Verbrechen nahm, so war er doch nicht die ausschließlich competente Behörde, und mußte daher von Polybius, der die eigenthümliche Geschäftsthätigkeit des Senats in möglichst allgemeinen und bestimmten Umrissen beschreiben wollte, hier übergangen werden.

Aber schon hier bewährt sich die obige Bemerkung, daß von dem, was Polybius dem Senate nach dem Recht seiner Zeit zuspricht oder aberkennt, kein bündiger Schluß auf frühere oder spätere Perioden des römischen Freistaats gelte. Denn wir finden hier bei Ausübung der Gerichtsbarkeit über die genannten Verbrechen in Rom die

55) Aehnlich wie der Ausdruck *aedificia continentia* (sc. urbi). *L. 99. §. 1. D. de Verbor. Signif.* Vergl. Cicero *in Verr. Act. 2.* Lib. 2. c. 3. Lib. 3. c. 26. z. E.

Competenz des Senates keineswegs ausgeschlossen. Dies wird die folgende Darstellung zeigen.

Daß bei Verrath und Meuterei außerhalb Rom, namentlich aber bei einem Treubruch verbündeter Nationen in Italien und später auch in den Provinzen, seit der ältesten Zeit der römische Senat die competente richtende Behörde gewesen sei, und gemeinhin einem der höhern Magistratus, welche als gültige Repräsentanten des Senats auftreten konnten, namentlich einem der Consuln oder Prätorn, bisweilen auch einem eigens dazu ernannten Dictator, die Untersuchung aufgetragen habe, bezeugen die unverdächtigsten Referenten. Außer den allgemein sprechenden Zeugnissen,[56]) mögen hier folgende der wichtigsten Beispiele in chronologischer Ordnung zum Beweise dienen.

Das älteste Beispiel findet sich beim Jahre d. St. 256, wo, nach Dionysius von Halycarnaß,[57]) der Consul T. Lartius Flavus die abtrünnigen Fidenater zur Dedition zwang, die Bestrafung derselben aber dem römischen Senate anheimstellt, und von diesem mit der über die Schuldigen zu verhängenden Untersuchung und Be-

56) Cicero a. a. O. *Lib. 1. c. 33.* Legatus cum esses circumsessus, cumque — Populo Romano communique causae legatorum facta esset iniuria insignis, non es persecutus. — Non te *ad Senatum* causam deferre; non de tam atrocibus iniuriis conqueri; non eos homines, qui populum concitarant, Consulum litteris evocandos curare oportuit? Vergl. ebendas. c. 24. z. E. — c. 32.

57) *Lib. 5.* pag. 325. Die Quellen, welche Livius benutzte, gedachten bei diesem Jahre des bezeichneten Vorfalls nicht. *Livius* Lib, 2. c. 21.

strafung beauftragt wurde. Fälschlich rühmt hierbei der Geschichtschreiber als Demuth an dem Consul, was derselbe ohne Pflichtverletzung nicht hintansetzen durfte, nehmlich die Anzeige und Uebertragung der Sache an den Senat. Aehnlich berichtet Livius[58]) beim Jahre 290, daß die vornehmsten Bürger der Colonie Antium, in Folge des gegen sie obwaltenden Verdachts eines Treubruchs gegen Rom, auf Veranlassung des römischen Senats durch die Consuln nach Rom beschieden seien; und daselbst in der Senatsversammlung sich zu vertheidigen versucht haben. Aus dem vierten Jahrhundert der Stadt gehört unfehlbar hieher die im Jahr 327 gegen die Fidenater, wegen angeblicher Theilnahme an dem Ueberfall der Vejenter, angeordnete Untersuchung;[59]) denn wenn uns gleich hierbei nicht ausdrücklich der Senat als verfügende Behörde genannt wird, so macht dies doch die Wahl der Commissarien, welche sämmtlich zum Collegium des Senats gehörten, und von denen zwei in keinem öffentlichen Amte standen, mehr als wahrscheinlich. Weit offenbarer wird die Competenz des Senates bei der Cognition über Verrath und Bundbrüchigkeit, auf Veranlassung der gegen die aufrührerischen Latiner und Herniker, so wie der Colonisten von Circeji und Velitrå, im Jahre 370 verfügten Bestrafung erwähnt; denn hier berichtet Livius,[60]) auf eine für das Verhältnis der Jurisdiction in den römischen Pflanz- und Bundes-Städten zu der Gerichtsbarkeit der

58) *Livius* Lib. 3. c. 4.

59) Ebendas. Lib. 4. c. 30. vergl. c. 26. und c. 23.

60) Ebendas. Lib. 6. c. 2. c. 6. c. 10. c. 12. c. 13. c. 17.

römischen Behörden sehr belehrende Weise:[61]) dem Ansinnen der genannten Colonisten, über die Urheber des Treubruchs nach dem Recht ihrer Heimath zu richten, habe, augenscheinlich wegen der verletzten Pflicht des Gehorsams gegen Rom, nicht nachgegeben werden können. Eben so wenig läßt beim Jahre 374 der Bericht des Historikers[62]) einen Zweifel, daß die Treulosigkeit der Tuskulaner dem römischen Senat zur Rüge anheimgefallen sei. Häufiger werden diese Vorfälle, verbunden mit dem jedesmaligen Einschreiten des Senates, im fünften und besonders im sechsten Jahrhundert der Stadt. Weniger gehört hieher der Bericht über den Abfall von Samnium und Latium im Jahre 415,[63]) weil es hierbei zu keiner förmlichen Untersuchung kam; dagegen sind auszuzeichnen die Berichte von verletzter Bundespflicht beim Jahre 426,[64]) wo der Senat sein Strafamt an den Privernatern ausübte: beim Jahre 440 wird einer in Campanien ausgebrochenen Verschwörung gedacht, welche dem römischen Senate wichtig genug schien, um zu ihrer Untersuchung an Ort und Stelle einen eigenen Dictator zu ernennen;[65]) beim Jahre 450, wo die Consuln in Folge eines Senatsbeschlusses über die Urheber des Abfalls der Fru-

---

61) Vergl. des Verf. *Observation. ad Tab. Heracl. Part. alter.* Berol. 1817. pag. 131. fgg.

62) *Livius* Lib. 6. c. 25. 26.

63) Ebendas. Lib. 8. c. 3.

64) Das. Lib. 8. c. 20. vergl. c. 14. *Valerius Maximus* Lib. 6. c. 2. §. 1.

65) *Livius* Lib. 9. c. 25. 26.

sinater strenges Gericht hielten.[66]) Besonders reich ist die Anzahl der Beispiele aus dem sechsten Jahrhundert. Vom Jahre 542 bis 549 ist von mehreren Untersuchungen die Rede, welche durch heimlichen oder offenbaren Abfall mehrerer Italischer Bundesvölker an die siegreichen Carthager veranlaßt wurden, und welche der römische Senat meistens einem eigens dazu ernannten Dictator, der an Ort und Stelle Gericht halten sollte, übertrug.[67]) Aehnlich veranlaßte der im Jahre 554 durch die Begleiter der Punischen Geißeln in Setia und in der Umgegend erregte Sklavenaufstand eine strenge Untersuchung, welche der Senat dem, zugleich mit Militärgewalt versehenen Prätor Urbanus zuwies.[68]) Eine gleiche Verschwörung der Sklaven im Jahre 556 erzeugte ähnliche Maaßregeln.[69]) Die vom Jahre 566 bis zum Jahre 571 mit Unterbrechungen fortgesetzte Untersuchung gegen die Bacchanale dehnte sich bekanntlich über einen ansehnlichen Theil von Unteritalien aus, und wurde hier im Auftrage des römischen Senats bald durch die Consuln bald durch die Prätoren geleitet.[70]) Das Jahr 572 und 573 liefern neue Beispiele von Bundbrüchigkeit, deren Ahndung der Senat *respect.* den Consuln oder einem der Prätoren über-

66) Ebendas. Lib. 10. c. 1.

67) Ebendas. Lib. 28. c. 10. Lib. 29. c. 36. Lib. 30. c. 24. c. 6. *Valerius Maximus* Lib. 3. c. 1. Extern. §. 1.

68) *Livius* Lib. 32. c. 26.

69) Das. Lib. 33. c. 36.

70) Das. Lib. 39. c. 8. fgg. Lib. 40. c. 19.

trug.[71]) Beim Jahre 633 geschieht der Selbstvertheidigung des treulosen Bituitus, Königs der Arverner, vor dem römischen Senate und der Verurtheilung desselben zur Gefangenhaltung Erwähnung.[72]) Auch dürfte hier noch die Bemerkung einen Platz verdienen, daß der Beschluß zur Zerstörung einer Bundbrüchigen Stadt vom Senate auszugehn pflegte, und es dem siegenden Feldherrn gemißdeutet wurde, wenn er mit Vorbeigehung dieser Behörde allein eine solche Verfügung traf; wie z. B. dem Marcellus bei der Zerstörung von Aquileja.[73])

Dem Senate stand aber auch seit dem Beginne des Freistaats das Recht zu, allen in Rom selbst oder durch Roms Bürger gestifteten Verrath und jede Verschwörung zu ahnden, und zwar nicht blos durch polizeiliche Maaßregeln, sondern auf rein criminellem Wege. Dafür sprechen folgende Thatsachen. Senatus Consulte der frühesten Zeit, welche ein der öffentlichen Wohlfahrt förderliches Gebot aussprechen, drohen nicht selten für den Uebertretungsfall zugleich eine Capitalstrafe an, oder ziehen wenigstens eine solche unter Umständen nach sich.[74]) Ein zur Dämpfung von Unruhen in Rom ernannter Dictator hatte unfehlbar eine unbeschränkte Criminalgewalt: übte er diese aber im Namen des Volks aus, von welchem dieselbe mit der Amtsgewalt der ihn ernennenden Consuln auf ihn übergegangen war, oder im Namen des Senats, welcher die Ernennung des-

---

71) Das. Lib. 40. c. 42. c. 53.

72) *Livius Epit.* Lib. 61.

73) *Plinius Histor. Natur.* Lib. 3. c. 19.

74) *Livius* Lib. 6. c. 4.

selben beschlossen hatte? Das Letzte hat bei weitem das mehreste für sich, wie insbesondre die Geschichte des Prozesses gegen Manlius Capitolinus zeigt. Man muß bei diesem eben genannten Rechtsfalle eine zweimalige Untersuchung wohl scheiden. In der ersten sehen wir nicht blos den Senat im Gefolge des zu Gericht sitzenden Dictators auf dem Forum erscheinen, sondern auch durch einen Senatsbeschluß den Manlius auf freien Fuß gesetzt und den Prozeß gegen ihn niedergeschlagen, welche Abolition der Senat nur alsdann, wenn die ganze Untersuchung für ihn ressortirte, ohne Zuziehung des Volks verfügen konnte.[75] Als nichts desto weniger Manlius seine Partheiungen mit gedoppeltem Eifer fortsetzte, war es wieder der Senat, welcher die Sache von neuem in Erwägung zog, und die Herstellung der Ordnung durch ein *Senatus Consultum ultimum* den Consulartribunen und andern Beamten übertrug. Erst in Folge dieses Senatsbeschlusses, mithin nicht aus eigner Machtvollkommenheit und der dem Volke zustehenden Gerichtsbarkeit, entschlossen sich die Volkstribunen, den Manlius als Hochverräther beim Volke anzuklagen.[76] Freilich ist der Bericht des Livius über diese zweite gegen Manlius eingeleitete Untersuchung nichts weniger als genau und befriedigend; denn bald nennt er die Gemeinde der Plebejer, bald die Centuriat-Comitien als die richtende, bald die Duumviri Perduellionis als die inquirirende Behörde. Dies Schwanken erklärt sich wol daraus, daß hier von einem Ausnahmsfall

75) Ebendas. c. 16. — 18.

76) Ebendas. c. 19. c. 20.

die Rede ist, in welchem sich der Senat der Ausübung seines Richteramts entäußert hatte; allein es kann keinem gründlichen Zweifel unterliegen, daß unter diesen Umständen nur die Centuriat-Comitien die Competenz in dieser Untersuchung in Anspruch nehmen konnten. Zu den für unsre obige Behauptung günstigen indirekten Zeugnissen läßt sich freilich nicht der Bericht des Livius [77]) von dem, im Jahre d. St. 260 durch das Privatschuldenwesen und die Militärausheburg herbeigeführten Tumult zählen, indem hier unter der *Quaestio* zwar nicht das Volksgericht, wol aber die durch die Consuln von Amtswegen einzuleitende Untersuchung verstanden werden kann: dagegen dürften die mannichfaltigen Sicherheitsmaaßregeln, welche die Plebs im Jahre 305 ergriff, um sich wegen des Aufstandes gegen die Decemvirn außer Verantwortung zu setzen, und zu welchen namentlich auch Unterhandlungen mit dem Senate gehörten, [78]) eine ziemlich nahe Beziehung auf die Strafgewalt des Senates zulassen. Ferner gehört hieher die Erzählung von dem im Jahre 342 verhängten Gericht über die Theilnehmer des Aufruhrs, welchen die Armee des Consulartribunen M. Postumius Regillensis gegen ihren Anführer erregt hatte. [79])

---

77) Ebendas. *Lib. 2. c. 29.* Senatus, tumultuose vocatus, tumultuosius consulitur, quaestionem postulantibus iis, qui pulsati fuerant, etc.

78) Das. Lib. 3. c. 53. c. 54.

79) Das. *Lib. 4. c. 51.* His Consulibus principio anni Senatus Consultum factum est, ut de quaestione Postumianae caedis tribuni primo quoque tempore ad plebem ferrent, ple-

Der Senat verwies hier die Untersuchung an die Gemeinde der Plebejer; nicht deshalb, weil dies die eigentliche competente Behörde war, sondern aus politischen Gründen übertrug er diesen für ihn ressortirenden Prozeß an ein anderes Forum. Dies erhält dadurch seine Bestätigung, daß der Anklage durch die Tribunen ein Senatus Consult vorherging, daß die Plebs eigne Commissarien aus der Mitte der Patricier erwählte, wobei einer Genehmigung durch das Volk Erwähnung geschieht; ferner dadurch, daß bei der ersten Untersuchung wegen des Mordes von Postumius[80]) sowol des regelmäßigen vom Senat eingeleiteten Criminalverfahrens, als auch der Gründe, welche den Senat später zur Abweichung von der regelmäßigen Form vermogten, ausdrücklich gedacht wird.

Es fehlt aber auch nicht an direkten Beweisen, welche die Competenz des Senats bei den in Rom selbst verübten Verbrechen des Verraths und der Meuterei über allen Zwei-

besque praeficeret quaestioni quem vellet. A plebe consensu populi Consulibus negotium mandatur: qui summa moderatione ac lenitate per paucorum supplicium, quos sibimet ipsos conscisse mortem satis creditum est, transacta re, nequivere tamen consequi, ut non aegerrime id plebs ferret.

80) Ebendas. *c. 50.* Quod tam atrox facinus postquam est Romam nuntiatum, tribunis militum de morte collegae *per Senatum* quaestiones decernentibus, tribuni plebis intercedebant. Sed ea contentio ex certamine alio pendebat; quod cura incesserat Patres, ne metu quaestionum plebs iraque tribunos militum ex plebe crearet; tendebantque summa ope, ut Consules crearentur.

fel erheben. Das älteste Beispiel liefert die im Jahre d. St. 254 durch die Latinischen Gesandten angezettelte Verschwörung in Rom, welche die Wiedereinsetzung des vertriebenen Königes bezweckte, und wobei der Senat die ganze Untersuchung durch die Consuln einleiten ließ.[81]) Des Verbrechens von Sp. Cassius, im Jahre 269, gedenken wir hier nicht; denn wenn gleich einige Referenten der Thätigkeit des Senats bei dieser Untersuchung Erwähnung thun, so läßt doch der große Zwiespalt der Historiker[81 a]) über die Bestrafung des Cassius keinen gültigen Schluß auf die Untersuchungsbehörde zu. Von Bedeutung dagegen sind folgende Prozeßfälle. Im Jahre 440 wurde auf Befehl des Senats, anfangs durch den Dictator, sodann, als dieser nebst seinem Magister Equitum selbst in den Prozeß verwickelt wurde, durch die Consuln eine Untersuchung gegen die in Rom Statt habenden unerlaubten Verbindungen eingeleitet.[82]) Die gegen den Qu. Pleminius, wegen des im Jahre 558 gestifteten Aufruhrs, verhängte Strafe ging gleichfalls vom Senate aus.[83]) Die schon oben[84]) berührte Untersuchung gegen die Theilnehmer der Bacchanalien wurde im Auftrage des

81) *Dionys. Halycarnass.* Lib. 5. pag. 319. fgg. edit. *Sylburg.*

81 a) Ebenders. Lib. 8. pag. 546. fgg. *Livius* Lib. 2. c. 41. *Valerius Maximus* Lib. 5. c. 8. §. 2. *Plinius Hist. Nat.* Lib. 34. c. 4. z. Anf.

82) *Livius* Lib. 9. c. 26.

83) Ebendas. Lib. 34. c. 44.

84) Vergl. not. 70.

Senats von den höhern Magistratus geleitet. Ferner ist bei einer Reihe der bekanntesten Verschwörungen in Rom, nehmlich bei der des Sp. Mälius, der beiden Gracchen, des Saturninus, des Catilina, der angeblichen Verschwörung gegen Pompejus, u. a. m. es hinreichend erweislich, daß die gegen die Theilnehmer, entweder unmittelbar oder zum Theil nach vorgängiger, Untersuchung, verfügte Strafvollstreckung vom Senate ausgegangen sei.[85]) Freilich scheinen diese Beispiele mehr gegen als für unsre Behauptung zu sprechen, indem in mehreren Berichten über diese Vorfälle die Competenz des Senats in Zweifel gezogen und sein Verfahren als ein unregelmäßiges, auf Usurpation beruhendes, dargestellt wird. Jedoch die unten im Zusammenhange aufzunehmende Untersuchung über das Verhältnis der peinlichen Gerichtsbarkeit des Senats zu der des Volks wird darthun, daß diese Argumente nicht aller Beweiskraft für unsre schon anderweitig begründete Ansicht ermangeln.

Polybius weist ferner dem Senate die Cognition über das Verbrechen der Vergiftung zu. Beispiele dieser Cognition finden sich im Geschichtswerk des Livius, und zwar nicht blos bei Vorfällen dieser Art außerhalb Rom, sondern meistens mit Beschränkung auf Rom und dessen Gebiet. Die erste Untersuchung wegen eines Giftmordes in Rom wurde im Jahre 423 veranlaßt, und die Erzäh-

85) *Valerius Maximus* Lib. 5. c. 3. §. 2. Lib. 9. c. 15. §. 2. fgg. *Plutarch in Caio et Tib. Graccho* z. E. *Cicero Catilinar.* I. c. 12. IV. c. 6. *ad Attic.* Lib. 2. Ep. 24.

lung des Livius[86]) von diesem Vorfall, wiewol in manchen wesentlichen Punkten sehr mangelhaft, reicht dennoch hin die Competenz des Senates hier außer Zweifel zu setzen. Die Anzeige des Verbrechens geschah an einen der curulischen Aedilen; daß dieser sich zur Untersuchung der Sache nicht für competent gehalten habe, zeigt die Verweisung derselben an die Consuln. Diese machten deshalb beim Senat Anzeige, und da wir sie gleich darauf auf dem Forum bei der Untersuchung thätig sehn, so dürfen wir mit Bestimmtheit annehmen, daß sie in Folge eines ausdrücklichen Auftrages von Seiten des Senats eingeschritten seien; denn in Folge ihrer Amtsgewalt konnten sie schon seit den Zwölf Tafeln sich dieses Recht nicht anmaaßen. Beim Jahre 568 wird einer *Quaestio de veneficiis* gedacht, welche durch den Senat einem der Prätoren neben der Provinz Sardinien angewiesen war, und sich auf den Bezirk des damaligen Italiens, mit Ausschluß von Rom, beschränkt zu haben scheint.[87]) Ein ganz gleicher Fall ereignete sich im Jahre 572, wo jedoch die Thätigkeit des Inquirenten auf die Stadt Rom und deren nächste Umgegend verwiesen war.[88]) Bei später vorgefallenen Vergiftungen nennen die Referenten[89]) die Untersuchungsbe-

86) Lib. 8. c. 18. vergl. *Valerius Maximus* Lib. 2. c. 5. §. 3. und *Augustinus de Civitate Dei.* Lib. 3. c. 17.

87) *Livius* Lib. 39. c. 38. c. 41.

88) Ders. Lib. 40. c. 37. c. 43. c. 44.

89) Ders. *Epit.* Lib. 48. *Plinius Histor. Nat.* Lib. 27. c. 2.

hörde nicht bestimmt; doch lassen einige Andeutungen abnehmen, daß dies nicht der Senat gewesen sei.

Die Competenz des Senates bei Mord und Todtschlag, die in Italien verübt worden waren, stützt sich nicht blos auf das Zeugnis des Polybius, sondern hat auch die Angabe ander Referenten für sich, welche indeß kein Beispiel einer Untersuchung über dergleichen in Rom selbst verübte Verbrechen enthalten. Nur zwei Fälle dieser Art, welche direkt beweisend sind, hat der Verfasser ermitteln können: beide scheinen in dieselbe Zeit, nehmlich in den Anfang des siebenten Jahrhunderts d. St., zu gehören; den einen berichtet Cicero,[90]) den andern Plutarch.[91])

Außer diesen bei Polybius genannten Fällen wird auch in andern dem Senate ein Strafrecht und eine förmliche Gerichtsbarkeit beigelegt, und zwar bei Referenten, deren Glaubwürdigkeit uns nicht verdächtig seyn kann. Wir wollen hier der unbestimmten Aeußerung von einer *Provincia ad res capitales quaerendas Praetori ex Senatus Consulto decreta*[92]) nicht gedenken, weil die-

90) *In Bruto* c. 22. Memoria teneo, Smyrnae me ex P. Rutilio Rufo audisse, cum diceret adolescentulo se accidisse, ut ex Senatus Consulto P. Scipio et D. Brutus (ut opinor) Consules de re atroci magnaque quaererent. Nam cum in silva Sila facta caedes esset, notique homines interfecti, insimulareturque familia, partim etiam liberi, societatis eius, quae picarias de P. Cornelio, L. Mummio Censoribus redemisset, *decrevisse Senatum ut de ea re cognoscerent et statuerent Consules.*

91) *In Parallel.* pag. 315. edit. Francof. 1599. fol.

92) *Livius* Lib. 45. c. 16.

selbe auch auf die bei Polybius verzeichneten Verbrechen bezogen werden kann; und uns auf bestimmte Anführungen der Quellen beschränken.

Wir sehen hier zuvörderst den Senat im Besitz des Rechts, römische Magistratus wegen Vernachlässigung oder Ueberschreitung ihrer Amtsgewalt zur Rechenschaft und Strafe zu ziehn. Freilich kann als Beweis hiefür nicht jeder Fall dienen, wo es heißt die Abgeordneten einer Nation hätten sich über Mishandlungen beschwert, welche sie von einem römischen Beamten zu erdulden gehabt:[93]) denn wenn diese Abgeordnete nicht römische Bürger waren, so konnten sie nicht als Ankläger beim römischen Volke auftreten, sondern der gewöhnliche Weg war, daß sie zuvor ihre Beschwerde im Senat zur Sprache brachten, und dieser zog dann entweder selbst die Angelegenheit vor seine Cognition, oder in Folge eines Senatsbeschlusses konnte einer der städtischen Beamten den Prozeß an die Volksgemeinde bringen.[94]) Kürzer war die Verhandlung in späterer Zeit, wenn das dem Magistratus Schuld gegebene Verbrechen für eine der Quästiones Perpetuä ressortirte. Eben so wenig wollen wir uns auf das Beispiel des Julius Cäsar berufen, welcher die Untersuchung seiner so laut getadelten Verwaltung während des ersten Consulats freiwillig dem Senat anheimstellte.[95]) Dage-

93) *Asconius Pedianus* zu *Cicero Orat. in toga candida.* pag. 979. edit. *Graevii. Livius* Lib. 38. c. 43. — 60. *Gellius Noct. Att.* Lib. 15. c. 14.

94) *Ascon. Pedian.* zu *Cicero Orat. pro Scauro.* in *Argum.*

95) *Suetonius in Iul. Caesare.* c. 23. vergl. *in Neron.* c. 2.

gen lassen folgende Berichte keinen gegründeten Zweifel aufkommen. Im Jahre d. St. 548 wurde, in Folge der Beschwerden der Locrenser über Scipio eine Commission unter dem Namen einer Gesandtschaft durch den Senat ernannt, um nach Sicilien zu gehn und das Verfahren Scipio's gegen die Bürger und die Besatzung von Locri streng zu prüfen. Daß die Commission nichts zu inquiriren fand, geht aus der Relation deutlich hervor; aber nicht minder bestimmt zugleich, daß sie mit aller Gewalt dazu ausgerüstet gewesen sei. [96]) Früher schon, nehmlich im Jahre 544, veranlaßten die Beschwerden der Syracusaner gegen ihren Besieger, M. Claudius Marcellus, eine zwar summarische, aber doch in eine juristische Form gekleidete, Verhandlung des Senats. [97]) Die Beschwerden der Cenomaner über den Prätor M. Furius, im Jahre 565, bewogen den Senat, dem Consul M. Aemilius Lepidus die Untersuchung zu übertragen, welche auch ganz zu Gunsten der Kläger ausfiel. [98]) Merkwürdig ist ferner der Bericht des Livius [99]) bei der im Jahre d. St. 581 erfolgten Anklage der römischen Prätorn, durch die Abgesandten beider Hispanischen Provinzen, welche besonders verübte Gelderpressungen zum Ge-

---

96) *Livius* Lib. 29. c. 20. — 22. vergl. c. 16. z. E. — c. 20. und c. 9. *Dio Cassius Fragm. Histor.* No. 64. edit. *Reimar.*

97) *Plutarch in Marcello.* pag. 311. *Dio Cassius* a. a. O. No. 16. *Valerius Maximus* Lib. 4. c. 1. §. 7.

98) *Livius* Lib. 39. c. 3.

99) Ebendas. Lib. 43. c. 2.

genstand hatte. Der Senat übertrug diese Untersuchung dem damaligen Statthalter der Provinz, und machte es ihm zur Pflicht, zu jeder einzelnen Untersuchung fünf Recuperatoren aus dem Senatorenstande als gerichtliche Commission niederzusetzen, und daneben wurde den Anklägern die freie Wahl von Patronen überlassen. Ferner gehört hieher, was beim Jahre 615 erzählt wird,[100]) daß nehmlich auf die Klage der Macedonischen Abgesandten wegen Bedrückungen des Prätors D. Junius Silanus, der Senat habe zur Untersuchung schreiten wollen, diese jedoch dem Vater des Angeschuldigten auf dessen ausdrückliches Ersuchen abgetreten, und so ein *iudicium domesticum* dem *iudicium publicum* substituirt sei. Auch die zu Ende des siebenten Jahrhunderts gegen den Proconsul Aul. Gabinius, wegen unbefugter Bekriegung der Alexandriner, vom Senat verhängte Strafe[101]) unterstützt unsre Ansicht. Blos scheinbar dagegen ist das Argument von der im Jahre 704 durch den Consul C. Marcellus gegen den Volkstribunen Curio, wegen mehrerer aufrührerischer Rogationen, eingeleiteten Senatsverhandlung:[102]) denn der Consul wurde hier blos durch die Verfügung der Censorn gegen Curio veranlaßt, die Entfernung des Bezüchtigten aus dem Senat, nicht aber eine förmliche Untersuchung gegen ihn, in Anregung zu

100) Das. Lib. 54. Epit.

101) *Dio Cassius* Lib. 39. c. 62. c. 63. vergl. c. 55. — 61. *Appianus de Rebus Syriacis.* c. 50. edit. *Schweighaeuser.* Vol. I. pag. 612.

102) *Dio Cassius.* Lib. 40. c. 64. vergl. c. 60.

bringen. Eher dürften hieher zu ziehn seyn einige Fälle aus der Periode der Herrschaft von Pompejus und Jul. Cäsar, wo Volkstribunen, wegen Ueberschreitung der Grenzen ihrer Amtsgewalt, vom Senate zurechtgewiesen, und zum Theil zur Rechenschaft gezogen wurden. [103])

Bei unbefugter Anmaaßung des römischen Bürgerrechts sehen wir den Senat als die einschreitende Behörde, und Consuln oder Prätorn als dessen Commissarien genannt: [104]) jedoch nur bis gegen das Ende des sechsten Jahrhunderts; später wird immer das Volk, und die dasselbe vertretende Quästio Perpetua, als competente Instanz angeführt.

Bei einzelnen Arten qualificirter Fälschungen finden sich Spuren der Cognition des römischen Senats. So geschieht derselben beim Meineide Erwähnung, jedoch in einem höchst beschränkten Anwendungsfalle, wo zugleich eine Verletzung der Völkerrechtlichen Formen, deren Ahndung der Senat wol überall sich aneignen konnte, concurrirte. [105]) Ueberhaupt aber scheint ein Falsum alsdann vor die Competenz des Senates gehört zu haben, wenn dasselbe irgend einen der sonstigen Verwaltungszweige des Senats berührte. Dies zeigt eine im Jahre 540 gegen die Finanzpächter eingeleitete Untersuchung, welche seit dem Jahre 537 bei den Lieferungen für die Bedürfnisse der Armee sich höchst sinnreicher Betrügereien schuldig ge-

---

103) Ebendas. c. 45. und Lib. 44. c. 9. c. 10.

104) *Livius* Lib. 34. c. 42. Lib. 39. c. 3. Lib. 41. c. 9. vergl. c. 8.

105) *Cicero de Offic.* Lib. 3. c. 32.

macht hatten.[106]) Der Prozeß wurde hier allerdings durch die Tribunen an die Gemeinde der Plebejer gebracht; allein daß der Senat gleich anfangs zur Untersuchung und Bestrafung des Frevels competent gewesen sei, läßt sich durchaus nicht bezweifeln. Der Senat wollte es nehmlich mit den Steuerpächtern nicht verderben, und ignorirte deshalb anfangs ihren Betrug; später, als er nicht umhin konnte sich der Sache anzunehmen, begnügte er sich bei allgemeinen Aeußerungen seines Unwillens. Die Volkstribunen nahmen darauf diese Untersuchung auf, und klagten die Betrüger auf eine Geldstrafe an; die Beklagten brauchten Gewalt gegen sie, wodurch der Senat veranlaßt wurde dieselben für außer dem Gesetz zu erklären, und gestützt darauf erhoben die Tribunen von neuem ihre Anklage, welche sie jetzt aber auf eine Capitalstrafe richteten. Merkwürdig ist es, daß sie dabei gleichsam als Bevollmächtigte des Senates handelten, und bei dieser *Accusatio in caput* zuvor nicht die Genehmigung der höhern Behörden nachsuchten, welche ihnen sonst bei allen nicht auf eine bloße Geldstrafe gerichteten Anklagen bekanntlich nicht erlassen wurde.[107])

Blos scheinbar dagegen ist die Competenz des Senats bei Fleischesverbrechen, Kirchenraub und Störung des Gottesdienstes. Bei zwei verschiedenen Anlässen wird in Bezug auf den Versuch zur Sodomie eines Einschreitens des Senats gedacht: allein in dem einen dieser Fälle ist von keiner wirklichen Untersuchung, sondern wie es scheint von einer bloßen polizeilichen Maaßregel gegen einen Herrn,

106) Livius Lib. 25. c. 3. 4. vergl. Lib. 23. c. 48. 49.

107) Ebendas. Lib. 26. c. 2. c. 3. Lib. 43. c. 7. c. 8. c. 16.

welcher die Gewalt über seinen Schuldsklaven gemißbraucht hatte, die Rede;[108]) ähnlich wie der Senat bei einem andern Anlaß dem Herrn, welcher durch öffentliche Ausübung des Züchtigungsrechtes an seinem Sklaven die Feier der heiligen Spiele gestört hatte, eine Geldstrafe auferlegte;[109]) und überdem hatte, nach dem Bericht des Livius von dem obigen Vorfall, die Berathung des Senats lediglich die Milderung des Schicksals der Schuldsklaven überhaupt zum Gegenstand. In dem zweiten Falle war der Beklagte ein Magistratus, nach einigen Volkstribun, nach andern curulischer Aedil; er konnte also nicht während seines Amtes beim Volke belangt werden: jedoch dem Senat stand es frei, Verletzungen der Amtsgewalt auch während der Potestas zu ahnden, und in dieser Beziehung scheint derselbe hier den Angeschuldigten zur Verantwortung gezogen zu haben.[110]) Aehnliche Bewandnis wie im zuletzt genannten Falle hat es mit der Beraubung des Tempels der Proserpina zu Locri um die Mitte des sechsten Jahrhunderts,[111]) und mit der

108) Ders. Lib. 8. c. 28. *Valerius Maximus* Lib. 6. c. 1. §. 9.

109) *Livius* Lib. 2. c. 36. *Dionys. Halycarn.* Lib. 7. pag. 472. fgg. edit. *Sylburg. Cicero de divination.* Lib. 1. c. 26.

110) *Plutarch in M. Marcello.* 3. Anf. *Valer. Maxim.* Lib. 6. c. 1. §. 7.

111) *Livius* Lib. 29. c. 20. — 22. vergl. c. 16. — 20. Lib. 31. c. 12. 13. Lib. 32. c. 1. *Valerius Maximus* Lib. 1. c. 1. §. 21.

des Tempels der Juno Lacinia zu Rom im Jahre 579.[112]) Der Senat trat hier in's Mittel, und ernannte Commissarien zur Untersuchung; aber in beiden Fällen war der Frevel von römischen Beamten ausgegangen, und schon aus diesem Grunde der Senat zum Einschreiten veranlaßt. Viel weniger kann der Prozeß gegen den Pub. Clodius, wegen Störung des Festes der Bona Dea, zum Beweise der Gerichtsbarkeit des Senats dienen; denn dieser veranlaßte blos das Gutachten der Pontifen über die Beurtheilung dieses Vorfalls, und bewirkte durch dessen Bekanntmachung, ohne daß eine Bevollmächtigung hierbei vorkam, daß das *Iudicium Publicum* die Sache vor sich zog.[113])

Fragen wir nun nach der Art und Weise, wie der Senat in den bisher bezeichneten Fällen seine Criminalgerichtsbarkeit ausgeübt hat, so zeigt sich in keinem der angeführten Berichte eine deutliche Spur, daß der Senat hierbei von der Zustimmung irgend einer andern Behörde, namentlich von der des Volks, abhängig gewesen sei, und also etwa nur als dessen Bevollmächtigter gehandelt habe. Dies widerlegt schon der Umstand, daß dergleichen Untersuchungen des Senates häufig gegen das Volk selbst und dessen Begünstigte gerichtet waren, so wie, daß nicht selten ein Dictator, also eine den Senat repräsentirende Behörde, zum Commissarius dabei ernannt wurde. Wenn aber bisweilen der Senat bei einer im Herzen des Staates ausgebrochenen Verschwörung, (z. B. bei der im Jahre

---

112) *Livius* Lib. 42. c. 3.

113) *Cicero ad Atticum.* Lib. 1. Ep. 13. 14. 16.

254 wegen Wiedereinsetzung der vertriebenen Tarquinier, oder bei der Untersuchung gegen die Theilnehmer an den Bacchanalien, u. a. m.) seine Beschlüsse, und namentlich die über die Belohnung der Angeber, ehe sie zur Ausführung kamen, dem Volke bekannt machen ließ und dessen Genehmigung anheimstellte,[114] so darf man daraus keinen Beweis für den Mangel an Selbstständigkeit der peinlichen Gerichtsbarkeit des Senats ableiten; denn die Belohnungen der Angeber hatten hier zum Theil Begünstigungen zum Gegenstande, über welche nur die Volksgemeinde gültig entscheiden konnte. Eben so wenig folgt ein solcher Beweis daraus, daß der Senat bisweilen Untersuchungen, welche für ihn ressortirten, an die Volksgemeinde abtrat: denn dies geschah nur aus politischen Gründen, wenn der Senat entweder eine gehässige Entscheidung von sich abwenden wollte,[114a] oder wenn die höheren Beamten ihm den Gehorsam verweigerten, und er gegen dieselben bei den Volkstribunen Hülfe suchte.[114b]

Unter der obigen Voraussetzung können wir auch mit Zuversicht behaupten, daß von dem bestätigten Erkenntnisse des Senats keine Provocation an das Volk gegolten habe: auch steht dieser Annahme kein klassisches Zeugnis entgegen. Damit ist aber freilich nicht geleugnet, daß, wenn die Untersuchung durch einen Commissarius des Senats ge-

114) *Dionys. Halycarn.* Lib. 5. pag. 319. fgg. *Livius* Lib. 39. c. 19.

114a) *Livius* Lib. 2. c. 27. 28. 37.

114b) Ebendas. Lib. 42. c. 21. c. 22. vergl. c. 8. — 10. und Lib. 4. c. 26. Lib. 43. c. 7. c. 8.

leitet wurde, von dessen Urtheilsspruch eine Provocation an den Senat habe eintreten können. Dies liegt in dem Wesen der römischen Gerichtsverfassung überhaupt, und in allen Zweigen der Verwaltung konnte bei ungerechten Verfügungen einer Behörde, welche vom Senate ihre Gewalt erhalten hatte, bei diesem auf Cassation jener Beschlüsse angetragen werden. Ferner steht nicht zu bezweifeln, daß Senatus Consulte dieser so wie jeder andern Art durch Einspruch der dazu befugten Behörden haben suspendirt werden können.

Bei den Criminaluntersuchungen, welche wirklich im Namen des Senats geführt wurden, sehen wir nach Umständen ein zwiefaches Verfahreu eintreten. Entweder wurde die Sache im Senate selbst verhandelt, (was, nach den wenigen davon erhaltenen Beispielen zu schließen, [115]) sehr selten der Fall gewesen seyn muß,) alsdann hatte das Ganze wol nichts unterscheidendes von einer gewöhnlichen Senatsverhandlung, und die Partheien scheinen jederzeit in Person ihre Sache vertheidigt zu haben; oder der Senat übertrug die Untersuchung einem Commissarius. Dazu wählte man stets einen der Consuln, oder auch beide; im Fall dieselben behindert waren, fiel die Wahl auf einen der Prätoren; oder es wurde auch, besonders bei bedenklichen Anlässen, zur Ernennung eines eignen Dictators geschritten. Die Beweise hiefür enthalten die obigen zahlreichen Beispiele von Criminaluntersuchungen, welche vom Senate ausgingen. [115 a]) Die Vollmacht eines solchen

115) Vergl. oben not. 72. 97. 110.

115 a) Vergl. oben not. 56 fgg.

Commissarius scheint überall sehr ausgedehnt gewesen zu seyn, und wenn gleich anzunehmen ist, daß derselbe über sein Verfahren dem Senat Bericht und Rechenschaft schuldig gewesen sei, so fehlt es doch durchaus an Zeugnissen dafür, daß sein Erkenntnis erst der Genehmigung des Senates bedurft habe, um zur Ausführung gebracht zu werden. Diese Commissarien begaben sich meistens an den Ort des verübten Verbrechens, um dort den Prozeß zu instruiren; doch finden sich auch Beispiele, daß die als schuldig angegebenen Individuen nach Rom geladen, und dort Gericht über sie gehalten sei. [116]) Die Art des Verfahrens, namentlich die Wahl der Gerichtsbeisitzer, [117]) scheint den Consuln und Dictatoren freigestellt, den Prätoren aber zum Theil vom Senat vorgeschrieben worden zu seyn. Dies zeigt die Instruction, welche im Jahre d. St. 581 der Prätor von Spanien erhielt, und nach welcher er eine Commission von fünf Recuperatoren aus dem Senatorenstande zur Untersuchung jeder einzelnen Anklage ernennen sollte: [118]) auch dürften davon die Berichte zu verstehn seyn, welche den Criminal-Commissarien eine Mehrzahl von Legaten, namentlich von fünfen, beigeben. [119])

Uns bleibt jetzt noch die schwierige Aufgabe, zu bestimmen, wie sich die Gerichtsbarkeit des Senats zu der der andern Behörden, nehmlich zu der der Beamten und

116) *Cicero in Verr.* Act. 2. Lib. 1. c. 33. vergl. c. 24. z. E. — c. 33. und oben not. 90.

117) *Cicero de Amicitia* c. 11.

118) S. oben not. 99.

119) Oben not. 96. und 68.

der Volksgemeinde, oder der die letztere repräsentirenden Quästiones Perpetuä, verhalten habe?

Was zuvörderst die Criminal-Jurisdiction der römischen Beamten angeht, so ist die Collision derselben mit der des Senats bei einigen Magistratspersonen, nehmlich bei Dictatoren und bei Statthaltern der Provinzen, blos scheinbar. Denn der Dictator, er mogte zur Ahndung bestimmter Verbrechen besonders ernannt seyn, oder sich derselben nur gelegentlich in Folge seiner ausgedehnten Amtsgewalt annehmen, handelte im Namen und Auftrage des Senats, von welchem ja der Beschluß zu seiner Ernennung ausging. (Niebuhr a. a. O. Bd. I. S. 361. fgg.) Aehnlich verhielt es sich bei den Provincialbeamten, nur daß bei diesen noch die Grenzen ihrer Jurisdiction in der Bestallung (*Mandatum, Formula Provinciae,*) unfehlbar näher bestimmt waren. Ihre Competenz nehmlich scheint auf Privatverbrechen beschränkt gewesen zu seyn, und die Cognition über Staatsverbrechen, welche in ihrer Provinz verübt worden waren, für den römischen Senat ressortirt zu haben. Dies zeigt, außer einigen andern Relationen,[119 a]) ein bei Cicero[120]) umständlich erörtertes Beispiel von Treubruch der Provincialen gegen Rom, durch Verletzung ihres Statthalters und Tödtung eines der Unterbedienten desselben. Der Statthalter zog hier blos den Todtschlag des Lictors als simples Delict vor seine Competenz, und ließ das publicistisch Anstößige des ganzen Vorfalls, nehmlich die Beleidigung, welche einem

119 a) *Livius* Lib. 39. c. 41. vergl. c. 29.

120) *Cicero in Verr.* Act. 2. Lib. 1. c. 24.—31. c. 33.

Legatus Populi Romani wiederfahren war, den öffentlichen Auflauf, u. s. w. als eine vom römischen Senat aufzunehmende Sache, außer dem Bereich seiner Untersuchung liegen. Widerlegt aber wird unsre Ansicht keineswegs durch die Erzählung des Valerius Maximus;[120a]) weil hier die Delinquenten römische Bürger waren, und ein von ihnen begangenes Capitalverbrechen mithin nur in Rom gerichtet werden konnte.

Bedenklicher ist das Verhältnis der Gerichtsbarkeit des Senats zu der der Consuln. Daß diesen seit der Stiftung ihrer Würde eine sehr ausgedehnte Criminal-Jurisdiction zugestanden habe, welche durch die Zwölf Tafeln auf Verbrechen, die keine Capitalstrafe nach sich zogen, beschränkt wurde und später allmählig ganz auf die Volksgemeinde überging, ist bekannt. Hat es aber irgend eine Wahrscheinlichkeit für sich, wenn van der Hoop mit einigen andern[121]) behauptet, die Consuln seien die regelmäßige Criminalinstanz gewesen, und das Strafrecht

---

120a) *Lib. 4. c. 1. §. 15.* Ad externa iam mihi exempla transire conanti M. Bibulus, vir amplissimae dignitatis et summis honoribus functus, manus iniicit. Qui cum in provincia Syria moraretur, duos egregiae indolis filios suos a Gabinianis militibus occisos esse cognovit. Quorum interfectores ad eum vinctos regina Cleopatra misit, ut gravissimae cladis ultionem arbitrio suo exigeret. At ille oblato beneficio, quo nullum maius lugenti tribui potuerat, dolorem moderationi cedere coëgit, carnificesque sanguinis sui intactos e vestigio ad Cleopatram reduci iussit, dicendo, *potestatem huius vindictae non suam, sed Senatus esse debere.*

121) S. oben not. 39. — 41.

des Senats habe sich darauf beschränkt, den Consuln, so wie vormals den Königen, bei Einleitung und Entscheidung der Criminalprozesse als rathendes Collegium zu assistiren. Diese Behauptung enthält, ganz abgesehn von der Unerweislichkeit des für die Periode der königlichen Regierung supponirten Zustandes, in sich schon die größeste Absurdität, weil sie den Senat unter die Bothmäßigkeit der Beamten stellt; und jene Autoren haben offenbar bei der Lösung des Problems Schiffbruch gelitten, nehmlich zu erklären, wie die gesammte vollziehende Gewalt der Könige auf die ersten Consuln habe übergehn, und daneben doch eine freie Verfassung bestehn können. In Ermanglung bestimmter Zeugnisse der Quellen wagen wir hier folgende Vermuthung. Von einer Concurrenz der Jurisdiction der Consuln und des Senats kann nur in Bezug auf die in Rom selbst verübten Verbrechen die Rede gewesen seyn; hier aber scheinen die Privatverbrechen den Consuln, die Staatsverbrechen aber dem Senate zugefallen zu seyn. Da es an bestimmten Beweisen für diese Vermuthung fehlt, wie schon erinnert worden, so dürfen wir uns auf die Widerlegung der widerstreitenden Zeugnisse der Quellen beschränken. Hier nun bietet sich uns sogleich die Sage von dem Gericht des Brutus über seine Söhne dar.[122]) Allein wenn auch die Quellen, deren Angaben über die bei diesem Vorfall eingetretene Behörde sehr abweichend sind, ausdrücklich sagen mögten, daß der Consul allein kraft eigner Machtvollkommenheit diese

122) *Livius* Lib. 2. c. 5. *Plutarch in Publicola.* pag. 109. edit. Francof. 1599.

Verschwörung untersucht und bestraft habe, (was sie aber offenbar nicht thun,) so würde uns die im Eingange dieser Abhandlung gerügte Verwechslung der Behörden in der ältern Geschichte Roms hier um so eher zur Entschuldigung dienen, da die alten Referenten, um die ergreifende Wirkung des Vorfalls zu steigern, nur gar zu sehr geneigt seyn mußten, alles dasjenige, was Brutus als Commissarius des Senats verfügte, als reinen Akt von dessen Willkühr darzustellen. Bedeutender sind die Beispiele von unmittelbarer Ahndung, welche der Consul als siegender Feldherr gegen treubrüchige Verbündete eintreten ließ. Die ältere Geschichte Roms enthält mehrere, freilich nicht überall hinreichend verbürgte, Erzählungen solcher Vorfälle: z. B. beim Jahre 252, als der Consul das abtrünnige Cameria einnahm;[123]) sodann bei der Einnahme von Fundi, im Jahre 425,[124]) und sodann bei der von Satricum, im Jahre 435.[125]) Doch finden sich auch häufige Beispiele aus dem sechsten Jahrhundert.[126]) Der Verfasser hat an einem andern Orte[127]) bereits erinnert, daß in allen diesen Fällen der Feldherr entweder schon eine Instruction vom Senate mitbrachte, oder durch die Nothwendigkeit einer schleunigen Ahndung zu einem solchen Schritt veranlaßt wurde; (in welchem

---

123) *Dionys. Halycarn.* Lib. 5. pag. 315. 316.

124) *Livius* Lib. 8. c. 19.

125) Ebendas. Lib. 9. c. 16.

126) Das. Lib. 23. c. 17. c. 37. Lib. 26. c. 40. Lib. 27. c. 3. Lib. 29. c. 8.

127) In der oben (not. 61.) angeführten Schrift, pag. 134.

Falle ja selbst zur Zeit einer despotischen Verfassung dem Beamten ein Ueberschreiten seiner Amtsgewalt nachgesehn ward;)[128]) daß er aber überall nach geschehener That dem Senat Bericht erstatten mußte: wodurch also der Schein einer aus eigner Macht vorgenommenen Verhandlung schwindet. Was Livius[129]) bei dem Jahre 541 über die eigenmächtige Ahndung des Consuls Fulvius gegen die Senatoren von Capua, so als ob dieselbe ganz gegen den Willen des römischen Senats erfolgt sei, berichtet, bildet keine Instanz, weil der Historiker gleich hinterher[130]) die abweichenden Erzählungen andrer Annalisten anführt, durch welche der eigentliche Hergang der Sache ganz ins Dunkel gestellt wird. Wahrscheinlich hatte der römische Senat, nachdem er, (wie aus c. 16. und c. 17. z. Anf. hervorgeht,) die Hauptstrafe der Campaner, nehmlich die Zerstörung ihres Gemeinwesens, beschlossen hatte, dem Consul Fulvius und Proconsul Claudius, als seinen Commissarien, freie Hand gelassen, die Strafe der notorisch verrätherischen Senatoren von Capua zu bestimmen. Hier mag nun Claudius für förmliches Gericht an Ort und Stelle, oder Transportirung der

128) *L. 16. D. ad Leg. Cornel. de sicar. (Modestinus Lib. 3. de Poenis.)* Qui caedem admiserunt sponte dolove malo, in honore aliquo positi deportari solent; qui secundo gradu sunt capite puniuntur: facilius hoc in Decuriones fieri potest; sic tamen, ut consulto prius Principe et iubente id fiat, *nisi forte tumultus aliter sedari non possit.*

129) Lib. 26. c. 15.

130) Ebendas. c. 16.

Schuldigen nach Rom, **Fulvius** dagegen für Rache an den unverhörten Verbrechern gestimmt haben, und so der Streit zwischen beiden Heerführern entstanden seyn. Noch weniger steht unsrer Ansicht entgegen die Erzählung von dem Todesurtheil, welches im Jahre 483 d. St. durch die Consuln über die treulose römische Besatzung, welche **Rhegium** überrumpelt und neun Jahre tyrannisirt hatte, [131]) ausgesprochen wurde. Denn abgesehn davon, daß hier vornehmlich ein militärisches Delict zur Sprache kam, so zeigt die in Rom geführte Untersuchung schon deutlich genug an, daß die Consuln als Bevollmächtigte des Senats eingeschritten seien; auch bestätigt dies letztere eine andere Relation desselben Vorfalls ausdrücklich. [132])

Vollkommen unzweideutig scheint der Beweis, daß die Criminal-Jurisdiction des Senats in den oben bezeichneten Fällen mit der des Volks, dessen Competenz für dieselben schon auf den ersten Anblick keinem Zweifel unter-

---

131) *Polybius* Lib. 1. c. 7. ed. *Schweighaeus. Dio Cassius Histor. Rom. Fragm.* No. 40. Edit. *Reimari.*

132) *Valerius Maximus Lib. 2. c. 7. §. 15.* Sed cum aliquoties Senatus pro militari disciplina se severum exhibuerit, nescio an tum praecipue, cum milites qui Rhegium iniusto bello occupaverant, mortuoque duce Iubellio, M. Caesium scribam eius sua sponte imperatorem delegerant, carcere inclusit, ac M. Fulvio Flacco tribuno plebis denuntiante, ne in cives romanos adversus morem maiorum animadverteret, nihilo minus propositum executus est. Ceterum quo minore cum invidia id perageretur, quinquagenos per singulos dies virgis caesos securi percuti iussit, eorumque corpora sepulturae mandari mortemque lugeri vetuit.

liegt, collidirt haben müsse; und an Beispielen solcher Prozesse, welche vor den Comitien oder vor einer Quästio Perpetua verhandelt sind, dürfte es auch nicht fehlen. Indeß man muß bei den für diese Concurrenz sprechenden Zeugnissen genau untersuchen, ob sie auch mit den auf die Competenz des Senats Bezug habenden gleichzeitig sind; denn gewöhnlich sprechen die der Cognition des Volks gedenkenden Autoren von einer spätern Zeit, in welcher eigene Gesetze das in Frage stehende Verbrechen bereits der Volksgemeinde, oder wol gar einer Quästio Perpetua, zugewiesen hatten. Ferner muß man die Glaubwürdigkeit der Referenten wohl prüfen; denn gewöhnt bei dem Ausdruck *diem dicere* an eine Verhandlung vor der Volksgemeinde zu denken: entstellen dieselben oft die Angabe der Quelle, aus welcher sie geschöpft haben, sobald darin vom Gericht des Senats die Rede war: wie denn in dem nehmlichen Prozeß der eine Berichterstatter den Senat, der andre das Volk als die competente Behörde nennt. [133])

Wir wollen nun versuchen nach den Quellen darzustellen, in wieweit Verfassungsmäßig Senat und Volk sich in der Ausübung ihrer peinlichen Gerichtsbarkeit gegenseitig beschränkt haben, und ob die hieraus resultirenden Principien auch überall in der Anwendung befolgt worden seien, oder ob die eine Behörde sich auf dem Wege der Usurpation Eingriffe in das Gebiet der andern erlaubt habe.

Die erste historisch sichere Spur einer Erweiterung der Criminal-Jurisdiction des Volks auf Kosten des Senats bietet das Gesetz der Zwölf Tafeln dar, welches

133) S. oben not. 110.

die Gerichtsbarkeit über Leben und Tod eines römischen Bürgers den Comitien der gesammten Nation ausschließlich überwies.[134]) Diese Bestimmung erneuerte die Lex Sempronia, (von Cajus Sempronius Gracchus,) aber sie beschränkte sich nicht auf eine bloße Wiederholung der Vorschrift der Zwölf Tafeln, sondern sie erweiterte dieselbe; nehmlich sie machte jeden Magistratus dem Volke verantwortlich, welcher ohne dessen Genehmigung eine Capitalstrafe über einen römischen Bürger aussprechen, oder an ihm vollziehen würde.[135])

In Folge der zuvor genannten Bestimmung des Zwölftafelgesetzes war nun zwar dem römischen Senat die Jurisdiction über alle Latinen und Peregrinen ungeschmälert erhalten, aber über römische Bürger, insoweit als das Verbrechen eine Capitalstrafe mit sich führte, entzogen, oder wenigstens dahin beschränkt worden, daß ein solches Urtheil erst der Bestätigung des römischen Volks bedurfte. Diese Beschränkung war nun, bevor die *Lex Iulia de civitate sociorum* das römische Bürgerrecht allen freien verbündeten Italikern ertheilte, fast ausschließlich für das Weichbild von Rom für Interesse; und so erscheint Polybius (oben not. 43.) gerechtfertigt, welcher die in Rom begangenen Verbrechen von der Competenz des Senats ausschließt, und die Erkenntnisse des Senats über Capitalstrafen an die Bestätigung der Volksgemeinde knüpft;

134) *Cicero de Legibus.* Lib. 3. c. 4. vergl. c. 19. pro Sextio. c. 30.

135) *Plutarch in Caio Graccho.* pag. 836. *Cicero pro Rabirio.* c. 4.

wobei wir indeß nothwendig ergänzen müssen, daß der Historiker bei Anführung des letzten Falles nur an römische Bürger gedacht habe.

Hiermit vollkommen übereinstimmend sind nun alle diejenigen Zeugnisse, welche nach der Zeit der Zwölftafelgesetzgebung bei Bestrafung des Treubruchs Italischer Städte, die bereits der römischen Civität theilhaftig waren, der Cognition des römischen Volks gedenken; meistens in der Art, daß derselben ein Senatsbeschluß voranging, welcher nicht sowol eine Bevollmächtigung zur Untersuchung für die Volksgemeinde, als vielmehr nur eine Rüge des Verbrechens und die Anzeige enthalten sollte, daß ein Einschreiten des *Iudicii Publici* Noth thue. So im Jahre d. St. 431, bei der Rogation über Bestrafung der angeblichen Treulosigkeit der Tuskulaner,[136]) welche schon um das Jahr 374 das volle römische Bürgerrecht erhalten, und auch beim Aufstande und der Bestrafung der Latiner im Jahre 417 nicht verloren hatten.[137]) Besonders beweisend ist hier aber der Bericht des Livius[138]) über die im Jahre 542 vom römischen Senat eingeleitete Berathung wegen Bestrafung der treulosen Campaner. Hier läßt der Historiker einen der angesehensten Senatoren, den M. Atilius Regulus, seine Meinung dahin abgeben: *Per Senatum agi de Campanis, qui cives Romani sunt, iniussu Populi non video posse.* Dies veranlaßte auch das Collegium, eine Rogation

---

136) Livius Lib. 8. c. 37.

137) Ebendas. Lib. 6. c. 26. Lib. 8. c. 14.

138) Das. Lib. 26. c. 33. sqq.

an die Plebs herbeizuführen, in Folge deren die Entscheidung in der gesammten Angelegenheit dem Ermessen des Senates durch die Gemeinde der Plebejer anheimgestellt wurde.

Zugleich ergiebt sich aus dem Gesagten, daß oft, wo bei einem *Iudicium de capite civis Romani* der Senat allein als entscheidende Behörde in den Quellen genannt ist, die erfolgte Genehmigung seiner Beschlüsse durch die Volksgemeinde übergangen seyn kann; so wie, daß diejenigen Berichterstatter, welche Senat und Volk zugleich bei dergleichen Veranlassungen als thätig anführen, nicht geradezu des Irrthums, sondern nur der Ungenauigkeit zu zeihen sind. Nur diejenigen Neueren sind zu tadeln, welche bei diesen Capitalverbrechen römischer Bürger dem Senat eine unvollständige Jurisdiction einräumen, während ihm, doch seit den Zwölf Tafeln Verfassungsmäßig gar keine Strafgewalt darüber zustand; so wie diejenigen Autoren, welche von dieser Art der Verbrechen einen Schluß auf alle andere Gegenstände der Criminalgerichtsbarkeit des Senats machen.

Nur bei Verschwörungen in Rom, welche auf den Umsturz der Verfassung gerichtet waren, und bei Meutereien römischer Bürger außerhalb Rom, welche die Sicherheit des Staats überhaupt gefährdeten, sehen wir den Senat bis zum Untergange der Republik die ihm durch das Gesetz der Zwölf Tafeln gesteckten Grenzen nicht achten, und über offenbare Meuter, namentlich wenn sie als Demagogen die Masse des Volks für sich hatten, ohne Zuziehung der Volksgemeinde das Richteramt ausüben, und, gemeinhin mit Hintansetzung aller juristischen Formen, den überwiesenen Rebellen und dessen Anhang dem Tode opfern.[138 a)] So fielen die zur treulosen Besatzung von Rhegium gehörenden Soldaten;[138 b)] so die beiden Gracchen; so der Tribun Saturninus; so Catilina's Mitverschworene.[139)] Der Senat bediente sich hierbei gewöhnlich des Mittels, die Verräther für außer dem Gesetz zu erklären,[139 a)] indem die Ausführung eines solchen *Senatus Consultum ultimum* durch

138 a) Dies wird meistens übersehn, und das Verfahren gegen die Theilnehmer von Catilina's Verschwörung nicht blos als ein vollkommen regelmäßiger Prozeß dargestellt, sondern auch nicht selten, (z. B. von Gruchius *de Comitiis Rom.* Lib. 1. c. 2.) zum Stützpunkt der gesammten Beurtheilung der Criminal-Jurisdiction des römischen Senates überhaupt gemacht.

138 b) S. oben not. 132.

139) Cicero *Catilinar.* IV. c. 6. vergl. I. c. 2. c. 12. *pro Rabirio.* c. 11. *Philippic. Orat.* 8. c. 5.

139 a) Cicero *Catilinar. IV. c. 5.* At vero C. Caesar intelligit, legem Semproniam esse de civibus Romanis constitutam; qui autem reipublicae sit hostis, eum civem esse nullo modo posse. denique ipsum latorem legis Semproniae iniussu populi poenas reipublicae dependisse: idem ipsum Lentulum largitorem et prodigum, non putat, cum de pernicie populi Romani, exitio huius urbis, tam acerbe tamque crudeliter cogitarit, appellari posse popularem. Itaque homo mitissimus atque lenissimus non dubitat P. Lentulum aeternis tenebris vinculisque mandare: et sancit in posterum, ne quis huius supplicio levando se iactare, et in pernicie Populi Romani posthac popularis esse possit: adiungit etiam publicatio-

keinen Einspruch eines Beamten aufgehalten werden durfte. Daß die Gewaltsamkeit dieser Maaßregel den römischen Staat mehrmals vom Untergange errettet hat, ist bekannt; uns liegt nur ob, dieselbe von der juristischen Seite zu beleuchten. Der Senat war für seine Verfügungen der Nation nie verantwortlich;[140]) wol aber waren es die Beamten, welche die Berathungen desselben leiteten und dessen Befehle ausführten. Diese Verantwortlichkeit für unsern in Frage stehenden Fall nicht erst zu begründen, sondern näher zu bestimmen, war die Aufgabe der oben (not. 135.) angeführten Lex Sempronia. Wir sehen daher die Beamten, welche gegen die Gracchen u. a. m. das Todesurtheil vollziehn liessen, vom Volke zur Rechenschaft gezogen werden; und hier war es Pflicht des Senats und der Optimaten, den Retter des Vaterlands vor der Wuth des Partheihasses zu schützen. Daß also Cicero, wegen Vollstreckung des Todesurtheils an Catilina's Genossen beim Volke belangt wurde, war nicht Beispiellos, wie er selbst uns gerne glauben machen möchte; wol aber war es des gewesenen Consuls und des römischen Bürgers im höchsten Grade unwürdig, aus Furcht vor dem Siege der VolkspartheI sich selbst und den Senat durch feige Flucht zu verrathen.

Daß seit den Zwölf Tafeln Capitalstrafen über römische Bürger *de iure* nicht vom Senat allein verhängt werden durften, und daß es dabei gleichgültig war, ob ein

---

nem bonorum, ut omnes animi cruciatus et corporis etiam egestas ac mendicitas consequatur.

140) Niebuhr a. a. O. Bd. I. S. 418.

Verbrechen in oder außerhalb Rom begangen worden, haben wir gesehn: es darf daher auch niemanden befremden, daß im Zeitalter Cicero's der Prozeß wegen einer Vergiftung, in welchen Bürger aus Larinum, die ja auf jeden Fall in Folge der *Lex Iulia de civitate* der römischen Civität theilhaftig seyn mußten, verwickelt waren, zwar in Rom, aber nicht beim Senate, sondern vor der *Quaestio de sicariis* geführt wurde.[141]) Es bleibt uns aber noch zu untersuchen: wie die Competenz von Senat und Volk hinsichtlich aller nicht capitalen Verbrechen regulirt gewesen ist.

Direct war hier dem Senate die Criminal-Jurisdiction nirgend entzogen, sondern nur indirect, insoweit nehmlich als den Magistratus, nehmlich den Consuln, oder dem Volke, oder später den *Quaestionibus perpetuis*, die Cognition für gewisse Verbrechen zugewiesen war. Dies galt zwar nur für Rom und dessen Weichbild; aber in den Städten Italiens trat mit der gleichmäßigen Ausbildung der städtischen Verfassung etwas Aehnliches ein, indem den Localbehörden eine, wiewol beschränkte, Criminalgerichtsbarkeit zugestanden ward.[142]) Auf diese Weise scheint der Senat in Cicero's Tagen, wo das Criminalrecht der Römer sich mehr und mehr vervollständigte, und die Verfassung der Städte in Italien genau regulirt war, hinsichtlich seiner Criminal-Jurisdiction auf die in den Provinzen verübten Staatsverbrechen beschränkt ge-

141) *Cicero pro Cluentio.* c. 54. c. 57. c. 67.

142) *Tabula Heracleens.* Lin. 43.—45. *Aer. Britann.* und des Verfas. oben citirte Schrift S. 130 fgg.

wesen zu seyn. Wir sehen aber nichts desto weniger bei außerordentlichen Vorfällen in Rom, z. B. in der Sache des Annius Milo, den Senat noch thätig, um einen Magistratus zu einer *Rogatio ad populum de quaestione extraordinaria* zu veranlassen, und Cicero[143]) leugnet nur den häufigen Gebrauch dieser Maaßregel, nicht aber das Recht des Senats, zu derselben seine Zuflucht zu nehmen. Freilich führt dies Argument zu einem streng directen Beweise für die bis zum Untergange der freien Verfassung fortbestandene Criminal-Jurisdiction des römischen Senates eben so wenig, als wie die Fälle, in welchen dem Senat durch Beschluß der Volks- oder Plebejer-Gemeinde die Untersuchung und Bestrafung eines Verbrechens zugewiesen wurde; [144]) wol aber dürfte folgendes, aus dem gegenseitigen Verhältnis der Behörden entnommenes, Argument nicht unerheblich seyn. Dem Senate war seit der Gründung des Freistaates die höchste Criminalgewalt zuständig, insofern dieselbe nicht durch andre Behörden verfassungsmäßig in Anspruch genommen werden konnte. Aber, kraft der dem Senate zustehenden Oberaufsicht über die gesammte Staatsverwaltung, konnte derselbe in Fällen, wo die competente Behörde ein Verbrechen nicht ahnden konnte oder wollte, dasselbe seiner Cognition unterwerfen; ähnlich wie umgekehrt andre Behörden sich solcher Verbrechen annehmen durften, welche eigentlich für den

143) *Pro Milone.* c. 6. c. 7. c. 11. Vergl. *Asconius Pedianus* ebendas. *in Argum.* z. E.

144) Cicero *de Finibus.* Lib. 2. c. 16. *ad Atticum.* Lib. 1. Ep. 17. vergl. Ep. 16.

Senat ressortirten, von diesem aber nicht aufgenommen worden waren. Ein Beispiel der letzten Art ist schon oben (not. 106.) angeführt worden. Wer diese Ansicht sonderbar findet, der erinnere sich nur daran, wie gewisse andre Verwaltungszweige im römischen Staate einer bestimmten Magistratur Verfassungsmäßig zugewiesen waren, und nebenher doch auch von andern Behörden gehandhabt werden konnten. So gehörte z. B. die *Cura sartorum tectorum* zu den Hauptgeschäften der Aedilen, und doch finden wir sie auch den Censoren,[145]) ja, in deren Ermangelung, selbst dem Prätor Urbanus beigelegt.[146]) Die Ahndung gegen öffentliche Richter, welche sich bestechen ließen, war durch die Lex Sempronia einer Quästio Perpetua überwiesen,[147]) und dennoch finden wir noch ungleich später, daß die Censoren gegen solche Inculpaten die Nota Censoria, und die Volkstribunen eine Anklage auf Geldstrafe eintreten ließen.[148]) Konnten ja überhaupt die Tribunen alles, was die Rechte der Nation im Ganzen, oder der Plebejer insbesondre betraf, und die Censoren alles, was die Sitten der Nation anging, ihrer oder des Volkes Cognition unterwerfen, wenn der Anlaß sich darbot, und nicht eine andre competente Behörde den Gegenstand schon auf-

---

145) *Festus* v. *Sarte.* *Livius* Lib. 29. c. 37. Lib. 42. c. 3. Lib. 45. c. 15.

146) *Cicero in Verr. Act. 1.* c. 4. *Act. 2.* Lib. 1. c. 40. c. 49. fgg. *Asconius Pedian.* ebendas.

147) *Cicero pro Cluentio.* c. 52. c. 54. — 56.

148) Ebendas. c. 42. vergl. c. 27. c. 30. c. 33. fgg.

gegriffen hatte. So äußert sich auch Cicero[149]) über die Anklage gegen Verres mehrmals dahin: wenn die Richter in diesem Prozeß den Verres lossprechen sollten, so werde er künftig, als curulischer Aedil, die Anklage wegen Bestechung der Richter, wegen Verletzung der Lex Porcia u. s. w. gegen ihn erheben. So, wiewol die Aufsicht über die Reinheit des Gottesdienstes, die Straßenpolizei, u. a. m. bestimmten Magistratus zugewiesen waren, schritt doch der Senat als competente Behörde ein, sobald hierbei eine Vernachlässigung vorgefallen war.[149 a]) Das hier beschriebene Verhältnis der Behörden scheint freilich, nach unsern heutigen Vorstellungen, eine Quelle unvermeidlicher Verwirrung im Geschäftsgange gewesen zu seyn; und doch sicherte dasselbe gerade die Aufrechthaltung der Verfassung, und versperrte dem Bureaudespotismus den Eingang.

Die Untersuchung über den Zustand der Criminal-Jurisdiction des römischen Senates unter der Kaiserregierung, zu welcher wir jetzt übergehn, ist von den Alterthumsforschern ungleich mehr vernachlässigt worden, als die für die Periode der freien Verfassung. Gravina's Darstellung[150]) ist ganz ungenügend; was Curtius[150a]) dar-

---

149) *Cicero in Verr. Act. 1.* c. 12. fgg. *Act. 2.* Lib. 1. c. 5. und *Asconius Pedian.* ebendas. *Act. 2.* Lib. 5. c. 58. c. 67. c. 70.

149a) *Livius* Lib. 5. c. 50. Lib. 25. c. 1. *Cicero Philippic.* VII. c. 1.

150) Im *Liber singularis de Romano Imperio.* c. 15. c. 16. c. 38. In dessen *Origin. Iur. Civ.* im *Append.*

150a) *De Senatu Romano.* Lib. 3. c. 2. §. 56. Lib. 5. c. 1. §. 107.

über beigebracht hat, beschränkt sich auf eine höchst lückenhafte Sammlung von Beispielen ohne Grund und Zusammenhang; und Schulting's gelegentliche Aeußerungen[151]) über diesen Gegenstand sind zwar des gelehrten Antiquar's nicht unwürdig, jedoch nur aphoristisch, wie dies der Hauptgegenstand seiner Forschung nicht anders zuließ. Der Verfasser kann auch seines Theils in diesem Abschnitte seiner Abhandlung wenig befriedigende Resultate versprechen, indem der Antheil des Senates an der Staatsverwaltung gar zu sehr von der Willkühr des jedesmaligen Souverains abhängig war, und es mithin nicht befremden darf, wenn, ungeachtet der sorgsamsten Vergleichung der einzelnen historischen Berichte, die Darstellung außer Stand seyn sollte, eine klare Uebersicht zu verschaffen.

Fragen wir zuvörderst nach den generellen Zeugnissen über die Competenz des Senats in Criminalsachen unter der Kaiserregierung, so finden sich solche aus den verschiedensten Zeitaltern: z. B. aus der Periode von Tiberius,[151a]) Caligula,[152]) von Vespasianus,[153])

---

151) In dessen *Dissertat. de recusatione iudic.* Cap. 7.

151 a) *Dio Cassius* Lib. 58. c. 16.

152) *Suetonius in Caligula. c. 53.* Solebat etiam prosperis oratorum actionibus rescribere, et magnorum *in Senatu* reorum accusationes defensionesque meditari: ac, prout stylus cesserat, vel onerare sententia sua quemque vel sublevare; equestri quoque ordine ad audiendum invitato per edicta.

153) *Tacitus de causis corrupt. eloquent. c. 11.* Nec vereor, ne mihi umquam verba in Senatu, nisi pro alterius discrimine, facienda sint.

Domitianus,[154]) und aus der Regierung der Antonine.[155]) Bei den speciellen Zeugnissen über einzelne Criminalfälle müssen wir uns auch hier wieder vor allen blos scheinbaren Argumenten in Acht nehmen. So ist es nicht gleich von einer Competenz des Senats zu verstehn, wenn einzelne Kaiser Straffanctionen über verübte Verbrechen, welche sie selbst bereits ausgesprochen hatten, sei es als Familienhaupt über ihre Hausgenossen, oder als Staatsoberhaupt, (in welchem letzten Fall die juristische Form

154) *Quinctilianus Institution. Orator. Lib. 3. c. 10.* Una controversia est per se furti, per se adulterii. Plures aut eiusdem generis, ut de pecuniis repetundis; aut diversi, ut si quis sacrilegii simul et homicidii accusetur: quod nunc in publicis iudiciis non accidit, quoniam Praetor certa lege sortitur; Principum autem et *Senatus cognitionibus* frequens est, et Populi fuit. Ebendas. *Lib. 7. c. 2.* In quo quidem genere causarum (scil. mutuarum accusationum) admonet nos Celsus, fieri id in foro non posse; quod neminem ignorare arbitror: de uno enim reo consilium cogitur, et si qui sunt, qui invicem accusent, alterum iudicium proferre necesse est. Apollodorus quoque ἀντικατηγορίων duas esse controversias dixit; et sunt revera secundum forense ius duae lites. *Potest tamen hoc genus in cognitionem venire Senatus aut Principis.*

155) *Ulpianus Fragm. Tit. 13. §. 2.* Ceteri autem ingenui prohibentur (scil. Lege Iulia et Papia Poppaea) ducere lenam, et a lenone lenave manumissam, et in adulterio deprehensam, et iudicio publico damnatam, et quae artem ludicram fecerit. Adiicit *Mauricianus* . . . . . . *et a Senatu damnatam.*

einer Untersuchung und Berathung im Kreise ihrer Cabinetsräthe von despotischen Kaisern nicht selten hintangesetzt wurde,) dem Senate anzeigten, oder gar zur Genehmigung vorlegten: denn dies war eine bloße Förmlichkeit, deren Beobachtung auf die Gültigkeit des gesprochenen Urtheils keinen Einfluß hatte, und oft nur dies bezweckte, auch den Thronfolger zu verpflichten, und so dem Erkenntnisse über das Leben dieses Kaisers hinaus seine Wirksamkeit zu sichern.[156]) Noch weniger wird der Beweis für die peinliche Gerichtsbarkeit des Senats durch die Berichte solcher Vorfälle begründet, wo der Senat, um dem Parteihasse zu genügen, sich genöthigt sah, allgemein verachtete Individuen der Rache des Volks oder der Soldaten, und somit dem gewissen Tode, preiszugeben. Die Geschichte hat uns mehrere solche Berichte aufbewahrt, wo bald der Senat,[157]) bald der regierende Kaiser selbst,[158]) auf die genannte Weise der Wuth des großen Haufens nachgeben mußten; aber nirgend ist hierbei an eine zuvor angestellte Untersuchung zu denken. Kaum bedarf es noch der Bemerkung, daß, wo in unsern juristischen Quellen ein Strafurtheil auf ein Senatus Consultum zurückgeführt wird,

---

156) *Suetonius in Octaviano.* c. 65. *Tacitus Annal.* Lib. 1. c. 6. *Dio Cassius* Lib. 73. c. 5. Lib. 76. c. 5. c. 7. c. 8.

157) *Capitolinus Gordiani tres.* c. 13. z. E.

158) *Dio Cassius* Lib. 72. c. 12. c. 13. Lib. 79. c. 19. c. 21. *Tacitus Histor.* Lib. 1. c. 72. c. 73. vergl. c. 45. c. 71. c. 82. — 84. Lib. 2. c. 94. Lib. 3. c. 74. c. 75.

dies fast überall nicht von der Untersuchungsbehörde, sondern von dem Gesetze, welches das in Frage stehende Verbrechen verpönte, verstanden werden muß: [159]) denn bekanntlich war der Senat unter den Kaisern besonders thätig, die Vorschriften der frühern Volksgesetze überhaupt, und der Strafgesetze insbesondre, für das practische Recht der damaligen Zeit genauer zu bestimmen.

Indem wir uns nunmehr zu dem Versuch wenden, die einzelnen zahlreichen Beispiele, bei welchen die Theilnahme des Senats an Criminaluntersuchungen außer Zweifel ist, in eine bequeme Uebersicht zu bringen, bietet sich uns eine zwiefache Klassifikation dar, die nach dem Subjekt, und die nach dem Object des Prozesses. Zu denjenigen Personen, welche, im Fall ihnen ein Verbrechen, welcher Art es auch seyn mogte, Schuld gegeben wurde, ein Recht hatten auf Untersuchung beim Senate zu provociren, gehörten die Mitglieder des Senatorenstandes selbst. Nicht genug, daß die Geschichtschreiber der Regierung einzelner Kaiser es ihren Helden besonders nachrühmen, wenn dieselben sich der Cognition über Verbrechen der Senatoren enthalten, und diese dem Senatscollegium zugewiesen haben, [160]) und daß sie umgekehrt die Verletzung dieser Form

---

159) *L. 3. §. 2. — 4. L. 13. D. ad Leg. Cornel. de sicar. L. 1. §. 1. §. 7. D. ad Leg. Cornel. de fals. L. 15. pr. D. de iure fisci. L. 10. §. 2. D. ad Leg. Iul. de adulter. L. 1. pr. D. ad Leg. Iul. de vi priv. L. un. §. 3. D. ad Leg. Iul. ambitus.*

160) *Capitolinus in Marco Anton.* c. 10. *Tacitus Annal.* Lib. 4. c. 21. vergl. Lib. 2. c. 33. c. 34. Lib. 6.

den tyrannischen Kaisern, welche sich dessen ganz gewöhnlich schuldig machten, zum großen Vorwurf gereichen lassen;[161]) sondern von mehreren Kaisern wird uns noch ausdrücklich gesagt, daß dieselben bei ihrem Regierungsantritt sich durch einen feierlichen Eid verpflichtet haben, über Verbrechen von Senatoren nicht ohne Zuziehung des Senats zu richten;[162]) was Septimius Severus durch ein Senatus-Consult auch für alle seine Nachfolger als Gesetz hinstellte,[163]) und was früher schon der Senat von Domitianus bei dessen Thronbesteigung verlangt hatte. Einige Kaiser gesellten zu der eben erwähnten Verpflichtung noch das Versprechen, jeden Senator überhaupt mit Zufügung der Todesstrafe zu verschonen, und bei Verbrechen, durch welche dieselbe verwirkt werden könnte, die Verbannung zu substituiren.[164]) Der Ursprung dieser Begünstigung der Sena-

---

c. 48. Lib. 12. c. 59. Lib. 13. c. 10. Lib. 16. c. 7. sqq. c. 24 sqq. *Dio Cassius* Lib. 66. c. 19. Lib. 67. c. 2. Lib. 71. c. 28. *Lampridius in Alexandro.* c. 21. *Vopiscus in Aureliano.* c. 39.

161) *Suetonius in Claudio.* c. 29. *in Domitiano.* c. 10. *Tacitus Annal.* Lib. 11. c. 35. Lib. 14. c. 59. Lib. 16. c. 14. sqq. c. 18. sqq. *Dio Cassius* Lib. 72. c. 4. c. 14. Lib. 73. c. 6. Lib. 77. c. 4. sqq. c. 20.

162) *Spartianus in Hadriano.* c. 7. c. 8. *Dio Cassius* Lib. 68. c. 2. c. 5. Lib. 69. c. 2. Lib. 79. c. 3. c. 4.

163) Ders. Lib. 74. c. 2. Lib. 67. c. 2. *Spartianus in Severo.* c. 7.

164) *Dio Cassius* Lib. 68. c. 2. Lib. 69. c. 2. Lib. 71. c. 28. Lib. 73. c. 8. Lib. 74. c. 2. Lib. 78. c. 21.

toren läßt sich nicht bestimmt nachweisen. Ihn auf das Senatus Consultum zurückzuführen, durch welches im Jahre d. St. 721, zur Zeit der Herrschaft des Octavianus und Antonius, die Belangung wegen Straßenraub bei Mitgliedern des Senatorenstandes ausgeschlossen wurde,[165]) dürfte um so weniger räthlich erscheinen, als die genannte Verfügung, nicht von einem privilegirten Gerichtsstande, sondern von einer absoluten Exemtion der Senatoren sprechend, eine blos momentane Dauer gehabt und bezweckt zu haben scheint. Nicht viel bedeutender ist der Grund, daß Dio Cassius[166]) den Mäcenas in der bekannten Rede an Augustus den Rath ertheilen läßt, dem Senat möge die Cognition über Senatoren, deren Frauen und Descendenten ausschließlich verbleiben. Dio Cassius hat nehmlich in diese Rede sämmtliche zu seiner Zeit bestandene löbliche Institute, ohne ängstliche Untersuchung, ob dieselben vor oder nach August entstanden waren, aufgenommen, und er selbst gesteht an einem andern Orte[166a]) ein, daß manche von des Mäcenas heilsamen Rathschlägen erst durch Augusts Nachfolger zur Ausführung gebracht worden seien. Bestimmtere Auskunft können wir über das Verschwinden des genannten Vorrechtes geben, gestützt auf dasjenige, was Gu. Pancirollus,[167]) insbesondre aber der treffliche Jacob Go-

165) Ebendas. Lib. 49. c. 43.

166) Das. Lib. 52. c. 31.

166a) Das. c. 41.

167) *In Commentar. ad Notit. Dignitatt. Imp. Occident.* c. 4.

thofredus,[168]) über den privilegirten Gerichtsstand in peinlichen Sachen, welchen die Senatoren unter den christlichen Kaisern genossen, bemerkt haben. Wahrscheinlich erhielt sich die Gerichtsbarkeit des Senats über die Mitglieder seines Standes bis gegen das Ende des dritten Jahrhunderts der christlichen Zeitrechnung: denn daß die Worte des Lampridius,[169]) aus welchen mehrere eine schon durch Alexander Sever begründete Competenz des Präfectus Prätorio in Rechtsstreitigkeiten der Senatoren haben ableiten wollen, gerade umgekehrt die fortdauernde ausschließliche Jurisdiction des Senatscollegiums über seine Standesgenossen bethätige, hat schon Jac. Gothofredus gründlich erörtert. Zuerst scheint M. Claudius, dessen Verfügung Diocletian bestätigte;[170]) die Senatoren für den beschränkten Fall des *patrocinii ad supprimendum reum actori praestiti* der Competenz der gewöhnlichen Criminalgerichte überwiesen zu haben; was Constantin auf alle Verbrechen der Senatoren ausdehnte, und die Uebertragung der Cognition an den Kaiser, oder an den Präfectus Urbi, welcher letztere für Civilsachen der Senatoren schon früher competent gewesen war, ausdrücklich untersagte.[171]) Valenti-

168) *In Commentar. ad Cod. Theod.* Lib. 9. Tit. 1. c. 13. vergl. c. 1. Tit. 2. c. 2. Tit. 40. c. 10.

169) *In Alexandro. c. 21.* Alexander autem idcirco Senatores esse voluit Praefectos Praetorii, *ne quis non Senator de romano Senatore iudicaret.*

170) *L. 1. Cod. Iust. Ne liceat potentior. patrocin. litigantib. praest.*

171) *Cod. Theod. Lib. 9. Tit. 1. c. 1.*

nian *I.* milderte dies dahin, daß den Senatoren die Provocation von dem gewöhnlichen Richter an das Forum des Präfectus Prätorio frei stehn sollte.[172]) Unter demselben Kaiser sehen wir den Präfectus Urbi als competenten Criminalrichter für Senatoren bestellt, aber mit der Beschränkung, daß die Zuerkennung von Capitalstrafen der Bestätigung des Kaisers unterworfen seyn soll.[173]) Wahrscheinlich richtete sich das Einschreiten des Präfectus Urbi und das des Präfectus Prätorio nach dem Ort des begangenen Verbrechens, je nachdem dieser zu den *provinciis suburbanis* gehörte, oder nicht; wie aus der sogleich namhaft zu machenden Verfügung der Nachfolger dieses Kaisers zu schließen ist. Gratian und Valentinian *II.* änderten das frühere Recht dahin ab, daß sie bei Verbrechen von Senatoren der gewöhnlichen Criminalbehörde die Instruction der Sache zuwiesen, die Abfassung des Erkenntnisses aber überall einer höheren Behörde reservirten, welche bei Verbrechen, die in *Provinciis suburbanis* verübt waren, der Präfectus Urbi, für die übrigen Provinzen aber der Präfectus Prätorio seyn sollte.[174]) Zugleich ist in dieser Verordnung die merkwürdige Anweisung für den Präfectus Urbi enthalten, daß wenn derselbe auf die genannte Weise ein Straferkenntnis über Senatoren zu fällen habe, er sich fünf Senatoren zu Gerichtsbeisitzern erwählen müsse; welche Sitte, wie Gu. Pancirollus a. a. O. bemerkt, sich auch unter den Ostgothen in Italien

172) Ebendas. *Tit. 2. c. 2.*

173) Das. *Tit. 40. c. 10.*

174) Ebendas. *Tit. 2. c. 13.*

erhielt. Das Gesetz von Gratian wurde durch Zeno,[175]) in allen wesentlichen Punkten bestätigt, jedoch in Verbindung mit der Vorschrift Valentinians I., daß die Zuerkennung von Capitalstrafen der kaiserlichen Bestätigung bedürfe; auch wurden diejenigen Senatoren, welche höhere Staatsämter bekleidet hatten, durch dasselbe Gesetz der unmittelbaren Gerichtsbarkeit des Kaisers unterworfen.

Sehen wir auf die Criminal-Jurisdiction des Senats, mit Bezugnahme auf ihre verschiedenen Gegenstände, so finden wir fast bei allen wichtigen Verbrechen der Cognition dieses Collegiums Erwähnung gethan, wiewol in einem sehr verschiednen Maaße der Anwendung.

Unter den Staatsverbrechen werden wir am häufigsten beim Hochverrath und bei dem Verbrechen der beleidigten Majestät Spuren der criminellen Gerichtsbarkeit des Senats gewahr, ohne daß dieselbe auf Vorfälle außerhalb Rom beschränkt erschiene; vielmehr beziehen sich die meisten Beispiele auf Verbrechen dieser Art, welche in der Hauptstadt selbst verübt worden waren. Schon unter August's Alleinherrschaft kommen unzweideutige Beispiele hiervon vor;[176]) eben so unter Tiberius Regie-

175) *L. 3. Cod. Iust. Ubi Senatores vel Clarissimi.*

176) *Suetonius in Octaviano. c. 66.* Neque enim temere ex omni numero in amicitia eius afflicti reperientur, praeter Salvidienum Rufum, quem ad consulatum usque, et Corn. Gallum, quem ad praefecturam Aegypti, ex infima utrumque fortuna, provexerat. Quorum alterum res novas molientem damnandum Senatui tradidit, alterum ob ingratum et malevolum animum domo et provinciis suis interdixit. Sed

rung:[177]) und einige Aeußerungen, nach welchen man schließen sollte, daß damals dem Kaiser die ausschließliche Cognition über solche Verbrechen zugestanden habe, und nur im Wege der Delegation bisweilen dem Senat übertragen sei, leiden eine ganz andre Auslegung. Die Erzählung des Suetonius,[178]) daß der Senat, bei vorgefallenen Beleidigungen der Person des Kaisers von dem letztern die *cognitio de eiusmodi criminibus ac reis* dringend verlangt habe, erklärt sich daraus, daß Beleidigungen gegen die Person des Souverains damals noch nicht bestimmt zum *crimen laesae maiestatis* gezogen wurden, wie namentlich aus dem Bericht des Tacitus[178 a]) her-

---

Gallo quoque et accusatorum denuntiationibus et Senatus Consultis ad necem compulso etc. etc. Vergl. *Dio Cassius* Lib. 53. c. 23. und *Ammianus Marcellinus* Lib. 17. c. 4. Nach des letztern Bericht wurde Gallus nur als *reus repetundarum* vom Senat gerichtet.

177) *Dio Cassius* Lib. 57. c. 15. c. 17. c. 22. Lib. 58. c. 9. fgg. c. 19. *Suetonius in Tiberio.* c. 58. c. 61. *Tacitus Annal.* Lib. 1. c. 72. fgg. Lib. 2. c. 27. — 32. c. 50. Lib. 3. c. 44. c. 49. fgg. c. 70. Lib. 4. c. 19. fgg. c. 34. fgg.

178) *in Tiberio.* c. 28.

178 a) *Annal. Lib. 1. c. 72.* Nam legem maiestatis reduxerat; (Tiberius;) cui nomen apud veteres idem, sed alia in iudicium veniebant: si quis proditione exercitum, aut plebem seditionibus, denique male gesta republica maiestatem Populi Romani minuisset: facta arguebantur, dicta impune erant. Primus Augustus cognitionem de famosis libellis specie legis eius tractavit, commotus Cassii Severi libidine, qua

vorgeht: später unter der Herrschaft desselben Kaisers, da diese Ausdehnung des Begriffes jenes Verbrechens bereits entschieden war, sehen wir den Senat ohne weiteres hierbei einschreiten.[179]) Eben so darf man aus den Angaben über diejenigen Prozesse, welche in die Zeit der Entfernung des Tiberius von Rom fallen, und wo der Senat stets an den Kaiser, als seinen verfassungsmäßigen Präsidenten, berichten mußte,[180]) ein Argument für die blos prekäre Gerichtsbarkeit des Senats ableiten. Für die Competenz des Senates hinsichtlich der oben genannten Verbrechen fehlt es auch keineswegs an Beispielen, welche der Regierung der spätern Kaiser angehören, namentlich der von Caligula,[181]) Claudius,[182]) Nero,[183]) Vespasian,[184]) Domitian,[185]) Trajan,[186])

viros feminasque illustres procacibus scriptis diffamaverat: mox Tiberius, consultante Pompeio Macro Praetore, *an iudicia maiestatis redderentur?* „*exercendas leges esse*" respondit.

179) *Suetonius* a. a. O. c. 54. vergl. *in Caligula.* c. 7.

180) *Tacitus Annal.* Lib. 4. c. 68. fgg. Lib. 5. c. 3. fgg. c. 39. Lib. 6. c. 18. c. 47.

181) *Dio Cassius* Lib. 59. c. 19.

182) Ebendas. Lib. 60. c. 15. c. 16. *Tacitus Annal.* Lib. 11. c. 4. c. 5.

183) *Tacitus* a. a. O. Lib. 14. c. 48. fgg. Lib. 16. c. 7. fg.

184) *Dio Cassius* Lib. 66 c. 16.

185) *Suetonius in Domitiano.* c. 11. *Plinius Epistol.* Lib. 7. Ep. 19. vergl. Ep. 33. und Lib. 9. Ep. 13.

186) *Dio Cassius* Lib. 68. c. 16.

Hadrian,[187]) von beiden Antoninen,[188]) von Pertinax,[189]) und von Septimius Severus.[190]) Man findet diese Fälle auch gesammelt bei Curtius.[191]) Die von demselben an einem andern Orte[192]) beigebrachten Beweisstellen scheinen auf den ersten Blick nicht auszureichen, um die Cognition des Senats über Hochverrath und Majestätsverbrechen auch für die Periode der christlichen Kaiser, und für die Zeit der Herrschaft der Gothen in Italien, über allen Zweifel zu erheben; indem sie sich auf Prozeßfälle beziehn, in welchen die Inculpaten Mitglieder des Senatorenstandes waren. Allein da diese Beispiele einer Zeit angehören, in welcher der Gerichtsstand der Senatoren unter dem Senatscollegium bereits aufgehört hatte, so bilden sie immer eine nicht verwerfliche Instanz, und besonders verdienen die sehr bedeutenden Worte des Symmachus,[193]) so wie der Bericht des Proco-

187) *Spartianus in Hadriano*. c. 7. *Capitolinus in Antonino Pio*. c. 7.

188) *Capitolinus* a. a. O. und *in Marco Antonino*. c. 25. c. 26. *Gallicanus in Avidio Cassio*. c. 8. c. 11 — 13.

189) *Capitolinus in Pertinace*. c. 10.

190) *Spartianus in Severo*. c. 8.

191) a. a. O. Lib. 3. c. 2. §. 56.

192) Ebendas. Lib. 5. c. 2. §. 108.

193) *Symmachus Epistolar. Lib. 4. Ep. 4.* Quid de Afrorum dolore et militarium virorum querelis consultus praecepto sacro amplissimus ordo censuerit, plene atque aperte gestorum curialium inspectione cognosces. Lectis domini nostri Honorii Aug. litteris atque sententiis, decursisque omnibus

pius[193 a]) über eine Criminaluntersuchung des Senats gegen die Theilnehmer einer, wider die Person des Kaisers Justinianus gerichteten, Verschwörung sorgsam beachtet zu werden.

Die relative Häufigkeit der Verhandlung dieser Gattung von Verbrechen vor dem Senate erklärt sich aus dem Bestreben der bessern Kaiser, den Schein der Partheilichkeit von sich abzulehnen, und aus der Ueberzeugung der despotischen, den Urtheilsspruch des knechtischen Senats nach Gefallen lenken zu können.[193 b])

Der Cognition des Senats über Treubruch und Pflichtverletzung von Seiten auswärtiger Verbündeter geschieht nur zu Anfang der Kaiserregierung Erwähnung; nehmlich unter August bei der Untersuchung gegen Antiochus von Commagene,[194]) und in der Streitsache zwischen Tiridates und Phraates;[195]) unter Tiberius bei der Anklage gegen Archelaus von Cappadocien,[196]) und gegen Cotys von Thracien.[197])

---

paginis, quae Gildonis crimina continebant, par bonorum motus erupit. Consulti igitur in Senatu more maiorum, (neque enim sine legitimo ordine iudicii auctoritas stare potuisset,) ingenti causae devotis sententiis satisfecimus. Vergl. ebendas. *Lib. 1. Ep. 48.*

193 a) *De bello Gothorum.* Lib. 3. pag. 182. fgg. edit. *Basil.* 1531. ap. *Hervag.* fol.

193 b) Vergl. *Dio Cassius* Lib. 58. c. 16.

194) Ebendas. Lib. 52. cap. fin.

195) Das. Lib. 53. c. 33.

196) *Tacitus Annal.* Lib. 2. c. 42.

197) Ebendas. c. 64. fgg.

Bei Tumult und Aufruhr wird der Untersuchung durch den römischen Senat mehrmals gedacht, und nur selten dabei bemerkt, das Collegium sei hier auf den Antrag der streitenden Partheien selbst, oder in Folge einer vom Kaiser erhaltenen Vollmacht, eingeschritten. So unter Nero's Regierung, bei einem Aufruhr in Puteoli,[198] und bei einem zwischen den Bürgern von Nuceria und Pompeji ausgebrochenen thätlichen Zwist.[199] Aehnlich zu Anfang von Vespasian's Regierung, bei einem Vorfall in Siena;[200] und noch in Justinian's Zeitalter geschieht einer durch Senatoren aus Constantinopel in Cyzicum geführten Localuntersuchung dieser Art Erwähnung.[201] Diese Berichte beschränken sich aber auf Vorfälle in den kleinern Städten des Reichs; in den beiden Hauptstädten ressortirten dergleichen Störungen der öffentlichen Ruhe recht eigentlich für den Präfectus Urbi, und das Einschreiten des Senats war hier ganz überflüssig. Zwar scheint Tacitus[202] bei dem Berichte über den unter Tiberius Regierung durch die Schauspieler in Rom erregten Aufstand die Competenz des Senates auch für diesen Fall außer Zweifel zu setzen: aber andre Referenten gedenken bei dem nehmlichen Vorfall der Cognition des Senates gar nicht,[203] und bei genauerer Prü-

198) Ebendas. Lib. 13. c. 48.

199) Das. Lib. 14. c. 17.

200) Das. *Historiar.* Lib. 4. c. 45.

201) *Procopius de Bello Persico.* Lib. 1. z. E.

202) *Tacitus Annal.* Lib. 1. c. 77.

203) *Suetonius in Octaviano.* c. 45.

fung der Worte des Tacitus geht auch hervor, daß der Senat dabei sich nicht als richtende Behörde eingemischt habe, sondern als dasjenige Collegium, welches über die Rechtsfrage zu entscheiden hatte: ob den Magistratus das *Ius virgarum*, und überhaupt das *Ius cöercendi et animadvertendi*, gegen Schauspieler zustehe?

Unter den übrigen Verbrechen geschieht hauptsächlich bei folgenden der Cognition des Senates Erwähnung.

Bei der Tödtung überhaupt und bei dem Giftmorde insbesondre. Beispiele hierzu liefern Prozesse aus der Regierung von Tiberius,[204]) unter welchen sich namentlich der gegen Piso, den Mörder des Germanicus, auszeichnet;[205]) ferner aus der Periode von Nero,[206]) und von Trajan;[207]) ja selbst noch unter Justinians Regierung kommen zwei ganz unzweideutige Fälle dieser Art vor.[208])

Bei Fleischesverbrechen finden sich Spuren der Cognition des Senats, nehmlich bei Ehebruch und Blutschande: jedoch da nur unter der Regierung des Tiberius einige Fälle dieser Art genannt werden,[209]) bei welchen es über-

---

204) *Tacitus Annal.* Lib. 3. c. 22. fgg. Lib. 4. c. 22.

205) Ebendas. Lib. 2. c. 71. fgg. Lib. 3. c. 10. fgg. *Suetonius in Caligula.* c. 2. c. 3. *Dio Cassius* Lib. 57. c. 18.

206) *Tacitus* a. a. O. Lib. 13. c. 44. Doch darf hier nicht übersehn werden, daß der Inquisit zugleich Senator war.

207) *Plinius Epistolar.* Lib. 8. Ep. 14.

208) *Procopius Histor. arcan.* pag. 43. 44. 126. 127. edit. *Nic. Alemanni.* Lugd. 1623. fol.

209) *Suetonius in Octaviano.* c. 5. *Tacitus Annal.* Lib. 2. c. 50. c. 85. Lib. 3. c. 22. fgg. Lib. 6. c. 49.

dem nicht ganz unwahrscheinlich ist, daß der Senat nur als Appellationsinstanz dabei einzuschreiten veranlaßt worden sei; so tragen wir Bedenken, hieraus eine allgemeine Regel abzuleiten.

Daß bei Fälschungen jeder Art, den einfachen so wie den qualificirten, der Senat als competente Criminalbehörde unter den Kaisern betrachtet sei, steht nicht zu bezweifeln. Es wird seiner Thätigkeit gedacht bei Untersuchungen wegen falschen Zeugnisses,[210] wegen Testamentsverfälschung,[211] Prävarication,[212] Calumnia,[213] u. dergl. m., und zwar aus den verschiedensten Zeitaltern, von Tiberius bis auf Hadrian.

Spuren der Cognition des Senats über Bestechung der Staatsbeamten und Gelderpressungen von Seiten derselben finden sich unter der Regierung von Tiberius,[214] von Claudius,[215] Nero,[216] Otho,[217].

210) *Tacitus Histor.* Lib. 4. c. 10. vergl. c. 40.

211) Ders. *Annal.* Lib. 14. c. 40. und *L. 5. D. ad Leg. Cornel. de fals.*

212) *Plinius Epistolar.* Lib. 3. Ep. 9. vergl. Ep. 4. Lib. 5. Ep. 4. vergl. Ep. 15. Lib. 6. Ep. 5. Ep. 13.

213) *Tacitus Annal.* Lib. 3. c. 36. fgg. Lib. 4. c. 52. fgg. Lib. 6. c. 4. Lib. 12. c. 59. Lib. 14. c. 18. *Historiar.* Lib. 2. c. 10. Lib. 4. c. 6. c. 40. fgg.

214) Ebendas. *Annal.* Lib. 4. c. 15. c. 18. c. 31. fgg. Lib. 3. c. 66. fgg.

215) Das. Lib. 11. c. 5.—7. Lib. 12. c. 59.

216) Das. Lib. 15. c. 20. fgg.

217) *Suetonius in Othone.* c. 2.

Vespasian,[218]) Domitian,[219]) und Trajan.[220]) Das Beispiel eines *iudicium recuperatorium* bei einem Fall des *Crimen repetundarum* aus der Zeit von Tiberius Herrschaft,[221]) erinnert unwillkührlich an das oben[222]) berührte, beim Jahre 581 d. St. zur Zeit der freien Verfassung vorgekommene Factum einer, wegen gleicher Veranlassung, nehmlich zur Untersuchung der in Spanien von römischen Beamten verübten Erpressungen, einzurichtenden Commission von fünf Recuperatoren.

Wegen Gotteslästerung wird, in Bezug auf den Incest Vestalischer Jungfrauen, nur der Jurisdiction des Kaisers gedacht, welcher als Pontifex Maximus gewiß auch die einzig competente Behörde war.[223]) Jedoch bei den unter den heidnischen Kaisern verfolgten Christen geschieht bisweilen einer Verurtheilung derselben durch den römischen Senat Erwähnung, z. B. unter des Commodus Regierung bei dem Märtyrer Apollonius.[224]) Daß unter den christlichen Kaisern den Ketzern auch im Senate der Prozeß gemacht worden sei, zeigt die unter

---

218) *Tacitus Historiar.* Lib. 4. c. 45.

219) *Suetonius in Domitiano.* c. 8.

220) *Plinius Epistolar.* Lib. 2. Ep. 11. 12. (wo freilich einige der Inquisiten Senatoren waren.) Lib. 3. Ep 9. vergl. Ep. 4. Lib. 4. Ep. 9. Lib. 5. Ep. 20. Lib. 6. Ep. 29. Lib. 7. Ep. 6.

221) *Tacitus Annal.* Lib. 1. c. 74.

222) S. oben not. 99. 118. 119.

223) *Dio Cassius* Lib. 67. c. 3. Lib. 77. c. 16. vergl. *Suetonius in Domitiano.* c. 8.

224) *Eusebius Histor. Eccles.* Lib. 5. c. 21.

Justinians Regierung gegen den Samariter Faustinus eingeleitete Untersuchung.[225])

Fassen wir nun die Criminalgerichtsbarkeit des Senats in der Kaiserperiode überhaupt genauer in's Auge, so dringt sich vor allem die, für die gesammte folgende Untersuchung präjudicielle, Frage auf: ob der Senat sich in diesem Zweige seiner Thätigkeit einer gewissen Selbstständigkeit zu erfreuen gehabt, oder ob er darin ganz von der Willkühr der Kaiser abgehangen habe? Dies soll freilich nicht so viel heißen: ob die Kaiser sich factisch in die Rechtspflege des Senats störend und mit Willkühr gemischt haben? (denn so würde begreiflich eine allgemeine Antwort auf jene Frage sich nicht geben lassen;) sondern wir wollen nur untersuchen: ob dem Senate Verfassungsmäßig eine bestimmt begrenzte Cognition zugestanden, oder ob er nur im Auftrage des Kaisers, also ganz abhängig von dessen Willkühr, sich der Untersuchung einzelner Verbrechen habe annehmen können?

Im Allgemeinen lassen sich nur drei Wege denken, auf welchen der römische Senat unter den Kaisern zu einer selbstständigen Gerichtsbarkeit gelangt seyn könnte: entweder 1. durch die Fortsetzung seiner, zur Zeit des Freistaates anerkannten, Competenz; oder 2. durch Eintreten in den Platz des Volks, als der frühern regelmäßigen Criminalbehörde; oder endlich 3. durch Anerkennung von Seiten der Kaiser, in Folge des Reichsgrundgesetzes.

Was nun den ersten Punkt betrifft, so ergiebt sich aus der obigen Darstellung, daß dem römischen Senat ge-

225) *Procopius Histor. arcana.* z. E. pag. 122. 123.

gen das Ende der Republik zwar noch eine gewisse Criminal-Jurisdiction geblieben war, diese aber zum Theil einen Ausfluß seines Aufsichtsrechtes über sämmtliche Zweige der Staatsverwaltung bildete, mithin durch die Fortdauer der freien Verfassung bedingt war, und mit der Einführung der Souverainität, wo der Senat das gesammte Recht der obersten Leitung an den Kaiser abtrat, von selbst aufhören mußte. Das Fortbestehn der peinlichen Gerichtsbarkeit des Senats unter der Kaiserregierung kann also aus dem zuerst genannten Grunde um so weniger erklärt werden, da wir gezeigt haben, daß der Senat die Gerichtsbarkeit unter August und dessen Nachfolgern nicht blos in den alten Grenzen, sondern in einem größern Umfange als in der letzten Periode des Freistaats ausgeübt hat.

Die zweite zuvor angedeutete Erklärung, nach welcher unter der Kaiserregierung die Criminal-Jurisdiction, welche früher dem Volke zugestanden hatte, auf den Senat übergegangen seyn soll, scheint auf den ersten Blick mehreres für sich zu haben. Denn zunächst scheinen die bekannten Worte des Tacitus[226]) dafür zu sprechen, auf deren Grund allein Gravina[226 a]) dieser zweiten Erklärung beigetreten ist; sodann stützt sich dieselbe auf die unleugbare Thatsache, daß der Senat unter den Cäsarn sich im Besitz der wichtigsten, zuvor vom Volke ausgegangenen, Criminaluntersuchungen befunden hat; und mehrere Aeuße-

226) *Annal. Lib. 1. c. 15.* Tum primum (scil. Tiberii temporibus,) e campo comitia ad Patres translata sunt.

226 a) a. a. O. (oben not. 150,) cap. 15. 16. 38.

rungen der Historiker, welche für die Identität der Senatsgerichte und der *Iudicia Publica* zu sprechen scheinen,[227]) dürften leicht für eine achtbare Autorität gehalten werden können. Indeß keiner dieser Gründe ist von Bedeutung. Die zuerst angeführte Stelle des Tacitus ist von gründlichen Alterthumsforschern[228]) stets mit Beschränkung auf die Magistratswahlen erklärt worden; wie denn auch die entsprechenden Berichte über dasjenige, was Caligula vorübergehend an Tiberius Einrichtung geändert hat,[229]) und der Sprachgebrauch des Tacitus, welcher, gleich andern Klassikern, den Ausdruck *comitia* ohne Beisatz nur von Wahlen gebraucht,[230]) die Richtig-

---

227) *Suetonius in Tiberio. c. 58.* Consulente Praetore, an iudicia maiestatis cogi iuberet, *exercendas esse leges* respondit, et atrocissime exercuit. (vergl. oben not. 178 a.) Statuae quidam Augusti caput demserat, ut alterius imponeret. Acta res in Senatu. Et quia ambigebatur, per tormenta quaesita est. *Tacitus Annal. Lib. 4. c. 22.* Per idem tempus Plautius Silvanus, Praetor, incertis causis Aproniam coniugem in praeceps iecit; tractusque ad Caesarem etc. — Non cunctanter Tiberius pergit in domum, visit cubiculum. — Refert ad Senatum, datisque iudicibus, Urgulania, Silvani avia, pugionem nepoti misit.

228) Vergl. *Iust. Lipsius in Excurs. E.* ad *Taciti Annal.* Lib. 1. c. 15.

229) *Suetonius in Caligula. c. 16.* Tentavit et, comitiorum more revocato, suffragia populo reddere. Vergl. *Dio Cassius* Lib. 59. c. 9.

230) *Tacitus Historiar.* Lib. 1. c. 14., welcher mit dem Ausdruck *comitia imperii* den Act der Ernennung des Thronfolgers durch den regierenden Kaiser bezeichnet.

keit dieser Auslegung über allen Zweifel erheben. Das angeführte Zeugnis des Suetonius ist aber deshalb von keiner Bedeutung, weil bei genauerer Prüfung, und namentlich durch die Vergleichung des Berichtes, welchen Tacitus[231]) von demselben Vorfall giebt, deutlich hervorgeht, daß Suetonius von ganz verschiedenen Untersuchungen spricht. Die Angaben in der zweiten Stelle des Tacitus (oben not. 227.) lassen sich ganz füglich von einer beim Senat allein geführten Untersuchung deuten, wie aus Parallelstellen des Suetonius und Plinius erweislich ist.[231 a]) Vollkommen entscheidend gegen die obige Ansicht ist es aber, daß die *Iudicia Publica* unter dem Vorsitz des *Praetor Quaestionis* fortwährend unter den Kaisern als thätig genannt werden, nicht blos unter Augusts[232]) und Tiberius[233]) Regierung, sondern auch unter Nero,[234]) und im Zeitalter der Antonine.[235]) Eben so bedeutend ist es, daß an

---

231) Ders. *Annal.* Lib. 1. c. 72.—74.

231 a) *Suetonius in Domitiano. c. 8.* Auctor et tribunis plebis fuit, aedilem sordidum repetundarum accusandi, iudicesque in eum a Senatu petendi. *Plinius Epistolar.* Lib. 2. Ep. 11. (unten not. 244.)

232) *Suetonius in Octaviano.* c. 29. c. 32. c. 56. *Dio Cassius* Lib. 54. c. 3. c. 30. Lib. 55. c. 4. c. 30.

233) *Tacitus Annal.* Lib. 1. c. 75. Lib. 6. c. 16. *Suetonius in Tiberio.* c. 8. c. 33.

234) *Tacitus* a. a. O. Lib. 14. c. 41.

235) *Capitolinus in Marco Antonino. c. 24.* Capitales causas hominum honestorum ipse (D. Marcus) cognovit, et qui-

mehreren Stellen, und zwar an solchen, welche nicht von der Jurisdiction überhaupt,[236]) sondern von der peinlichen Gerichtsbarkeit insbesondre sprechen, das *Iudicium Senatus* von dem *Iudicium quod Praetor pro tribunali exercebat*, und beide wiederum von der Jurisdiction des Kaisers, geschieden werden.[237])

Abstrahiren wir aber auch von allen diesen Zeugnissen, so scheint es gar nicht im Plane der Kaiser überhaupt gelegen zu haben, die volle Criminalgewalt des Volks auf

---

dem summa aequitate; ita ut Praetorem reprehenderet, qui cito reorum causas audierat, iuberetque illum iterum cognoscere, dignitatis eorum interesse dicens, ut ab eo audirentur, qui pro populo iudicaret.

236) *Tacitus de caus. corrupt. eloquent.* c. 5. vergl. c. 7.

237) Vergl. oben not. 154. 155. *Tacitus Annal. Lib. 1. c. 75.* Nec Patrum cognitionibus satiatus (Tiberius) iudiciis adsidebat in cornu tribunalis, ne Praetorem curuli depelleret, multaque eo coram adversus ambitum et potentium preces constituta. Ebendas. *Lib. 3. c. 12.* wo Tiberius in seiner Rede im Senat über Piso, den Mörder des Germanicus sich also äußert: Id solum Germanico super leges praestiterimus, quod in curia potius quam in foro, apud Senatum quam apud iudices de morte eius anquiritur. Vergl. *Lib. 2. c. 79.* Ebendas. *Lib. 6. c. 16.* Interea (a. u. 786. unter Tiberius,) magna vis accusatorum in eos irrupit, qui pecunias foenore auctitabant, adversum legem dictatoris Caesaris, qua de modo credendi possidendique intra Italiam cavetur. — Sed tum Gracchus praetor, cui ea quaestio evenerat, multitudine periclitantium subactus, retulit ad Senatum.

den Senat zu übertragen; indem die unter der Leitung eines Magistratus bestehenden, aus der Periode der freien Verfassung überkommenen, Quästiones Perpetuä sich der Monarchie als ein brauchbares Institut empfohlen. Auch ist durch Ant. Schulting[238]) dargethan worden, daß noch im Zeitalter von Alexander Severus für *iudicia (publica) ordinaria* die den einzelnen Quästionen vorgesetzten Prätoren, für *iudicia extraordinaria* die höheren mit Criminal-Jurisdiction versehenen Magistratus (Präfecti) für Rom und Italien die competente Behörde gebildet haben. Neben, oder vielmehr über diesen stand auch dem Senate und dem Kaiser das Strafrichteramt zu, und die Competenz dieser Behörden scheint so regulirt gewesen zu seyn, daß Staatsverbrechen dem Kaiser oder Senat, die andern aber im Zweifel den genannten untern Behörden zufielen, wenn nicht der Kaiser Anlaß zu haben glaubte, den concreten Fall dennoch seiner eignen, oder des Senates Cognition zu unterwerfen: wobei seine Willkühr gewiß unbeschränkt war, und wovon wir oben[239]) bereits ein Beispiel kennen gelernt haben.

Wir wenden uns zur Prüfung des dritten der oben angedeuteten Erklärungsgründe für die Selbstständigkeit der Criminalgerichtsbarkeit des römischen Senats, nach welchem vielleicht die Kaiser, in Gemäßheit der Constitution, einen bestimmten Antheil an der richtenden Ge-

238) a. a. O. (oben not. 151.) Cap. 7. §. 1. sqq. Vergl. namentlich *L. 13. D. de poenis. L. 15. §. 1. D. ad S. C. Turpill.*

239) *Tacitus Annal.* Lib. 3. c. 12. (Vergl. oben not. 237.)

walt auf den Senat übertragen haben. Dieses Argument hat einiges für sich, kann uns aber dennoch nicht überzeugen. Welche Ansicht man auch von der Lex Regia überhaupt haben mag,[240] so genügt doch das uns erhaltene Fragment des *Senatus Consultum de imperio Vespasiani,*[241] dessen Aechtheit so oft ohne hinreichenden Grund angefochten ist, zum Beweise, daß beim Regierungsantritte eines Kaisers der Senat Gelegenheit gehabt habe, in einer Art von Wahlcapitulation sich gewisse Rechte zu reserviren. Es fehlt auch nicht an Beispielen, daß derselbe den Versuch dazu wirklich gemacht habe; wohin namentlich die Erzählung[242] gehört, daß der Senat bei dem Regierungsantritt des Kaiser Domitian darauf gedrungen habe, es solle der Souverain sich durch ein Senatus Consult verpflichten, einen Senator nur nach vorgängiger Cognition und Entscheidung des Senatscollegiums mit einer Capitalstrafe zu belegen: was der Senat später bei der Thronbesteigung des Septimius Severus auf gleichem Wege wirklich erreicht zu haben scheint.[243] Aber eben diese Beispiele können uns auch belehren, daß der unter der Kaiserregierung völlig entartete Senat sich begnügt habe, die Vorrechte seines Standes sicher

240) Vergl. *Haubold* a. a. O. (oben not. 19.) §. 57. not. b.

241) Vergl. *Bach Histor. Iurisprud. Rom.* Lib. 3. Cap. 1. Sect. 1. §. 4. not. m. und not. **. edit. *Stockmann. Hoffmann Histor. Iur. Rom.* Lib. 1. Cap. 1. Period. 5. §. 8. not. a.

242) *Dio Cassius* Lib. 67. c. 2.

243) Vergl. oben not. 163.

zu stellen, und wegen des zweideutigen Vorzuges, an Regierungsgeschäften einen selbstständigen Antheil zu gewinnen, unbekümmert gewesen sei. Am wenigsten aber wird die obige Erklärung unterstützt durch eine Stelle des Plinius[244]) welche augenscheinlich nicht von der Competenz des Senates überhaupt, sondern von den Grenzen der *Lex Iulia repetundarum* im Verhältnis zum Thatbestand des in Frage stehenden Verbrechens, über welches der Senat richten sollte, verstanden werden muß.

Durch die hier entwickelten Gründe glaubt der Verfasser bewiesen zu haben, daß dem Senat unter der Kaiserregierung keine vollkommen selbstständige Criminalgerichtsbarkeit zugestanden haben könne; wobei absichtlich nicht auf die allgemeinen Aeußerungen der Klassiker[245]) über die Abhängigkeit der Senatsurtheile von der kaiserlichen Willkühr Bezug genommen ist, indem dieselben auch von einer blos willkührlichen Einmischung der Kaiser in

244) *Plinius Epistolar. Lib. 2. Ep. 11.* Marius Priscus, accusantibus Afris, quibus Proconsul praefuit, omissa defensione iudices petiit. Ego et Corn. Tacitus adesse provincialibus iussi, existimavimus fidei nostrae convenire, notum Senatui facere, excessisse Priscum immanitate et saevitia crimina, quibus dari iudices possent; cum ob innocentes condemnandos, interficiendos etiam, pecunias accepisset. Respondit Fronto Catius, deprecatusque est ne quid ultra repetundarum legem quaereretur. — Magna contentio, magni utrimque clamores: aliis cognitionem Senatus lege conclusam, aliis liberam solutamque dicentibus, quantumque admisisset reus tantum vindicandum.

245) Vergl. oben not. 242.

die Verfassungsmäßig freie Gerichtsbarkeit des Senats erklärt werden konnten. Müssen wir nun aber zu dem andern Extrem greifen, und behaupten, daß der Senat blos in einzelnen Fällen, und nach vorgängiger ausdrücklicher Bevollmächtigung des Kaisers, ein Verbrechen seiner Cognition habe unterwerfen dürfen? Hierauf läßt sich nur nach vorläufiger Prüfung des Verhältnisses, in welchem die peinliche Gerichtsbarkeit des Kaisers zu der des Senates gestanden hat, Antwort ertheilen.

Daß der Kaiser bei der Ausübung der ihm zustehenden Criminalgewalt von der Concurrenz des Senats vollkommen unabhängig gewesen sei, und diesen auch nicht einmal als rathendes Collegium *in corpore* zugezogen habe, beweist theils die in mehreren Stellen[246]) klar ausgesprochene Scheidung der Gerichtsbarkeit von Senat und Kaiser, theils die wiederholten Berichte von dem Concilium Principis, welches meistens aus den angesehenern Senatoren bestand, und den Kaiser, außer bei andern Regierungsgeschäften, namentlich bei der Rechtspflege unterstützte.[247]) Die nicht seltenen Beispiele, daß Kaiser die Cognition einzelner vor ihre Competenz gehörigen Verbre-

---

246) S. oben not. 237.

247) *Dio Cassius* Lib. 53. c. 21. Lib. 56. c. 28. Lib. 57. c. 7. Lib. 60. c. 4. Lib. 80. c. 1. *Suetonius in Octaviano*. c. 55. *Spartianus in Hadriano*. c. 18. c. 22. *Capitolinus in Antonino Pio*. c. 3. c. 6. *in Marco Antonino*. c. 6. c. 11. *Plinius Epistolar*. Lib. 6. Ep. 31. Lib. 7. Ep. 6. *Cuiacius Observat*. Lib. 18. c. 32.

chen an den Senat verwiesen,[248] sind keineswegs unvereinbar mit dieser Ansicht, sondern dienen vielmehr zur Unterstützung derselben.[248 a])

Schwieriger ist die Bestimmung, in wie weit die Ju-

---

248) *Suetonius in Tiberio. c. 30.* Quin etiam speciem libertatis quamdam induxit, conservatis Senatui ac magistratibus et maiestate pristina et potestate: neque tam parvum quidquam, neque tam magnum publici privatique negotii fuit, de quo non ad Patres Conscriptos referretur. Praefectum alae, de vi et rapinis reum, causam in Senatu dicere coëgit. (Vergl. *Dio Cassius* Lib. 58. c. 16.) *Tacitus Annal. Lib. 14. c. 17.* Sub idem tempus (a. u. 813.) levi contentione atrox caedes orta inter colonos Nucerinos Pompeianosque gladiatorio spectaculo. — Cuius rei iudicium Princeps (Nero) Senatui, Senatus Consulibus permisit. *Plinius Epistolar. Lib. 4. Ep. 9.* Causam per hos dies dixit Iulius Bassus. — Accusatus est sub Vespasiano a privatis duobus: ad Senatum remissus, diu pependit; tandemque absolutus vindicatusque est. *Capitolinus in Marco Antonino. c. 10.* Senatum multis cognitionibus, et maxime ad se pertinentibus, iudicem dedit, (scil. Marcus,) — neque quisquam Principum amplius Senatui detulit.

248 a) Vor allen andern dürfte folgende Stelle das hier beschriebene Verhältnis in's Klare setzen. *Dio Cassius Lib. 59. c. 18.* wo es von Caligula heißt: Ἐδίκαζε δὲ καὶ ἰδίᾳ καὶ μετὰ πάσης τῆς γηρουσίας. καί τινα καὶ ἐκείνη καθ᾽ ἑαυτὴν ἔκρινεν. οὐ μέντοι καὶ αὐτοτελὴς ἦν, ἀλλ᾽ ἐφέσιμοι δίκαι ἀπ᾽ αὐτῆς ἐγίγνοντο συχναί. Iudicia peragebat partim solus, partim toto Senatu adhibito: nonnulla Senatus seorsim cognoscebat, nec tamen summa auctoritate; quin ab eo ad Caium frequens esset provocatio.

risdiction des Senats von dem Willen des Kaisers wirklich abhängig gewesen ist. Manche Aeußerungen der Klassiker scheinen freilich die vollkommene Abhängigkeit derselben zu erhärten: so z. B. die Angabe des Dio Cassius (s. oben not. 242.) über das Bestreben des Senats, bei Domitians Thronbesteigung seine Gerichtsbarkeit gegen die Eingriffe kaiserlicher Machtsprüche sicher zu stellen; die Gesuche des Senats bei Tiberius, über Majestätsverbrechen Untersuchungen anstellen zu dürfen; (s. oben not. 178.) der Bericht von Tiberius Zorn über die nicht in seinem Geiste gefaßten Urtheilssprüche des Senats, und von den Maaßregeln, welche er deshalb ergriff;[249] endlich die Erzählung, daß mehrere Kaiser, z. B. Septimius Severus,[250] Tiberius,[251] Vitellius,[251 a] u. dgl. m. wenn sie überhaupt den Senat von Verbrechen in Kenntnis setzten, ihm entweder eine bloße Anzeige von demjenigen machten, was sie bereits selbst in der Sache verfügt hatten, oder das zu sprechende Urtheil schon zum voraus namentlich bestimmten, und somit dem Senat jede freie Entscheidung abschnitten. Indeß wenn man bedenkt, daß, in Folge der monarchischen Verfassung, auch die nach gemäßigten Grundsätzen regierenden Kaiser auf alle Verhandlungen des Senats den entschiedensten Einfluß hatten, und diesen durch Suspension der Verhandlun-

249) Ebendas. Lib. 57. c. 20. Vergl. *Tacitus Annal.* Lib. 3. c. 8. c. 49. c. 51. *Suetonius in Tiberio.* c. 75.

250) *Dio Cassius* Lib. 76. c. 5. c. 7. — 9.

251) Ebendas. Lib. 58. c. 11. c. 21. c. 24.

251 a) *Tacitus Histor.* Lib. 3. c. 37.

gen des Collegiums, durch Abolition, Reformation seiner Erkenntnisse, u. dgl. m. nicht selten auch zur Steuer der Gerechtigkeit äußerten;[252]) wenn man ferner in Erwägung zieht, daß die obigen Zeugnisse nur aus der Regierung despotischer Kaiser, und meistens solcher entlehnt sind, deren schädlicher Einfluß auf die Rechtspflege des Senats durch gleichzeitige Schriftsteller hart gerügt,[253]) und der freieren Rechtspflege unter menschlichen Kaisern als warnendes Beispiel gegenüber gestellt wird; so wird man zugeben müssen, daß aus jenen Argumenten nimmermehr eine in der monarchischen Verfassung überhaupt begründete Abhängigkeit der criminellen Gerichtsbarkeit des Senats von der Willkühr der Kaiser zu entnehmen sei. Hält man damit diejenigen Zeugnisse zusammen, nach welchen der Senat, gegen den Willen einzelner minder despotischer Kaiser oder ihrer Günstlinge, Verbrecher vor Gericht zog und verurtheilte, z. B. unter der Regierung von Claudius,[254]) von Trajan[255]) und Hadrian,[256]) so wie ferner die Erzählung, daß einzelne Kaiser, z. B.

252) *Dio Cassius* Lib. 58. c. 3. Lib. 73. c. 8. *Plinius Epistolar.* Lib. 9. Ep. 13.

253) *Tacitus Agricola. c. 45.* Nero tamen subtraxit oculos, iussitque scelera, non spectavit: praecipua sub Domitiano miseriarum pars erat, videre et adspici; cum suspiria nostra subscriberentur.

254) *Tacitus Annal.* Lib. 12. c. 12.

255) *Eutropius Breviar. Histor.* Lib. 8. c. 2.

256) *Spartianus in Hadriano.* c. 7.

Antoninus Pius und Pertinax,[257]) den Senat in vorkommenden Fällen um Schonung einzelner Verbrecher angegangen sind; so dürfte man leicht geneigt seyn, der Criminal-Jurisdiction des Senats auch unter der Kaiserregierung eine gewisse Selbstständigkeit zuzugestehn, und sich zu folgender Lösung unsres Problems zu bekennen.

Dem Senat wurde durch die ersten Kaiser, welche den Schein einer gemäßigten Monarchie für sich gewinnen wollten, eine ziemlich ausgedehnte peinliche Gerichtsbarkeit eingeräumt; wie dies die von Tiberius[258]) und Nero[259]) bei ihrem Regierungsantritte getroffene Einrichtung darthut. So gelangte diese Behörde durch ein allmählig sanctionirtes Herkommen in den Besitz einer Verfassungsmäßig ihm nicht garantirten Jurisdiction, und wenn diese gleich durch zahllose Eingriffe einzelner despotischer Kaiser von aller Bedeutung entkleidet wurde, so blieb sie doch dem Namen nach immer bestehn, und wurde

---

257) *Capitolinus in Antonino Pio.* c. 6. *in Pertinace.* c. 10.

258) S. oben not. 248.

259) *Tacitus Annal. Lib.* 13. *c.* 4. Tum formam futuri principatus praescripsit (Nero) ea maxime declinans, quorum recens flagrabat invidia. „Non enim se negotiorum omnium „iudicem fore, ut, clausis unam intra domum accusatoribus „et reis, paucorum potentia grassaretur. — Teneret anti„qua munia Senatus: Consulum tribunalibus Italia et publi„cae provinciae adsisterent. Illi Patrum aditum praeberent, „se mandatis exercitibus consulturum.“ Nec defuit fides. Multaque arbitrio Senatus constituta sunt.

auch der Sache nach in den Zeiten einer gemäßigten Regierung aufrecht erhalten. Mit der Zeit freilich wurden diese Eingriffe des Souverains immer systematischer, und die Cognition des Senats über Verbrechen, mit Ausnahme der von Mitgliedern ihres Standes verübten, welche ihnen wiederholt reservirt worden war, bestand nur noch der Form nach. So scheint die Sache im Zeitalter von Alexander Severus gestanden zu haben, wie das Zeugnis eines gleichzeitigen Historikers[259 a] vermuthen läßt, und unter dieser Voraussetzung erhalten die schon früher (not. 155.) angeführten Worte des Juristen Ulpianus hinreichendes Licht. Der Jurist gedenkt daselbst, bei Gelegenheit der bekannten Vorschrift der *Lex Iulia de maritandis ordinibus*, nach welcher Freigeborenen die Heirath mit einer *mulier iudicio publico damnata* untersagt wurde, der Ansicht eines Juristen aus dem Zeitalter von Hadrian und Antonin, nehmlich des Junius Mauricianus, nach welcher die genannte gesetzliche Bestimmung auch auf ein vom römischen Senat verurtheiltes Frauenzimmer zu übertragen seyn sollte. Das Werk des angeführten Juristen, aus welchem er dies entnommen, nennt Ulpian nicht genauer; doch steht nicht zu bezweifeln, daß es der, auch in den Justinianischen Pandekten epitomirte, Commentar über die *Lex Iulia et Papia Poppaea* gewesen sei.[260] Ulpian tritt blos als Referent dieser Ansicht auf, und scheint kein bestimmtes Urtheil über dieselbe hinzugefügt zu haben; denn, wie-

259 a) *Dio Cassius* Lib. 54. c. 15.

260) Vergl. *Hommel Palingenesia Iuris*. Vol. I. pag. 439.

wol in der Vaticanischen Handschrift von Ulpians Fragmenten[261]) hinter dem Worte *Nauricianus* eine Lücke zu seyn scheint, so ist doch die Stelle ganz zusammenhängend, auch gedenkt Ulpian an einem andern Orte, wo er das bezeichnete Verbot der *Lex Iulia et Papia Poppaea* umständlich in Erwägung zieht,[262]) der *damnatio a Senatu profecta* und der Meinung des Mauricianus gar nicht. Eben so beschränken er und andre Juristen sich bei ähnlichen Veranlassungen, z. B. bei Entwickelung der einzelnen Fälle der Ehrlosigkeit,[263]) auf die *condemnatio in iudicio publico;* wenn gleich eingewandt werden kann, daß der Ausdruck *iudicium publicum* hier im weitern Sinne, in welchem derselbe dem *iudicium privatum* entgegensteht, genommen,[263a]) und daß die Erwähnung der Senatsgerichte vielleicht durch Justinians Compilatoren unterdrückt sei. Für diese scheinbaren Widersprüche bietet sich folgende Auflösung dar. Im Zeitalter des Juristen Mauricianus hatte die peinliche Gerichtsbarkeit des Senats noch Selbstständigkeit und praktische Bedeutung: beides war ihr in der Zeit, in welcher Ulpian schrieb, entzogen. Ulpian glaubte daher der Ansicht des Mauricianus, als einer der Theorie nach vollkommen richtigen, gedenken zu müssen, aber auf die-

---

261) S. das *Ius Civile Ante Iustinian.* Edit. Berolinens. 1815. Vol. I. pag. 44.

262) *L. 43. D. de Ritu Nuptiarum.*

263) *L. 4. D. de accusation. Collatio Legum Mosaicar. et Rom. Tit. 4. §. 3.*

263a) *L. 1. D. de his qui notant. infam.*

selbe, indem sie für die Praxis seiner Zeit ganz unerheblich war, kein besondres Gewicht legen zu dürfen. Dieser Erklärung steht denn auch nicht der Umstand entgegen, daß noch unter den christlichen Kaisern, z. B. unter Valentinian's,[264]) ja selbst noch unter Justinians[264 a]) Regierung der Senat als Criminalbehörde genannt wird; denn das tiefe Schweigen der Justinianischen Compilation über diese Thätigkeit des Senats, die wiederholten Andeutungen andrer Referenten über die Bedeutungslosigkeit des Senates unter Justinian[264 b]) und dessen Vorgängern, so wie die sorgsame Beachtung der Erzählungen des Ammianus Marcellinus und des Procopius zeigen, daß die spätern christlichen Kaiser sich blos einzelner Senatoren als Commissarien zur Einleitung einer, vor die Competenz des Souverains gehörigen, Localuntersuchung bedient haben.

Uns bleibt noch über die Form des Verfahrens bei den vom Senat eingeleiteten Untersuchungen das Nöthige beizubringen; wobei wir uns aber um so eher der Kürze werden befleißigen können, da über diesen Punkt unsre Quellen am reichhaltigsten und ganz geeignet sind, dem aufmerksamen Beobachter ein richtiges Bild von dem hier befolgten Verfahren zu vergegenwärtigen. Dies gilt namentlich von einigen Prozessen aus den Zeitalter Trajans, deren Geschichte uns Plinius in seinen Briefen aufbewahrt hat.

---

264) *Ammianus Marcellinus.* Lib. 28. z. Anf.

264 a) S. oben not. 201.

264 b) *Procopius Historia arcan.* c. 14.

Das unter der Republik so häufig beobachtete Verfahren, daß der Senat eine vor ihn gehörige Untersuchung den höhern Beamten, als seinen Commissarien, übertrug, kam unter der Kaiserregierung fast niemals zur Anwendung. Nur selten werden dergleichen Commissarien genannt;[265] der Concurrenz der Consuln geschieht dabei nur einmal Erwähnung,[266] und überdem mit dem Zusatz, daß sie die vom Senat ihnen angetragene Cognition mit löblicher Klugheit abgelehnt hätten. Der Prozeß wurde also, auch da wo eine Localuntersuchung leichter zum Ziel geführt haben würde,[267] in Rom geführt, und zwar in der Curie. Der Senat versammelte sich dabei *in corpore*, wie bei andern feierlichen Anlässen, und es werden hier auch die Ritter[267 a] als außerordentliche Theilnehmer solcher Versammlungen genannt,[268] wiewol bei Unter-

---

265) *Tacitus Annal.* Lib. 13. c. 48. Lib. 14. c. 17. Mehr auf polizeiliche, und namentlich militärische, als wie auf Criminal-Commissarien scheinen folgende Worte des Juristen Paulus bezogen werden zu müssen: *L. 35. §. 5. D. Ex quibus causis maior.* Quaesitum est de eo, qui ad compescendos malos homines missus est, an reipublicae causa abesset? Et placuit, reipublicae causa eum abesse.

266) *Tacitus Annal.* Lib. 14. c. 17.

267) Ders. a. a. O.

267 a) Mithin auch die Präfecti Prätorio, welche anfangs nur aus dem Ritterstande erwählt wurden. *Dio Cassius* Lib. 60. c. 15. c. 16. *Lampridius* a. a. O. (oben not. 169.)

268) *Suetonius in Caligula.* c. 53. (oben not. 152.) *Ta-*

suchungen gegen Senatoren die Zuziehung der Ritter von denjenigen Kaisern, welche die Vorrechte des Senatorenstandes aufrecht zu halten bemüht waren, unterlassen wurde.[269])

Als Ankläger traten nur selten Privatleute auf,[270]) gemeinhin Senatoren, besonders unter despotischen Kaisern, und wenn von einem Majestätsverbrechen die Rede war;[271]) bisweilen auch Beamten, wie z. B. Consuln oder Tribunen,[272]) seltener der Kaiser selbst.[273]) Aehnlich wie schon zur Zeit der freien Verfassung die Consuln eine Art vermittelnder Instanz für alle beim Senat einzuleitenden Verhandlungen bildeten, so geschah auch unter der Kaiserregierung die Anzeige einer vor dem Senat zu erhebenden Anklage bei den Consuln;[274]) nur daß neben diesen auch der Kaiser als gleich competente Instanz ange=

---

citus Annal. Lib. 16. c. 27. *Spartianus in Hadriano.* c. 8. *Capitolinus in Marco Antonino.* c. 10.

269) *Spartianus* und *Capitolinus* a. a. O.

270) *Plinius Epistolar.* Lib. 4. Ep. 9.

271) Ebendas. a. a. O. Lib. 3. Ep. 7. Lib. 9. Ep. 13. *Tacitus Annal.* Lib. 3. c. 66. Lib. 4. c. 68. fgg. Lib. 6. c. 7. Lib. 12. c. 59. *Histor.* Lib. 4. c. 6. c. 10. c. 42. *in Agricola.* c. 4.

272) *Tacitus Annal.* Lib. 4. c. 21. c. 22. *Dio Cassius* Lib. 58. c. 9. c. 24. Lib. 59. c. 19. *Suetonius in Domitiano.* c. 8.

273) *Tacitus Annal.* Lib. 4. c. 19.

274) Ebendas. Lib. 2. c. 28. Lib. 3. c. 10. Lib. 13. c. 4. c. 44.

gangen werden konnte.[275]) Die *Postulatio (accusationis*, oder eigentlicher *inquisitionis)* erfolgte von Seiten des Anklägers *in pleno Senatu*, und konnte der Gegenstand besondrer Discussionen im Collegium werden.[276]) Bei der weitern Verhandlung war die Anwesenheit des Klägers so wie des Beklagten, wenn anders nicht ein Contumacialverfahren eintrat, unerläßlich.[277]) Die Zuziehung von Patronen war dabei nicht wesentlich, wie dies mehrere Beispiele von Selbstvertheidigungen der Angeklagten darthun;[278]) doch scheint dieselbe beim regelmäßigen Verfahren überall gewöhnlich, und die Ernennung der Patronen von der Bestätigung des Senats abhängig gewesen zu seyn; wobei die Parthei entweder einen bestimmten Assistenten in Vorschlag brachte, oder, was jedoch seltener geschah, dem Senat anheimstellte, ihr einen solchen *ex officio* beizuordnen.[279]) Selten warf sich der Kaiser selbst zum Defensor auf.[279 a]) Die Gegenwart der Zeugen im Senat war gleichfalls nothwendig,[280]) und deren

---

275) Ebendas. Lib. 4. c. 22.

276) *Plinius Epistolar.* Lib. 5. Ep. 20.

277) *Dio Cassius* Lib. 57. c. 15. c. 17.

278) z. B. *Tacitus Annal.* Lib. 4. c. 34. fgg. *Plinius Epistolar.* Lib. 5. Ep. 14.

279) *Plinius* a. a. O. Lib. 2. Ep. 11. Ep. 12. (vergl. Lib. 10. Ep. 20. 21.) Lib. 3. Ep. 4. Lib. 4. Ep. 9. Lib. 5. Ep. 20. Lib. 7. Ep. 6.

279 a) *Suetonius in Caligula.* 53. (oben not. 152.)

280) *Tacitus Annal. Lib. 2. c. 34.* Caeterum Urgulaniae potentia adeo nimia civitati erat, ut testis in causa quadam,

Berufung nach Rom, im Fall sie abwesend waren, veranlaßte nicht selten eine Unterbrechung der Prozeßverhandlungen.[281] Die gesammte Verhandlung geschah übrigens unter dem Vorsitz des fungirenden Consuls:[282] in welcher Qualität auch der Kaiser, wenn er gerade das Consulat führte, das Präsidium übernahm.[283] Häufig war der Kaiser persönlich zugegen, und nahm thätigen Antheil beim Abstimmen, bediente sich auch wol des tribunicischen Veto's, um die vom Senat erkannte Strafe zu mildern.[284] In solchen Fällen führten nichts desto weniger die Consuln die Direction in der Senatssitzung,[285] und der Kaiser, wiewol von seinem *Ius relationis* Gebrauch machend, nahm blos zwischen ihnen und den Tribunen seinen Platz.[286] War der Kaiser nicht zugegen, und der Gegenstand der Berathung irgend von Bedeutung, so setzte,

---

quae apud Senatum tractabatur, venire dedignaretur. *Suetonius in Claudio.* c. 40.

281) *Plinius Epistolar.* Lib. 5. Ep. 20. Lib. 6. Ep. 5.

282) Ebendas. Lib. 4. Ep. 9. Lib. 7. Ep. 6. Lib. 6. Ep. 5. Lib. 8. Ep. 14. Lib. 9. Ep. 13. *Tacitus Annal.* Lib. 3. c. 22. 23. Lib. 15. c. 20. — 22. *Dio Cassius* Lib. 58. c. 10.

283) *Plinius Epistolar. Lib. 2. Ep. 11.* Princeps praesidebat, erat enim Consul.

284) *Tacitus Annal.* Lib. 3. c. 10. — c. 18. c. 66. fgg. Lib. 4. c. 28. — 31. c. 42. Lib. 16. c. 11. c. 24. *Dio Cassius* Lib. 59. c. 19.

285) *Tacitus* a. a. O. Lib. 16. c. 24. fgg. c. 30.

286) *Dio Cassius* Lib. 57. c. 20.

besonders unter despotischen Regierungen, der präsidirende Consul die Entscheidung bis zur Bestätigung des Souverains aus;[287] und welche Ahndung sich der Senat bei zu vorschneller Entscheidung eines Prozesses unter Tiberius Regierung zuzog, ist aus der Erzählung des Tacitus[288] bekannt.

Das Abstimmen im Senat erfolgte auch hier in der gewöhnlichen Form,[289] und es geschieht dabei ausdrücklich des Gebrauchs der *Discessio* Erwähnung.[290] Die Bekanntmachung des Urtheils an den Inquisiten scheint nicht im Senate, sondern, im Fall eines regelmäßigen Verfahrens, durch Ueberreichung des schriftlichen Senatsbeschlusses vom Quästor im Auftrage des Consuls vollzogen zu seyn.[291] Die Vollstreckung des Todesurtheils leitete, nach alter feierlicher Sitte, der Consul;[292] ge-

287) *Tacitus Annal.* Lib. 14. c. 48. c. 49. Lib. 15. c. 21. c. 22. *Plinius Epistolar.* Lib. 7. Ep. 6.

288) *Annal.* Lib. 3. c. 49. c. 51. vergl. *Suetonius in Tiberio.* c. 75. *Dio Cassius* Lib. 57. c. 20.

289) *Tacitus Annal.* Lib. 4. c. 28. fgg. Lib. 6. c. 4. fgg. Lib. 11. c. 4. Lib. 14. c. 48. fgg. Lib. 15. c. 20. fgg. Lib. 16. c. 24. fgg. *Plinius Epistolar.* Lib. 2. Ep. 11. Lib. 5. Ep. 14. Lib. 4. Ep. 9.

290) *Plinius* a. a. O. Lib. 8. Ep. 14.

291) *Tacitus Annal.* Lib. 16. c. 34. c. 35. und *Iust. Lipsius* ebendas.

292) Ebendas. *Lib. 2. c. 32.* In P. Marcium Consules extra portam Esquilinam, cum classicum canere iussissent, more prisco advertêre. *Iust. Lipsius* ebendas.

meinhin aber vertrat ein Quästor,[293]) oder ein Prätor,[294]) oder einer der Volkstribunen[295]) dessen Stelle: wobei natürlich die Henkersdienste vom Büttel verrichtet wurden. Das öffentliche Verbrennen verrufener Schriften leiteten die Aedilen,[296]) oder auch die Triumviri Capitales.[297])

Es würde hier am rechten Orte seyn, auch der Thätigkeit des Senats, als einer Appellationsinstanz in Criminalsachen, und zugleich der Provocation von Erkenntnissen des Senats an andre Behörden, zu gedenken. Doch hängt die Ausführung dieses Gegenstandes mit andern Untersuchungen zusammen, welche unsere schon viel zu sehr gedehnte Abhandlung ungebührlich verlängern würden.

293) *Dio Cassius* Lib. 58. c. 4.

294) Ebendas. c. 3.

295) Das. c. 15. und Lib. 60. c. 18.

296) *Tacitus Annal.* Lib. 4. c. 35.

297) Ders. *in Agricola*. c. 2.

Dritte Abhandlung.

Bemerkungen über Justinians Compilation.

Seit dem Beginne einer historischen und quellenmäßigen Behandlung des römischen Civilrechts ist die Eigenthümlichkeit der Justinianischen Gesetzbücher der Gegenstand mancher gelehrten Untersuchung, und zum Theil auch der Anlaß mancher litterarischen Fehde geworden. [1]) Das letzte war um so natürlicher, da die Schriftsteller, welche den gedachten Gegenstand zu behandeln unternahmen, zum Theil auf eine höchst einseitige Weise die Persönlichkeit Justi-

1) Die Litteratur vergl. bei *Haubold Institution. Iur. Rom. privati historico Dogmaticar. lineamenta.* Lips. 1814. §. 258. *Ioh. Pet. de Ludewig Vita Iustiniani.* Hal. 1731. 4. Cap. 8. §. 14. sqq. *Heineccius de secta Tribonianomastigum.* (In dessen *Operib.* Tom. III. No. 11.) *Hoffmann Historia Iur. Rom.* Lib. 2. c. 2. §. 1.

nians und seiner Compilatoren, deren Schilderung sie überdem nicht ganz unverdächtigen Quellen abgeborgt hatten, in unmittelbarer Beziehung zu Justinians Gesetzgebung hinstellend, zu Uebertreibungen und Fehlschlüssen mancher Art fortgerissen wurden.[1 a]) Allein jene so oft angestellte Untersuchung über das Wesen und die Verdienste von Justinians Compilation, namentlich von seinen Pandekten, und deren so ungleich ausgefallene Resultate lassen eine nicht minder befriedigende Erklärung zu. Justinians Rechtsbücher bleiben, auch nach Ulpians Fragmenten und den neu aufgefundenen Institutionen des Gajus, der Mittelpunkt für das Quellenstudium des Römischen Rechts; und wer die bekannten Worte von Franciscus Pithoeus[2]) so verstehn wollte, als ob selbst dem Rechtshistoriker das Studium von Justinians Pandekten, Codex, u. s. w. über dem von Ulpians Fragmenten entbehrlich sei, der würde sich an den Manen jenes trefflichen Juristen wahrhaft versündigen. Nun aber üben eben diese Rechtsbücher, als eine Compilation aus ächten größtentheils verloren gegangenen Quellen, eine eigne Anziehungskraft auf jeden denkenden Ci-

---

1 a) Billig steht hier Franciscus Hotomannus (in seinem *Anti Tribonianus;* abgedruckt auch hinter *Hoffmann Histor. Iur.* edit. 2da) oben an; dessen Untersuchung man offenbar Unrecht thut, wenn man sie ungründlich nennt, indem dieselbe auf das Prädikat entschiedener Verkehrtheit die gültigsten Ansprüche machen kann.

2) „Qui sauroit les XXIX. titres d'Ulpien, seroit très habile homme."

vilisten aus, indem der Scharfsinn desselben sich an der Ausmittelung des Originals durch das bald mehr bald minder getrübte Medium der Justinianischen Excerpte schon oft mit Glück versucht hat, und noch öfter versuchen wird.

Sollte man aber über einen, seit dem Beginne des sechzehnten Jahrhunderts bis auf die neueste Zeit herab, bis auf Savigny's 3) und Löhr's 4) schätzbare Untersuchungen, so vielfach besprochenen Gegenstand nicht wenigstens in den Hauptpunkten zu entscheidenden Resultaten gekommen, und dadurch den Neulingen in der juristischen Litteratur, insofern sie nicht durch Ueberschätzung ihrer Kräfte verblendet werden, alle Aussicht auf Begründung neuer Ansichten hier abgeschnitten seyn? Der Verfasser wagt dieses zu verneinen; und zwar aus folgenden Gründen.

Man muß bei dieser ganzen Untersuchung von der strengsten Prüfung des Planes, welchen Justinian seiner Compilation zum Grunde legte, also von den Conceptions- und Publications-Patenten seiner Rechtsbücher, ausgehn. Die gerechte Würdigung dieses Planes, als eines den Bedürfnissen und der Intelligenz von Justinians Jahrhundert vollkommen angemessenen, ist, besonders durch die umsichtige und gründliche Darstellung Sa-

3) In dessen Geschichte des Römischen Rechts im Mittelalter. Bd. I. S. 12. fgg.

4) Ueber Justinians Compilation. Im Magazin für Rechtswissenschaft und Gesetzgebung von Grolmann und Löhr. 3n Bds. 2s Heft. No. 7. Gießen. 1818.

vigny's,[5]) als abgeschlossen zu betrachten. Der Plan war um so verdienstlicher, da Justinian selbst von seinem Beruf neue Gesetze zu geben lebhaft durchdrungen, und also zur Schonung des älteren Rechtssystems von Natur eben nicht disponirt war. Wie wenig Bescheidenheit und Achtung gegen die Vorzeit spricht sich in seinen Verordnungen aus, so häufig er auch der *Divi retro Principes* gedenkt! und wenn er gleich hin und wieder gegen die klassischen Juristen einige Achtung blicken läßt, so geschah dies wahrscheinlich nur darum, weil er in ihnen keine eigentliche Nebenbuhler im Fach der Gesetzgebung zu erblicken glaubte, und er denselben stillschweigend das Glück gegönnt zu haben scheint, unter ihm gelebt, und ein für ihren Scharfsinn bildsameres Material der Rechtsverfassung gehabt zu haben.

Von dem Plane Justinians muß man aber die Betrachtung und Würdigung seiner Ausführung durch die Compilatoren sorgfältig sondern. Gegen die Gehülfen Tribonian's, wie so häufig geschehn,[5a]) daraus einen Vorwurf abzuleiten, daß dieselben nicht, auch gegen des Kaisers ausdrücklichen Befehl, bei der Wahl ihrer Excerpte mehr auf die Wißbegierde der Nachwelt, als auf das praktische Bedürfnis ihrer Zeit Rücksicht genommen, und an Statt der Werke von Juristen aus der republikanischen Periode Roms nur Schriften der unter der Kaiserregierung blühenden Rechtslehrer benutzt haben, ist reiner Aberwitz, welcher auch bereits hinreichend gerügt und

5) a. a. O.

5a) Vergl. Ludewig a. a. O. §. 19. not. 123.

widerlegt ist: [5 b]) allein mit Recht trifft die Compilatoren der strengste Tadel, wenn man ihnen nachweisen kann, daß sie, Justinians Anweisung entgegen, die Eigenthümlichkeit der von ihnen behandelten Quelle zerstört, und, aus Unverstand oder Bequemlichkeit, Verrath an der Wissenschaft geübt haben, ohne der Praxis ihrer Zeit dadurch Vorschub zu thun. Dieser Beweis ist bisher nur in einzelnen, zum Theil höchst beschränkten, Beziehungen geführt worden, z. B. hinsichtlich der übrig gebliebenen Spuren obsoleter Institute, wie des Unterschiedes der *res mancipi* und *nec mancipi*, der verschiedenen Formen der Legate, der Erhitzung, der Bestimmungen der Lex Julia caducaria, und namentlich hinsichtlich der von den Compilatoren nicht getilgten Antinomieen und Widersprüche aller Art. [6]) Für den ganzen Umfang der Justinianischen Rechtsbücher aber fehlt es an einer gründlichen Untersuchung dieser Gattung, und diejenigen Schriftsteller, welche Justinians Plan zu würdigen sich bestrebten, haben fast ohne Ausnahme zugleich die Ausführung desselben durch die Compilatoren in Schutz genommen. [6 a])

---

5 b) Vergl. *Ant. Schulting Oratio, in qua disquiritur: culpandusne sit Tribonianus, quod Iuris consultorum, qui stante libera republica Roman. claruere, scripta suppresserit*, etc. Hinter dessen *Iurisprud. Ante Iustinian.*

6) In der letzten Beziehung ist besonders zu vergleichen *Ulr. Huber Eunomia Romana.*

6a) Nicht blos Heineccius (in der *Defensio compilationis Iur. Roman.* Opp. Tom. III. No. 10.) thut dies, sondern auch Savigny a. a. O., welchem Löhr (a. a. O. S. 138. fgg. S. 190. fgg. S. 211. 212.) und Span-

Der Verfasser wagt es diese Untersuchung hier aufzunehmen, weniger von dem Gelingen derselben, als von dem dringenden Bedürfnis überzeugt. Das leztere hat sich ihm insbesondre bei der Lektüre von Hufelands neuen Bemerkungen über das Verhältnis der einzelnen Rechtsbücher Justinians zu einander [7]) recht fühlbar gemacht. Dieser Schriftsteller nehmlich, welcher auf eine genaue Berücksichtigung von Justinians Plan dringt, macht doch rückwärts aus der Ausführung desselben, z. B. der häufigen Erörterung antiquarischer Bestimmungen, manche Schlüsse auf den Plan selbst. Die nur zum Theil richtige Idee, [8]) daß in jedem Pandektentitel ein oder einige, sich durch ihren Umfang oder ihre allgemeine Fassung auszeichnende, Hauptexcerpte vorkommen, an welche sich die übrigen Fragmente als Nebentheile anschließen, benuzt Hufeland um den Compilatoren ein Compliment zu machen. Er wird darin das Kunstgemäße Bestreben gewahr, dem ganzen Pandektenwerk den Anstrich eines Gusses, der Rede eines Autors zu geben, und dasselbe mehr als schriftstellerisches

---

genberg (Einleitung in das röm. Justinianische Rechtsbuch. Hannover 1817.) gefolgt sind. Hoffmann (a. a. O. Lib. 2. c. 2. §. 3. not. g. z. E.) bezweifelt blos Tribonians Gewissenhaftigkeit bei Ausführung des Planes von Justinian. Schulting (a. a. O. z. Anf.) deutet wol auf das rechte hin, hat es aber, als über die Grenzen seiner Untersuchung hinausliegend, nicht ausgeführt.

7) Hufeland über den eigenthümlichen Geist des Römischen Rechts. Thl. I. S. 155. fgg.

8) Vergl. Löhr a. a. O. S. 185. fgg. 198. fgg. 211.

Werk wie als Gesetzbuch erscheinen zu lassen. Nun aber muß uns schon die oberflächlichste Bekanntschaft mit den Instructionen, welche Justinian der Abfassung von Pandekten und Codex vorausgeschickt hat, belehren, daß es dem Kaiser bei seiner Compilation nur um materielle Einheit zu thun gewesen sei, und er die Eigenthümlichkeiten in der Form der alten excerpirten Juristenwerke und kaiserlichen Constitutionen, soweit dies mit jenem Zweck sich vereinigen ließ, aufrecht erhalten wissen wollte. Die Compilatoren dagegen haben die formelle Einheit ihrer Rechtsbücher über die Gebühr begünstigt, und die Eigenthümlichkeiten des von ihnen epitomirten Originals oft ohne Noth zerstört; denn auch sie scheiterten, gleich allen geistlosen Epitomatoren, bei dem Versuche, ein mit Geist angelegtes und durchgeführtes Ganzes in einen genügenden Auszug zu bringen.

Der Verfasser glaubt diese Anschuldigung nicht nur bewahrheiten, sondern auch in dem Misverstehn derjenigen Fingerzeige, welche Justinian in den Conceptionspatenten seiner Rechtsbücher gegeben hat, die Quelle nachweisen zu können, aus welcher diese Misgriffe der Compilatoren geflossen sind. Die Pandekten werden dabei um so mehr den Mittelpunkt der ganzen Untersuchung ausmachen müssen, da sie, der Mannichfaltigkeit der epitomirten Quellen zufolge, die mehresten Vergleichungspunkte darbieten, und da das bei ihrer Abfassung befolgte Verfahren zugleich zum Vorbilde bei Institutionen und Codex gedient hat.

In dem Conceptionspatent der Pandekten, der *Const. Deo auctore*, läßt Justinian den Compilatoren hinsichtlich der zu excerpirenden Werke der klassischen Juristen im Ganzen freie Wahl; er protestirt ausdrücklich gegen jede Beschränkung auf den Plan des Citirgesetzes von Valentinian *III.*, und will den entscheidenden Vorzug der Meinungen Papinians verbannt wissen.[9]) Dagegen verweist der Kaiser den Tribonian und dessen Gehülfen auf eine andere Beschränkung, nehmlich auf die Benutzung der Werke derjenigen Juristen, *quibus auctoritatem conscribendarum interpretandarumque legum Sacratissimi Principes praebuerunt.*[10]) Diese

9) *Constitut. cit.* §. 6. Sed neque ex multitudine auctorum, quod melius et aequius est, iudicatote; cum possit forsitan et deterioris sententia et multas et maiores in aliqua parte superare. Et ideo ea, quae antea in notis Aemilii Papiniani ex Ulpiano et Paulo, nec non Marciano, adscripta sunt, quae antea nullam vim obtinebant propter honorem splendidissimi Papiniani, non statim respuere; sed si quid ex his ad repletionem summi ingenii Papiniani laborum vel interpretationem necessarium esse perspexeritis, et hoc ponere legis vicem obtinens non moremini; ut omnes, qui relati fuerint in hunc codicem, prudentissimi habeant auctoritatem, tamquam si eorum studia ex principalibus constitutionibus profecta, et nostro divino fuerant ore profusa.

10) Ebendas. §. 4. Iubemus igitur vobis, antiquorum prudentium, *quibus auctoritatem conscribendarum interpretandarumque legum sacratissimi Principes praebuerunt*, libros ad ius romanum pertinentes et legere et elimare: ut ex his omnis materia colligatur, nulla, secundum quod possibile est, neque similitudine neque discordia derelicta; sed ex his hoc colligi, quod unum pro omnibus sufficiat. Quia autem

Aeußerung ist bisher, ungeachtet einer Parallelstelle des Pomponius,[11]) wenig berücksichtigt, und noch weniger verstanden worden; aber die ächten Institutionen des Gajus[12]) lösen hier jeden Zweifel, und reichen hin,

et alii libros ad ius pertinentes scripserunt, *quorum scripturae nullis auctoribus receptae nec usitatae sunt*, neque nos eorum volumina nostram inquietare dignamur sanctionem.

11) *L. 2. §. 47. D. de Origine Iuris.* Massurius Sabinus in equestri ordine fuit, et publice primus scripsit, posteaque hoc coepit beneficium dari a Tiberio Caesare, hoc tamen illi concessum erat. Et, ut obiter sciamus, *ante tempora Augusti publice respondendi ius non a Principibus dabatur;* sed, qui fiduciam studiorum suorum habebant, consulentibus respondebant. Neque responsa utique signata dabant; sed plerumque iudicibus ipsi scribebant, aut testabantur, qui illos consulebant. Primus Divus Augustus, ut maior iuris auctoritas haberetur, constituit, ut ex auctoritate eius responderent, et ex illo tempore peti hoc pro beneficio coepit: et ideo optimus Princeps Hadrianus, cum ab eo viri praetorii peterent, ut sibi liceret respondere, rescripsit eis, hoc non peti, sed praestari solere; et ideo, si quis fiduciam sui haberet, delectari se, populo ad respondendum se praepararet. Ergo Sabino concessum est a Tiberio Caesare, ut populo responderet.

12) *Lib. 1. §. 7.* Responsa prudentium sunt sententiae et opiniones eorum, *quibus permissum est iura condere;* quorum omnium si in unum sententiae concurrant, id quod ita sentiunt legis vicem obtinet; si vero dissentiunt, iudici licet quam velit sententiam sequi, idque rescripto Divi Hadriani significatur. Vergl. Justinians Institutionen §. 8. *de iure naturali, gentium et civili.*

um Justinians Absicht, wenn auch nicht in theoretischer, so doch in praktischer Hinsicht vollkommen zu rechtfertigen.

Wir wollen sehn, in wie weit die Compilatoren diese Anweisungen richtig verstanden, und genau befolgt haben.

Allerdings haben dieselben nur Werke von Juristen, *quibus a Principibus permissum erat iura condere*, excerpirt; denn von allen der epitomirten Schriftsteller wissen wir, daß sie zu ihrer Zeit in Ansehn standen, und das Zeitalter von keinem reicht über August hinaus. Die wenigen in den Pandekten vorkommenden reinen Fragmente von Qu. Mucius Scävola, Aelius Gallus, u. a. m. können diesen Satz nicht entkräften, indem sie unfehlbar aus den Schriften späterer Juristen, in welchen sie sich vorfanden, aufgenommen sind, und nur den Schein selbstständiger Fragmente an sich tragen. Außer den weiter unten anzuführenden Beispielen von Pandektenfragmenten, welche durch die zweite Hand excerpirt sind, kann ein Fragment des Juristen Junius Gracchanus als Beweis dienen, welches Johannes Lydus[13]) scheinbar aus dem Originalwerk geschöpft hat, jedoch mehr als wahrscheinlich nur aus dem Auszuge eines andern Referenten, nehmlich aus Ulpian's *Liber singularis de officio Quaestoris*,[14]) uns kennen lehrt.

Dagegen in fast allen übrigen zuvor genannten Punkten ist Justinians Absicht von den Compilatoren gemisdeutet worden.

---

13) *De magistratibus reipubl. Roman.* Lib. 1. c. 24.

14) *L. 1. D. de Officio Quaestor.*

Durch die Ausschließung derjenigen Juristen, *quorum scripturae nullis auctoribus receptae nec usitatae sunt*, wollte Justinian unfehlbar nur den Gegensatz gegen die *Iuris consultos, quibus permissum erat iura condere*, andeuten, und keineswegs eine Beschränkung auf einzelne unter denselben veranlassen. Die Compilatoren dagegen scheinen eine solche Beschränkung daraus abgeleitet, und im Sinne des Citirgesetzes sich bestimmten, der Praxis oder dem wissenschaftlichen Studium ihrer Zeit als Führer dienenden, Juristen angeschlossen, die Werke der ältern Klassiker aber nur insoweit berücksichtigt zu haben, als sie durch diese vermittelnde Autorität (scripturae *his* auctoribus receptae) zu fortdauernder Gültigkeit gelangt (usitatae) waren. Nicht weniger scheint die oben (not. 9.) enthaltene Gleichstellung der Noten mit der commentirten Quelle gemisdeutet, und von einer Bevorzugung des Commentars, als der mehr praktischen Quelle, vor dem commentirten Original verstanden zu seyn.

Hieraus dürfte sich die, sonst so auffallende, unter den klassischen Juristen getroffene Wahl, und die unverkennbare Vorliebe der Compilatoren für gewisse Werke derselben hinreichend erklären.

Bekannntlich sind Papinians Schriften in Justinians Pandekten ungleich kümmerlicher excerpirt, als die des Gajus, Ulpianus und Paulus; ja man kann sagen, daß die *Collatio Legum Mosaicarum et Romanarum* verhältnismäßig eine weit reichere Ausbeute aus Papinians Werken giebt, als wie die Justinianischen Pandekten. Im Geiste Justinians war dies gewiß nicht: denn des Kaisers Plan arbeitete jeder Beschränkung auf einzelne Juristen entgegen, und hätte er diese gewollt, so würde er den Papinian, dessen er so häufig mit besonderm Lobe gedenkt,[15]) gewiß nicht den Zeitgenossen desselben nachgesetzt haben. Der Zusammenhang hiervon ist vielleicht folgender. Papinians Einfluß auf das praktische Recht seiner Zeit war höchst bedeutend; aber seine Schriften scheinen mehr eigene Urtheile, zum Theil in höchst abstracter Form, als wie Relationen fremder Ansichten, und eine in die Breite gehende Polemik, enthalten zu haben. Sein großer Name erbte sich fort, auch auf das Geschlecht, welches seine Größe nicht mehr zu würdigen vermogte, und als der Einfluß anders denkender Juristen auf die Praxis schon entschieden war. Valentinian *III.* rief unpraktisch genug Papinians Ansehn wieder in's Leben, durch sein bekanntes Citirgesetz; aber Justinians Compilatoren fanden es ihrem Zweck gemäßer, solche Schriften der Klassiker vorzugsweise zu benutzen, welche ihnen durch Anführung fremder Meinungen das Geschäft des Excerpirens erleichterten; und so leisteten ihnen Ulpianus und Paulus, ja sogar der weit ältere Gajus, ungleich bessere Dienste als der strenge Papinian.

Mehr noch als Papinian sind die bedeutenderen unter den ältern Klassikern vernachlässigt; so z. B. findet sich von Massurius Sabinus kein selbstständiges Fragment in den Pandekten; und wenn Justinian in sei-

15) *L. 30. C. de fideicommiss. L. 14. C. de sentent. et interlocution. §. 7. I. de fideicommissar. hereditatib.*

nen *Quinquaginta Decisionibus* bisweilen von einer *quaestio ex libris Sabinianis relata* spricht,[16]) so ist dies nur von Excerpten aus der zweiten Hand, nehmlich aus den *Commentariis ad Sabinum*, zu verstehn; wie dies der Kaiser selbst kein Hehl hat.[17])

Nicht minder auffallend ist die Wahl, welche unter den Schriften der wirklich excerpirten Juristen getroffen ist, und das verschiedene Maaß der Benutzung bei mehreren Schriften des nehmlichen Verfassers. Aus des Salvius Julianus Commentar über das Prätorische Edict sind, mit Ausnahme eines Fragments, nur wenige Citate aus der zweiten Hand in die Pandekten übergegangen, während dessen *Digesta* sehr stark benutzt sind. Des Paulus *Liber singularis de gradibus* ist fast ohne alle Abkürzung in *L.* 10. *D. de gradib. et affinib.* enthalten, wie Cujacius[18]) nach dem Zeugnis eines Zeitgenossen, welcher das Originalwerk des Paulus noch gesehn hatte, berichtet. Ein Gleiches steht von des Pomponius *Liber singularis Enchiridii*[18 a]) zu vermuthen. Von Papinians Werken sind die unbedeutendsten, welche wegen ihrer aphoristischen Form für die Compilatoren am leichtesten zu handhaben waren, nehmlich die *Libri Quaestionum* und *Responsorum*, am stärksten be-

16) *L. 17. C. de usufructu. L. 14. C. de servitutib. et aqua. L. 12. C. de adquirenda vel retin. possession.*

17) *L. 3. C. de indicta viduitate.* Sed quia apud Ulpianum in libris Sabinianis invenimus quaedam verba etc.

18) S. dessen *Observation. Iur. Rom.* Lib. 6. c. 40.

18 a) *L. 2. D. de Origine Iur.*

nutzt worden. In dem Titel der Pandekten *De excusationibus* (Lib. 27.) bestehen fast zwei Drittheile des Ganzen aus Fragmenten der *Libri Excusationum* des Modestinus; denn aus eben diesem Werke sind auch die, unter dem Schein selbstständiger Fragmente von den Compilatoren aufgenommenen, Auszüge aus des Paulus und Ulpians *Libris singular. de Excusationibus* und aus des letztern *liber singularis de officio Praetoris tutelaris*, in den genannten Pandektentitel übergegangen.[19])

Daß die Commentare über das Prätorische Edict besonders stark benutzt sind, rührt wol weniger daher, weil das Edict eine der bedeutendsten Rechtsquellen war, als weil bei der Anweisung Justinians, der Pandektencompilation zum Theil das System des Prätorischen Edicts zum Grunde zu legen, Tribonian und dessen Gehülfen durch Benutzung der Commentare über diese Rechtsquelle die Arbeit des Excerpirens bedeutend erleichtert zu werden schien.

Unverkennbar haben sich die Compilatoren bei Abfassung der Pandekten zweien Führern anvertraut, deren Individualität vielleicht noch mehr als Justinians Vorschriften, auf den Geist dieser Arbeit Einfluß gehabt hat; nehmlich im dogmatischen Theile dem Ulpian, im historischen, dem Pomponius. Des letztern *Enchiridion*, wegen seiner encyclopädischen Beschaffenheit den eiligen

---

19) *L. 3.* vergl. *L. 2.* z. E. *D. de excusation. L. 5.* vergl. *L. 4.* a. E. ebendas. *L. 6.* §. *5.* §. *13. 15.* §. *fin. L. 7.* §. *8. 9. L. 9. L. 10.* z. E. *L. 11. L. 12. L. 15.* §. *16.* a. a. O.

Sammlern besonders willkommen, hat einen unverkennbaren Einfluß auf die Compilation gehabt. Daß sich Tribonians Gesellen, mit Hintantsetzung andrer ungleich vortrefflicherer Quellen, der durchaus unkritischen Geschichte der Verfassung und Verwaltung des römischen Staats bei Pomponius anschmiegten, darf nicht befremden, indem in jenem Zeitalter unkritische Epitomatoren bereits das Studium der ächten Geschichtswerke verdrängt hatten; aber ungleich härter trifft dieselben der Vorwurf, daß sie sich in der Wahl der für die gesammte Pandektencompilation zu benutzenden Schriften zum Theil durch das einseitige Urtheil des Pomponius haben bestimmen lassen. Ulpians Werke, und namentlich sein Commentar über das Edict, bilden recht eigentlich den Mittelpunkt des ganzen Pandektenwerks. Die darin verschwenderisch angeführte Litteratur diente den Compilatoren zum Leitfaden; theils um ausführlichere Excerpte, welche daselbst vorkamen, sofort als eigene Ausbeute, als selbstständige Fragmente, in die Pandekten aufzunehmen, theils um in den von Ulpian benutzten Werken auf Entdeckungen auszugehn. Denn daß Tribonian mit seinen Gehülfen den gesammten Vorrath der klassischen juristischen Werke, auch nur der von Augusts Regierung abwärts entstandenen, von oben herab verarbeitet habe, ist selbst nach Justinians bekannter prahlerischer Aeußerung nicht zu statuiren, da der Kaiser in §. 20. der *Constitut. Tanta* selbst erklärt, daß die Titel aller verarbeiteten Werke in dem Index vor den Pandekten verzeichnet seyen, und wird durch den der ganzen Pandektencompilation karakteristischen Zug, nehmlich durch das Bestreben der Compilatoren Excerpte aus der zweiten Hand zu gewinnen, am gründlichsten widerlegt. Von diesem Bestreben aber soll jetzt des Breiteren die Rede seyn.

Schon bei den klassischen Juristen, namentlich bei den spätern von ihnen, findet sich die Sitte, bei Anführung der Meinung eines früheren Juristen sich bisweilen nicht auf das Originalwerk, in welchem dieselbe enthalten war, sondern auf einen andern Referenten, welchem sie die Bekanntschaft mit dieser Ansicht verdankten, zu berufen. Besonders häufig ist dies der Fall, wenn von der eigenthümlichen Ansicht eines der ältern Juristen die Rede ist; bisweilen geschieht zwar auch dieser auf eine solche Art Erwähnung, daß man deutlich gewahr wird, dieselbe sei aus dem Originalwerk des Juristen entnommen, aber nicht selten ist sie nur im Auszuge, aus der Ueberlieferung eines gleichzeitigen Referenten entnommen, vorhanden.[20]) Der Hang zur Bequemlichkeit, oder die Nichtachtung der ältern juristischen Werke, welche letztere im Zeitalter von Papinian und Ulpian gewiß noch nicht überhand genommen hatte, ist sicher nicht die Quelle hiervon; wol aber der Umstand, daß manche Ansichten der frühern Juristen, namentlich die in ihren nicht gesammelten *Responsis* ausgesprochenen, sich anfangs nur im Wege mündlicher Tradition fortpflanzten,[21]) wie dies von den Responsis des

20) Vergl. z. B. *L. 69. D. de condition. et demonstration. L. 6.* vergl. *L. 5. §. 4. D. de pecul. L. 13. pr. de in diem addictione. L. 1. pr. Si usufr. petatur. L. 44. soluto matrimon.*

21) *L. 21. pr. D. de negotiis gestis. L. 52. in f. pro socio.*

Tiberius Coruncanius ausdrücklich gesagt wird,[21a]) und wie wir dasselbe noch bei weit spätern Juristen gewahr werden.[22]) Noch auffallender ist die Sitte der römischen Juristen, bei Anführung gewisser minder bekannter kaiserlicher Constitutionen, namentlich bei Decreten, das juristische Werk, aus welchem sie die Kenntnis ihrer Existenz und ihres Inhalts geschöpft hatten, gewissermaaßen als beglaubigende Autorität namhaft zu machen.[23]) Der Grund davon ist indeß leicht zu errathen. Bis auf Alexander Severus, und später, waren die Constitutionen der wenigsten Kaiser in vollständige Sammlungen gebracht; daher die Gewohnheit, bei Namhaftmachung eines Rescripts fast immer die Texteswortc desselben mitanzuführen; und daher auch so manche zweifelhafte Aeußerungen über die Existenz gewisser minder bekannter kaiserlicher Constitutionen, z. B. **proxime constitutum dicitur;**

L. 65. §. 8. ebendas. *L 77. de verbor. significat. L. 29. de ritu nuptiar. Collatio Legum Mosaicar. et Roman.* Tit. 12. §. 7.

21a) S. *L. 2. §. 38. D. de Origine Iur.*

22) *L. 7. §. 5. D. de pactis.* Idem responsum scio a Papiniano, etc. *L. 1. §. 3. D. Si pars hereditat. petatur.* Et Pegasus fertur existimasse etc. Vergl. *L. 10. §. 2. D. de usurpationib.*

23) *L. 86. D. de adquirenda vel omittenda hereditate. L. 7. pr. Qui satisdare cogant. L. 41. de heredib. instituend. L. 3. de his quae ut indign. L. 35. de servitutib. praedior. rusticor. L. 22. pr. ad S. C. Trebellian.*

constitutio talis profertur; in rescripto aliquo continetur, u. dergl. m.[24])

Dies Bestreben, die Meinungen älterer Juristen, erst nachdem sie durch die Hand eines spätern Referenten in Cours gesetzt sind zu recipiren, erscheint als völlig systematisch ausgebildet bei den Compilatoren von Justinians Pandekten. Die Hauptwerke eines Labeo, Cassius, Sabinus, u. a. m. haben sie in Auszügen aus den Schriften von deren Epitomatoren oder Commentatoren benutzt; sehr häufig haben sie Fragmente aus dem Werk eines spätern Autors recipirt, welche nichts von dessen eigner Meinung, sondern die nackte Relation der Ansicht eines frühern Juristen enthalten; und ungleich häufiger noch haben sie Auszüge aus ältern Werken, welche sie bei spätern Schriftstellern vorfanden, mit einer eignen Inscription versehn, in die Pandekten aufgenommen, so als ob sie aus der Quelle selbst geschöpft wären.[24 a])

Daher läßt sich Justinian mit so großem Lobe über die *repetitas praelectiones* aus,[25]) und an einem andern Orte bedient er sich der seltsamen, aber sehr bezeichnenden,

---

24) *L. 50. pr. de ritu nuptiar. L. 6. §. 1. de agnoscend. et alend. liber. L. 2. §. 8. pro emtore. L. 1. §. 14. ad Leg. Falcid.*

24 a) Beispiele enthalten die Citate in not. 19.

25) *Constitut. de emendatione Codic. §. 3* In antiquis etenim libris non solum primas editiones, sed etiam secundas, quas repetitas praelectiones veteres nominabant, subsecutas esse invenimus: quod ex libris Ulpiani viri prudentissimi ad Sabinum scriptis promtum erat quaerentibus reperire.

Redensart: *apud Catonem bene scriptum refert antiquitas.* [26]) Daher stammen zum Theil auch die häufigen Wiederholungen derselben Aeußerungen des nehmlichen Verfassers, in Pandekten und Codex. [26 a]) Endlich dürfte unter der obigen Voraussetzung der dem Index Florentinus so oft, und mit scheinbarem Recht, [27]) gemachte Vorwurf der Ungenauigkeit und Unvollständigkeit bedeutend gemildert werden. Die meisten Werke der klassischen Juristen, und namentlich die ausführlicheren, waren in Titel getheilt, und jeder davon besonders rubricirt; was um so leichter sich ausführen ließ, da selbst die *Libri Responsorum*, *Quaestionum*, u. dergl. m. sich an eine Art von System anschlossen. [28]) Nicht selten machten auch erst spätere Compilatoren und Abschreiber solche Titelrubriken, wo dieselben im Original sich nicht vorfanden, Rubriken, welche hin und wieder nach den Anfangsworten der darin commentirten Rechtsquelle verfaßt waren. [29]) Nur selten aber citirte man die Rubrik des Buches und des Titels zugleich; wie dies z. B. A. Gel-

26) i. e. referunt antiqui prudentes. §. *fin. I. de adoption.* vergl. §. *8. I. de obligationib. quae ex delict.*

26 a) Wovon eine reiche Beispielsammlung Gu. Pancirollus (*Thesaur variar. lection* Lib. 1. c. 78. in *Heineccius Iurisprud. Rom. et Attica.* Tom. II.) angelegt hat.

27) Vergl. Hoffmann a. a. O. Lib. 2. c. 2. §. 3. not. c. Spangenberg a. a. O. S. 24. fgg.

28) Vergl. *Collatio Legum Mosaic.* Tit. 4. §. 5. Tit. 10. §. 9.

29) Ebendas. Tit. 2. §. 4. Tit. 7. §. 3. Tit. 12. §. 7.

lius[29a]) bei Citaten aus juristischen Werken beobachtet; wie dies die Verfasser der *Collatio Legum Mosaicar. et Rom.* und der *Consultatio veteris Iurisconsulti*, ja bisweilen auch noch Justinians Compilatoren,[29b]) thun: der Kürze wegen erwähnte man gemeinhin die Rubrik des Buches oder des Titels allein, oder wenn von diesen schon oft die Rede gewesen war, so nannte man blos den Namen des Verfassers, (z. B. *Pedius*, *Mela ait etc.*) Da nun die Compilatoren sehr häufig Fragmente aus der zweiten Hand als selbstständige Excerpte in die Pandekten aufgenommen haben, so bedienten sie sich bei der Angabe von deren Inscription keiner größern Genauigkeit, als der Referent, aus welchem sie geschöpft hatten; und so erscheinen Fragmente desselben Werks nicht selten dadurch, daß die Inscription des einen die Generalrubrik des Buches, die des andern den speciellen Titel einer bloßen Unterabtheilung desselben führt, als Theile verschiedener schriftstellerischer Arbeiten. Nimmt man nun an, was nach Justinians eigener Aeußerung mehr als wahrscheinlich ist, daß der Index vor den Pandekten nicht nach den Inscriptionen der einzelnen Pandektenfragmente, sondern nach den Werken verfaßt worden sei, welche die Compilatoren wirklich epitomirt haben, und sich genau an die ächten Titel dieser

29a) *Noct. Atticar.* Lib. 4. c. 14. Lib. 11. c. 18.

29b) z. B. *L. 48. D. de Verbor. significat.* (*Gaius* libro ad Edictum Praetoris Urbani, titulo Qui neque sequantur, neque ducantur.) Vergl. *L. 30. D. de noxal. action. L. 13. ad exhibend.* *Ant. Augustinus Emendation. et Opinion.* Lib. 1. c. 4.

Werke anschließe, so schwindet der Verdacht der Unzulänglichkeit des Index Florentinus immer mehr. Eben so dürfte die Wahrnehmung, daß Fragmente des nehmlichen Autors wörtlich übereinstimmend an verschiedenen Stellen der Pandekten mit abweichenden Inscriptionen vorkommen,[30]) unter der obigen Voraussetzung leichter erklärlich seyn, ohne daß wir zu der Annahme einer spätern Corruption dieser Inscriptionen durch die Abschreiber zu greifen brauchen.

Wir gehen jetzt zu der Untersuchung über, wie die Pandektencompilatoren die von ihnen wirklich recipirten Fragmente behandelt, wie weit sie darin, übereinstimmend mit Justinians Absicht, die Eigenthümlichkeit der Verfasser geschont, oder dieselbe ohne Beruf und hinreichende Veranlassung zerstört haben? Justinian ließ seiner Gesetzgebungscommission bekanntlich vollkommene Freiheit zu Auslassungen und Interpolationen,[30a]) jedoch nur für diejenigen Fälle, wo die materielle Einheit seines Werks dieselben unerläßlich machte; daneben wies er sie noch besonders an, nur gemeinrechtliche Principien aufzunehmen, und die auf bloßen partikularrechtlichen Bestimmungen beruhenden auszuschließen.[31]) Schon diese letzte, so leicht

30) Beispiele dieser Art finden sich gesammelt bei Ant. Augustinus a. a. O. Lib. 1. c. 6.

30a) *Constitut. Deo auctore.* §. *7.—9.*

31) Ebendas. §. *10.* Haec tantummodo obtinere volumus, quae vel iudiciorum frequentissimus ordo exercuit, vel longa consuetudo huius almae urbis comprobavit, secundum Salvii Iuliani scripturam, quae indicat debere omnes civitates con-

faßliche, Bestimmung ist von Tribonian höchst wahrscheinlich gemisdeutet worden. Die klassischen Juristen, besonders die ältern unter ihnen, hatten die Gewohnheit, bei Entwickelung römischer Rechtsinstitute sich auf gleiche oder ähnliche rechtliche Einrichtungen, welche bei fremden Völkerstämmen in Gebrauch waren, zu berufen. Dies beweisen einige von den wenigen uns unverkürzt erhaltenen Auszügen aus den Werken der juristischen Klassiker, und insbesondre die Bemerkungen des Gajus in seinen ächten, jetzt wieder aufgefundenen, Institutionen. Dieser Jurist erwähnt z. B. bei Gelegenheit der Patria Potestas, es gebe außer den Römern nur ein Volk, welches die Kinder als der Gewalt der Eltern schlechthin unterworfen betrachte; [32]) auf ähnliche Weise zieht derselbe bei Anführung der Bestimmungen des römischen Rechts über die beiden Arten der Titel, so wie über die Formen des Eigenthums, jederzeit die bei andern Völkern für diese Institute geltende Observanz in Erwägung. [32 a]) Der Grund dieses Verfahrens ist nicht in dem verfehlten Streben nach Eleganz zu suchen, welches sich freilich bei den neueren Juristen nicht selten durch ganz willkührliche und nutzlose antiquarische Digressionen zu erkennen giebt, sondern vielmehr in der rein praktischen Tendenz, um zu untersuchen,

---

suetudinem Romae sequi, quae caput est orbis terrarum, non ipsam alias civitates. Romam autem intelligendum est non solum veterem, sed etiam regiam nostram, quae Deo propitio cum melioribus condita est auguriis.

32) Lib. 1. §. 55.

32 a) Ebendas. §. 189. §. 197. Lib. 2. §. 40.

ob ein Rechtssatz, wegen seiner allgemeinen Anerkennung für *iuris gentium* zu halten sei, oder dem positiven Recht der Römer ausschließlich angehöre.[32 b)] Diesen Zusammenhang verkannten wol Justinians Compilatoren. Da nehmlich fast alle Länder, auf deren Institute sich die alten Juristen beriefen, zu den Provinzen des römischen Reichs gehörten, so glaubten die Compilatoren irrig genug, daß alles, was jene Juristen aus solchen Ländern als bestehendes Recht Beispielsweise anführten, als bloßes Localrecht unter jene Vorschrift Justinians zu ziehn, und mithin von der Aufnahme in die Compilation auszuschließen sei. Daher ist fast jede solche Spur verwischt; wie dies insbesondre die Vergleichung der zuvor angeführten Aeußerungen des Gajus mit den entsprechenden Stellen in Justinians Institutionen hinreichend erweist. Und doch steht nicht zu bezweifeln, daß, bei der noch in Justinians Zeitalter fortdauernden Gültigkeit des Unterschieds der Institute des positiven Rechts und des Jus Gentium, diese Auslassung der Compilatoren auch in praktischer Hinsicht nicht räthlich gewesen seyn kann.

Eben so haben die Compilatoren den ersten Theil der obigen Anweisung des Kaisers misverstanden, indem sie durch das falsche Bestreben möglichst allgemeine Rechtsregeln aufzunehmen sich verleiten ließen, die recipirten Fragmente der klassischen Juristen nicht selten gerade von demjenigen zu entkleiden, was, zur Anwendung eines allgemeinen Rechtssatzes auf einen concreten Fall dienend, nothwendiges Bedingnis der Klarheit und mithin auch der

32 b) *Ant. Augustinus* a. a. O. Lib. 4. c. 4.

praktischen Anwendbarkeit war. Dies bedarf jedoch einer umständlichen Ausführung.

Am belehrendsten ist hier die Vergleichung der Excerpte aus gewissen juristischen Werken, welche von den Compilatoren unmittelbar benutzt sind, mit solchen Auszügen, die daraus entweder in andern Compilationen oder wol gar in Justinians Pandekten selbst, hier aber in dem Fragment eines andern Juristen als Litterarnotiz enthalten, also durch die zweite Hand auf uns gekommen sind. Diese durch zwiefache Compilation erhaltenen Fragmente, z. B. die aus des Julianus und Celsus Digesten, zeichnen sich vor den unmittelbaren Excerpten in den Justinianischen Pandekten gemeinhin durch Originalität der darin enthaltenen Fälle und Beispiele sehr vortheilhaft aus; wie die Vergleichung solcher Stellen in Hommel's Palingenesia an unzähligen Stellen zeigt. Dies darf auch nicht befremden; denn die klassischen Juristen, welche umständliche Excerpte aus andern Autoren in ihr Werk aufnahmen, wählten begreiflicher weise nur das Prägnanteste; und dieses entging den Compilatoren Justinians bei Benutzung des Originals um so eher, da sie geflissentlich bemüht waren jedes Individuelle zu verdrängen, und möglichst allgemeine Sätze hervorzuheben. Aber nicht blos an Gehalt, sondern vorzüglich auch an Umfang stehn die Originalauszüge in den Justinianischen Pandekten den Auszügen in andern Compilationen, und den Pandektenexcerpten, die aus der zweiten Hand uns überkommen sind, häufig nach. Die Fragmente aus des Paulus *Libris responsorum* und aus dessen *Receptis Sententiis*, welche in der *Collatio Legum Mosaicarum et Ro-*

man. [33]) und in dem *Breviarium Alaricianum* enthalten sind, zeichnen sich vor den in den Pandekten vorkommenden nicht selten durch weit größere Vollständigkeit, namentlich in der Bestimmung des zu beurtheilenden Falles, aus; wie dies die Zusammenstellung derjenigen Fragmente aus Paulus *Recept. Sentent.*, welche in die Pandekten und in das *Breviarium Alaric.* zugleich übergegangen sind, und die schon Hommel [34]) einander gegenüber zu stellen versucht hat, recht belehrend darthut. Ferner die Excerpte aus des Juventius Celsus *libris Digestorum*, welche in Fragmenten der Pandekten, die aus Ulpians Schriften entlehnt sind, vorkommen, sind zum Theil ungleich ausführlicher als die aus demselben Werk unmittelbar in die Pandekten, aufgenommenen Fragmente, [35]) z. B. als *L. 7. D. de magistratib. conveniend.*, welche allem Anschein nach in der Anfrage und Antwort durch Verstümmelung der Compilatoren von aller Eigenthümlichkeit entblößt worden ist. Aehnlich sind die Noten des Marcellus, Paulus u. a. m., welche den Excerpten aus den *Libris Digestorum* Julians selbst in den Justinianischen Pandekten beigefügt sind, meistens mager, und enthalten möglichst kurze allgemeine Sätze, selten eine Ausführung oder Begründung der Principien des commentirten Autors; [36])

---

33) Vergl. z. B. Tit. 10. §. 9.

34) S. dessen *Palingenesia.* Vol. II. pag. 228. fgg.

35) Vergl. *L. 3. §. 1. D. de minorib. L. 2. §. 1. de noxalib. actionib. L. 26. §. 12. 13. de condictione indeb. L. 5. §. 15. commodati. L. 16. mandati. L. 58. pro socio.*

36) Vergl. *L. 5. D. de mortis causa donation. L. 41. ex quib. caus. maiores. L. 27. ad S. C. Trebell.*

während die Excerpte aus den nehmlichen Noten des Marcellus, welche als Citate in den Fragmenten aus Ulpians u. a. m. Schriften in die Pandekten Justinians übergegangen sind, meistens ausführlicher und bestimmter, auch mit Citaten und einer Kritik der Meinungen älterer Juristen durchwebt sind. [37]) Ulpian citirt auch einmal [38]) eine Stelle aus Julians *Notis ad Urseium Ferocem* mit vollständiger Angabe der Worte des Ursejus; dagegen in den Pandektenexcerpten aus demselben Werk des Julianus wird fast gar nicht der commentirten Worte des Ursejus, sondern der Noten des Julianus allein gedacht. [39]) Besonders merkwürdig sind aber einige Stellen aus Papinians *Libris Responsorum*, welche zweimal in Justinians Pandekten vorkommen, zuerst als unmittelbares Excerpt der Compilatoren aus dem Werke des genannten Juristen, sodann als Citat in dem Fragment eines andern epitomirten juristischen Klassikers; und bei welchen das Excerpt aus der ersten Hand uns ungleich dürftiger erscheint als wie das aus der zweiten. [39 a])

---

37) Vergl. *L. 80. D. de legat. I. L. 5. de heredib. instituend. L. 12. §. 5. de usufructu.* und überhaupt Hommel a. a. O. Vol. I. pag. 389. fgg.

38) *L. 6. §. 12. D. communi dividundo.*

39) Hommel a. a. O. Vol. I. pag. 308. fgg.

39 a) Dies ist erwiesen der Fall bei *L. 26. §. 3. D. de pact. dotal. (Papinianus lib. IV. Responsorum)* Convenit, ut mulier viri sumtibus, quoque iret, veheretur; atque ideo mulier pactum ad litteras viri secuta, provinciam, in qua Centurio merebat, petit: non servata fide conventionis, licet directa actio nulla competit, utilis tamen in factum danda

Die Compilatoren haben bei Benutzung der Originalwerke der ältern juristischen Klassiker die darin enthaltenen, in das innerste Wesen der ältern Staats- und Rechts-Verfassung eindringenden, antiquarischen Notizen fast ohne Ausnahme weggeschnitten. Von dem frühern Vorhandenseyn dieser Notizen zeugen einige Excerpte aus solchen juristischen Schriften bei den Grammatikern, ja noch einige Fragmente in den Pandekten selbst, z. B. in den Titeln *de Publicanis* und *de Verborum Significatione*, und vor allen Dingen die Vergleichung der ächten Fragmente aus Ulpians *liber singularis regularum* und aus des Gajus Institutionen mit den in Justinians Compilation daraus erhaltenen Auszügen. Es ist überhaupt eine folgenreiche,

---

est. Vergl. *L. 21. pr. D. de donationib. int. Virum et Uxorem. (Ulpianus libro XXXII. ad Sabinum.)* Si quis pro uxore sua vectigal, quod in itinere praestari solet, solvisset, an, quasi locupletior esset ea facta, exactio fiat, an vero nulla sit donatio? Et magis puto, non interdictum hoc, maxime si ipsius causa profecta est. Nam et *Papinianus libro quarto Responsorum* scripsit, vecturas uxoris et ministeriorum eius, virum itineris sui causa datas repetere non posse, iter autem fuisse videtur viri causa, et cum uxor ad virum pervenit: nec interesse, an aliquid de vecturis in contrahendo matrimonio convenerit: non enim donat, qui necessariis oneribus succurrit; ergo et si consensu mariti profecta est mulier propter suas necessarias causas, et aliquid maritus expensarum nomine ei praestiterit, hoc revocandum non est. Dasselbe ist auch höchst wahrscheinlich bei *L. 53. pr. D.* desselben Titels, vergl. mit *L. 32. §. 16.* ebendas. der Fall.

und auch schon von andern gemachte[39 b)] Bemerkung, daß die klassischen Juristen am liebsten Beispiele aus der Geschichte des römischen Volks und dessen Verfassung als Belege der von ihnen entwickelten Rechtsregeln genommen haben. Das eben gerügte Verfahren der Compilatoren kann, mit Bezugnahme auf das überwiegende praktische Interesse ihrer Arbeit, gewissermaaßen entschuldigt werden; aber daß sie das der Praxis zur unmittelbaren Anwendung überwiesene Material auf Kosten der Deutlichkeit, und ganz gegen Justinians Absicht, verkürzt haben, dürfte auf keine Weise gerechtfertiget werden können.

Schon Cujacius bemerkt an verschiednen Stellen seiner Observationen, daß Tribonian bisweilen Stücke seines Styls in das Fragment eines klassischen Juristen übertragen habe, um den durch willkührliche Auslassungen gestörten Zusammenhang wiederherzustellen;[40)] ferner, daß die Compilatoren oft schiefe Regeln gebildet haben, indem sie die Hinzufügung der dieselbe beschränkenden Modificationen des Originals unterließen;[41)] namentlich aber, daß in denjenigen Fragmenten, deren Verfasser die Meinungen andrer Juristen anführen, die Compilatoren oft die umständliche Deduction der für diese Meinung günstigen oder nachtheiligen Gründe abgekürzt, und sich mit Angabe des Endresultats des Verfassers begnügt, so

39 b) z. B. von Gu. Pancirollus a. a. O. (oben not. 26 a.) Lib. 2. c. 9. c. 53. c. 71. c. 73. c. 90. c. 125. u. a. m.

40) S. *Cuiacius Observation.* Lib. 21. c. 26.

41) Ebendas. Lib. 22. c. 21. Lib. 24. c. 3. c. 4.

wie bisweilen bei Auszügen aus *Responsis* die rechtliche Entscheidung des Juristen nicht mit dessen eignen Worten, sondern im summarischen Auszuge und in ihre Sprachform gekleidet, wiedergegeben haben. [41 a]) Durch dies Verfahren haben einzelne Fragmente in den Pandekten ihre Ründung und Klarheit eingebüßt, und manche Ausleger sind dadurch schon verleitet worden, das unerwartet schnell folgende und nicht hinreichend begründete Resultat des Juristen für ein Emblem Tribonians zu halten. [42])

Diese Bemerkungen lassen indeß noch manchen Nachtrag zu, wobei wir uns, mit möglichster Beschränkung auf das praktische Interesse Justinians, nur an das Allgemeinste halten wollen.

Wenn die klassischen Juristen sich nicht blos gelegentlich auf ein Responsum zur Unterstützung eines praktisch gültigen Rechtssatzes berufen, sondern eine Rechtsregel durch Anwendung auf einen concreten Fall erklären wollen, so bezeichnen sie diesen Fall zuvor mit wenigen kräftigen, aber vollkommen erschöpfenden, Zügen; und wenn derselbe sich auf eine wirklich ergangene Rechtsanfrage stützt, so liefern sie die Eingabe des Fragstellers *in extenso*, und bei Nichtrömern meistens sogar in der Originalsprache. Dies ist namentlich in den Sammlungen ihrer Responsa der Fall, und die Meister ihrer Kunst wußten sehr wohl, daß ihr rechtliches Gutachten nur durch die demselben zur

41 a) Dies ist z. B. der Fall bei *L. 59. §. 4. z. E. D. mandati*, wo schon Haloander hierauf aufmerksam gemacht hat.

42) Cujacius a. a. O. Lib. 23. c. 12.

Grundlage dienende Vorfrage gehörig verstanden werden könne. Die Compilatoren, diesen nothwendigen Zusammenhang verkennend, haben sich häufig begnügt, den Rechtsausspruch des von ihnen epitomirten Juristen ohne alle, oder mit einer jämmerlich verstümmelten Bezeichnung der Anfrage, welcher das Responsum zur Lösung dienen sollte, zu recipiren; so z. B. bei mehreren Excerpten aus den *libris Responsorum* des Modestinus.[43] Der Verdacht einer solchen, der Klarheit der Darstellung niemals förderlichen, Verkürzung waltet jederzeit da ob, wo bei Excerpten aus der ersten Hand derselbe Verfasser in dem nehmlichen Fragment (denn bei Excerpten aus der zweiten Hand, und namentlich bei einer Zusammenstellung der Meinungen des Commentators und des commentirten Autors, hat es durchaus eine andre Bewandnis,[44]) aus der directen Rede in die indirecte übergeht, insbesondre indem er von sich selbst oder von dem ihn consulirenden spricht. Wir wollen hier nicht der Fragmente aus des Africanus *Libris Quaestionum* gedenken, weil der Jurist darin fast immer von sich selbst in der dritten Person spricht; wiewol darin auch mehrere Spuren

43) Vergl. *L. 10. D. de decurionib. L. 63. pr. de eviction. L. 19. de adimend. vel transferend. legat. L. 22. de statu homin. L. 28. de re iudic. L. 10. de exceptionib. L. 20. de iniuriis. L. 41. de fideiussorib. L. 8. Unde cognati. L. 23. de donationib. L. 42. L. 43. de usuris.*

44) Vergl. Car. Traug. Kreyssig *Observat. de auctorum et commentatorum verbis in Digestorum interpretatione distinguendis.* Lips. 1817.

der directen Rede vorkommen,[45]) und es wohl der Mühe lohnen dürfte zu untersuchen: ob nicht die Schwierigkeit in der Interpretation der Fragmente des Africanus zum Theil aus einer ungeschickten Verkürzung ihres Inhalts durch die Compilatoren erklärt werden könne. Es fehlt nicht an andern Beweisstellen,[46]) und namentlich solchen, welche nicht aus *Libris Quaestionum* oder *Responsorum* genommen sind, sondern in welchen der Jurist sich gelegentlich auf eines seiner eignen Responsa beruft, und ohne weitern Anlaß in der dritten Person zu reden beginnt.[47]) Besonders belehrend erscheint hier ein Fragment aus den *Libris Digestorum* des Juventius

45) Vergl. z. B. *L. 8. D. de Carboniano edicto. L. 35. de vulgari et pupillari substitutione. L. 64. de legat. III. L. 38. §. 3.* vergl. *Pr. §. 1. de solutionib. L. 33. locati. L. 108. §. 2. de legat. I. L. 7. de confessis. L. 34. soluto matrimon.* u. a. m.

46) *L. 30. L. 34. D. de legat. II. L. 63. §. 2.* vergl. *§. 1. de evictionib. L. 32. de administrat. et peric. L. 43. de mortis causa donationib.*

47) *L. 76. D. de procuratorib. L. 23. ratam rem haberi. L. 59. de rei vindicat. L. 5. de pollicitation. L. 49. de donation. int. Vir. et Uxor. L. 45. de solutionib. L. 10. de stipulation. Praetor.* Vergl. damit folgende Stellen, aus welchen hervorgeht, daß dies keineswegs ein allgemein herkömmliches Verfahren der klassischen Juristen war. *L. 18. D. si servitus vindicetur. L. 22. de peculio legat. L. 10. de servitutib. praedior. urbanor. L. 13. de his quae ut indign. L. 34. de negotiis gestis. L. 39. de minorib. L. 58. de hereditat. petit.*

Celsus,[47 a)] welches ein Responsum dieses Juristen enthält, aber ohne Namen des Fragstellers, den Celsus, wie wir aus andern Fragmenten seiner Werke wissen,[48)] sonst nicht zu verschweigen pflegte. In diesem Fragmente ist nicht blos der Ausdruck *respondit* verdächtig, sondern wahrscheinlich auch das *vult*, durch welches die Construction des ganzen Satzes ungemein schwerfällig geworden ist. Vielleicht stand statt des zuletzt genannten Ausdruckes im Originale *vis*, welches daselbst auf den Anfragenden ging, der ein römischer Beamter seyn mogte, und über die Verantwortlichkeit der Localbehörden im vorliegenden Falle Belehrung wünschte.

In den aufgenommenen Fragmenten sind ferner Gesetzstellen, welche der Verfasser entweder commentirte, oder auf welche sich doch seine ganze Darstellung bezog, und daher ohne deren Einsicht dunkel bleiben mußte, sehr häufig ohne Grund fortgelassen.[49)] Belege hierzu liefert die

47 a) *L. 7. de magistratib. conveniend.* In magistratus, qui tutorem dederunt, rogo rescribas utrum pro virili portione actio danda sit, an optio sit eius, qui pupillus fuit, cum quo potissimum agat? *Respondit:* si dolo fecerunt magistratus, ut minus pupillo caveretur, in quem vult actio ei danda in solidum est: sin culpa dumtaxat eorum, neque dolo malo id factum est, aequius esse existimo, pro portione in quemque eorum actionem dari, dum pupillo salva res sit.

48) Vergl. *L. 3. §. 1. D. de minorib. L. 16. mandati. L. 58. pro socio. L. 43. de legat. III. L. 18. de iure codicillor. L. 27. Qui testamenta fac. poss.*

49) Vergl. *L. 13. pr. D. de iure fisci.* mit *L. 5. 3. C. de his quae ut indign.* Welches Gesetz von dem Verfasser des Frag=

Vergleichung der Institutionen Justinians mit denen des Gajus (nach dem Veronäer Exemplar,) und sodann, beschränkt auf einen concreten Fall, das Beispiel derjenigen Pandektenfragmente, welche der Lex Cincia gedenken; nach Savigny's vortrefflicher Darstellung. [50]) Indem die Compilatoren dies thaten, befolgten sie nicht etwa getreu die Anweisung ihres Kaisers, denn in dieser ist nirgend die Namhaftmachung der Quellen des bestandenen oder noch bestehenden Rechts verboten. Insbesondre haben Tribonian und seine Genossen die Erklärung der beiden letzten Titel der Pandekten dadurch ungemein erschwert, daß sie die Beziehung der *resp.* grammatischen oder juristischen Regel zu der dieselbe veranlassenden Quelle, nicht blos absichtlich sondern auch unnöthig, zerstörten. Daß auf diese Weise ganz unzulängliche grammatische und juristische Bestimmungen zu Tage kamen, war eine ganz natürliche Folge, welche man mit großem Unrecht den klassischen Juristen selbst zurechnen würde. Die Beweise hiefür bieten die genannten Titel in Ueberfluß dar. [51]) Ferner in denjenigen Fragmenten, welche aus Gesetzescommentaren entlehnt sind, haben die Compilatoren oft ohne Plan Stücke

---

ments berücksichtigt sei, können wir meistens, jedoch nicht immer mit Zuverlässigkeit, aus der Inscription des Excerptes abnehmen. S. *Ant. Augustinus* a. a. O. Lib. 1. c. 8.

50) S. dessen Zeitschrift für geschichtliche Rechtswissenschaft. Bd. IV. Heft 1. No. 1. besonders S. 40. fgg.

51) Vergl. z. B. *L. 234. §. 1. §. 2. D. de verbor. significat.*

aus den verschiedensten Stellen des commentirten Gesetzes zusammengebracht. Da nun die Inscription des Fragments sich jederzeit nach der zuerst recipirten Stelle richtet, so kann man bei der Restitution solcher Gesetzesfragmente aus Stellen der Pandekten nicht vorsichtig genug zu Werk gehn. Dies ist namentlich der Fall bei den in dem Titel *de Verborum Significatione* enthaltenen Fragmenten aus des Gajus Commentar über die Zwölf Tafeln.[52])

Die klassischen Juristen setzten in der Regel ihren Responsen nicht blos den Inhalt der Anfrage vor, sondern auch den Namen der sie consulirenden Person. Häufig war diese ein römischer Beamter,[53]) und bisweilen auch ein namhafter Jurist.[54]) Diese Namen sind von den Compilatoren fast überall, offenbar aber ohne alle Noth, vertilgt, und besonders empfindlich für das Studium der römischen Gerichtsverfassung ist dieser Mangel bei den Anfragen, welche von römischen Behörden ausgegangen waren. Nur selten lassen sich diese letzteren noch wiedererkennen, aus dem Inhalt der Anfrage, welcher meistens

---

52) Starke Belege dazu geben *L. 233. L. 234. L. 236. D.* a. a. O. vergl. mit *L. 7. pr. §. 1. D. ad exhibend.* und *L. 1. D. de tigno iuncto.*

53) *L. 3. §. 1. D. de minorib. L. 29. de legat. II. L. 5. de manumiss. vindicta.*

54) *L. 52. §. 20. D. de furt. L. 3. §. 1. de minorib. L. 4. Quib. ad libertat. proclam.* Hieher gehört die Beispielsammlung von Juristen, deren Justinians Pandekten gedenken, und welche in öffentlichen Aemtern standen, bei Gu. Pancirollus a. a. O. Lib. 1. c. 79.

sehr generell gestellt ist, oder, wenn er sich auf einen concreten Fall beschränkt, mehrere Varietäten desselben namhaft macht, welche in der Wirklichkeit nicht gut zu gleicher Zeit zur Anwendung kommen können; auch pflegt in diesen Anfragen auf Entscheidungen andrer Juristen Rücksicht genommen, und deren Vermittelung ausdrücklich oder stillschweigend verlangt zu werden. [55])

Dies führt auf die Betrachtung der Art und Weise, wie die Compilatoren die von ihnen in den Fragmenten der klassischen Juristen vorgefundenen kaiserlichen Constitutionen behandelt haben. Schon oben [56]) ist der Sitte der römischen Juristen, die Texteswort der kaiserlichen Constitutionen, auf welche sie sich beriefen, anzuführen, gedacht worden. Zwar beschränkten sie sich gewöhnlich auf denjenigen Theil des Inhalts der Constitution, auf welchen es ihnen im vorliegenden Fall hauptsächlich an-

---

55) Vergl. *L. 6. D. de legat. praestand. L. 39. de action. emti vend. L. 62. de iure dotium.* Darauf geht wahrscheinlich auch die bisweilen vorkommende Aeußerung, ein Jurist habe bei Entscheidung einer ihm vorgelegten Rechtsfrage das Responsum eines andern Juristen umgestoßen. Vergl. z. B. Gellius *Noct. Attic. Lib. 4. c. 2* De sterili autem muliere, si nativa sterilitate sit, *Trebatium* contra *Labeonem* respondisse dicunt. Nam cum redhiberi eam Labeo, quasi minus sanam, putasset necesse; *„non oportere“* aiunt Trebatium ex edicto apposuisse, *„si ea mulier „a principio genitali sterilitate esset.“* — Eam vero, cui dens deesset, *Servius* redhiberi posse respondit; *Labeo* in causa esse redhibendi negavit.

56) Vergl. not. 23. 24.

kam;[57]) jedoch finden sich zum Theil noch sehr ausführliche Excerpte aus kaiserlichen Rescripten, selbst mit der Eingabe des Supplicanten;[58]) und in den Auszügen aus einigen *Decretis Principum* und *Magistratuum* erscheint uns ein vollkommen deutliches Bild der ganzen Prozeßverhandlung.[59]) Wo aber auch die klassischen Juristen den Inhalt kaiserlicher Rescripte nicht excerpirten, da pflegten sie doch, wenigstens bei den minder bekannten, die vollständige Addresse derselben, also hauptsächlich den Namen des Anfragenden, aufzuführen.[60]) Die Compilatoren trifft der Verdacht, die citirten Textesworte solcher Constitutionen, namentlich bei den ältern Juristen, nicht selten weggeschnitten, und insbesondre die vollständige Addresse unzähliger kaiserlicher Rescripte in den Fragmenten der klas-

57) *Collatio Legum Mosaicar. et Rom. Tit. 15.* §. 2. 3. E. Extat denique Decretum Divi Pii ad Pacatum, Legatum provinciae Lugdunensis, *cuius rescripti verba, quia multa sunt, de fine eius ad locum haec pauca subiecit. L. 29. D. ad S. C. Trebell.* Ut Divi quoque Severus et Antoninus rescripserunt: *cuius Constitutionis verba retuli, cum alia quoque praeterea in Constitutione expressa sunt.* Vergl. *L. 1. D. de interdict. et relegat.*

58) Vergl. z. B. *L. 9. D. de Lege Rhodia de iactu.*

59) *L. 7. D. ad Leg. Iul. de vi priv. L. 3. de his quae in testam. del. L. 40. de reb. credit. L. 38. de minorib.* Vergl. auch die Fragmente aus des Paulus *Libris Decretorum*, bei Hommel a. a. O. Vol. II. pag. 5. fgg.

60) Vergl. namentlich die Fragmente aus des Callistratus *lib. de cognitionibus*, des Papirius Justus *lib. de Constitutionibus*, u. a. m. bei Hommel a. a. O.

fischen Juristen verstümmelt zu haben. Das erste scheint sich freilich auf den Buchstaben der Anweisung Justinians zu stützen; [60 a)] indeß der Sache nach treffen in den meisten Fällen gerade die von ihm sanctionirten Ausnahmen zu; und überhaupt lag es nicht in des Kaisers Plan, die in den Schriften der juristischen Klassiker, welche für die Pandekten excerpirt wurden, fragmentarisch enthaltenen kaiserlichen Constitutionen, als dem Inhalt seines Codex nicht überall entsprechend, von der Aufnahme in die Compilation auszuschließen. [60 b)] Für das Verfahren der zweiten Art aber ist auf jeden Fall gar kein Rechtfertigungsgrund ersichtlich, und durch dasselbe ist dem Alterthumsforscher eine Masse höchst interessanter Notizen entzogen worden. Mehrere dieser kaiserlichen Rescripte nehmlich waren an Zünfte und Corporationen gerichtet, z. B. *ad aucupes, navicularios, ad commune alicuius pro-*

---

60 a) *Constitut. Deo auctore.* §. 9. Sed et similitudinem, secundum quod dictum est, ab huiusmodi consummatione volumus exulare, et ea, quae sacratissimis constitutionibus, quas in Codicem nostrum redegimus, cauta sunt, iterum poni ex veteri iure non concedimus; cum Divalium constitutionum sanctio sufficit ad eorum auctoritatem: nisi forte vel propter divisionem, vel propter repletionem, (oder wie *Hoffmann* in den *Meletemat. ad Pandectas.* Diss. 1. pag. 2. 3. emendirt, *relationem*,) vel propter pleniorem indaginem hoc contigerit; et hoc tamen perraro, ne ex continuatione huiusmodi lapsus oriatur aliquid in tali prato spinosum.

60 b) Vergl. *Ant. Schulting Dissertat. pro Rescript. Imperator. Roman.* §. fin.

vinciae vel civitatis,[61]) was über den Einfluß der Kaiser auf die Verwaltung dieser Communen manches Licht verbreitet; andre Constitutionen waren für Behörden bestimmt, und schon die bloße summarische Anzeige ihres Inhalts gewährt bisweilen über die Thätigkeit dieser Behörde einen ganz neuen Aufschluß, so z. B. bei Erwähnung eines Rescripts von Antoninus Pius an die Pontifices über die Festsetzung des Termins der Lebensfähigkeit einer menschlichen Geburt.[62])

Werfen wir uns endlich die Frage auf: ob in dem von uns hier umständlich gerügten Verfahren der Compilatoren bei Abfassung der Pandekten wenigstens eine gewisse Consequenz sichtbar sei, und ihnen das Verdienst einer zweckmäßigen Zusammenstellung und Anordnung zukomme? so lautet die Antwort gleichfalls verneinend. Schon oben ist gelegentlich bemerkt worden, daß Excerpte aus der zweiten Hand in die Pandekten übergegangen sind, welche Fragmente aus dem nehmlichen Werk, das die Compilatoren unmittelbar epitomirt haben, an Ausdehnung über-

61) *L. 6. §. 2. — 4. §. 7. D. de excusationib. L. 37. de iudiciis. L. 1. §. 1. L. 25. de appellationib. L. 5. §. 1. ad Leg. Iul. de vi publ. L. 16. de servitutib. praedior. rustic. L. 4. §. 5. de Offic. Proconsul.*

62) *L. 3. §. fin. D. de suis et legitim.* De eo autem, qui centesimo octogesimo secundo die natus est, Hippocrates scripsit, et Divus Pius Pontificibus rescripsit, iusto tempore videri natum: nec videri in servitutem conceptum, cum mater ipsius ante centesimum octogesimum secundum diem esset manumissa.

treffen; woraus sich ergiebt, daß die Werke, aus welchen solche mit umständlichen Citaten durchwebte Fragmente entnommen sind, nach einem ganz verschiednen Maaße von Ausführlichkeit benutzt seyn müssen. Ferner bei größern commentirenden Werken über Schriften eines frühern Juristen, z. B. des Julianus *Libris ad Minucium Natalem*, u. a. m. sind bisweilen Stellen aus dem commentirten Autor mit in das aufgenommene Fragment hineingezogen, während dies bei kleinern Commentaren dieser Art, z. B. den *Notis* andrer Juristen *ad Iulianum*, u. dergl. m., bei welchen ein Zurathezieh̃n des behandelten Textes für den Leser ungleich weniger entbehrlich war, fast durchgängig versäumt ist. Besonders merkwürdig aber ist es, daß die Werke einzelner Juristen, namentlich die von Paulus und Ulpian, ungleich reichlicher und mit weit größerer Schonung ihrer Eigenthümlichkeit, als die aller andern Klassiker, epitomirt sind. So z. B. tragen fast ausschließlich die Excerpte aus Ulpians *Libris ad Edictum* den Stempel einer exegetischen Arbeit, während eine gleiche Tendenz bei den übrigen Commentaren über das Edict schon a priori, und auch nach einigen bei andern Referenten uns beiläufig erhaltenen Trümmern, zwar nicht bezweifelt werden kann, aber in den von den Compilatoren für die Pandekten ausgewählten Stellen, wegen ihres rein dogmatischen Inhalts, kaum zu errathen ist. Ja selbst in Bezug auf Ulpians Commentar über das Prätorische Edict ist die Flüchtigkeit Tribonians und seiner Gehülfen unverkennbar; wie aus der Vergleichung eines ziemlich umfassenden Fragments des genannten Werkes, welches sich in der *Collatio Legum Mosaicar. et*

Roman. Tit. 12. §. 7. erhalten hat, hervorgeht. Die Werke andrer Juristen, deren in dem genannten Fragment gedacht wird, sind das erstemal stets umständlich citirt, und nur im Fall der Wiederholung ist der Name des Verfassers allein angeführt; daraus läßt sich abnehmen, daß Ulpian dies überhaupt bei seinen Citaten beobachtet habe: dagegen Justinians Compilatoren haben sich durchaus nicht angelegen seyn lassen, bei einem aus dem Zusammenhange gerissenen Excerpte aus Ulpian die generellen Citate andrer Autoren aus dem Vorhergehenden zu ergänzen; daher wir an unzähligen Stellen der Pandekten bei den Namen der Verfasser, welche Ulpian nennt, z. B. Pedius, Mela, u. s. w. über die Werke derselben, welche er im Sinne gehabt hat, ganz ungewiß sind.

Diese Umstände zusammengenommen unterstützen in nicht geringem Grade die auch schon sonst geäußerte[62 a)] Meinung, daß die Ungleichheit in der Art des Epitomirens für die Pandekten zum Theil daher entstanden seyn möge, weil einer Mehrzahl von Individuen das Geschäft des Compilirens übertragen war, und jeder Einzelne den Plan des Kaisers nach seiner subjectiven Ansicht zur Ausführung gebracht hat. Welche Theilung der Arbeit aber bei den Mitgliedern der Gesetzgebungscommission Statt gefunden, ob nach den Verfassern oder nach gewissen Klassen von Werken, und wer die Sonderung und Ordnung der Excerpte aller einzelnen besorgt hat, so wie nach welchen Principien dabei verfahren ist, läßt sich aus den bisherigen Quellen nicht errathen.

---

62 a) Vergl. Heineccius a. a. O. (oben not. 1.) pag. 159. 165.

Es ist bisher von den Pandekten Justinians die Rede gewesen: von den übrigen Theilen der Compilation bleibt uns wenig zu sagen. Ueber die Art und Weise, wie bei den Institutionen die Quellen benutzt sind, wird erst durch die vollständige Vergleichung der ächten Institutionen des Gajus, von welchen nur ein kleiner Theil bei der Ausarbeitung dieses Aufsatzes von dem Verfasser benutzt werden konnte, ein gründliches Urtheil vorbereitet werden. Was den Codex Justinianus angeht, so hat schon Jacobus Gothofredus in seinem vortrefflichen Commentar über den Theodosischen Codex [62 b]) gezeigt, wie Tribonian nicht selten auf eine höchst unverständige und unnöthige Weise, die ächten kaiserlichen Constitutionen zerrissen und verschnitten hat. [62 c]) Doch möge folgenden Bemerkungen hier ein Platz gegönnt werden.

Justinian machte bekanntlich den Compilatoren der Institutionen zur Pflicht, der dogmatischen Abhandlung der zu seiner Zeit noch gültigen Rechtsinstitute eine gedrängte, aber erschöpfende, historische Einleitung voraus zuschicken, und sich bei der Entwickelung des dogmatischen Details an das praktische Recht seiner Zeit anzuschließen. [63]) In beiden Beziehungen, vorzüglich aber in dem

---

62 b) Vergl. insbesondre dessen *Prolegomena ad Codic. Theodos.* Cap. 4.

62 c) Diesen Vorwurf hat Heineccius a. a. O. pag. 160. fgg. höchst ungründlich zu widerlegen versucht.

63) Constitut. *Tanta.* §. 11. und Prooem. *Institution. Iustinian.* §. 4. — 6.

historischen Theil, lassen die Leistungen Tribonians sehr bedeutende Ausstellungen zu. Wir wollen gerne zugeben, daß schon seit Constantinus der Untergang des historischen, und überhaupt des wissenschaftlichen Studiums des römischen Rechts vorbereitet, und durch Valentinians *III.* Citirgesetz beschleunigt worden war;[63 a]) daß also von Justinians Compilatoren bei der mehr wissenschaftlichen Arbeit der Institutionencompilation nichts Genügendes zu erwarten stand.[63 b]) Dadurch aber wird nur die verfehlte Wahl des Führers, welchem Tribonian und dessen Genossen sich anschlossen, nicht die lückenhafte Benutzung desselben, und noch weniger die Misdeutung der praktischen Sätze des Justinianischen Rechts, gerechtfertigt. Die Vergleichung der ächten Institutionen des Gajus wird zeigen, daß aus dieser Quelle allein, welche doch nicht die einzig von ihnen benutzte war, in Justinians Institutionen, so wie in des Theophilus Paraphrase derselben, alle historische Notizen, welche die genannten Compilationen überhaupt enthalten, übergegangen sind. Neuerungen, welche erst

---

63 a) Vergl. Jac. Gothofredus a. a. O. c. 1. §. 4.

63 b) Damit ist sehr wohl vereinbar, daß Justinians Wahl bei dem Personal seiner Gesetzgebungscommission auf die rechtskundigsten Männer seiner Zeit gefallen sei, (Ludewig a. a. O. §. 16.) welches Heineccius a. a. O. durch die naive Aeußerung unterstützt, die Virtuosität des Theophilus, Dorotheus u. a. m. in der Jurisprudenz erhelle schon daraus, daß dieselben Professoren auf den ersten Universitäten des Reiches gewesen seien.

nach Gajus entstanden sind, fehlen hier gemeinhin ganz. So z. B. leitet Ulpian[64]) die freie *testamenti factio* des Hauskindes über sein *peculium castrense* aus einer Verfügung des Kaisers Marcus Antoninus ab; wahrscheinlich deshalb, weil erst diese Constitution dem Hauskinde das gedachte Recht generell zusprach: die Institutionen Justinians dagegen[65]) gedenken hierbei nur der Constitutionen von den Vorgängern des Marcus Antoninus, wahrscheinlich weil die Vergünstigung dieses Kaisers bei Abfassung der Institutionen des Gajus noch nicht ausgesprochen war. Wo die Compilatoren auf das spätere Recht Rücksicht nehmen, und dessen Bestimmungen nicht gerade zu aus dem Codex Justinians herüberziehn konnten, da helfen sie sich bisweilen durch eine, den Worten des Gajus vorsätzlich beigegebene Unbestimmtheit: so z. B. in §. 8. *I. de iure naturali, gentium et civ.*, wo

---

64) *Fragm. Tit.* 20. §. 10. Filiusfamiliae testamentum facere non potest quoniam nihil suum habet, ut testari de eo possit. Sed Divus Augustus Marcus constituit, ut filiusfamiliae miles de eo peculio, quod in castris adquisivit, testamentum facere possit.

65) *Pr. I. Quib. non est permiss. fac. testam.* Quibus (militibus, qui in potestate parentum sunt,) de eo quod in castris adquisierunt permissum est ex constitutionibus Principum testamentum facere. Quod quidem ius ab initio tantum militantibus datum est, tam ex auctoritate D. Augusti, quam Nervae, nec non Optimi Imperatoris Traiani: postea vero subscriptione D. Hadriani etiam dimissis a militia, id est veteranis, concessum est.

das gesetzliche Ansehn der *Responsa Prudentum* aus kaiserlichen Constitutionen überhaupt abgeleitet wird, (*„ut est constitutum“*) nicht aus dem bei Gajus[66]) genannten Rescripte Hadrians; denn dies Verfahren gewährte den Vortheil, auch das Citirgesetz Valentinians mit einzuschließen. An vielen Stellen, wo des Gajus Institutionen gewiß die besten historischen Fingerzeige enthalten, wie z. B. bei der Adoption, Emancipation, u. a. m., sind dieselben in Justinians Institutionen gar nicht benutzt worden. Umgekehrt aber haben die Compilatoren bisweilen aus dem genannten Werke Rechtssätze als praktisch gültig aufgenommen, welche in Justinians Zeitalter schon obsolet waren; z. B. die Beschränkung des Eheverbots, im Fall der Affinität der Contrahenten, auf Personen, welche in einem Respektsverhältnisse stehn,[67]) findet sich bei Gajus,[68]) und noch ungleich später kommen Heirathen mit des Bruders Wittwe und der Frauen Schwester als erlaubte Verbindungen vor:[69]) dagegen im Justinianischen Recht ist bekanntlich[70]) das Eheverbot für verschwägerte Personen an die nehmlichen Voraussetzungen gebunden, welche für die Heirathen der Blutsverwandten gelten, und die Westgothischen Compilatoren haben daher

---

66) S. oben not. 12.

67) *§. 6. §. 7. I. de nuptiis.*

68) a. a. O. *Lib. 1. §. 63.*

69) Vergl. *Hugo Grotius Florum Sparsio ad Ius Iustinian.* Lex 5. und Lex 8. *Cod. de incestis et inutilib. nupt.*

70) Vergl. *L. 5.* und *L. 8. C.* a. a. O.

ganz consequent die Stelle in den Institutionen des Gajus interpolirt.[70 a])

Vom Codex Justinians wollen wir hier nur denjenigen Theil in's Auge fassen, bei welchem uns die Vergleichung mit dem Theodosischen Codex verläßt, also namentlich uns auf die persönlichen Constitutionen beschränken. Bei diesen, nehmlich bei Rescripten und Decreten, dringt sich dem sorgsamen Beobachter sehr bald die Bemerkung auf, daß die Auszüge aus demselben, welche in den Justinianischen Codex übergegangen sind, fast immer nur die im Original ausgesprochene Entscheidungsregel ohne alle, oder wenigstens ohne eine vollständige, Angabe der dieselbe modificirenden Umstände des concreten Falles enthalten. Daß dadurch überall, und besonders wenn in der Eingabe des Anfragenden auf bestimmte Constitutionen oder *Responsa* Bezug genommen war, welche in dem Rescript des Kaisers zwar berührt, aber durchaus nicht näher bezeichnet werden,[71]) die Interpretation unendlich erschwert werden, und die darin ausgesprochenen Regeln schon den Praktikern der damaligen Zeit, da diese auf die Originalconstitutionen nicht recurriren durften, bald zu enge bald zu weit erscheinen mußten, ist klar und längst anerkannt. Wir wollen uns in-

---

70 a) S. *Gaii Institution.* im *Breviar. Alarician.* Lib. I. Tit. 4. §. 7.

71) Vergl. *L. 8. C. de edendo. L. 14 C. de praediis et al. reb. minor. L. 3. C. unde vi. L. 4. C. de professorib.* mit der *Collatio Legum Mosaicar. et. Roman.* Tit. 10. §. 9.

deß nach den etwanigen Entschuldigungsgründen dieses Verfahrens umsehn. Waren vielleicht in den Constitutionensammlungen, welche Justinians Compilatoren benutzten, die Rescripte und Decrete von allen Merkmalen der Eigenthümlichkeit des concreten Falles entblößt? Die uns erhaltenen kümmerlichen Trümmer des Codex Gregorianus und Hermogenianus bestätigen dies nicht; und das gerade Gegentheil beweisen theils die oben [72]) angeführten Beispiele; nach welchen die klassischen Juristen in ihre Excerpte aus Rescripten bisweilen die vollständige Eingabe des Supplicanten, und bei Decreten die wesentlichen Punkte der Prozeßverhandlung, mitaufnahmen; theils die bei Plinius [73]) gesammelten Rescripte Trajans, welchen die Ahfrage des Plinius jederzeit vorangesetzt ist; theils endlich und vorzüglich einige im Justinianischen Codex vorkommende Decrete, welche deutliche Spuren an sich tragen, daß im Original die umständliche Bezeichnung der einzelnen Prozeßakte enthalten gewesen sei. [74]) Oder sollte nicht wenigstens durch die ausdrückliche Anweisung Justinians, [75]) daß die Compilatoren

72) S. oben not. 58. 59.

73) *Epistolarum.* Lib. 10.

74) *L. 30. C. de pactis. L. 1. C. de sententiam passis. L. 2. C. de excusation. muner.*

75) *Constitut. de novo Codice faciendo.* §. 2. Quibus specialiter permisimus, resecatis tam supervacuis, quantum ad legum soliditatem pertinet, praefationibus, quam similibus et contrariis, praeterquam si iuris alia divisione adiuventur, — certas et brevi sermone conscriptas — leges componere, etc.

des Codex alle unnütze Digressionen in den aufzunehmenden Constitutionen wegschneiden, und den Inhalt derselben in gedrängter Kürze wiedergeben möchten, sollte dadurch nicht jenes Verfahren vollkommen gerechtfertigt seyn? Schwerlich kann dies mit Grund behauptet werden. Der Ausdruck *permittere* deutet nicht auf einen bestimmten Befehl, und die Zusätze ergeben, daß der Kaiser nur da, wo es unbeschadet der Integrität der *sententia legis* ausführbar war, solche Auslassungen bewirkt wissen wollte. Ferner der Ausdruck *praefationes* scheint weit weniger auf die Eingaben bei Rescripten, als auf den bisweilen sehr weitschweifigen Eingang der kaiserlichen Edicte bezogen werden zu müssen; auch sind die Compilatoren dieser Anweisung Justinians nur bei den Constitutionen der frühern Kaiser nachgekommen, während sie die Edicte Justinians selbst und die von dessen unmittelbaren Vorgängern mit ihren Prologen und Epilogen, und mit aller ermüdenden Weitschweifigkeit ihres Inhalts aufgenommen haben.[76])

Ziehen wir das Resultat aus den bisherigen Bemerkungen über die einzelnen Theile von Justinians Compilation, so können wir den Tribonian und dessen Gehülfen von dem Vorwurfe nicht freisprechen, daß sie des Kaisers Plan in manchen sehr wesentlichen Punkten gemißdeutet haben, und auch da, wo sie den Sinn desselben richtig aufgefaßt hatten, durch Sorglosigkeit oder Unverstand, offenbar aber ohne Noth, sehr häufig die Eigen-

76) Vergl. z. B. *L. 12. C. de aedific. privat. L. 3. C. de privileg. scholar. L. fin. C. ubi Senatores vel Clarissimi.*

thümlichkeit der von ihnen epitomirten Quelle zerstört haben. Augenscheinlich hat das Bestreben, überall allgemeine Rechtsregeln hinzustellen, sie zu den meisten Misgriffen verleitet, und es steht nicht zu bezweifeln, daß die Compilatoren hauptsächlich auf diesem Wege die Schöpfer sehr vieler in Justinians Rechtsbüchern vorkommender Antinomieen geworden sind; während die von ihnen in den epitomirten Quellen wirklich schon vorgefundenen und aus Nachlässigkeit nicht getilgten Widersprüche die Minderzahl ausmachen.

Kann man aber mit Savigny[77]) das Verdienst der Compilatoren Justinians dadurch erheben, daß man ihre Arbeit im Verhältniß zu andern fast gleichzeitigen Compilationen, namentlich zum *Breviarium Alaricianum* und zum *Edictum Theoderici*, für vorzüglicher erklärt? Dies dürfte schwerlich die Probe halten; denn abgesehn davon, daß die Rechtsschulen in Constantinopel und Berytus ungleich blühender gewesen zu seyn scheinen, als wie die zu Rom, mithin auch die Zahl der wissenschaftlich gebildeten Juristen damals im Orient die im Occident übertroffen haben muß;[77a]) so muß man vor allen Dingen die bedeutende Verschiedenheit im Plane der Justinianischen Compilation gegen die Ostgothische und Westgothische in Rechnung bringen, und nur nach dem Verhältnis der Ausführung jeder einzelnen Arbeit zu ihrem Plane das Verdienst der Compilatoren bestimmen. Justinians Compilation übertrifft an Gründlichkeit und

77) a. a. O. oben not. 3.

77a) Vergl. Ludewig a. a. O. c. 8. §. 54.

Umsichtigkeit ihres Entwurfes die beiden andern zuvor genannten bei weitem; aber ob die Compilatoren, welchen Alarich die Abfassung seines Breviariums anvertraute, den ihnen vorgeschriebenen Plan nicht vielleicht weit genauer zur Ausführung gebracht haben, als Tribonian und dessen Gehülfen den Plan Justinians, dürfte noch gar sehr die Frage seyn.

Zum Schlusse können wir die Beantwortung folgender Frage nicht von uns ablehnen: Fällt nicht der auf Justinians Compilatoren haftende Verdacht einer willkührlichen Vernachlässigung der Befehle des Kaisers, durch die Bemerkung, daß, wenn gleich die Ausführung bisweilen gegen die in den Conceptionspatenten der Rechtsbücher enthaltenen Anweisungen anstoßen mag, doch Justinian, wenigstens bei den Pandekten, sich während der Arbeit des Compilirens von Zeit zu Zeit die Resultate der Epitomatoren hat vorlegen lassen, und somit stillschweigend ihr Verfahren gebilligt hat?[78]) Allein wenn auch Justinians Ausdrücke buchstäblich zu nehmen wären, und nicht hauptsächlich auf die *Quinquaginta Decisiones* bezogen werden müßten, so würde dadurch unser Vorwurf immer noch nicht entkräftet seyn. Denn unsre Untersuchung ist überall nicht darauf

---

78) *Constitut. Tanta. de confirmat. Dig. Prooem.* z. E. — Nostra quoque maiestas semper investigando, quae ab his (scil. Triboniano et aliis illustribus et prudentissimis viris,) componebantur, quidquid dubium et incertum inveniebatur, hoc numine caelesti erecta emendabat, et in competentem formam redigebat.

ausgegangen, zu zeigen, daß die Abweichungen der Compilatoren von Justinians erstem Plane keine gesetzliche Autorität hätten; (diese ist ihnen durch die endliche Sanction des Kaisers in den resp. Publicationspatenten, in welchen diese Abweichungen zum Theil ausdrücklich gerechtfertigt werden,[79]) unfehlbar zu Theil geworden;) wir wollten nur prüfen, ob die Compilatoren hinreichenden Grund gehabt haben, von Justinians erstem Plane in einzelnen Punkten abzugehn, und ob eine gewisse Consequenz in diesen ihren Abweichungen ihren tüchtigen praktischen Sinn beurkunde, oder ob vielmehr ihr praktisches Unvermögen dem wissenschaftlichen die Waage gehalten habe.

---

79) Ebendas. §. 14. — 16.

Vierte Abhandlung.

Ueber die Behörden, welche im Römischen Reich Privilegien ertheilten.[1])

Der Gegenstand der vorliegenden Abhandlung scheint auf den ersten Blick von höchst geringer Bedeutung zu seyn, und der Versuch des Verfassers, denselben einer gründlichen Untersuchung zu unterwerfen, in die Klasse der müssigen Digressionen und antiquarischen Spielereien zu gehören. Betrachtet man aber denselben mit Bezugnahme auf das Zusammenwirken der verschiedenen Behörden bei der Verwaltung des römischen Staates, so wird man ihm bald sein Recht

1) Dieser Aufsatz enthält die Hauptideen einer frühern, als akademische Gelegenheitsschrift erschienenen, Abhandlung; (*Dissertat. iuridicae de Privilegiis apud Romanos irrogatis.* Pars I. et II. Regiomonti. 1817. 8.) ist aber in der Ausführung, so wie in der ganzen Form, von jener ältern Arbeit wesentlich verschieden.

wiederfahren lassen. Es ist nehmlich schon bei einer andern Gelegenheit [2]) bemerkt worden, daß die Bestimmung des Verhältnisses, nach welchem die Competenz der verschiedenen Behörden bei den Römern hinsichtlich des nehmlichen Zweiges des Staats- und Regierungs-Rechts sich abgemessen hat, zu den dringendsten Forderungen im Fache der römischen Alterthumskunde gehöre, bisher aber fast ohne Ausnahme der Gegenstand frommer Wünsche allein gewesen sei. Kein Zweig des öffentlichen Rechts darf von dieser Untersuchung ausgeschlossen werden, und keiner ist so geringfügig, daß dieselbe bei ihm nicht zum Frommen der Wissenschaft ausschlagen sollte. Von dieser Voraussetzung ausgehend hat der Verfasser die Ertheilung der Privilegien und Dispensationen bei den Römern, mit Beschränkung auf die Behörden, welche dazu berechtigt waren, genauer untersucht. Seinen Vorgängern, insoweit deren Schriften von ihm verglichen werden konnten, ist der Verfasser wenig schuldig geworden. Diejenigen von ihnen, welche von der Geschäftsthätigkeit einzelner, zur Ertheilung von Privilegien berechtigter, Behörden handeln, berühren unsern Gegenstand entweder gar nicht; [3]) oder sie beschränken ihre Untersuchung auf einen engbegrenzten Zeitraum der römischen Geschichte, und stützen sich auf einen höchst kümmerlichen Apparat von klassischen Zeugnissen. [4]) Von

2) Vergl. oben die zweite Abhandl. z. Anf.

3) z. B. *Manutius de Senatu Romano.* (in *Graevius Thesaur. Antiquitatt Roman.* Tom. I.)

4) z. B. *Hoffmann Historia Iur. Rom.* Vol. I. Lib. 1. Cap. 1. Period. 5. Sect. 3. §. 9. not. c. §. 11. not. a. Vol. II.

den Schriftstellern über die Beschaffenheit der Privilegien nach Römischem Recht haben die mehresten die Frage, welche uns hier beschäftigt, entweder ganz bei Seite liegen lassen,[5]) oder sich derselben, als einer für die heutige Praxis überflüssigen Subtilität, auf eine sehr oberflächliche Weise entledigt.[6]) Das Beste ist noch von Seiten derjenigen Autoren geleistet worden, welche bei Gelegenheit einzelner beschränkter Privilegien, wie z. B. bei dem *Ius Liberorum*, auch auf die Behörden, von welchen dieselben ausgingen, Rücksicht genommen haben.[7])

Aus der Periode der königlichen Regierung in Rom haben sich keine unverdächtigen historischen Berichte über die Ertheilung von Privilegien erhalten, aus welchen eine sichere Schlußfolge auf die dabei thätig gewesenen Behör-

---

Pars 1. pag. 259. edit. Lips. 1726. 4. *Gravina Liber singular. de Romano Imperio.* (Hinter dessen *Origin: Iur. Civ.)* Cap. 38. *Curtius de Senatu Romano.* Lib. 3. c. 2. §. 58. *Zamoscius* de eod. argum. Lib. 2. cap. fin. (bei *Graevius* a. a. O.)

5) z. B. *Gebauer Singularia de Privilegiis.* Gotting. 1749. 4.

6) Glück Ausführliche Erläuterung der Pandekten, nach Hellfeld. Bd. I. S. 553. Bd. II. S. 9.

7) *Cuiacius Observation.* Lib. 6. c. 32. c. 35. Lib. 7. c. 30. Lib. 8. c. 32. *Heineccius Commentar.* ad *Leg. Iul. et Pap. Popp.* Lib. 2. c. 15. §. 8. Ders. *Antiquitatt. Iur. Rom.* Lib. 1. Tit. 25. §. 8. Lib. 3. Tit. 8. §. 6. Derselbe in den Zusätzen zu *Brissonius de Verbor. Significat.* v. Liberi. No. 6. z. E.

den abgeleitet werden könnte. Zwar wird die Lex Horatia, welche nach der Angabe eines Referenten[8]) ein Plebiscit gewesen seyn soll, und durch welche der Vestalin Caja Tarratia gewisse Vorzüge vor allen Genossen ihres Geschlechts bewilligt wurden,[9]) von einigen in die Zeit der königlichen Herrschaft gesetzt;[10]) aber alle innere Gründe sprechen gegen diese Annahme, und Plutarch a. a. O., welcher hier aus guten Quellen geschöpft zu haben scheint, sagt ausdrücklich, daß die Schenkung des an der Tiber belegenen und dem Marsfelde einverleibten Grundstückes, durch welche die Caja Tarratia die an-

---

8) *Plutarch in Valerio Publicola.* pag. 100. 101. edit. Francof. 1599. fol.

9) *Plinius Histor. Natural.* Lib. 34. c. 6. Invenitur statua decreta et Tarratiae Caiae, sive Suffetiae, virgini Vestali, ut poneretur ubi vellet; quod adiectum non minus honoris habet, quam feminae esse decretam. Meritum eius in ipsis ponam Annalium verbis: „*Quod campum Tiberinum gratificata esset ea Populo.*" *A. Gellius Noct. Attic.* Lib. 6. c. 7. Accae Larentiae et Caiae Tarratiae, sive illa Fufetia est, nomina in antiquis Annalibus celebria sunt; earum alterae post mortem, Tarratiae autem vivae amplissimi honores a Populo Romano habiti sunt. Et Tarratiam quidem virginem Vestae fuisse *Lex Horatia* testis est, quae super ea ad populum lata, qua lege ei plurimi honores fiunt, inter quos ius quoque testimonii dicendi tribuitur; „*testabilisque*" una omnium feminarum ut sit, datur. Id verbum est ipsius *Legis Horatiae.*

10) Vergl. *Bach Histor. Iur. Rom.* Lib. 1. Cap. 1. Sect. 2. §. 5.

geführte Belohnung sich zuzog, nach Vertreibung der Tarquinier geschehn sei.

Indem wir uns nunmehr zur Betrachtung der Ertheilung der Privilegien unter der Republik wenden, müssen wir uns zunächst mit der Vorfrage beschäftigen: in welchem Umfange die bekannte Vorschrift des Zwölftafelgesetzes „*Privilegia ne irroganto!*" zu nehmen sei?[11]) Dennes braucht kaum bemerkt zu werden, daß, wenn durch diese Worte die Verleihung der Privilegien überhaupt hätte abgeschafft werden sollen, diese durch kein uns bekannt gewordenes späteres Gesetz aufgehobene

11) *Cicero de Legibus. Lib. 3. c. 4.* Privilegia ne irroganto: de capite civis, nisi per maximum comitiatum, ollosque, quos Censores in partibus Populi locassint, ne ferunto! Ebendas. *c. 19.* Tum leges praeclarissimae de XII. Tabulis tralatae duae; quarum altera privilegia tollit; altera de capite civis rogari, nisi maximo comitiatu, vetat. Nondum cognitis seditiosis tribunis plebis, ne cogitatis quidem, admirandum tantum maiores in posterum providisse: in privos homines leges ferri noluerunt; id est enim privilegium; quo quid est iniustius? cum legis haec vis sit, scitum est iussum in omnes: ferri de singulis nisi centuriatis comitiis noluerunt; descriptus enim populus censu, ordinibus, aetatibus, plus adhibet ad suffragium consilii, quam fuse in tribus convocatus. Quo verius in nostra causa — L. Cotta dicebat, nihil omnino actum esse de nobis: praeter enim quam quod comitia illa essent armis gesta servilibus, praeterea neque tributa capitis comitia rata esse possent, neque ulla privilegii: quocirca nihil nobis opus esse lege, de quibus nihil omnino actum esset legibus.

Bestimmung der Decemvirn in dem seltsamsten Contrast mit dem offenbaren, und durch die obersten Staatsbehörden sanctionirten, Gebrauch zahlreicher Privilegien in der spätern Zeit stehn würde; und daß zugleich die Verleihung derselben dann als eine gesetzwidrige Usurpation erscheinen, mithin die Untersuchung über die Competenz der dabei thätigen Behörden eine ganz andere Richtung gewinnen müßte. Die Meinungen der verschiedenen Ausleger dieser Stelle der Zwölf Tafeln finden sich umständlich erörtert bei Gebauer,[12]) und lassen sich in folgende Uebersicht bringen.

Einige[13]) erklären die angeführten Gesetzesworte nach der streng-grammatischen Bedeutung, und leiten aus denselben das allgemeine Verbot für Privilegien ab. Unbegreiflich ist es, wie diese Ansicht mehrere zum Theil bedeutende Anhänger hat finden können, da die, von den eifrigsten Vertheidigern der römischen Constitution nie angefochtene, Observanz der frühern und spätern Zeit die allgemeine Verbreitung der Privilegien bei den Römern bekundet, und das Zwölftafelgesetz selbst Spuren solcher Privilegien aufzuweisen hat. Die Gründe für diese Meinung sind denn auch höchst unbedeutend. Daß

---

12) a. a. O. §. 6. — 10.

13) *Franc. Hotomannus de Legib. XII. Tabular. Tripertita.* pag. 62. sqq. edit. Lugdun. ap. I. Tornaesium 1564. 8. *Iac. Gothofredus in Quatuor Fontib. Iur. Rom.* ad Tab. 9. Legis XII. Tabular. *Iac. Raevardus ad Leges XII. Tabb. Liber singular.* Cap. 2. *Gebauer* a. a. O. §. 7.

das Verbot der Zwölf Tafeln aus den Solonischen Gesetzen geflossen, und von diesen in der bezeichneten Ausdehnung verstanden worden sei, beruht auf einer Petitio Principii. Solon hat nehmlich, wie Trekell[14]) richtig erinnert, nicht einmal die Privilegien zum Nachtheil einzelner Staatsbürger, deren Vernichtung auf jeden Fall die Decemvirn bezweckten, allgemein aufgehoben, sondern nur in der Anwendung beschränkt: überdem ist aber gar kein Grund vorhanden, jene Vorschrift der Decemvirn, welche der richtigen Erklärung zufolge mit dem politischen Bedürfnis des neugegründeten Freistaates auf das innigste zusammenhing, nicht als Produkt des einheimischen Rechts der Römer zu betrachten; und um so weniger da Cicero[14 a]) dieselbe ausdrücklich aus den *Legibus sacratis* herleitet, und den Zwölf Tafeln blos die Wiederholung derselben beilegt. Eben so wenig bildet das, nach Julius Cäsars Ermordung auf Veranlassung des M. Antonius durch ein Senatus Consult ausgesprochene, Verbot der Verleihung von Vergünstigungen eine irgend bedeutende Instanz. Gesetzt auch, daß der Senat hiedurch die Vorschrift des Zwölftafelgesetzes lediglich habe wiederholen wollen, so geht doch aus dem Bericht des Cicero[15]) unwiderspechlich hervor,

14) *Tractat. de Origine atque progressu testamentifactionis, praesertim apud Romanos.* Cap. 2. §. 10. not. d.

14 a) S. unten not. 26.

15) *Cicero Philippic. Orat. 2. c. 36.* Idem tamen, quasi fuligine abstersa, reliquis diebus in Capitolio praeclara Senatusconsulta fecisti; *„Ne qua post Idus Martias immunitatis*

daß die Behörde nur bedacht gewesen sei, den damals gerade in Gebrauch gekommenen ganz willkührlichen und formlosen Verleihungen gewisser Vergünstigungen, namentlich der Steuerfreiheit und Begnadigung der Verbannten, kräftig entgegenzuwirken. Die ihrer Ansicht widerstreitenden Gründe suchen die oben genannten Gelehrten auf eine höchst ungenügende Weise zu entfernen;[16]) namentlich durch die Unterscheidung, daß alle Ausnahmen von allgemeinen Gesetzen zu Gunsten einzelner Personen, welche Erklärungen und Berichtigungen des frühern Rechts enthielten, oder welche neben der Förderung des Privatinteresses auch durch die Berücksichtigung des Gesammtwohls der Staatsbürger veranlaßt wurden, von dem Begriffe der durch die Zwölf Tafeln verbotenen Privilegien auszuschließen seien. Gingen denn nicht die regelmäßig ertheilten Privilegien bei den Römern, wie in jeder gesetzmäßigen Staatsverwaltung, von einer, wenigstens angeblichen, Berücksichtigung des Staatsinteresses aus?

Nach der Meinung des Cujacius,[17]) welche wenig Anhänger gefunden hat, sollen die Worte der Zwölf Tafeln nur den dauernden Befreiungen der Individuen von der allgemeinen Regel der Gesetze, nicht aber den blos vorübergehenden Begünstigungen derselben, also namentlich nicht der gesammten Klasse der Dispensationen, entgegen seyn. Diese Behauptung stützt sich fast allein auf

„*tabula, neve cuiusquam beneficii figeretur;*“ scis de immunitate quid dixeris.

16) Vergl. Gebauer a. a. O. §. 9.

17) *Observation.* Lib. 15. c. 8.

die höchst zweideutige Autorität des Declamator Quintilianus,[18]) und ist schon von andern[19]) hinreichend widerlegt worden.

Ungleich bedeutender ist die Ansicht mehrerer Juristen,[20]) daß die in Frage stehende Vorschrift des Zwölftafelgesetzes mit einer andern Bestimmung desselben Gesetzes, welche gemeinhin auf die Blutgerichte beschränkt wird, („*De capite civis nisi per maximum comitiatum ne ferunto!*") in Verbindung zu setzen, und in ihr die Gewährleistung enthalten sei, daß Privilegien jeder Art nur von der Gemeinde der gesammten Nation sollten beschlossen werden können. Für diese Erklärung, welche gemeinhin von den Gegnern viel zu vornehm abgefertigt worden ist, sprechen einige achtbare Gründe. Weniger zwar die Verbindung beider Bestimmungen der Zwölf Tafeln bei Cicero[21]) und andern Referenten, als hauptsächlich der Bericht des Asconius Pedianus[22]) und

---

18) *Declamat.* 154.

19) S. Gebauer a. a. O. §. 6. 7.

20) z. B. *Ioann. Oldendorpius ad Leges XII. Tabular.* (Opp. Tom. I.) *Franc. Balduinus Commentar. de Leg. XII. Tabb.* (in *Heineccius Iurisprud. Rom. et Attica.* Tom. I.) *Pardulph. Pratejus Iurisprud. Vetus.* (in *Ever. Otto Thes. Iur. Rom.* Tom. IV.) *Gravina Origin. Iur. Civ.* Lib. 2. c. 74. u. a. m.

21) Vergl. oben not. 11.

22) *in Commentar. ad Ciceron. Orat. 1. pro C. Cornelio.* in Argum. (pag. 947. fgg. ed. *Graevius*) Promulgavitque (C. Cornelius) legem, qua auctoritatem Senatus minuebat:

des Dio Cassius[23]) über die unten noch genauer zu prüfende Rogation des Volkstribun C. Cornelius, de-

---

„*Ne quis, nisi per Populum, legibus solve-* „*retur.*“ *Quod antiquo quoque iure erat cautum;* itaque in omnibus Senatus Consultis, quibus tum aliquem legibus solvi placebat, adiici erat solitum, „*Ut de ea re ad Po-* „*pulum ferretur.*“ Sed paullatim ferri erat desitum, resque iam in eam consuetudinem venerat, ut postremo ne adiiceretur quidem in Senatus Consultis de rogatione ad Populum ferenda, eaque ipsa Senatus Consulta per pauculos admodum fiebant. Indigne eam Cornelii rogationem tulerant potentissimi quique ex Senatoribus, quorum gratia magnopere minuebatur. — Tum Cornelius ita ferre rursus coepit: „*Ne* „*quis in Senatu legibus solveretur, nisi du-* „*centi affuissent, neve quis, cum solutus* „*esset, intercederet cum de ea re ad Populum* „*ferretur.*“ Haec sine tumultu res acta est: nemo enim negare poterat, pro auctoritate Senatus esse eam legem; sed tamen eam tulit invitis optimatibus, qui vel pauci Senatus Consultum facere solebant.

23) *Lib. 36. c. 22.* edit. *Reimar.* Γνώμην ἐποιήσατο (ὁ Κορνήλιος,) μὴ ἐξεῖναι τοῖς βουλευταῖς μήτε ἀρχήν τινι ἔξω τῶν νόμων αἰτῆ.αντι δι·όναι, μήτ' ἄλλο μηδὲν τῶν τῷ δήμῳ προσηκόντων Φημίζεσθαι. τοῦτο γὰρ ἐνενομοθέτητο μὲν ἐκ πάνυ ἀρχάιου, ὂυ μέντοι κκὶ τῷ ἔργῳ ἐτηρεῖτο. θορύβου τε ἐπ' ἀυτοῦ πολλοῦ συμβάντος, — — ἰδὼν οὖν τὴν ὁρμὴν ἀυτῶν ὁ Κορνήλιος τότε μὲν, πρὶν ἐπιψηΦίσαι τι, διαΦῆκε τὸν σύλλογον· ὕςερον δὲ προσέγραψε τῷ νόμῳ, τήν τε βουλὴν πάντως περὶ ἀυτῶν προβουλέυειν, καὶ τὸ δῆμον ἐπάναγκες ἐπικυροῦν τὸ προβόυλευμα. Tulit rogatio-

ren ursprünglicher Zweck, nehmlich die Ertheilung der Privilegien dem Volke allein zuzuwenden, als Wiederholung einer Vorschrift des *Ius Antiquum* (welche Benennung freilich sehr vieldeutig ist, und nicht selten jedes ältere Gesetz im Verhältnis zu einem spätern bezeichnet,[24]) im engern Sinne jedoch auf das Zwölftafelgesetz beschränkt zu werden pflegt,[25]) dargestellt wird. Dennoch aber ist eben diese Auslegung keineswegs die richtige, und die von Trekell a. a. O. und von andern gegen dieselbe gemachten Einwendungen hinreichend begründet. Die von ihr in Verbindung gebrachten Sätze der Zwölf Tafeln werden an andern Stellen, und selbst bei Cicero,[26]) als geschieden dargestellt, und ihre Vereinigung bei jeder

---

nem (Cornelius,) ne Senatoribus liceret aut magistratum alicui, qui non legitime peteret, conferre, aut ullam aliam rem, quae ad Populum pertineret, decerneret. *Id multis ante seculis lege sancitum erat, re ipsa non observatum.* Quum ea res tumultum excitaret ingentem — Cornelius, plebis impetum cernens, antequam latis suffragiis quidquam statueretur, concionem dimisit. Postea legi adiecit, debere omnino legum Patres auctores fieri, Populumque, eorum auctoritatem secutum, ratas eas utique habere.

24) *Brissonius de Verbor. Significat.* v. *Antiquum. Cuiacius Observation.* Lib. 3. c. 12.

25) *Brissonius* a. a. O. No. 3.

26) *pro Sextio. c. 30.* Cur, cum de capite civis — et de bonis proscriptio ferretur, cum et sacratis legibus et XII. Tabulis sancitum esset, ut neque privilegium irrogari liceret, neque de capite nisi comitiis centuriatis rogari, nulla vox est audita Consulum?

Gelegenheit, wo Cicero von seinem Exil zu sprechen beginnt, erklärt sich sehr einfach daraus, daß die bekannte Rogation des Pub. Clodius gegen beide Bestimmungen des Zwölftafelgesetzes zugleich verstoßen hatte.

Eine vierte Parthei, zu welcher sich die Mehrzahl der gründlichen Juristen und Antiquare bekannt hat,[27]) versteht unter den Privilegien, welche die Zwölf Tafeln verbieten, die gegen Individuen gerichteten Entscheidungen, welche zwar in gesetzlicher Form, aber ohne vorgängige rechtliche Untersuchung, erlassen werden. Danach erklärt sich auch sehr einfach die häufige Verbindung dieser gesetzlichen Vorschrift mit derjenigen, welche den Blutbann der Nationalgemeinde überwies; denn die eine dieser Bestimmungen ergänzte die andre, und erst beide vereint bildeten das Palladium bürgerlicher Freiheit. Der Beweis für diese Ansicht liegt theils in dem, namentlich bei Cicero herrschenden Sprachgebrauch, nach welchem

27) *Theod. Marcilius Collecta et Interpretam. Leg. XII. Tabular.* Lex 194. (in *Ev. Otto Thesaur. Iur. Rom.* Tom. IV.) *Conr. Rittershusius Dodecadelton.* Class. 2. c. 2. *Andr. Dacier* ad *Festum Pompeium.* v. Privos. *Ev. Otto Commentar. ad Institution.* Lib. 1. Tit. 2. §. 6. not. 9. und in der *Praefat.* zum *Thesaur. Iur. Rom.* Tom. IV. pag. 13. fgg. *Ger. Noodt* in *Commentar. ad Dig.* Lib. 1. Tit. 3. Pr. *Hoffmann Histor. Iur. Rom.* Vol. II. Pars 1. pag. 259. *Conradi* in *Excurs.* ad *A. Gellii Noct. Attic.* (Lib. 10. c. 20.) Cap. 8. Trekell a. a. O. und in dessen Kleinen deutschen Aufsätzen, herausgeg. von Haubold. Leipz. 1817. 8. S. 103 fgg. Niebuhr Röm. Gesch. Bd. II. S. 115.

Gesetze, die gegen die allgemeine Regel Handlungen jemandes zu Verbrechen stempelten,[28]) oder die Verurtheilung jemandes ohne vorhergegangenes Verhör bewirkten,[29]) *Privilegia* genannt werden; theils in dem Zeugnis des Tacitus,[30]) welcher, nachdem er das Verdienst der Zwölftafelgesetzgebung gewürdigt, und hinzugefügt hat, wie wenig die spätern Gesetze in dem hohen Geiste derselben fortgeschritten seien, zum Beweise ihres größten Verfalles im Verhältnis zu diesem Muster, und gewissermaaßen mit Hindeutung auf die von uns hier in Betrachtung gezogene Bestimmung der Decemvirn, bemerkt: *Iamque non modo in commune, sed in singulos homines latae quaestiones:* [31]) *et corruptissima republica plurimae leges.*

Einer fünften Klasse von Auslegern, welche die eben

---

28) *Cicero in Bruto. c. 23.* Quae quidem vis tum maxime cognita est, cum, Lusitanis a Ser. Galba Praetore contra interpositam ut existimabatur fidem interfectis, T. Libone tribuno plebis populum incitante et rogationem in Galbam, privilegii similem, ferente, summa senectute — M. Cato legem suadens in Galbam multa dixit.

29) *Cicero pro domo.* c. 16. c. 17. c. 22. c. 29. c. 42. *in Pison.* c. 13. Vergl. *Philipp. Orat.* II. c. 23. *Ascon. Pedianus* ad *Ciceron pro Milone*, in Argum.

30) *Annal.* Lib. 3. c. 27.

31) Dies erinnert an folgende Worte Ulpians *(L. 8. D. de Legib.)* Iura non in singulas personas, sed generaliter constituuntur; welche schon *Cuiacius Observation.* Lib. 15. c. 8. mit unsrer Vorschrift der Zwölf Tafeln in Verbindung zu bringen versucht hat.

erörterte Erklärung mit der nächst vorhergehenden in Verbindung gebracht wissen wollen, gedenken wir hier nicht ausführlicher, da dieselbe unsers Wissens bis jetzt nur den neuesten französischen Commentator der Zwölf Tafeln[32]) als Meister und Jünger zählt, und keinen irgend erheblichen Grund für sich aufzuweisen hat.

Fassen wir nun, nach Beseitigung dieser Vorfrage, unsern Gegenstand genau in's Auge, so zeigt der erste Blick auf den Zustand der Gesetzgebung und Rechtsverfassung bei den Römern, daß die Lösung unsrer Aufgabe eigenthümlichen Schwierigkeiten unterworfen ist. Die gesetzgebende Gewalt war nehmlich an sehr verschiedene Behörden vertheilt; sowol an den Senat, welcher, der richtigern Ansicht zufolge,[33]) sich frühe schon im Besitz derselben befand, als auch an die einzelnen mit repräsentativem Karakter versehenen Gemeinden, (Comitien der Curien, Centurien und Tribus,) als endlich auch, wiewol in beschränkter Anwendung, an die vom Staate anerkannten Corporationen, und namentlich an die mit Autonomie versehenen städtischen Communen. Rechnet man dazu, daß auch einzelnen Beamten, durch Zuratheziehen des Gewohnheitsrechts bei der Rechtspflege, es möglich gemacht war in ihren Edikten Bestimmungen des strengen Civilrechts für gewisse Fälle zu beschränken; so ergiebt sich schon a priori, daß der Zustand des der ge-

32) *Boucbaud Commentair sur la loi de douze Tables.* Edit. sec. Paris 1803. 2 Vol. 4. Table neuvieme. Loi 1.

33) Vergl. Niebuhr a. a. O. Bd. II. S. 8. *Bach* a. a. O. Lib. 2. Cap. 2. Sect. 2.

setzgebenden Gewalt innig verwandten Rechts, Ausnahmen von dem bestehenden Recht für besondre Fälle zu sanctioniren, oder Privilegien zu ertheilen, im ganzen Umfange des römischen Reichs nichts weniger als einfach gewesen seyn kann. Dies bethätigen denn auch die allgemein sprechenden Zeugnisse unsrer Quellen, welche sich auf die Periode der freien Verfassung beziehn, und bei Gelegenheit einzelner Befreiungen vom Gesetz jederzeit mehrere Behörden als competent nennen. Gemeinhin werden hier Senat und Volk mit einander verbunden;[34]) die genauer sprechenden Zeugnisse aber sondern bei dem Volke die Beschlüsse der gesammten Nation von denen der plebejischen Gemeinde;[35]) und merkwürdig ist die Aeußerung der Tafel von He-

---

34) *Cicero Fragm. de Republ.* (bei *Lactantius Epit.* Lib. 6. c. 8.) Nec vero aut per Senatum aut per Populum solvi hac lege possumus. *Plinius Histor. Natural.* Lib. 34. c. 6. L. Piso prodidit, M. Aemilio, C. Popilio II. Coss. a Censoribus P. Cornelio Scipione, M. Popilio, statuas circa forum eorum, qui magistratum gesserunt, sublatas omnes, praeter eas quae Populi aut Senatus sententia statutae essent. *Valerius Maximus* Lib. 4. c. 1. §. 6. der von dem ältern Scipio Africanus, als dieser das lebenslängliche Consulat, die Dictatur und andre ihm zugedachte Auszeichnungen ausschlug, sagt: Quorum sibi nullum neque Plebiscito dari, neque Senatus Consulto decerni patiendo etc.

35) *Tabula Heracleens.* Lin. 70. — 72. *Aer. Britann.* Ne quis in iis locis, inve iis porticibus quid inaedificatum immolitumve habeto — *nisi quibus utique Lege, Plebisvescito, Senatusve Consulto concessum permissumve est.*

raclea,[36]) daß die Befreiung der Bürger italischer Städte von dem Kriegsdienst beim römischen Heere entweder ein Gesetz des römischen Volks, oder einen Beschluß der römischen Plebs, oder endlich den Bundesvertrag dieser Städte zur Quelle haben könne. Da ein Bundesvertrag mit Rom einer Lex, oder mindestens einem Senatus Consult, seine Sanction verdankte, so kann freilich diese Uebersicht nicht streng systematisch genannt werden; aber dennoch ist sie treffend genug, und zunächst der äußern Form angepaßt, in welcher dergleichen Begünstigungen erschienen. So wie nehmlich noch in ungleich späterer Zeit für Städte außerhalb Italien der Bundesvertrag mit Rom, welcher gemeinhin die aus früherer Zeit und aus den verschiedenartigsten Quellen herstammenden Vorrechte der Commune bestätigte, die Haupturkunde blieb, auf welche bei der Untersuchung über einzelne angebliche Privilegien zurückgegangen wurde;[37]) so war zur Zeit des Freistaats für die Städte in Italien ebenmäßig das *Foedus* die Hauptbasis der Beurtheilung ihrer Verbindlichkeiten gegen Rom und ihrer Bevorrechtungen im Verhältnis zu andern Städten; auch sind die *vacationes sacrosanctae a militia*, welche einzelne italische Städte für sich anführten, und die mit den *Foederibus sacrosanctis* unfehlbar zusammenhingen, aus Livius[38]) hinreichend bekannt.

36) Ebendas. Lin. 19. *Aer. Neap.* Aut ei vacatio rei militaris *Legibus*, *Plebisvescitis*, *exve Foedere erit*.

37) Vergl. *Tacitus Annal.* Lib. 3. c. 60. — c. 63. Lib. 5. c. 14. (s. unten not. 201.)

38) *Livius* Lib. 27. c. 38. vergl. Lib. 36. c. 3.

Wir wollen jetzt durch Vergleichung der einzelnen in unsern Quellen vorkommenden Beispiele von Privilegien zu ermitteln suchen, ob sämmtliche oben bezeichnete Behörden mit dem Hoheitsrecht der Entbindung von den Gesetzen ausgestattet gewesen sind, und in welchem Verhältnis zu einander sie hinsichtlich der Ausübung dieses Rechts gestanden haben. Die Berichte der Klassiker sind hier aber mit großer Vorsicht zu gebrauchen, namentlich für die ältere Zeit, da, aus den an einem andern Orte [39]) entwickelten Gründen, die Angaben der Quellen über die Behörden, von welchen einzelne Verfügungen ausgingen, so sehr von einander abweichen.

So lange das Recht der einzelnen Gemeinden im Volke zur Ausübung der gesetzgebenden Gewalt noch beschränkt war, konnten dieselben unfehlbar auch nur unter den nehmlichen Beschränkungen von den bestehenden Gesetzen entbinden. Dies gilt nicht für die Beschlüsse der Curien, wol aber für die der Centurien und der Tribus. So lange nehmlich die Gültigkeit der in Centuriat-Comitien gefaßten Beschlüsse noch von der Bestätigung des ersten Standes abhing, konnte auch nur unter derselben Voraussetzung die Ertheilung eines Privilegiums von dort ausgehn; [40]) und so lange die Gesetzgebung der Plebejer auf die Verhältnisse ihrer Standesgenossen beschränkt war, konnten dieselben gewiß nicht Ausnahmen von Gesetzen, welche die ganze Nation angingen und dieser ihre Sanction verdankten, verfügen. Nachdem aber den Beschlüssen der Cen-

39) Vergl. die zweite Abhandlung zu Anf.

40) Vergl. *Livius* Lib. 5. c. 46.

turien vollkommene Selbstständigkeit zu Theil geworden war, und die Plebiscite als allgemein verbindliche Gesetze sich die Anerkennung der Nation verschafft hatten, unterlag das Recht beider Gemeinden auch hinsichtlich der Entbindung von Gesetzen keiner weitern Beschränkung, und nicht blos von ihren eigenen Beschlüssen, sondern auch von denen des andern Standes konnte jede einzelne dieser Gemeinden freisprechen. Eine nicht verwerfliche Autorität hiefür bilden die zahlreichen Beispiele von Ausnahmen gegen die gesetzliche Regel, welche zum Nachtheil der Patricier gereichten, und die seit dieser Zeit durch Beschlüsse der Centurien und Tribus verfügt wurden. Um nicht der frühern Uebereinkunft der Centurien zu gedenken, nach welcher, im Gefolge der Verurtheilung des M. Manlius Capitolinus, fortan kein Patricier mehr auf dem Capitolinischen Hügel wohnen sollte;[41]) beschränken wir uns auf die beiden Plebiscite, deren eines im Jahre d. St. 535 den Magister Equitum M. Minutius seinem Vorgesetzten, dem Dictator Q. Fabius, im Range gleichstellte;[42]) das andre aber, vom Tribunen Q. Claudius veranlaßt, den Seehandel der Senatoren und ihrer Descendenten in enge Grenzen einschloß,[43]) wobei der Zusatz des Livius, die Rogation sei „*uno Patrum iu-*

41) Ders. Lib. 6. c. 20. (vergl. c. 14 — c. 19.) *Plutarch in Camillo.* pag. 148. *Quaestion. Roman.* c. 92. *Dio Cassius Fragm. Hist. Rom.* No. 31. edit. *Reimar.*

42) *Livius* Lib. 22. c. 25. c. 26. *Plutarch in Fabio Maximo.* pag. 179.

43) *Livius* Lib. 21. c. 63.

vante" durchgegangen, nur von der suasio legis, und nicht von der auctoritas Patrum, verstanden werden darf. Nur hinsichtlich der *Leges sacratae*, und überhaupt aller Gesetze, welche das Interesse der Plebs gegen die Eingriffe des ersten Standes sicher zu stellen bestimmt waren, leidet unsre Behauptung eine Ausnahme. Bei diesen nehmlich scheint die Plebejergemeinde die alleinige competente Behörde gewesen zu seyn, welche eine ihr nachtheilige Entbindung von diesen Gesetzen authorisiren konnte. [44])

Daß dem Senat für alle diejenigen Zweige der Staatsverwaltung, welche ihm ausschließlich überwiesen waren, das Recht zugestanden habe, Ausnahmen von der bestehenden allgemeinen Regel zu statuiren, und namentlich von seinen eigenen Beschlüssen zu dispensiren, kann nicht leicht in Zweifel gezogen werden. Denn deutlich genug sprechen dafür die zahlreichen Beispiele der von diesem Collegium ausgegangenen Befreiungen von öffentlichen Steuern; [45]) der Bewilligung von Auszeichnungen für Gesandte fremder Nationen, [46]) von Belohnungen für verdiente, oder von außergewöhnlichen Benachtheiligungen für feige Soldaten; [47]) sodann die Spuren von getroffenen Bestimmun-

44) Niebuhr a. a. O. Bd. II. S. 451. Vergl. unten das Citat in not. 55.

45. *Livius* Lib. 2. c. 9. Lib. 6. c. 31. c. 32. vergl. c. 27. *Dionys. Halycarn.* Lib. 5. pag. 294. edit. *Sylburg.* *Valer. Maximus* Lib. 5. c. 6. §. 8.

46) *Iustinus Historiar.* Lib. 43. c. 5.

47) *Livius* Lib. 23. c. 20. c. 25. c. 31. *Valer. Maximus* Lib. 2. c. 7. §. 15.

gen über die Rangordnung einzelner Feldherrn,[48]) oder über die Amtsdauer der Provincialstatthalter; von Verleihungen der *Legatio libera* für Senatoren,[49]) u. dergl. m. Dagegen weit bedenklicher ist die Frage: ob der römische Senat auch von Gesetzen des Volks habe entbinden, und auch hinsichtlich derjenigen Gegenstände, welche der Cognition der Volksgemeinde überlassen waren, habe Privilegien ertheilen können? Auf den ersten Blick scheint freilich dieser Frage die bejahende Antwort gar nicht fehlen zu können, indem ja dem Senate das Recht zugestanden wird, Gesetze des Volks ohne dessen Zustimmung geradezu aufzuheben. Allein wenn gleich Cicero's wiederholte Zeugnisse[50]) die Existenz dieses Rechts über allen Zwei-

---

48) *Livius* Lib. 26. c. 9.

49) Vergl. *Cuiacius Observation.* Lib. 9. c. 29. *Averanius Interpretation.* Lib. 1. c 12. §. 11. 12.

50) *Cicero pro domo. c. 27.* Senatus, — cuius est gravissimum iudicium de iure legum. Ebendas. *c. 16.* Decrevit Senatus, M. Drusi legibus, quae contra Legem Caeciliam et Didiam latae essent, Populum non teneri. Ders. *de Legib. Lib. 2. c. 6. M.* Igitur tu Titias et Apuleias leges nullas putas? *Q.* Ego vero ne Livias quidem. *M.* Et recte, quae praesertim uno versiculo Senatus puncto temporis sublatae sint. Die Hauptstelle ist bei *Cicero Fragm. Oration. I. pro C. Cornelio.* edit. *Graevii.* pag. 960. fgg. Quatuor omnino genera sunt, iudices, in quibus per Senatum more maiorum statuatur aliquid de legibus. Unum est eiusmodi: „*Placere legem abrogari;*" ut Q. Caecilio, M. Iunio Coss., quae leges rem militarem impedirent, ut abrogarentur. — Alterum: „*Quae lex lata esse dicatur, ea non videri Po-*

fel erheben, so deuten eben sie doch schon wiederum die Beschränkung dieses Rechts bestimmt genug an. Kraft der dem Senate zustehenden Oberaufsicht über alle Zweige der Staatsverwaltung konnte derselbe alle Verfügungen andrer Behörden, welche entweder auf eine vollkommen widerrechtliche Weise erlassen, oder deren Beibehaltung mit dem allgemeinen Staatsinteresse unvereinbar war, aufheben oder zum Theil suspendiren; welche Maaßregel ungleich kräftiger war als der, freilich aus derselben Quelle herrührende, Ausspruch: „*contra rempublicam factum videri.*“ [51]) So wurden eigenmächtige Verfügungen römischer Magistratus, und zwar der städtischen so wie der Provincial-Beamten, durch den Senat rescindirt; [52])

pulum teneri;“ ut L. Marcio, Sex. Iulio Coss. de legibus Liviis. *Ascon. Pedianus h. l.* Puto vos reminisci, has esse leges Livias, quas illis Consulibus M. Livius Drusus tribunus plebis tulerit. Qui, cum Senatus partes tuendas suscepisset, et leges pro optimatibus tulisset, postea eo licentiae est progressus ut nullum in iis morem servaret. Itaque Philippus Consul, qui ei inimicus erat, obtinuit a Senatu, ut leges eius omnes uno Senatus Consulto tollerentur; decretum est enim, contra auspicia esse latas, neque iis teneri Populum. *Cicero* a. a. O. Tertium est de legum derogationibus, quo de genere persaepe Senatus Consulta fiunt, ut nuper de ipsa lege Calpurnia, quae derogaretur. *Ascon. Pedianus h. l.* Lex haec Calpurnia de ambitu erat. Tulerat eam ante biennium C. Calpurnius Piso Consul, in qua praeter alias poenas pecuniaria quoque poena erat adiecta.

51) *Livius* Lib. 3. c. 21. c. 30. c. 31.

52) *Ders.* Lib. 42. c. 8. — c. 10. c. 21. c. 22. Lib. 43. Epit. und c. 7. c. 8. *Valer. Maximus* Lib. 6. c. 5. §. 1.

so wurden unter Umständen die Magistratspersonen veranlaßt, Vorschriften ihres Edicts auf einen bestimmten Fall nicht anzuwenden;[53]) so wurden denn auch Beschlüsse der Volksgemeinde, sobald deren Aufrechthaltung dem Staate Gefahr drohte, ihrer Wirksamkeit beraubt. Nur innerhalb dieser Grenzen bewegte sich das eben genannte Recht des Senats, wie sämmtliche zum Beweise desselben beigebrachte Beispiele zeigen; und daß die Ausübung desselben an den Fall des äußersten Bedürfnisses gebunden gewesen sei, mithin dem Senat nicht freigestanden habe, Beschlüsse der Volksgemeinde unter dem Vorwande der Gemeinschädlichkeit derselben ohne weiteres zu entkräften, ergiebt sich aus den Berichten der Historiker, nach welchen der Senat höchst unpolitische Beschlüsse des Volks direct anzufechten gar nicht einmal wagte, und mit möglichster Schonung auf indirectem Wege die Zurücknahme derselben zu bewirken suchte.[54])

Dieser Erklärung scheinen freilich die zahlreichen uns

---

53) *Cicero Philippic. Orat. 9. c. 7.* sagt, bei Gelegenheit der Verleihung eines Begräbnisses auf Kosten des Staates: Senatus censebat, uti Aediles Curules edictum, quod de funeribus haberent, remitterent.

54) So z. B. bei der Entscheidung des zwischen Ardea und Aricia ausgebrochenen Grenzstreites, im Jahre d. St. 311. (*Livius* Lib. 3. c. 71. c. 72. Lib. 4. c. 1. c. 11.) Ferner bei dem Aufstande im Jahre 429 wegen Grausamkeit der Wucherer, wo der Senat es nicht wagte, die Bestimmung des Zwölftafelgesetzes aufzuheben. (Ebendas. Lib. 8. c. 28.)

erhaltenen Beispiele, welche der Entbindung von Volksgesetzen durch den Senat gedenken, eben nicht günstig zu seyn: allein bei genauerer Prüfung derselben werden wir leicht gewahr, daß der Senat hier zwar den Beschluß zu Ertheilung eines Privilegiums faßte, aber die Ausführung desselben der Genehmigung der Volksgemeinde vorbehielt, und einen Beamten beauftragte, darum bei den Comitien nachzusuchen. So z. B. als nach der Schlacht am Trasimenus das Interesse des Staats es erheischte, das Consulat nur erprobten Feldherrn zuzuwenden, und deshalb der Beschluß gefaßt wurde, daß für die Dauer der feindlichen Invasion in Italien die Candidaten zum Consulat nur aus der Zahl der Viri Consulares gewählt werden durften;[55]) ähnlich bei mehreren Anlässen, wo der Senat die Wahl zu einem bedeutenden Amte auf einen Candidaten zu lenken wünschte, welchem aber die bei den Magistratswahlen geltenden Gesetze im Wege standen, so daß es einer vorgängigen Freisprechung von denselben bedurfte;[56]) fernet wenn es darauf ankam, das Imperium einem mit festlichem Gepränge heimkehrenden

---

55) *Livius Lib. 27. c. 6.* Cn. Servilio Consule, cum C. Flaminius alter Consul ad Trasimenum cecidisset, ex auctoritate Patrum ad Plebem latum (esse,) Plebemque scivisse, *Ut, quoad bellum in Italia esset, ex iis qui Consules fuissent, quos et quoties vellet, reficiendi Consules Populo ius esset.* Vergl. ebendas. Lib. 22. c. 35. z. E.

56) *Appianus Histor. Rom.* Lib. 6. c. 84. Lib. 8. c. 112. edit. *Schweighaeus. Livius* Lib. 31. c. fin. *Valer. Maximus* Lib. 7. c. 2. §. 6. c. 6. §. 1.

Feldherrn für den Tag seines Einzugs in Rom zu erhalten; [57]) oder wenn der Senat bei Gelegenheit einer für ihn ressortirenden Cognition veranlaßt wurde, Verdienste, welche Einheimische oder Fremde sich um den Staat erworben hatten, durch solche Auszeichnungen zu belohnen, welche nur das Volk beschließen konnte. [58]) Damit vollkommen übereinstimmend ist auch das oben [59]) beigebrachte Zeugnis des Asconius Pedianus, nach welchem bei denjenigen Senatus Consulten, die eine Entbindung von Volksgesetzen aussprachen, eine besondere Clausel über den Vorbehalt der Genehmigung durch die Volksgemeinde hinzugefügt werden mußte. Hieraus ergiebt sich, daß die Ertheilung von Privilegien, insoweit dieselben eine Ausnahme von Volksgesetzen enthielten, Verfassungsmäßig nur der Gemeinde der gesammten Nation, oder auch der plebejischen Gemeinde zustand; und wenn der Senat sich hierbei thätig zeigte, derselbe nur ein Recht des Vorschlags zur Ausübung brachte. Jedoch, bei der so leicht möglichen Verwechslung der proponirenden und der bestätigen-

57) *Livius* Lib. 26. c. 21. Lib. 31. c. 50.

58) Ebendas. Lib. 39. c. 19. heißt es bei Gelegenheit der Beschlüsse des Senats hinsichtlich der Belohnungen für die Angeber der Bacchanalien: Uti Consul cum tribunis plebis ageret, ut ad Plebem primo quoque tempore ferrent, ut P. Aebutio emerita stipendia essent, ne invitus militaret; utique Feceniae Hispalae datio, deminutio, gentis enuptio, tutoris optio esset, quasi ei vir testamento dedisset, utique ei ingenuo nubere liceret.

59) not. 22.

den Behörde,[60]) sind die römischen Historiker nicht frei von dem Irrthum geblieben, bei Privilegien der zuvor bezeichneten Art den Senat als die allein competente Behörde zu nennen.

In dem Berichte des Asconius heißt es aber, mit der Zeit sei bei den Beschlüssen des Senats über die Entbindung von Volksgesetzen der Antrag an die Volksgemeinde wegen Bestätigung dieses Privilegiums weggefallen, auch die Clausel, welche auf die Nothwendigkeit einer solchen Bestätigung hinwies, in dergleichen Senatus Consulte nicht weiter aufgenommen worden: wodurch denn die Ausübung des so wichtigen Rechts Privilegien zu ertheilen um so mehr der Willkühr des Senats überantwortet wurde, als die Abfassung von Senatus Consulten bei unvollzähligen Versammlungen der Senatsmitglieder gegen das Ende der Republik immer mehr überhand nahm. Diese Misbräuche veranlaßten um das Jahr d. St. 687 den Volkstribun C. Cornelius zu einer Rogation des Inhaltes: daß jede einseitige Entbindung von Volksgesetzen durch den Senat ungültig, und dieses Recht, nach dem Vorbilde der frühern Verfassung ausschließlich der Volksgemeinde zuständig seyn sollte. Aber der Senat wußte auch diesmal von dem oft mit Glück versuchten Kunstgriff, Eingriffe der Tribunen in die Rechte des ersten Standes durch den im Collegium der Tribunen selbst erregten Widerspruch zu hintertreiben, geschickten Gebrauch zu machen, und Cornelius, wollte er nur etwas von seinem Vorschlage retten, sah sich genöthigt denselben da-

60) Vergl. oben die zweite Abhandlung zu Anf.

hin abzuändern: der Senat solle den Beschluß zu einer Solutio a Legibus fassen können, aber nur im Fall der Anwesenheit von mindestens zweihundert Senatoren, auch solle die Bestätigung immer noch der Volksgemeinde vorbehalten bleiben.[61]) Indeß der bei Asconius vorkommende, und sicher der Urkunde der Lex Cornelia selbst abgeborgte Zusatz, es solle bei dem Antrage an die Volksgemeinde zur Bestätigung eines solchen Senatus Consultes jeder Einspruch wegfallen, mußte bewirken, daß dieser Antrag an das Volk bald zur bloßen Förmlichkeit herabsank und ganz unterblieb. Daher geschieht auch bei den seit dieser Lex Cornelia vom Senat ausgegangenen Privilegien fast nirgend der Mitwirkung des Volks Erwähnung. So z. B. bei den dem jüngern Cato nach Beendigung seines Geschäfts in Cypern zugedachten Ehrenbezeugungen;[62]) bei den zahllosen Begünstigungen für Pompejus,[63]) Jul. Cäsar,[64]) Octavianus[65]) u. a. m., bei den Auszeichnungen für die Familie des

61) S. die Stellen aus Asconius und Dio Cassius oben not. 22. 23.

62) *Plutarch in Caton. Min.* pag. 778.

63) *Cicero pro Lege Manil.* c. 21. *Valer. Maxim.* Lib. 8. c. 15. §. 8. *Dio Cassius* Lib. 37. c. 21. sqq.

64) *Cicero ad Familiar.* Lib. 1. Ep. 7. z. E. *pro Balbo.* c. 27. *Dio Cassius* Lib. 42. c. 20.

65) *Cicero Philipp. Orat.* 5. c. 16. 17. *ad Attic.* Lib. 1. Ep. 19. *Dio Cassius* Lib. 46. c. 29. c. 41. Lib. 49. c. 15. 16. *Tacitus Annal.* Lib. 1. c. 10. *Plutarch in Antonio.* pag. 923.

Servius Sulpicius Rufus,[66]) u. s. w. Es bedarf aber kaum der Bemerkung, daß die Rogation des C. Cornelius nur die Solutio a Legibus für den Senat beschränkte, keinesweges aber das Recht der Volks- und Plebejer Gemeinde Privilegien selbstständig zu verleihen von der Initiative des Senates abhängig machte. Dies beweisen die zahllosen Privilegien, welche nach diesem Gesetze, ganz gegen den Wunsch und zum Theil gegen den erklärten Widerspruch des Senats, besonders auf den Antrieb demagogischer Tribunen in Comitien durchgeführt wurden; so z. B. die so oft wiederholte, und von allen Patrioten streng getadelte, Zurückberufung der Verbannten, besonders durch P. Clodius;[67]) die Begünstigung mancher dem Senate verhaßten Consuln;[68]) die Entbindung der Volkstribunen von dem Verbot sich um andere Staatsämter zu bewerben,[69]) u. dergl. m.

Den vom Staate authorisirten Zünften und Corporationen stand unfehlbar unter gleichen Voraussetzungen das Recht zu, für ihre Mitglieder Statuten zu errichten, und von den Bestimmungen dieser Statuten in einzelnen Fällen zu entbinden. Dies bewährt das Beispiel der Gentes und der Priestercollegien. Bekannt sind die Erzählun-

---

66) *Cicero Philipp. Orat.* 9. c. 7.

67) Ders. *pro Sextio.* c. 26. c. 30. *post reditum ad Quirit.* c. 4. c. 5. *in Senatu.* c. 15.

68) Ders. *pro Sextio.* c. 25. z. E. *de provinc. Consular.* c. 4. *in Pison.* c. 16.

69) *Ascon. Pedian.* ad *Ciceron. Orat. I. pro Cornelio.* pag. 959. edit. *Graev.*

gen aus der ältern Geschichte Roms, daß vermittelst eines privilegium odiosum, die Mitglieder einer Gens den Vornamen eines Landesverräthers aus ihrer Mitte durch feierlichen Beschluß für alle Folgezeit aus ihrem Kreise verbannt haben.[70] Bei den Priestern wollen wir nicht der Decreta Collegii gedenken, welche den wegen Verletzung der Keuschheit in Untersuchung befangenen Vestalischen Jungfrauen anbefohlen „*ut familiam in potestate haberent;*“[71] denn dies Veräußerungsverbot war eine eben so gewöhnliche als nothwendige Maaßregel, die hier um so mehr begründet war, als der Staat im Zweifel die nächsten Ansprüche auf das Vermögen der ohne Testament verstorbenen Vestalinnen zu machen hatte.[72] Wohl aber gehören hieher die Beispiele mehrerer Befreiungen von den Vorschriften des Cultus,[73] deren eigentliche Wächter die Pontifices waren, und hinsichtlich deren ihnen auch die Ertheilung von Privilegien zustand, vorausgesetzt, daß dabei nicht zugleich die Entbindung von einem Gesetz

---

70) Eine Sammlung der hauptsächlichsten Beispiele findet sich bei *Ezech. Spanheim de usu et praestant. numismatt.* Diss. 10. Cap. 2. §. 1. No. 6.

71) *Livius* Lib. 8. c. 15. z. E.

72) *Gellius Noct. Att.* Lib. 1. c. 12.

73) Ebendas. *Lib. 10. c. 15.* Dialis (Flamen) quotidie festatus est; sine apice sub divo esse licitum non est: sub tecto uti liceret, non pridem a Pontificibus constitutum. Massurius Sabinus scripsit, et alia talia quaedam remissa, gratiamque aliquot caerimoniarum factam dicit. Ebendas. Lib. 1. c. 12.

des römischen Volkes Noth that, in welchem Fall die Befreiung von der weltlichen Behörde ausgehn mußte. [73 a)]

Für die städtischen Communen steht nicht zu bezweifeln, daß diejenigen von ihnen, welche sich der Autonomie zu erfreuen hatten, auch das Recht genossen haben von ihren Gesetzen zu entbinden, während diejenigen, denen das

---

73 a) Vergl. unten not. 138. z. E. Dies wird keineswegs dadurch widerlegt, daß Octavianus, als er die Livia heirathen wollte, welche sich angeblich von ihrem abgeschiedenen Ehemanne Livius Drusus im sechsten Monate schwanger befand, zuvor bei den Priestern anfragte. (*Tacitus Annal.* Lib. 1. c. 10. *Dio Cassius* Lib. 48. c. 44.) Dies betraf nur die zu berücksichtigende Reinheit seiner Sacra, und scheinbar auch die Ehre seines Bettes: anders wie bei Sulla, welchen blinder Aberglaube antrieb, sich auf den Rath der Priester von seiner sterbenden Gattin Metella zu scheiden, damit deren Leiche seinem Hause kein Unheil bringen möchte. (*Plutarch in Sylla* geg. das E. pag. 474.) Daß Octavianus nicht die Entbindung von einem gesetzlichen Eheverbot bei den Priestern nachsuchte, ist gewiß; denn ein solches Verbot existirte für blos abgeschiedene Frauen in Rom nicht, wie unzählige Heirathen schwangerer Ehefrauen zeigen, bei welchen keiner Dispensation Erwähnung geschieht; z. B. die Heirath des Pompejus mit der Stieftochter des Sulla, Aemilia; (*Plutarch* a. a. O. pag. 473. *in Pompeio.* pag. 623.) des Hortensius mit der Ehefrau des jüngern Cato; (*Plutarch in Caton. Min.* pag. 771.) des Antonius mit der Octavia; (*Dio Cassius* Lib. 48 c. 31.) des Caligula mit der Milonia Cäsonia, (*Dio Cassius* Lib. 59. c. 23.) u. dergl. m.

Recht sich selbst Gesetze zu geben ganz entzogen war, wie den Colonien, oder den wesentlichsten Beschränkungen unterlag, wie in den *Municipiis fundanis*,[74]) auch die Befugnis Privilegien zu ertheilen ganz oder zum Theil entbehrt haben. Doch erhielt sich selbst bei diesen Städten für die Commune das Recht, insoweit als ihre innere Verwaltung frei von der Einmischung römischer Behörden war, einzelne ihrer Bürger von der Uebernahme städtischer Lasten zu entbinden; wie dies ein in ungleich späterer Zeit vorkommender Schatten dieses Rechts vermuthen läßt.[75])

In wie weit den römischen Beamten die Befugnis zugestanden habe, von bestehenden rechtlichen Vorschriften Ausnahmen zu statuiren, bedarf um so mehr einer genaueren Untersuchung, da ihnen, welchen Verfassungsmäßig keine Gesetzgebende Gewalt zukam, a priori das genannte Recht nicht beigelegt werden kann, und dennoch mehrere Verfügungen derselben, welche uns die Geschichte aufbewahrt hat, nur als Ausflüsse eben dieses Rechts erklärbar zu seyn scheinen. Wir beschränken uns hierbei auf streng historische Ueberlieferungen, und lassen die Aeußerung des Satyrikers Lucilius[76]) über die Entbindung von den

---

74) Vergl. das letzte Capitel der Tafel von Heraclea.

75) *L. 1. Cod. Iust. de decret. decurion. (Impp. Diocletian. et Maximian. AA. Ursatio.)* Exceptis, qui liberalium studiorum antistites sunt, et qui medendi cura funguntur, Decurionum decreto immunitas nemini tribui potest.

76) *Diomedes de Orat.* Lib. 3. pag. 483. (ed. *Putsch. grammat. veter.* Hanov. 1600. 4.) Lex Satyra, quae uno rogatu multa simul comprehendit. — Cuius legis *Lucilius*

Gesetzen durch einen Aedilen bei Seite liegen, indem hier unfehlbar eine bloße scherzhafte Anspielung auf die *Leges sumtuariae* zum Grunde liegt, wie aus andern Fragmenten des Lucilius,[77]) namentlich solchen, welche dem ersten Buche seiner Satyren angehört haben,[78]) hervorgeht. Anerkannt enthielten die Edicta Perpetua der römischen Beamten mehrere Ausnahmen von den bestehenden Vorschriften des Civilrechts, welche auch nicht selten mit dem Ausdruck *Beneficia Praetoris* u. s. w. bezeichnet werden;[78a]) allein nach der richtigen Ansicht von dem Wesen des Jus Honorarium, als eines bloßen Organs des durch Gewohnheit gebildeten Rechtes, (viva vox iuris civilis,) folgt, daß hier durchaus nicht die Beamten Schöpfer solcher Privilegien waren, sondern das Volk, also die im allgemeinen competente Behörde; ja das Beispiel von Verres zeigt unwiderleglich, daß wenn ein Magistratus in seinem Edict willkührlich das bestehende Recht modelte, die allgemeine Stimme sein Verfahren als ungültig verwarf.[79]) Eben so bilden ein blos scheinbares Argument die Erzählungen von Privilegien, deren Verleihung sich die römischen Magistratspersonen, beson-

meminit in primo: „*Per satyram Aedilem factum, qui legibus solvat.*"

77) *Festus.* v. *Tapullam.*

78) Vergl. *A. Gellius Noct. Attic.* Lib. 2. c. 24. Lib. 10. c. 20. *Nonius Marcellus de propriet. sermon.* Lib. 2. §. 694.

78a) Vergl. z. B. *Ulpiani Fragm.* Tit. 28. §. 12.

79) *Cicero in Verr.* Act. 2. Lib. 1. c. 40. sqq.

ders aber die Feldherrn und Provincialbeamten, de facto anmaaßten; indem sie z. B. bei Aushebungen für das Heer und bei der Entlassung dienstfähiger Soldaten einzelne höchst partheiisch begünstigten;[80]) oder einige Provincialen von öffentlichen Leistungen befreiten,[81]) partheiisch Recht sprachen,[82]) und namentlich sich Abweichungen von den ausdrücklichen Vorschriften ihrer eignen Edicte während der Amtsverwaltung erlaubten.[83]) Wie wenig ein solches eigenmächtiges Verfahren rechtliche Gültigkeit hatte, zeigt nicht blos der allgemeine Unwille, welcher hierüber laut wurde, und die Verachtung solcher Mittel von Seiten würdiger Beamten,[84]) sondern auch die Befugnis des Nachfolgers eines solchen Magistratus, dergleichen Verfügungen seines Vorgängers aufzuheben,[85]) so wie das

80) Ders. *pro Lege Manil.* c. 13. *Livius* Lib. 7. c. 39. vergl. c. 38. 41. Lib. 48. c. 14. fgg. Lib. 55. Epit. *Valer. Maximus* Lib. 9. c. 3. §. 7. *Cicero pro Fonteio.* c. 4. *in Verr.* Act. 2. Lib. 5. c. 24. fgg. c. 33. 39. 42. 50. fgg.

81) *Cicero de provinc. Consular.* c. 5. *in Pison.* c. 16. fgg. c. 35. fgg. *in Verr.* Act. 2. Lib. 4. c. 9. fgg. c. 67. Lib. 5. c. 17. 19. fgg.

82) Ders. *in Verr.* Act. 2. Lib. 2. c. 27. fgg. c. 49. fgg.

83) *Dio Cassius Fragm. Histor.* No. 53. ed. *Reimar. Cicero ad Attic.* Lib. 5. Ep. 21. Lib. 6. Ep. 1. *ad Famil.* Lib. 13. Ep. 59.

84) Vergl. die Citate in not. 79. — 83.

85) *Valer. Maximus* Lib. 9. c. 3. §. 7. *Cicero in Verr.* Act. 2. Lib. 2. c. 22. fgg. *Plutarch in Pompeio.* pag. 635.

Einschreiten der Gesetzgebung, welche diesen Misbräuchen zu steuern bemüht war, z. B. die Lex Cornelia, die den Magistratspersonen jede Abweichung von ihren Edictis perpetuis untersagte. [86]) Ungleich bedeutender sind die Beispiele von Edictis repentinis der Dictatoren, Consuln, u. a. m., welche bei dringenden Veranlassungen Ausnahmen von dem bestehenden strengen Recht statuirten, z. B. von der Strenge des Creditverfahrens zu Gunsten der dem Aufgebote zum Kriegsdienst folgenden Schuldner; [87]) ferner die Beispiele von Commissarien des römischen Volks, welche bei Ackervertheilungen gewisse Begünstigungen einzelner Colonisten aufstellten, [88]) oder bei Festsetzung der politischen Rechte einer unterworfenen Nation einigen der Besiegten bestimmte Vorrechte, wie Steuerfreiheit, Autonomie u. dergl. m. zuerkannten; [89]) nicht weniger die Beschlüsse der römischen Censoren, welche über verrätherische Soldaten ungewöhnliche Strafen verhängten, z. B. über die bei Cannä feldflüchtig gewordenen Legionen, [90]) oder welche einzelnen Personen das ausschließ-

---

86) *Ascon. Pedianus* ad *Ciceron. pro Cornel.* Orat. 1. in Argum. pag. 948. edit. *Graevii.* *Dio Cassius* Lib. 36. c. 23.

87) *Livius* Lib. 2. c. 24. c. 30. Lib. 24. c. 11. Lib. 43. c. 4. 11. vergl. Lib. 6. c. 27. 31. 32.

88) *L. 23. pr. Dig. de aqua et aquae pluv. arcend.*

89) *Livius* Lib. 38. c. 39. Lib. 45. c. 26. *Polybius* Lib. 22. c. 26. 27. edit. *Schweighaeus.* Vergl. *Cuiacius* Observation. Lib. 10. c. 5.

90) *Livius* Lib. 27. c. 11.

liche Benutzungsrecht an einer dem allgemeinen Gebrauch aller Staatsbürger überlassenen Sache verwilligten; [91]) u. dergl. m. Allein auch diese Argumente erhärten nicht, daß römische Beamte aus eigener Machtvollkommenheit von den allgemeinen gesetzlichen Vorschriften haben entbinden können. Bei den Edicten der oben bezeichneten Art ist es nicht zu übersehn, daß sie nach der ausdrücklichen Angabe der Klassiker in Folge eines ausdrücklichen Senatsbeschlusses bekannt gemacht wurden, (*Edicta ex Senatus Consulto proposita,*) mithin der das Edict erlassende Magistratus hier nur der Vollstrecker der Befehle des Senats, und folglich auch nicht denjenigen Beschränkungen unterworfen war, welchen sonst sein *Ius Edicendi* unterlag. Eben so wenig handelten die Commissarien, deren zuvor gedacht ist, als eigentliche Magistratspersonen, welches sie zum Theil nicht waren, sondern in Folge der ihnen gegebenen Vollmacht, welche sie entweder zu dergleichen Vergünstigungen ausdrücklich authorisirte, oder, indem sie ihnen im allgemeinen freie Hand ließ, sie stillschweigend verpflichtete, ihre getroffenen Einrichtungen

---

91) *Tabula Heracleensis* Lin. 82. *Aer. Britannic.* Quae loca servis publicis ab Censoribus habitandi, utendi causa adtributa sunt, ii quo minus iis locis utantur, e. h. l. n. r. *Ascon. Pedianus ad Ciceron. Divinat. in Caecil. c. 16.* Maenius, cum domum suam venderet Catoni et Flacco Censoribus, ut ibi basilica aedificaretur, exceperat ius sibi unius columnae, super quam tectum proiiceret ex provolantibus tabulatis, unde ipse et posteri eius spectare munus gladiatorium possent, quod etiam tum in foro dabatur.

dem Senat oder Volk hinterher zur Bestätigung vorzulegen. Bei den Censoren aber waren die scheinbaren Privilegien, welche von ihnen ausgingen, entweder nur Wiederholungen der im Senat oder in der Volksgemeinde laut geäußerten öffentlichen Meinung, wie z. B. bei der harten Sentenz gegen die Cannensischen Legionen; oder diese Verfügungen bildeten einen Theil der den Censoren namentlich zustehenden Amtsverrichtung, wie z. B. die Anweisung der Wohnplätze für die Sklaven des Staats; oder endlich die Censoren waren nur die Mittelspersonen zwischen dem Begünstigten und der Volksgemeinde, wie dies unfehlbar in der Erzählung des Asconius anzunehmen ist bei der Servitut, welche Mánius sich ausbedung, als er das Eigenthum seines Grundstücks an den Staat veräußerte.

Wir haben unsre Untersuchung bisher mit Beschränkung auf die Periode der freien Verfassung geführt. Unter der Herrschaft der Usurpatoren, von Marius bis auf die Triumvirn, wo die Zahl der Privilegien ungemein anwuchs, ging die Ertheilnng derselben zwar in der Regel von den nehmlichen Behörden aus, wie zuvor, indem sich die einzelnen Usurpatoren bald des Senats bald der Volksgemeinde als Organs bedienten, je nachdem sie bei dieser oder in jenem die willfährigsten Partheigänger zu erwarten hatten; jedoch nicht allein darin war eine wichtige Aenderung vorgegangen, daß diese Behörden meistens nur der Förmlichkeit wegen angegangen wurden, ohne, wie früher, nach eigenem freien Ermessen zu entscheiden, sondern vornehmlich darin, daß diese Usurpatoren nicht selten den Umweg der Bestätigung ihrer Gnadenverleihungen oder der Bezeugungen ihrer Ungnade durch eine der competenten Behörden verschmähten, und die Verleihung eines solchen Privilegiums sich allein anmaaßten.

Die Beweise für diese Behauptung sind in einer Reihe von Beispielen enthalten, von welchen wir hier nur die auffallendsten hervorheben. Marius ertheilte im Cimbrischen Kriege zweien Cohorten der Camertiner wegen bewiesener Tapferkeit sofort auf dem Schlachtfelde die römische Civität, ungeachtet der Bundesvertrag Roms mit Camerinum den Bürgern dieser Stadt die Gelangung zum römischen Bürgerrecht ausdrücklich versagt hatte:[92]) so wie Marius auch später während der bürgerlichen Stürme seinem Gehülfen Sulpitius vergönnte, das römische Bürgerrecht an Freigelassene und Leute jeder Art beliebig zu verschenken, oder auch zu verkaufen.[93]) Der Restitution von Proscribirten und flüchtig gewordenen Partheigängern gedenken wir hier nicht, denn da deren Entfernung von Rom nicht auf rechtlichem Wege vermittelt worden war, so schloß auch ihre Begnadigung kein Privilegium in sich: wohl aber gehört hieher die Zurückberufung mehrerer förmlich Verbannter, welche Marius und Cinna bei der Gemeinde der Plebejer durch die ihnen dienstbaren Tribunen bewirkten.[94]) Sulla bediente

92) *Plutarch in Mario.* pag. 421. edit. Francof. 1599. fol. Ders. *in Apophtegm. Roman.* pag. 202. *Valer. Maximus* Lib. 5. c. 2. §. 8.

93) *Plutarch in Sylla.* pag. 456.

94) *Dio Cassius Fragm. Histor.* No. 119. *Appianus de bello civili.* Lib. 1. c. 64. c. 70. edit. *Schweighaeus. Velleius Paterc. Hist. Rom.* Lib. 2. c. 20. 21.

sich zwar zur Ertheilung der Steuerfreiheit an einzelne Städte, und zur Bestrafung andrer städtischer Corporationen in Italien durch theilweise Entziehung der römischen Civität, der Form seinen Willen durch ein Senatus Consultum [95]) oder durch ein Volksgesetz [96]) bestätigen zu lassen; doch fehlt es auch nicht an Beispielen, daß derselbe für sich allein, insbesondre bei der Begnadigung von Verbannten, die Regel des Gesetzes gebeugt habe. [97]) Die Begünstigungen der Bewohner der Landschaft Pontus in Kleinasien, welche in den Pandekten Justinians [98]) erwähnt und daselbst dem Pompejus beigelegt werden, haben ohne Zweifel ihre Quelle in dem förmlichen Gesetzesantrage, durch welchen Pompejus die innern Verhältnisse der städtischen Corporationen in Pontus und Bithynien regulirte, und dessen Plinius [99]) häufig gedenkt. Julius Cäsar ließ die Privilegien, welche sich auf seine eigne Person bezogen, durch andere Behörden, und namentlich vom Senate, beschließen, [100])

95) *Appianus* a. a. O. Lib. 1. c. 79. *Cicero de Offic.* Lib. 3. c. 22.

96) *Cicero pro domo.* c. 30. *pro Caecina.* c. 33. — c. 36.

97) *Valer. Maximus* Lib. 7. c. 5. §. 5.

98) *L. 1. §. 2. Dig. ad municipal. (Ulpianus Lib. 2. ad Edict.) Celsus* etiam refert, *Ponticis* ex beneficio *Pompeii Magni* competere, „*Ut, qui Pontica matre natus esset,* „*Ponticus esset.*“

99) *Epistolar.* Lib. 10. Ep. 83. Ep. 113. Ep. 115.

100) *Livius* Lib. 116. Epit. *Suetonius in Iul. Caes.* c. 45. 76. 78. 79. 84.

dagegen bei den häufigen Vergünstigungen für dritte Personen, welche ihn zum Urheber hatten, und welche insbesondre in Bevorrechtungen der Soldaten,[101]) in Erlaß der Steuerpflichtigkeit für gewisse Districte in den Provinzen;[102]) in der Begnadigung von Verbannten,[103]) u. dergl. m. bestanden, wird uns, mit wenigen Ausnahmen,[104]) die Mitwirkung einer andern Behörde nicht genannt.

Bekannt ist es, wie diese Willkühr nach Cäsars Ermordung durch Antonius fortgesetzt wurde; der, unter dem Vorwande eines bereits von Cäsar gefaßten Beschlusses, Privilegien jeder Art auf die schaamloseste Weise verlieh, wiewol er sich dabei der Vermittelung des von ihm tyrannisirten Senates, oder auch der Volksgemeinde, auf welche er durch seine beiden Brüder den Tribun L. Antonius und den Prätor C. Antonius nach Gefallen einwirken konnte, zum Schein bediente.[105]) Den

---

101) *L 1. pr. D. de testament. milit.*

102) *Plutarch in Caesare.* pag. 730.

103) *Suetonius* a. a. O. c. 5. c. 41. c. 76. *Plutarch* a. a. O. pag. 725. *Dio Cassius* Lib. 39. c. 63. Lib. 41. c. 36. Lib. 44. c. 47. *Appianus* a. a. O. Lib. 2. c. 48. c. 107.

104) *Dio Cassius* Lib. 43. c. 27.

105) *Cicero ad Fam.* Lib. 12. Ep. 1. *ad Attic.* Lib. 10. Ep. 13. 14. Lib. 14. Ep. 13. *Philipp. Orat.* 1. c. 1. 10. *Orat.* 2. c. 14. 17. 23. 36. 38. *Orat.* 3. c. 4. 12. *Orat.* 5. c. 4. *Orat.* 7. c. 5. *Plutarch in Antonio.* pag. 922. *Dio Cassius* Lib. 44. c. fin. Lib. 45. c. 9.

höchsten Gipfel erreichte aber dieses Unwesen zur Zeit des Triumvirates, und später unter der Herrschaft von Antonius und Octavianus. Jeder dieser Usurpatoren für sich allein trug kein Bedenken, aus eigner Machtvollkommenheit Privilegien jeder Art zu verleihen,[106] und zwar nicht blos Verbannte willkührlich zu begnadigen,[107] sondern auch, zum Hohn der den Magistratswahlen vorgeschriebenen Gesetze, unbärtige Knaben zu obrigkeitlichen Aemtern zu befördern.[108] Ja selbst bei den Begünstigungen für ihre Hausgenossen[109] und nächste Verwandte, z. B. bei der Befreiung der Gemahlin und Schwester des Octavianus von der Geschlechtstutel und bei der Ertheilung der tribunicischen Unverletzlichkeit für dieselben,[110] scheinen sie allein die Entbindung von den Gesetzen sanctionirt zu haben; und nur bei der Heirath des Antonius und der Octavia wird, Behufs der Dispensation von dem Gesetz über Beobachtung des Trauerjahrs der Wittwe, der Mitwirkung des Senates gedacht.[111]

Wir wenden uns nunmehr zur Betrachtung der unter der Kaiserregierung bei Ertheilung von Privilegien als competent genannten Behörden. Hier nun führt, ganz

---

106) *Dio Cassius* Lib. 47. c. 2. c. 15. Lib. 49. c. 15. fgg. *Valer. Maximus* Lib. 6. c. 2. §. 12.

107) *Dio Cassius* Lib. 48. c. 36.

108) Ebendas. c. 43. Lib. 49. c. 42.

109) Ebendas. Lib. 48. c. 33. c. 45.

110) Ebendas. Lib. 49. c. 38.

111) *Plutarch in Antonio.* pag. 929.

abgesehn von allen historischen Zeugnissen, der veränderte Zustand der Gesetzgebung zu der Annahme, daß zu den unter der Republik bei der Entbindung von Gesetzen als thätig genannten Behörden vornehmlich noch der Kaiser hinzugekommen ist, und daß mit dem abnehmenden Einflusse der Volksgemeinde auf die Gesetzgebung auch die Competenz derselben hinsichtlich der Verleihung von Privilegien verhältnißmäßig immer mehr abnehmen und zuletzt ganz verschwinden mußte. Halten wir hiermit die Zeugnisse der Quellen zusammen, und zwar zunächst die allgemein gefaßten Aeußerungen derselben, so finden wir darin die Bestätigung des so eben Gesagten; nur dürfen wir nicht vergessen, daß in fast allen Zeugnissen dieser Art nicht blos auf die neu entstehenden, sondern auch auf die in einer weit früheren Vorzeit begründeten Privilegien Rücksicht genommen ist, und daher der Referent als die Quelle solcher Bevorrechtungen auch diejenigen Behörden nennen mußte, deren Competenz in seinem Zeitalter schon aufgehört hatte. So nennt das Prätorische Edict bei Gelegenheit der Fälle, in welchen eine Störung des allgemeinen Gebrauchsrechts an einem locus publicus statthaft seyn soll, die auf *Leges*, *Senatus Consulta*, *Edicta*, *Decreta Principum* beruhenden Ausnahmen;[112]) und es zählt zu den Gesetzen, durch welche gewissen Personen die Befugnis zur Postulatio entzogen seyn kann, die *Leges*, *Plebiscita*, *Senatus Consulta*, *Edicta*, *Decreta Principum.*[113]) Ulpian[114]) reducirt die Begünsti-

112) *L. 2. D. Ne quid in loco publ.*

113) *L. 1. §. 8. D. de postulando.*

gung gewisser Gottheiten, in Folge deren dieselben zur Erbeinsetzung fähig waren, ausschließlich auf *Senatus Consulta* und *Constitutiones Principum*; wol aus keinem andern Grunde, als weil auf diese, erst der spätern Zeit angehörende, Erwerbsquelle der todten Hand die Gesetzgebung des Volkes sich nicht erstreckt hatte, mithin auch nicht der *Leges* hierbei Erwähnung geschehn konnte. Theophilus[115]) nennt unter den Behörden, welche den Juristen das *Ius Respondendi* verleihen konnten, das Volk, den Senat und den Kaiser; was freilich in Bezug auf diesen Gegenstand, für welchen die ausschließliche Competenz des Kaisers gewiß nicht bezweifelt werden darf, eine Unrichtigkeit enthält, wie die Ausleger dieser Stelle schon früher bemerkt haben, und die Vergleichung der ächten Institutionen des Gajus[116]) bestätigt; was aber dennoch hinreichen dürfte, um das Zusammenwirken der genannten Behörden bei ähnlichen Veranlassungen zu bestätigen.

Wir wollen jetzt versuchen, gestützt auf die uns erhaltenen speciellen Zeugnisse der Klassiker, die Thätigkeit der einzelnen Behörden bei der Verleihung von Privilegien unter der Kaiserregierung genauer in's Auge zu fassen.

Was nun zuvörderst die Theilnahme der Volksgemeinde an diesem Vorrecht anbetrifft, so erscheint dieselbe gleich unter den ersten Kaisern sehr unbedeutend, wie theils die wenigen Beispiele von verwilligten Begünstigungen, theils der geringfügige Inhalt derselben darthun. Unter Au-

114) *Fragment.* Tit. 22. §. 6.

115) *Paraphras. Institution.* Lib. 1. Tit. 2. §. 8. edit. *Reitz.*

116) Lib. 1. §. 7. Vergl. oben die dritte Abhandl. not. 12.

gusts Regierung wird die plebejische Gemeinde als mitwirkend genannt, um die dem Souverain vom Senat dargebotenen knechtischen Auszeichnungen zu bestätigen.[117]) Ferner im Jahre d. St. 725 faßte die Volksgemeinde den unwürdigen Beschluß, daß dem Statilius Taurus zum Lohn für die Erbauung eines geräumigen steinernen Amphitheaters auf dem Marsfelde, welche derselbe aus eigenen Mitteln bestritten hatte, das Recht zu Theil werden sollte, halbjährig die Wahl eines der Prätoren zu bestimmen.[118]) Unter Tiberius verhieß die Lex Visellia den Schaarwächtern in Rom nach sechsjähriger Dienstzeit die Erlangung des Jus Quiritium.[119]) Aus dem Zeitalter Vespasians hat sich eine Inschrift erhalten,[120]) welche der Volksgemeinde die Competenz bei Verleihung der Immunität beizulegen scheint: jedoch die ganz ungewöhnliche Art der Bezeichnung, sodann die Verbindung, in welche hier der Ausdruck *Populus* gebracht ist, und mehr als dieses

117) *Macrobius Saturnal.* Lib. 1. c. 12. z. E. Augustus mensis antea Sextilis vocabatur, donec honori Augusti daretur ex Senatus Consulto. — Idem Plebiscitum factum est ob eandem rem, Sex. Pacubio tribuno plebem rogante.

118) *Dio Cassius* Lib. 51. c. 23.

119) *Ulpian. Fragm.* Tit. 3. §. 3. 5.

120) *Gruter Thesaur. Inscription.* pag. 243. No. 1. (Romae in basi grandi marmorea, inventa ad arcum Septimii.) *Victoriae. Imp. Caesaris. Vespasiani. Augusti. Sacrum. Trib. Suc. Corp. Iuliani. C. Iulius. Hermes. Mensor. Bis. Non. Incurat. Functus. Et. Nomine. C. Iulii. Regilli. Filii. De. Suo. Fecit. Cui. Populus. Eius. Corporis. Immunitatem. Sex. Centuriarum. Decrevit.*

alles der ganze, in damaliger Zeit nicht mehr zur Cognition des Volkes gehörige, Gegenstand ergeben, daß wir hierbei schwerlich an den *Populus Romanus* zu denken haben.

Das Recht des Senats von den Vorschriften der Gesetze zu entbinden war unter der Kaiserregierung, gleich dem Recht neue Gesetze zu geben, und gleich der Theilnahme an andern Zweigen des Regierungsrechts, zum Theil sehr prekärer Natur, und von der Persönlichkeit des Souverains im höchsten Grade abhängig. Zwar bedienten sich die ersten Kaiser fast gewöhnlich des Senats als ihres Organs bei Verfügungen im Fache der Gesetzgebung; jedoch war der Beschluß des Senats hierbei meistens eine leere Formalität, welche dem kundgewordenen Willen des Staatsoberhauptes zur Einkleidung diente, und einzelne Kaiser verfehlten nicht auf eine fast empörende Weise den Senat das Gewicht ihrer Despotie hierin fühlen zu lassen.[121]) Wenn daher Gravina[122]) auf die zahlreichen Beispiele von Verfügungen des Senats im Fache der Gesetzgebung die Behauptung stützt, daß dies Collegium fortwährend mit den Kaisern alle Hoheitsrechte

121) So heißt es in der Rede des Macrinus und Diadumenus an den Senat, welche uns *Capitolinus in Macrino.* c. 6. aufbewahrt hat: Antonino autem divinos honores et miles decrevit, et nos decrevimus; et vos Patres Conscripti ut decernatis, *cum possimus Imperatorio iure praecipere, tamen rogamus.* — Quae omnia vos impleri iubebitis, nobis religiose pro prioribus ambientibus.

122) *Lib. singular. de Romano Imperio.* c. 38.

getheilt habe, so ist dies ein arger Trugschluß. Am meisten bedienten sich die Kaiser der Vermittelung des Senats, wenn es darauf ankam, ihnen selbst, ihrer Familie, oder ihren Günstlingen Auszeichnungen zu verleihen, welche gegen die Regel des Gesetzes verstießen. Beispiele dieser Art, wo der knechtische Senat theils aus eigenem Antriebe, theils auf den ausdrücklichen Antrag des Souverains, das kaiserliche Haus und zum Theil auch die Freigelassenen des Kaisers mit Privilegien jeder Art überschüttete, finden sich bei den Historikern dieses Zeitraums in zahlloser Menge: wir übergehen dieselben hier, weil sie, mit wenigen Ausnahmen,[123]) weder unterhaltend noch belehrend sind.

Privilegien andrer Art, deren Verleihung dem römischen Senat beigelegt wird, finden sich zwar auch, doch lassen sie sich nicht in eine umfassende Uebersicht bringen. Wir wollen versuchen, die wichtigsten Beispiele, nach den einzelnen Kaisern geordnet, hervorzuheben.

Von Tiberius wird uns gesagt, er habe bei seinem Regierungsantritt den Senat im Besitz der meisten demselben bis dahin zugestandenen Verwaltungsrechte gelassen, unter andern der *cura vectigalium et monopoliorum*, der *prorogatio imperii*, der Verleihung einer *legatio libera* an Mitglieder seines Standes, u. dergl. m.[124]) Die *cura monopoliorum* scheint aber nur das

123) *Plinius Histor. Natur. Lib. 35. c. 18.* — ut Praetoria quoque ornamenta decerni a Senatu iubente Agrippina Claudii Caesaris viderimus. *Plinius Epistolar.* Lib. 7. Ep. 29.

124) *Suetonius in Tiberio.* c. 30. c. 31.

Aufsichtsrecht über bestehende Monopole und die Verhinderung von Misbräuchen bei deren Ausübung, nicht die Ertheilung neuer Bevorrechtungen dieser Art, begriffen zu haben; wie eine Parallelstelle des Plinius[125]) wahrscheinlich macht. Auch verdient die unter dieser Regierung erwähnte Verleihung von *ornamentis triumphalibus* durch den Senat,[126]) so wie die Bewilligung des Standesvorrechts an die Ritter sich der goldnen Ringe zu bedienen,[127]) hier genannt zu werden. Von Claudius erfahren wir, daß derselbe ebenmäßig die Vorrechte des Senates geschont, und z. B. bei der Zurückberufung von Verbannten, bei Verleihung des *ius nundinarum*, u. s. w., alles der Entscheidung dieses Collegiums anheimgestellt habe.[128]) Jedoch dies war mehr ein scheinbarer Vorwand, und nach dem Zeugnis glaubwürdiger Referenten[129]) eignete der nehmliche Kaiser sich das früher dem

---

125) *Histor. Natur.* Lib. 8. c. 37. z. E. Ipsum animal (herinaceum) non verentur plerique dicere vitae hominum supervacuum esse, si non sint illi aculei, frustra vellerum mollitie in pecude mortalibus data. Hac cute expoliuntur vestes. *Magnum fraus et ibi lucrum monopolio invenit, de nulla re crebrioribus Senatus Consultis, nulloque non Principe adito querimoniis provincialibus.* Vergl. *Cuiacius Observation.* Lib 10. c. 19.

126) *Tacitus Annal.* Lib. 2. c. 52.

127) *Plinius* a. a. O. Lib. 33. c. 2.

128) *Suetonius in Claudio.* c. 12. Vergl. *Brissonius Select. Antiquitatt.* Lib. 1. c. 15. und *Trekell* ebendas.

129) *Suetonius* a. a. O. c. 23. und *Dio Cassius* Lib. 60. c. 25.

Senat zustehende Recht an, Senatoren den Urlaub zur Abwesenheit von Rom zu ertheilen, indem er blos der Form wegen seine Genehmigung noch durch einen Senatsbeschluß bestätigen ließ. Unter der Regierung Domitians wird eines kaiserlichen Edictes gedacht,[130]) durch welches die Befugnis des Senates Abolitionen zu beschließen anerkannt, aber ihren Wirkungen nach beschränkt wurde. Zur Zeit Trajans entstanden einige Senatus Consulte, welche Begünstigungen für solche Sklaven enthielten, welchen durch letztwillige Verfügung die Freiheit zugesichert worden war;[131]) und Plinius[132]) legt dem Senat schlechthin das Recht der Strafschärfung und Milderung bei. Hadrian bewilligte dem Senat das Vorrecht, daß von den rechtlichen Entscheidungen desselben keine Provocation an den Kaiser eintreten sollte;[133]) von eben diesem Kaiser wird uns ferner berichtet, daß er wegen Entbindung einzelner Personen von den bei den Magistratswahlen geltenden Gesetzen Anträge an den Senat gemacht habe;[134]) so wie in die Regierung desselben auch einige Senatus Consulte fallen, welche andere Ausnahmen von

130) *L. 2. §. 1. D. de custod. et exhibit. reor.*

131) *L. 26. §. 7.* sqq. *L. 51. §. 4. D. de fideicommissar. libertatib.*

132) *Plinius Epistolar. Lib. 4. Ep. 9.* Et Caepio, *cum putaret licere Senatui, sicut licet, et mitigare leges et intendere*, non sine ratione veniam dedit facto, vetito quidem non tamen inusitato.

133) *L. 1. §. 2. D. A quib. appell. non lic.*

134) *Capitolinus in Marco Antonino.* c. 5.

bestehenden Gesetzen aufstellten.[135]) Von Antoninus Pius wird uns berichtet, daß dieser Kaiser wegen Begnadigung einiger von Hadrian verurtheilten unschuldigen Personen sich beim Senate verwendet habe;[136]) so wie derselbe auch dies Collegium zu einem Beschluß veranlaßte, durch welchen den öffentlichen Lehrern der freien Künste gewisse Vorrechte zugestanden wurden.[137]) Besonders bemerkenswerth ist die Erzählung des A. Gellius,[138]) daß zu seiner Zeit bei der Entbindung von den Vorschriften der Lex Papia über die Wahl Vestalischer Jungfrauen der Senat die competente Behörde sei. Von Marc Antonin werden mehrere Reden genannt, durch welche der Senat zu Begünstigungen gegen die gesetzliche Regel veranlaßt wurde, z. B. hinsichtlich der *in ius vocatio*,[139]) der Erlangung stillschweigender Pfandrechte,[140]) der Competenz zur Ernennung obrigkeitlicher Vormünder,[141]) u. dergl. m.

---

135) *Ulpianus Fragm.* Tit. 3. §. 3.

136) *Capitolinus in Antonino Pio.* c. 6.

137) *L 4. C. de professorib.*

138) *Noct. Attic. Lib. 1. c. 12.* Sed Papiam legem invenimus, qua cavetur, ut Pontificis Maximi arbitratu virgines e Populo viginti legantur, sortitioque in concione ex eo numero fiat; et cuius virginis ducta erit, ut eam Pontifex Maximus capiat, eaque Vestae fiat. Sed ea sortitio ex Lege Papia non necessaria nunc videri solet. Nam si quis honesto loco natus adeat Pontificem Maximum atque offerat ad sacerdotium filiam suam, cuius dumtaxat salvis religionum observationibus ratio haberi possit, *gratia Papiae Legis per Senatum fit.*

139) *L. 1. pr. D. de feriis et dilationib.*

Unter den folgenden Kaisern scheint die Concurrenz des Senates bei der Verleihung von Privilegien nach und nach immer seltner geworden zu seyn; und schon im Zeitalter von Alexander Severus erscheint dieses frühere Recht des Senates so gut wie ganz vernichtet. Während früher bei Begünstigungen für die kaiserliche Familie ohne Ausnahme der Senat als thätig erscheint[1], maaßten sich jetzt allmälig die Kaiser dieses Recht an, wie unverkennbare Spuren aus der Regierung Caligula's,[141 a] Vespasian's,[142] und Caracalla's[143] darthun; daher auch Ulpian[144] sich bestimmt dahin äußert, daß die Competenz bei Verleihung der seiner Person zustehenden Vorrechte an die Mitglieder seines Hauses dem Souverain gebühre. Zwar kommen später noch, unter der

---

140) *L. 1. D. In quib. caus. pignus.*

141) *L. 1. §. 1. D. de tutorib. et curator. dat. L. 44. pr. D. de excusationib.*

141 a) *Dio Cassius* Lib. 59. c. 3.

142) *Tacitus Histor. Lib. 2. c. 89.* Matrem — Augustae nomine honoravit (Vespasianus.)

143) *L. 12. pr. D. de Senatorib. (Ulpianus Lib. 2. de censibus.)* Nuptae prius Consulari viro impetrare solent a Principe, quamvis perraro, ut nuptae iterum minoris dignitatis viro nihilominus in Consulari maneant dignitate: ut scio Antoninum Augustum Iuliae Mammaeae consobrinae suae indulsisse.

144) *L. 31. D. de Legib.* Princeps legibus solutus est: Augusta autem licet legibus soluta non est, Principes tamen eadem illi privilegia tribuunt, quae ipsi habent.

Herrschaft des Gordianus[145]) und Tacitus,[146]) Beispiele vor, daß der Senat gerade bei dieser Gelegenheit von seinem ältern Rechte der Privilegienverleihung Besitz nahm; allein diese Ausnahmen waren blos vorübergehend. Eben so wird von Dio Cassius[147]) berichtet, die Ertheilung des *Ius liberorum*, welche früher dem Senat zugestanden habe, gehöre in seinen Tagen zu den Hoheitsrechten des Souverains. Die in dieser Periode dem Senat noch gebliebenen Trümmer seines ehemaligen Rechts sind kaum des Nennens werth; z. B. der unbedeutende Antheil an der Befugnis eine Abolition zu verfügen.[148])

---

145) *Capitolinus in Gordiano tertio. c. 32.* Familiae Gordiani hoc Senatus decrevit, ut a tutelis atque legationibus et a publicis necessitatibus, nisi si vellent, posteri eius semper vacarent.

146) *Vopiscus in Tacito. c. 9.* In eadem oratione (ad Senatum) fratri suo Floriano Consulatum petiit, et non impetravit, idcirco quod iam Senatus omnia nundina suffectorum Consulum clauserat.

147) *Lib. 55. c. 2.* Οἷς γὰρ ἂν τὸ δαιμόνιον, εἴτ᾽ οὖν ἀνδρῶν εἴτε γυναικῶν, μὴ δῷ τοσαυτάκις τεκνῶσαι, τούτων τισὶν ὁ νόμος, πρότερον μὲν διὰ τῆς βουλῆς, νῦν δὲ διὰ τοῦ αὐτοκράτορος, τὰ τῶν γεγεννηκότων δικαιώματα χαρίζεται. Quibus enim seu viris seu mulieribus fortuna tot liberorum negasset proventum, eorum nonnullis tamen lex, *antea quidem per Senatum, nunc autem per Imperatorem*, ius trium liberorum largitur.

148) *L. 12.* vergl. *L. 8. L. 9. L. 13. §. 1. D. ad S. C. Turpillian.*

Die Ausübung des Rechts Privilegien zu ertheilen durch den Souverain findet sich schon unter den ersten Kaisern; wie, außer einigen allgemeineren Zeugnissen der Quellen,[149] vorzüglich folgende einzelne Beispiele darthun. August ertheilte die Befreiung von der Grundsteuer, und zum Theil auch von andern bürgerlichen Lasten, einigen Distrikten in den Provinzen;[150] sodann auch den Aerzten,[151] und gelegentlich mehreren Individuen.[152] Derselbe verlieh den Rittern bei der *transvectio publica* die Dispensation von der *in ius vocatio*;[153] den Athleten bestätigte und erweiterte er ihre Privilegien;[154] den Vestalinnen conferirte er alle mit dem *Ius liberorum* zusammenhängende Vorrechte;[155] mehrere Weiber entband er von den Beschränkungen, an welche ihr Erbfolgerecht durch die Lex Voconia geknüpft war;[156] den Senatoren untersagte er sich über die Grenzen von Italien zu entfernen, und behielt sich vor von diesem Verbote zu dispensiren.[157] Von Tiberius wird uns berichtet, daß derselbe aus eigener Machtvollkommen-

149) *L. 1. pr. L. 2. L. 25. D. de testam. milit. L. 18. §. fin. D. de munerib.*

150) *Dio Cassius* Lib. 54. c. 9. c. 23.

151) Ebendas. Lib. 53. c. 30.

152) *Suetonius in Octavian.* c. 40.

153) Ebendas. c. 38.

154) Ebendas. c. 45.

155) *Dio Cassius* Lib. 56. c. 10.

156) Ebendas. a. a. O.

157) Ders. Lib. 52. cap. penult.

heit von der Verbindlichkeit zu Ableistung eines Eides freigesprochen,[158]) die Insignien des Consulates verliehen,[159]) und das Begnadigungsrecht an den vom Senate verurtheilten Personen ausgeübt habe.[160]) Caligula verfügte ebenmäßig ganz willkührlich, und ohne Zuziehung des Senates, Abolitionen und Begnadigungen,[161]) Befreiungen von den gesetzlichen Vorschriften bei der Bewerbung um Staatsämter,[162]) u. dergl. m. Claudius erlaubte sich gleiche Vorrechte: überdem machte er von der Strafschärfung bei seiner Jurisdiction großen Gebrauch;[163]) er verschenkte die äußern Ehrenrechte der Senatsmitglieder an Nichtsenatoren,[164]) verlieh die **ornamenta triumphalia** an Unmündige,[165]) die **iura maritorum** an die Mitglieder des Soldatenstandes,[166]) die Steuerfreiheit an mehrere Distrikte in den Provinzen,[167]) und begünstigte die Handelsleute, welche Getreide nach Rom führten.[168]) Unter Nero's Regierung werden

---

158) *Suetonius in Tiber.* c. 35.

159) Ders. *in Claud.* c. 5. *Tacitus Annal.* Lib. 4. c. 26.

160) *Tacitus* a. a. O. Lib. 3. c. 10—18. Lib. 4. c. 28—30.

161) *Suetonius in Caligula.* c. 15. c. 16. c. 28. *in Tiber.* c. 61.

162) *Dio Cassius* Lib. 59. c. 22.

163) *Suetonius in Claud.* c. 14. c. 15.

164) *Dio Cassius* Lib. 60. c. 23.

165) Ebendas. c. 31.

166) Ebendas. c. 26.

167) *Suetonius* a. a. O. c. 25.

168) Ebendas. c. 18. c. 19. *Ulpian. Fragm.* Tit. 3. §. 6.

mehrere vom Kaiser ausgegangene willkührliche Begnadigungen erwähnt,[169]) und nur als Ausnahme wird bemerkt, wenn der Senat dabei um Vermittelung angegangen wurde;[170]) auch ward hier den Soldaten die Befreiung von den Steuern auf demselben Wege zu Theil.[171]) Nach dem Zeugnis des Plinius entband Trajan selbst von den Vorschriften der *Leges annales*,[172]) von der Entrichtung der lästigen Erbschaftssteuer,[173]) überhaupt von der Uebernahme bürgerlicher Lasten,[174]) und legte sich allein das Begnadigungsrecht bei,[175]) so wie die Befugnis zu Verleihung des *Ius nundinarum.*[176]) Unter Hadrian's Regierung werden mehrere kaiserliche Constitutionen genannt, welche Begünstigungen theils für die Decurionen,[177]) theils für diejenigen enthielten, welche für die Getreidezufuhr über See nach Rom Sorge trugen:[178]) auch finden sich deutliche Spuren, daß dieser Kaiser von dem Recht der Strafschärfung und Milderung

169) *Suetonius in Nerone.* c. 39. *Tacitus Annal.* Lib. 13. c. 11. Lib. 14. c. 12. Lib. 15. c. 71.

170) *Tacitus* a. a. O. Lib. 14. c. 40.

171) Ebendas. Lib. 13. c. 51.

172) *Plinius Epistolar.* Lib. 7. Ep. 16.

173) Ders. *Panegyr.* c. 37 — c. 40.

174) Ebendas. c. 87.

175) Ders. *Epistolar.* Lib. 10. Ep. 68. vergl. Ep. 67. und 64. — 66.

176) Ebendas. Lib. 5. Ep. 4.

177) *L. 15. D. de poenis.*

178) *L. 5. §. 5. D. de iure immunitat.*

einen ausgedehnten Gebrauch gemacht hat.[179]) Von Antoninus Pius wird uns nicht blos eine Constitution über das Vorrecht der Philosophen die Uebernahme einer Vormundschaft abzulehnen,[180]) und ein Rescript genannt, welches den Bürgern von Ilium ein ähnliches, wiewol beschränkteres, Excusationsrecht zusicherte;[181]) sondern es werden auch häufige Abolitionen, als Beweis der Menschlichkeit des Kaisers, angeführt.[182]) Dem Kaiser Marcus Antoninus werden mehrere Constitutionen beigelegt, welche Befreiungen von der Annahme vormundschaftlicher Aemter bestimmten begünstigten Personen zusicherten,[183]) oder dieselben von andern lästigen Aemtern lossprachen;[184]) welche ferner die Testamentserrichtung der Haussöhne hinsichtlich ihres militärischen Sonderguts erweiterten,[185]) die *in ius vocatio* der Leidtragenden beschränkten,[186]) u. a. m. Auch wird bei demselben Kaiser die häufige Milderung der gesetzlichen Strafe als karakteristisches Zeichen seiner Rechtspflege gerühmt.[187])

179) S. *Dositheus Sentent. Hadriani.* §. 7. fgg. (in *A. Schulting Iurisprud. Ante Iustin.* Lips. 1737. 4. pag. 865. fgg.) *L. 2. D. de his qui sui vel. al. iur.*

180) *L. 6. §. 8. — 10. D. de excusationib.*

181) *L. 17. §. 1. D. eod.*

182) *Capitolinus in Antonino Pio.* c. 6. c. 7.

183) *L. 7. L. 26. D.* l. c.

184) *L. 5. §. 10. D. de iure immunitat.*

185) *Ulpian. Fragm.* Tit. 20. §. 10.

186) *L. 3. D. de in ius vocando.*

187) *Capitolinus in Marco Ant.* c. 24. c. 25. *Gallicanus in Avidio Cass.* c. 11. c. 12.

Wie unwürdig Commodus Privilegien nicht blos verschenkte, wie z. B. die ungeheuern Bevorrechtungen der Soldaten unter ihm zeugen;[188]) sondern auch verkaufte,[189]) ist bekannt genug.

Die klassischen Juristen aus dem Zeitalter von Septimius Severus und dessen Nachfolgern, deren Schriften in den Pandekten Justinians epitomirt sind, erwähnen bei Gelegenheit der einzelnen Privilegien nicht blos der möglichen Concurrenz der kaiserlichen Bestätigung, sondern sie geben ausdrücklich zu erkennen, daß bei allen dergleichen Verfügungen in ihren Tagen der Souverain die alleinige competente Behörde gewesen sei: so z. B. bei Verleihung des Rechts der ausschließlichen Benutzung einer res publica durch einzelne Staatsbürger;[190]) bei der Entbindung einer Wittwe von der Beobachtung des Trauerjahrs und von gewissen Benachtheiligungen einer zweiten Ehe;[191]) bei der Bewilligung der Testamentserrichtung durch oder für eine der gesetzlichen Regel nach zur

---

188) *Capitolinus in Pertinace. c. 6.* Timore sane Pertinax coactus, omnia, quae Commodus militibus et veteranis dederat, confirmavit.

189) *Lampridius in Commodo.* c. 14.

190) *L. 2. §. 10. 16. D. Ne quid in loco publ. L. 3. D. Ne quid in loco sacro. L. 14. §. 2. D. de servitutib. L. 1. §. 38. — §. 42. D. de aqua quotid. L. 18. §. 1. D. de aqua et aqu. pluv.*

191) *L. 10. pr. D. de his qui notant. infam. L. 12. pr. D. de Senatorib.* Vergl. *Panciroll. Thesaur. variar. lection.* Lib. 2. c. 9.

testamentifactio unfähigen Person;[192]) bei Verleihung des *Ius Italicum*, des *Ius Quiritium*,[193]) des *Ius liberorum*,[194]) *Ius nundinarum*,[194a]) der *venia aetatis*,[195]) bei der Zurückberufung von Verbannten,[196]) und bei einer großen Anzahl ähnlicher Vorrechte.[197]) So berichtet auch Marcianus,[198]) daß die Verleihung neuer Privilegien für städtische Corporationen, namentlich insoweit diese die Vorrechte ihres Communalvermögens beträfen, nur vom Souverain ausgehn könne: was denn auch die uns noch erhaltenen Aeußerungen einiger Kaiser bestätigen, z. B. in einem Rescript Trajans an Plinius,[199]) und in einem Edicte Nerva's.[200])

Hierbei sei es uns vergönnt folgende Bemerkungen an-

192) *L. 7. D. Qui testam. fac. poss. L. 43. pr. D. de vulg. et pupill. substitut.*

193) *L. 7. L. 8. D. de censib. Ulpian. Fragm.* Tit. 3. §. 1. 2.

194) *Ulpian.* a. a. O. Tit. 16. §. 1. *Paulus Rec. Sentent.* Lib. 4. Tit. 9. §. 9.

194a) *L. 1. D. de nundin.*

195) *L. 3. D. de minorib.*

196) *L. 1. §. fin. D. de quaestionib. L. 2. D. de sentent. pass. et restitut.*

197) Vergl. eine Zusammenstellung derselben bei *Hoffmann* in dessen *Histor. Iur. Rom.* Lib. 1. Cap. 1. Period. 5. Sect. 3. §. 11. not. a.

198) *L. 10. D. ad municipal.*

199) *Plinius Epistolar.* Lib. 10. Ep. 109. 110.

200) Ebendas. Ep. 66.

zuknüpfen. Die Quellen der sehr mannichfaltigen Vorrechte mancher Städte, namentlich in den Provinzen, waren äußerst verschieden; theils auf Verleihung ihrer alten Könige beruhend, theils auf verjährten Besitz gestützt, theils auf Vergünstigungen des römischen Volks und Senats, theils endlich auf die Gnade der Kaiser gegründet. [201]) Beispiele von Privilegien der zuletzt genannten Art kommen nicht weniger häufig vor, [202]) als umgekehrt Fälle, wo ein Kaiser einzelne Städte, welche die Treue gegen ihn verletzt hatten, an ihren Vorrechten verkürzte. [203]) Den Genuß ihrer früher erworbenen Privilegien stipulirten sich

---

201) *Suetonius in Claud. c. 25.* Iliensibus, quasi Romanae gentis auctoribus, tributa in perpetuum remisit: recitata vetere epistola graeca Senatus Populique Romani, Seleuco regi amicitiam et societatem ita demum pollicentis, si consanguineos suos Ilienses ab omni onere immunes praestitisset. *Tacitus Annal. Lib. 3. c. 60.* Sed Tiberius vim principatus sibi firmans, imaginem antiquitatis Senatui praebebat, postulata provinciarum ad disquisitionem Patrum mittendo. Crebrescebat enim graecas per urbes licentia atque inpunitas asyla statuendi. — Igitur placitum ut mitterent civitates iura atque legatos. — Magnaque eius diei species fuit, quo Senatus maiorum beneficia, sociorum pacta, Regum etiam, qui ante vim Romanam valuerant, decreta, ipsorumque numinum religiones introspexit, libero, ut quondam, quid firmaret mutaretve. Vergl. c. 61. — c. 63. und Lib. 4. c. 14.

202) *Tacitus Annal.* Lib. 12. c. 23. c. 61. *Dio Cassius* Lib. 71. c. 31. *Vopiscus in Saturnino.* c. 8.

203) *Spartianus in Severo.* c. 3. c. 9. *in Anton. Caracalla.* c. 1.

diese Städte in dem Bundesvertrage, durch welchen sie der römischen Herrschaft untergeben wurden, vorausgesetzt, daß nicht das Gesetz der Eroberung ihnen den Weg der Traktaten versperrt hatte; und dieser Vertrag bildete ohne Zweifel die Hauptgrundlage desjenigen, was in unsern Quellen so häufig unter der Bezeichnung *Lex civitatis*, *municipii etc.* vorkommt, und woraus die meisten Vorrechte der Commune abgeleitet werden.[203 a]) Die Einführung der Monarchie im römischen Staate hatte auf den Besitzstand dieser städtischen Privilegien gewiß keinen unmittelbar störenden Einfluß; bis Tiberius, vielleicht veranlaßt durch den bei Tacitus[204]) umständlich erörterten Streit der griechischen Städte über ihr Vorrecht ein Asyl zu halten, die Einrichtung traf, daß nur diejenigen Privilegien der Städte, welche von dem regierenden Kaiser einzeln ausdrücklich bestätigt wären, den Schutz der Gesetze genießen sollten.[205]) Diese Verordnung, deren Zweckmäßigkeit in Bezug auf usurpirte Vorrechte nicht geleugnet werden kann, hatte doch manche Nachtheile; und Kaiser Titus bediente sich daher des Mittels, diese Privilegien durch

203 a) Vergl. *Brissonius de Verborum Significat.* v. *Lex* §. 10. und *Heineccius* ebendas.

204) S. not. 201.

205) *Suetonius in Tito. c. 8.* Natura autem benevolentissimus, cum ex instituto Tiberii omnes dehinc Caesares beneficia a superioribus concessa Principibus aliter rata non haberent, quam si eadem iisdem et ipsi dedissent; primus praeterita omnia uno confirmavit edicto, nec a se peti passus est. Vergl. *Dio Cassius* Lib. 66. c. 19.

ein Gesetz mit einemmale zu bestätigen, wiewol mit Beschränkung auf die von den Kaisern verliehenen Vorrechte.[206] Dieses Verfahren beobachteten auch seine Nachfolger, z. B. Nerva,[207] und sogar Domitian,[208] wie es scheint sogleich beim Antritt ihrer Regierung;[209] und die fortan noch vorkommende gelegentliche Bestätigung einzelner Privilegien durch den regierenden Kaiser war entweder eine durch die Umstände veranlaßte bloße Wiederholung des frühern beim Regierungsantritte dieses Kaisers erlassenen Edictes,[210] oder bezog sich auf Privilegien, deren ursprüngliche Verleihung nicht bestimmt nachgewiesen werden konnte, oder deren Umfang einer nähern Bestimmung bedurfte;[211] denn sehr häufig beriefen sich auch noch in späterer Zeit die Städte auf solche Privilegien, deren Wirksamkeit dann aber immer von der kaiserlichen Bestätigung abhing.[211 a] Aus diesen Bemerkungen erklären

---

206) Vergl. die in der vorigen Note citirte Stelle des Suetonius.

207) *Plinius Epistolar.* Lib. 10. Ep. 66.

208) *Dio Cassius* Lib. 67. c. 2.

209) *L. 6. §. 8. D. de excusationib.*

210) *L. 12. L. 16. C. de sacrosanct. eccles. L. 13. L. 35. C. de episcop. et cleric. Constitut. de Iustinian. Cod. confirmando.* §. 4. Vergl. *Cuiacius Observation.* Lib. 15. c. 37.

211) *Plinius* a. a. O. Lib. 10. Ep. 56. 57. 109. 110. *Vopiscus in Saturnino.* c. 8. *Cuiacius Observation.* Lib. 10. c. 5. *L. 22. C. de decurionib.*

211 a) *L. 1. C. de bonis vacantib.*

sich manche scheinbare Widersprüche in den Quellen: z. B. die Angabe, daß ein und das nehmliche Vorrecht aus verschiedenen gesetzlichen Quellen herstamme;[212]) oder verschiedene Kaiser zu Urhebern habe;[213]) und so hat denn auch der von Gravina[214]) ganz gemisdeutete Bericht, daß die Bestätigung der Privilegien der Stadt Constantinopel öfters erneuert sei, seinen sehr guten Grund.

Unsrer obigen Behauptung, daß die klassischen Juristen aus dem Anfange des dritten Jahrhunderts n. Chr. dem Kaiser die alleinige Competenz bei der Verleihung von Privilegien beilegen, scheinen einige Aeußerungen der juristischen Quellen entgegen zu seyn. So z. B. die Stellen, in welchen unter den Behörden, von denen die Bestätigung der Zünfte,[215]) die Verleihung des Vorrechts an einen Beamten zu Ernennung eines Judex,[216]) oder eines obrigkeitlichen Vormundes,[217]) ausgegangen seyn kann, nicht blos der Kaiser, sondern auch die Volksgemeinde und der Senat namhaft gemacht werden. Auf diese Aeußerungen leidet die früher gemachte Bemerkung Anwendung, daß der Bericht der Quellen von solchen Privilegien, deren Ursprung

212) *L. 17. §. 1. D. de excusationib. L. 37. D. de reb. auctor. iudic. possid.*

213) *L. 22. C. de decurionib.* vergl. *L. 21. L. 62.* das. *Spanheim de usu et praest. numismatt.* Diss. 13. c. 1. Sect. 2.

214) a. a. O. c. 48.

215) *L. 3. §. 1. D. de colleg. et corpor. L. 1. pr. D. Quod cuiusq. univers. nom.*

216) *L. 12. §. 1. D. de iudiciis.*

217) *L. 6. §. 2. D. de tutel.*

zum Theil einer weit früheren Zeit angehört, keinen bündigen Beweis abgiebt, daß die Competenz aller derjenigen Behörden, welche daselbst genannt sind, auch noch in dem Zeitalter des Referenten fortgewährt habe; denn wenn gleich viele unter Alexander Sever's Regierung noch dauernde Bevorrechtungen sich auf Volksgesetze stützen mochten, so folgt daraus noch nicht, daß eben diese Gesetze damals noch die Quelle neu zu begründender Privilegien haben werden können. Bedeutender erscheint der auf eine Stelle Ulpians[218]) gestützte Einwand, in welcher der Jurist das Recht, gewissen Personen die ihnen durch das Gesetz abgesprochene Fähigkeit zur *postulatio* im Wege der Begnadigung wiederzugeben, dem Senate und dem Kaiser einräumt. Jedoch auch dies ist keine wichtige Instanz, denn Ulpian legt diese Worte ausdrücklich dem Pomponius in den Mund, der im Zeitalter der Antonine blühte, und er gedenkt mit keiner Silbe, daß die Competenz des Senates, welche damals noch unzweifelhaft war, zu seiner Zeit fortbestehe; ähnlich wie Ulpian in den Relationen andrer von ihm citirter Juristen unpraktisch gewordene Bestimmungen mit aufgenommen hat.[218 a])

Für die Periode der Nachfolger von Alexander Severus bedarf es kaum eines Beweises, daß die Kaiser sich die ausschließliche Competenz bei Ertheilung von Privilegien angemaaßt haben; denn die eigenen unzweideutigen Aeußerungen dieser Kaiser benehmen hier jeden

---

218) *L. 1. §. 9. §. 10. D. de postuland.*

218 a) S. oben die zweite Abhandl. not. 155. 260. fgg.

Zweifel.[219]) Das scheinbar widersprechende Zeugnis eines spätern Rhetors[220]) darf uns nicht irre machen, wiewol Gravina,[221]) der dasselbe wörtlich verstanden, sich dadurch zu der Behauptung hat verleiten lassen, als habe Constantin d. Gr. dem Senat alle Hoheitsrechte wiedergegeben, welche derselbe nur irgend in früherer Zeit ausgeübt hatte. Solche rhetorische Phrasen wollen nicht mehr bedeuten als wie ähnliche affectirte Aeußerungen der spätern Kaiser, daß dem Souverain in allen Staatsangelegenheiten der Senat zur Seite stehe;[222]) und überdem werden dieselben durch rhetorische Aussprüche des entgegengesetzten Inhaltes aufgehoben, namentlich durch die an den Kaiser gerichteten Klagen des Rhetors Themistius[223]) über die Nichtigkeit des Ansehns des Senates, welchen Widerspruch Gravina[224]) sehr ungenügend durch die ganz willkührliche, und allen historischen Zeugnissen widersprechende, Supposition entfernt, daß der Senat in Constantinopel hinter dem in Rom an Macht und Einfluß be-

---

219) Vergl. z. B. *Cod. Theod. Lib. 13. Tit. 3. c. 3. c. 4. c. 14. — 16. L. 12. C. Iust. de sacrosanct. eccles. L. 35. C. de episcop. et cleric. L. 3. C. de silentiar.*

220) *Panag. vet.* c. 6., welcher von Constantin d. Gr. sagt: Nam quid ego de tuis in curia sententiis atque actis loquar, quibus Senatui auctoritatem pristinam reddidisti?

221) a. a. O. c. 39.

222) *L. 5. pr. C. Iust. ad Leg. Iul. maiest. L. 8. C. de dignitatib.*

223) *Orat.* 1. 4. 14.

224) a. a. O. c. 44.

deutend zurückgestanden habe, indem Rom immer der Mittelpunkt des Reiches geblieben sei.

Was die Form der Constitutionen anbelangt, in welcher die Kaiser Privilegien ertheilten, so gedenken die allgemein abgefaßten Zeugnisse der Quellen, besonders die Stellen des Prätorischen Edictes,[225]) nur der Edicte und Decrete; wahrscheinlich deshalb, weil sie sich an das regelmäßige und feierliche Verfahren hielten. Andere unverdächtige Relationen lassen aber keinen Zweifel, daß auch die Form der Mandate,[226]) so wie die der Rescripte[227]) hierbei angewendet worden sei; von welchen die zuletzt genannten eine vorgängige Insinuation an die competente Obrigkeit erforderten, bevor von der darin enthaltenen Vergünstigung Gebrauch gemacht werden konnte.[228])

Das Recht der moralischen Personen, von ihren Statuten zu entbinden, wurde unter der Kaiserregierung, durch den immer wachsenden Einfluß des Kaisers und der römischen Beamten auf die gesammte Communalverwaltung bei denselben, bedeutend geschmälert. Beschlüsse der Gentes verschwanden, da das Institut der Gentilität selbst ein Ende nahm. Zwar kommen auch unter den Kaisern nachtheilige Privilegien vor, als Strafe verbrecherischer Familienglieder, denjenigen ähnlich, welche in früherer Zeit die Mitglieder einer Gens gefaßt hatten, z. B. Ausschließung der Imago eines Staatsverräthers aus der

---

225) S. oben not. 112. 113.

226) *L. 1. pr. D. de testam. milit.*

227) *Cod. Theod.* Lib. 15. Tit. 2. c. 2. c. 8. Tit. 3. c. 5.

228) *L. 11. Cod. Iust. de aquaeduct.*

Reihe seiner Ahnenbilder; [228 a)] indeß diese Verfügungen gingen vom römischen Senate aus, und das erste Beispiel dieser Art findet sich kurz vor dem Beginne von Augusts Alleinherrschaft, als der Senat beschloß, daß der Geburtstag des M. Antonius zu den *diebus nefastis* gezählt, die Standbilder desselben zerstört werden, und kein Mitglied der Gens Antonia fortan den Vornamen Marcus führen sollte. [228 b)] Von den Priestercollegien wurden zwar noch Privilegien in Bezug auf die ihrer Cognition anvertrauten Gegenstände ertheilt, aber durch den Kaiser in der Qualität als Pontifex Maximus; und was aus der Regierungsperiode des Alexander Severus von der freien Ausübung der Jurisdiction über Gegenstände des Cultus durch die Pontifices berichtet wird, [229)] entscheidet, auch wenn es als Regel für den ganzen Abschnitt der Kaiserregierung betrachtet werden könnte, um so weniger etwas, da die Priester selbst zur Zeit des Freistaates bei ihrer Rechtspflege der Oberaufsicht der Staatsbehörde unterworfen waren. [230)] Bei den übrigen Zünf-

228 a) Vergl. *Tacitus Annal.* Lib. 2. c. 32. Lib. 3. c. 17. c. 18. Lib. 11. c. 35. (und J. Lipsius ebendas.) Lib. 16. c. 12.

228 b) *Dio Cassius* Lib. 51. c. 19. *Plutarch in Ciceron.* cap. fin.

229) *Lampridius in Alexand. Sever. c. 22.* Pontificibus tantum detulit et Quindecim viris atque Auguribus, ut quasdam causas sacrorum a se finitas iterari et aliter distingui pateretur.

230) *Ascon. Pedian. ad Ciceron. pro Milone.* c. 12. *Cicero de haruspic. respons.* c. 7.

ten, wenigstens bei denen der Magistratsdiener, wird freilich dem Präpositus Collegii das Recht eingeräumt, den Mitgliedern Befreiungen von Dienstleistungen zu gestatten;[231] dies war aber wol ein bloßer Ausfluß der Disciplinargewalt, ähnlich wie das oft schmählich gemisbrauchte Recht der Centurionen beim Heere, die ihnen untergebenen Soldaten von Dienstarbeiten zu entbinden.[232])

Es bleiben uns nur noch die städtischen Corporationen, deren Befugnis zur Verleihung von Privilegien unter der Kaiserregierung verschwinden mußte, da ihre Abhängigkeit immer zunahm und die Autonomie ihnen entzogen war. Dies beweisen die kaiserlichen Constitutionen, in welchen die Versuche der Decurionen, in einzelnen Fällen Begünstigungen unbedeutender Art den Mitgliedern ihrer Commune zu ertheilen, mit der Benennung *ambitiosa Decurionum decreta* vervehmt, und theils im allgemeinen,[233]) theils namentlich in Bezug auf die Befreiung von bürgerlichen Lasten,[234]) und auf die *Restitutio*

---

231) *Papian. Respons.* Tit. 30. (nach dem *Ius ante Iustinian.* edit. Berolin.; nach *Schulting Iurisprud. Antejust.* Tit. 29.) Ipsi etiam apparitores cognoscant, quod eis a suscepto officio discedere non licebit, nisi vacationis beneficium a Principe Officii consequantur.

232) Vergl. besonders *Tacitus Annal.* Lib. I. c. 17. c. 35. c. 58. (und Just. Lipsius ebendas.) *Histor.* Lib. I. c. 46.

233) *L. 4. D. de decret. ab ordine fac. L. 2. C. de decret. decurion.*

234) *L. 4. D. cit. L. 6. §. 3. §. 4. D. de excusationib.*

natalium[235]) nachdrücklich untersagt werden, mit dem Zusatz, daß dergleichen Vergünstigungen nur von den competenten römischen Behörden, insbesondre aber vom Kaiser, gültig zu erlangen seien. Die scheinbar widersprechende Verfügung von Diocletianus und Maximianus[236]) muß mit Zuziehung desjenigen, was die Pandekten hierüber vorschreiben,[237]) erklärt und das Recht der Decurionen darauf beschränkt werden, Gelehrte in die gesetzlich bestimmte Anzahl der privilegirten Rhetoren, Aerzte u. s. w. aufzunehmen.

Hinsichtlich der Befugnis der Beamten von gesetzlichen Vorschriften zu entbinden hat sich unter der Kaiserregierung im Verhältniß zu der früheren Zeit nichts wesentlich geändert. Factische Anmaaßungen dieses Rechts kamen freilich auch vor, und häufiger als in der Periode der freien Verfassung: so z. B. unter Domitian, wo die Macht der Präfecti Prätorio so bedeutend wuchs, fin-

235) *L. 1. C. de iure aureor. annulor.*

236) *L. 1. C. de decret. decurion.* Exceptis, qui liberalium studiorum antistites sunt, et qui medendi cura funguntur, Decurionum decreto immunitas nemini tribui potest.

237) *L. 6. §. 2. D. de excusationib.* Est autem et numerus rhetorum in unaquaque civitate, qui vacationem munerum habent. — §. 3. Excedere quidem hunc numerum non licet, neque sententia Senatus, neque alia qua adinventione; minuere autem licet, quoniam pro civilibus muneribus apparet hoc tale factum. §. 4. Et utique non aliter de immunitate hac fructum habebunt, nisi decreto Senatus inscripti fuerint numero concesso, et circa operationem se negligenter non habeant.

den wir diese Beamten in dem usurpirten Besitz des Rechts, Privilegien jeder Art nach Willkühr zu verleihen;[238]) auch wird es von mehreren Kaisern als ein Zeichen strenger Rechtspflege gerühmt, daß sie vor ihrer Gelangung zum Thron beim Heere oder als Provincialstatthalter sich reichliche Strafschärfungen erlaubt haben.[239]) Die Gesetzgebung hat aber eine solche Befugnis der Beamten nie anerkannt, vielmehr dieser Anerkennung durch ausdrückliche Verbote entgegengewirkt, z. B. hinsichtlich der Begnadigung straffälliger Personen,[240]) welches Verbot ausdrücklich in die Mandata für Provincialbeamte eingerückt wurde;[241]) ferner hinsichtlich der Ertheilung der *Venia aetatis*,[242]) der Befreiung von bürgerlichen Lasten,[242a]) der Verfügung von Veränderungen im Gebrauch einer *res publica*,[243]) u. dergl. m. Daher denn auch der jüngere Plinius, als Statthalter, bei jeder zu begründenden Ausnahme von einer gesetzlichen Vorschrift zuvor die Genehmigung des Kaisers einholte, wie die Lectüre des zehnten Buches der Briefe desselben darthut. Selbst bei solchen Acten der Rechtspflege, wo das Arbitrium der Beamten einen freiern Spielraum hatte, z.

---

238) *Lampridius in Commodo.* c. 6.

239) *Suetonius in Galba.* c. 9. *in Vitellio.* c. 7. c. 8.

240) *L 31 D de poenis. L. 1. §. 10. D. de postulando.*

241) *Plinius Epistolar.* Lib. 10. Ep. 64. 65.

242) *L. 1. § fin. — L 3 pr. D. de minorib.*

242 a) *L. 14. C. de decurionib.*

243) *L. 3. §. 4. D. Quod vi aut clam. L. 6. D. de operib. publ. L. 1. C. eod.*

B. bei der Wiedereinsetzung in den vorigen Stand, waren Entbindungen von ausdrücklichen Verboten der Gesetze dem Souverain ausschließlich vorbehalten,[244]) und wo wir dennoch dergleichen Privilegien von einem römischen Magistratus ausgehn sehen, da war demselben das Recht dazu besonders conferirt worden, z. B. durch das Localrecht der Provincialstädte,[245]) oder durch den Gerichtsgebrauch,[246]) oder durch kaiserliche Vergünstigung, und zwar im letzten Falle entweder nur für besonders dringende Veranlassungen,[247]) oder überhaupt, wie z. B. bei der Verfügung von Abolitionen.[248]) Andere Ausnahmen sind nur scheinbar.[249])

Uebrigens bedarf es kaum der Bemerkung, daß die Günstlinge des Kaisers, und namentlich die Freigelassenen, welche unter einzelnen despotischen Regierungen, z. B. unter der des Claudius, Nero, Galba, Commodus, Elagabalus, u. a. m.[250]) Privilegien

244) *L. 9. §. fin. L. 10. D. de minorib.*

245) *L. 3. §. 4. D. quod vi aut clam.*

246) *L. 20. pr D. de bon. libertor. L. 8. L. 20. D. de condit. et demon. L. 29. § 2. D. de testam. milit.*

247) *L. 16. D. ad Leg. Corn. de sicar.*

248) *L. 1. §. 8. D. ad Sen. Consult. Turpil.* und *Tit. Cod. de abolitionib.*

249) So z. B. bei der Benutzung einer *res communis.* Denn das *decretum Praetoris*, dessen die *L. 50. D. de adquir. rer. domin.* gedenkt, betrifft wol nicht die Verleihung eines privilegirten Gebrauchsrechts, sondern mehr die Anerkennung eines anderweitig begründeten gültigen Rechtstitels.

250) *Plinius Histor. Natur.* Lib. 33. c. 3. *Suetonius in*

auf die schimpflichste Weise ertheilten, unmöglich zu den competenten Behörden, welchen die Ausübung dieses Hoheitsrechtes gültig zustand, gezählt werden können.

Anhang.

Ueber
die Dispensation von Eheverboten.

Wiewol die bisherige Untersuchung sich auf Privilegien jeder Art, mithin auch auf die Dispensationen, erstreckt hat, und der Verfasser hinsichtlich der Competenz der Behörden für jetzt nichts weiter zur Aufklärung dieses Gegenstandes aus den Quellen beizubringen weiß; so hält er es doch der Mühe werth nachträglich in Erwägung zu ziehen, inwieweit die Römer die Dispensation von den gesetzlichen Vorschriften in Bezug auf Eheverbote, besonders bei verwandten Personen für zulässig erklärt, und ob sie einen ausgedehnten Gebrauch davon gemacht haben. Nicht blos das Interesse des Gegenstandes an sich, sondern auch die nichts weniger als richtigen Vorstellungen neuerer Juristen hiervon haben ihn darauf geleitet.

In der Periode der freien Verfassung Roms findet sich kein sicheres Beispiel einer Entbindung von den auf der Verwandtschaft der Contrahenten beruhenden Ehever-

---

Claudio. c. 29. *in Galba.* c. 15. *Dio Cassius* Lib. 60. c. 17. Lib. 63. c. 12. Lib. 72. c. 12. *Lampridius in* Elagab. c. 6. c. 10. — c. 12.

boten. Die Erzählung des Plutarch,[251]) daß zuerst auf Veranlassung der Heirath eines verdienten und allgemein beliebten Mannes, dessen Namen und Zeitalter aber nicht näher bezeichnet werden, die Ehe der Geschwisterkinder durch das Volk genehmigt sei, anfangs für den einzelnen Fall, sodann aber durch ein allgemeines Gesetz; diese Erzählung hat nicht den mindesten Anspruch auf historische Glaubwürdigkeit, und der richtigern Erklärung zufolge war auch die Ehe der *consobrini* bei den Römern durch kein Gesetz verboten, sondern blos factisch unbekannt.[252]) Eben so wenig entscheidet gegen unsere Annahme was Cicero[253]) von der ehelichen Verbindung der Mutter seines Clienten mit ihrem Schwiegersohne A. Aurius Melinus in Larinum berichtet: denn abgesehn davon, daß der Fall sich nicht zu Rom ereignet hatte, und uns die genaueren Umstände über die Authorisation durch die Staatsbehörde unbekannt sind, so ist auch nicht zu übersehn, daß Cicero's Aeußerungen bei dieser Gelegenheit den Abscheu der Römer gegen dergleichen Verbindungen deutlich an den Tag legen. Dagegen die Bemerkung des Dionysius von Halicarnaß,[254]) bei Gelegenheit der Ehe des nachherigen Königes Tarquinius mit seines Bruders Weib, daß dergleichen Verbindungen den Römern so wie den Griechen unbekannt gewesen seien, ist auf die frühere Periode des römischen Staates zu beschränken, und

251) *Quaestion. Roman.* c. 6.

252) *Tacitus Annal.* Lib. 12. c. 6.

253) *pro Cluentio.* c. 5. c. 6.

254) Lib. 4. c. 79.

von keinem gesetzlichen Verbote zu deuten; denn die Heirath des Crassus mit seiner Schwägerin[255]) wird als etwas gar nicht Beispielloses und der Dispensation Bedürftiges angeführt, auch bezeugen die späteren Rechtsquellen,[256]) daß die Ehe des Schwagers und der Schwägerin früher gesetzlich zulässig gewesen sei, so wie denn noch unter den christlichen Kaisern Beispiele von ihr vorkommen;[256 a]) das widersprechende Zeugnis des Gajus[257]) ist aber von keiner Bedeutung, da die Vergleichung mit den ächten Institutionen dieses Juristen[258]) ergiebt, daß dort der Text des Römers von den Westgothen interpolirt ist.

Dagegen von andern gesetzlichen Hindernissen der Ehe waren Befreiungen im Wege der gewöhnlichen Privilegienverleihung von jeher zulässig und gewöhnlich. Das älteste Beispiel würde das der Vestalin Caja Tarratia seyn, zu deren Bevorrechtungen auch die Erlaubnis zu heirathen gehört haben soll:[259]) indeß wenn gleich diese Angabe in sich nichts Widersprechendes enthält, indem die Vestalischen Jungfrauen dem Gesetz zufolge sich nach dreißigjäh-

---

255) *Plutarch in Crasso.*

256) *Cod. Theod.* Lib. 3. Tit. 12. c. 2.

256 a) S. *Hugo Grotius Florum sparsio ad Ius Iustinian. Codic. Iust.* Lib. 5. Tit. 5. pag. 386. ed. Hal. 1729. 8.

257) *Institution.* Lib. 1. Tit. 4. §. 7. im *Breviar. Alarician.*

258) Lib. 1. §. 63. Vergl. oben die dritte Abhandl. not. 67. — 70 a.

259) Vergl. oben not. 8. 9.

riger Dienstzeit verehelichen durften;[260]) so verliert sie doch dadurch alle Bedeutung, daß sie sich unter allen Referenten bei Plutarch allein vorfindet, und von diesem selbst als fabelhaft bezeichnet wird. Dagegen von verbürgter historischer Aechtheit ist die im Jahre d. St. 566 durch die Staatsbehörde der Fecennia Hispala der Angeberin des Unfugs der Bacchanale, bewilligte Auszeichnung, daß die gesetzliche Vorschrift, nach welcher es für einen Freigebornen schimpflich war, eine freigelassene Sklavin zu heirathen, auf diese Frau keine Anwendung leiden solle;[261]) sodann die Befreiung der Octavia von der Beobachtung des Trauerjahres, als sie mit dem M. Antonius die Ehe vollziehen sollte.[262])

Unter der Kaiserregierung war die Dispensation von den nicht auf der Verwandtschaft beruhenden Eheverboten ebenfalls anerkannt zulässig, und ihr Gebrauch ungleich häufiger als unter der Republik. Die neueren Restitutoren der Fragmente der *Lex Iulia de maritandis ordinibus* nehmen einstimmig in dieselbe die Clausel auf: daß von den durch dies Gesetz ausgesprochenen Eheverboten der competenten Staatsbehörde die Dispensation vorbehalten seyn solle. Welche Behörde aber dabei als competent genannt sei, ist unter diesen Gelehrten nicht ausgemacht; indem Jacob. Gothofredus[263]) für die ausschließ-

260) *Dionys. Halycarn.* Lib. 2. p. 127. edit. *Sylburg.*

261) *Livius* Lib. 39. c. 19.

262) S. oben not. 111.

263) In den *Quatuor Fontes Iur. Civ. Leg. Iuliae.* c. 19. (*Ev. Otto Thesaur.* Tom. III. pag. 226.)

liche Berücksichtigung der Volksgemeinde, Heineccius[264]) aber eben so für die des Senates streitet. Indeß, wenn es gleich sehr zweifelhaft ist, ob die Lex Julia wirklich diesen Zusatz enthalten habe, und für den Fall, daß dies erweislich wäre, leicht beide Partheien hinsichtlich der Competenz der Behörden zugleich Recht haben könnten, indem die gleichmäßige Befugnis beider genannten Behörden zur Verleihung von Privilegien in der Zeit der Abfassung dieses Gesetzes noch unzweifelhaft, und es dem Styl der alten Gesetze eigen war, mehrere competente Behörden vereint zu ernennen; so fehlt es doch nicht an direkten Argumenten, daß die Kaiser Befreiungen von den Eheverboten der Lex Julia für vollkommen zulässig gehalten, und von deren Verleihung Gebrauch gemacht haben;[265]) ja Justinian, bevor er die Ehe mit gewesenen Schauspielern für absolut zulässig erklärte,[266]) verhieß den bekehrten Schauspielerinnen ausdrücklich für den Fall ihrer Verheirathung die Dispensation von dem Eheverbot der Lex Julia, sobald sie darum nachsuchen würden.[267]) So wird auch in den Pandekten[268]) die kaiserliche Dispensation von Beobachtung des Trauerjahres als ein unfehlbares Mittel für die zu einer neuen Ehe schreitende Wittwe genannt, um der im Gesetz angedroh-

---

264) In dem *Commentar. ad Leg. Iul. et Pap.* Lib. 1. 3. C. c. 33. der *Lex Iulia.*

265) *L. 31. D. de ritu nuptiar.*

266) *L. 29. C. de nuptiis.*

267) *L. 23. C.* ebendas.

268) *L. 10. pr. D. de his qui notant. infam.*

ten Strafe der Ehrlosigkeit zu entgehn; und Caligula namentlich soll von der Verleihung dieser Begünstigung einen sehr ausgedehnten Gebrauch gemacht haben.[269]) Schon unter August findet sich ein Beispiel einer Dispensation von den Strafen der Heirath des Ehebrechers und der Ehebrecherin; wiewol nur in Beziehung auf die censorische Notation.[270]) Auch daß von dem Verbot der Ehe zwischen Vormund und Mündel die Kaiser Befreiungen ertheilt haben, zeigen unverkennbare Spuren.[271])

Von den Verboten blutschänderischer Ehen aber ist unter den ersten Kaisern die Dispensation nicht als ein allgemein zulässiges und übliches Befreiungsmittel anerkannt,[272]) und gerechte Kaiser erlaubten sich nur aus besonders dringenden Gründen hier zu Gunsten der Kinder von dem Recht der Begnadigung Gebrauch zu machen.[273]) Unter den spätern Kaisern wurden incestuose Ehen zwar nicht ausdrücklich bestätigt, aber doch geduldet; und der damit getriebene Misbrauch scheint über allen Begriff arg gewesen zu seyn, wie wir aus einem Gesetze Diocletian's[274]) abnehmen können, welches dergleichen Verbindungen mit neuen Strafen bedroht. Die Schwäche der Staatsverwaltung wurde aber durch diese erneuten Verbote nicht gehoben, und unter allerlei Vorwänden wuß-

---

269) *Dio Cassius* Lib. 59. c. 7.

270) Ebendas. Lib. 54. c. 16.

271) *L. 7. C. de interdicto matrimon.*

272) *L. 38. §. 6. D. ad Leg. Iul. de adulter.*

273) *L. 57. §. 1. D. de ritu nuptiar.*

274) *Collatio Legg. Mosaic. et Rom.* Tit. 6. §. 4.

ten sich die Staatsbürger kaiserliche Rescripte auszuwirken, welche diese Verbindungen genehmigten. Diesen Misbräuchen steuerten die Kaiser, nach ihrer Art, durch Declamationen, wovon im Theodosischen[275]) und Justinianischen Codex[276]) Proben genug erhalten sind. Unter Honarius und Theodosius sind die Dispensationen von dem Verbot der Heirath zwischen nahen Verwandten, wenigstens für Geschwisterkinder, als vollkommen zulässig anerkannt.[277]) Die Nachfolger dieser Kaiser, und insbesondre Zeno Isauricus, bedienten sich des Dispensationsrechtes bei diesen Eheverboten ohne Unterschied, und trieben damit den unverschämtesten Handel;[278]) bis Anastasius dieser Unsitte ein Ende machte, und die blutschänderischen Ehen mit neuen Strafen bedrohte.[279]) Zeno erließ Gesetze in demselben Geiste, und verbot ausdrücklich jedes Gesuch um Befreiung von der Vorschrift derselben.[280]) Auch unter Justinians Regierung werden wir keine Aenderung dieses Zustandes gewahr.

---

275) Lib. 3. Tit. 10.

276) Lib. 5. Tit. 8.

277) *Cod. Theod.* Lib. 3. Tit. 10. c. 1.

278) *L. 9. Cod. Iust. de incest. nupt. Cuiacius Observation.* Lib. 8. c. 28.

279) *L. 9. C.* a. a. O.

280) *L. 2. C. si nuptiae ex rescript. petant.*

Fünfte Abhandlung.

Kritische Bemerkungen über einzelne Pandekten-Fragmente.

Der neuesten Zeit bleibt das unleugbare Verdienst, die Grundlagen für die Kritik des Textes der Justinianischen Rechtsbücher überhaupt, und der Pandekten insbesondre; ungleich umsichtiger, als die Vorzeit dies gethan, festgestellt und somit einem künftigen Kritiker den Weg bedeutend geebnet zu haben. Dies ist nicht blos durch die Ausmittelung des richtigen Verhältnisses, in welchem die Florentinische Handschrift zu den *Codicibus Vulgatis* der Pandekten steht,[1]) bewirkt worden; sondern vorzüglich durch die verdienstlichen Untersuchungen Cra-

1) Ed. Schrader über eine neue Handausgabe des Justinian. Gesetzbuches. §. 14. (in dessen Abhandlungen aus dem Civilrecht. 1r Bd. Hannov. 1808.) v. Savigny Geschichte des Röm. Rechts im Mittelalter. Bd. II. S. 147. fgg.

mers[2]) und Savigny's[3]) über die eigentliche Bedeutung der Lectio Vulgata und deren Zusammenhang mit der Recensio Bononiensis; so wie durch die Hinweisung auf Rechtssammlungen des Mittelalters, welche Excerpte der Justinianischen Rechtsbücher aus Handschriften derselben entlehnt haben, deren Unabhängigkeit von der Recensio Bononiensis der Zeit nach nicht bezweifelt werden kann.[4])

Die schätzbaren Darstellungen von Schrader[5]) haben ergeben, wie unendlich viel die Gebauer-Spangenbergsche Ausgabe des Corpus Juris Civilis noch zu wünschen übrig lasse, indem derselben nicht einmal das Prädikat einer vollständigen kritischen Compilation mit einigem Grunde beigelegt werden kann: sie haben ferner gezeigt, daß eine vollständige Collation der vorhandenen Handschriften und alten Drucke der Rechtsbücher Justinian's unerläßlich sei, und die reichste Ausbeute verspreche; so wie, daß in der Glossa perpetua und den sonstigen noch vorräthigen Commentaren der Juristen aus der Glossatorenperiode eine reiche Erndte von Varianten aus

2) *De verborum significatione Tituli Pand. et Cod. cur. Cramer.* Kil. 1811. 8. Praefat. pag. XIII. fgg.

3) a. a. O. S. 149.

4) Savigny a. a. O. S. 151. fgg. S. 393. — 443.

5) a. a. O. Vergl. dessen Bemerkungen über Berichtigung des Textes der zum Corp. Jur. Civ. gehörigen Rechtsbücher (in Hugo's Civil. Magaz. Bd. IV. No. 14.) und desselben Civilistische Abhandlungen. 2te Abthlg. No. 7.

solchen Handschriften, die für uns unfehlbar verloren gegangen sind, zu erwarten stehe. Die Versuche, für die Kritik einzelner Theile der Quellen des Justinianischen Rechts von diesen Hülfsmitteln Gebrauch zu machen,[6]) haben die erfreulichsten Resultate gegeben; und dem Unternehmen, das Verhältnis der Codices Vulgati und der Editiones Vulgatä zu einander genauer zu bestimmen, und die gemeinsame Abstammung einzelner derselben zu erforschen,[7]) wird, bei größerer Ausdehnung, der Nutzen für die Wissenschaft nicht entgehn. —

Der Verfasser dieses Aufsatzes hat zunächst die Absicht, zur Kenntnis und Würdigung der in Königsberg befindlichen Handschrift der Pandekten aus dem dreizehnten Jahrhundert, von deren Daseyn er früher schon Nachricht gegeben hat,[8]) einige Beiträge zu liefern. Zwar haben bereits ungleich competentere Richter[9]) Proben von

---

6) Vergl. namentlich Schrader's oben (not. 5.) angeführte Bemerkungen, und desselben Ausgabe der *Titt. Dig. de condict. ob turp. caus.* und *de testib.* Tubing. 1819. 8.

7) S. Schrader's Civilist. Abhandlungen a. a. O. (oben not. 5.) und *W. F. Clossius Commentat. sistens Codicum quorundam Mss. Dig. veter. description.* cum praefatione *Schraderi.* Vimar. 1818. 8.

8) S. Savigny's Zeitschrift für geschichtliche Rechtswissenschaft. Bd. I. No. 16.

9) Hasse die Culpa des Röm. Rechts. Kiel. 1815. 8. *Mühlenbruch Observationum Iur. Rom.* Specimen I. Cap. 2. Regiom. 1818. 8. Schrader in der angeführten Ausgabe der Titt. Dig.

den Lesarten derselben gegeben, und ihr Urtheil über den Werth der Handschrift ausgesprochen;[10]) jedoch scheint eine umfassendere Vergleichung des Inhaltes derselben dadurch nicht überflüssig geworden zu seyn. Ferner lag dem Verfasser besonders am Herzen, über ein anderes Manuscript Auskunft zu geben, dessen Bedeutung ihm anfangs ganz räthselhaft war, und worüber er die nähere Aufklärung der Mittheilung seines verehrten Lehrers, des Herrn G. R. von Savigny, verdankt. Es enthält nehmlich diese, dem ältesten von den Königsberger Codices der Institutionen[11]) beigefügte, Handschrift, welche aus dem Anfange des vierzehnten Jahrhunderts zu seyn scheint, ein bedeutendes Bruchstück aus des Magister *Vacarius* Libris IX. de Codice et Digestis, suggestione pauperum exceptis. Ueber die Lebensumstände dieses in der Juristenschule zu Bologna gebildeten, und von dem mit ihm gemeinhin vermengten Rogerius wohl zu unterscheidenden Juristen, welcher erwiesen um die Mitte des zwölften Jahrhunderts das Römische Recht in England lehrte, verdanken wir den neuesten Untersuchungen von Wenck[12]) höchst schätzbare Aufschlüsse. Von dem Werke des Vacarius erfahren wir aus der Normän-

10) Schrader a. a. O. pag. XLIII. fgg.

11) Vergl. des Verf. oben (not. 8.) citirte Abhandlung. S. 352.

12) *Magister Vacarius, primus Iuris Romani in Anglia Professor.* Exercitat. histor. iurid., qua orationem aditialem professionis iuris extraordinar. indicit *Car. Wenck.* Lips. 1819. 8.

nischen Chronik, deren Bericht uns hier als Hauptquelle dient,[13]) dasselbe sei bei den Lehrvorträgen dieses Juristen über das Römische Recht entstanden; auf Ansuchen der minder begüterten Zuhörer desselben, und es sei bestimmt gewesen, diesen einen möglichst vollständigen, in neun Bücher geordneten, Auszug der wichtigern Bestimmungen des Codex und der Pandekten Justinians in die Hände zu geben. Dies läßt der Vermuthung Raum, die Arbeit habe sich auf bloße Angabe der eignen Worte der angeführten Quellen beschränkt, und die Zusammenstellung der Materialien sei nach dem Muster der neun ersten Bücher des Codex geschehn. Handschriften dieser Compilation sollen sich mehrere in Deutschland erhalten haben, und Herr Prof. Wenck scheint im Besitz einer solchen zu seyn.

Die Königsberger Handschrift, von welcher wir jetzt sprechen, und die am Anfange so wie am Ende defect ist, kündigt sich durch kein äußeres Merkmal als das Werk des Vacarius an, sondern giebt nur durch die auffallende

13) In dem *Chronic. Normann;* bei *Andr. Duchesne Histor. Normann. scriptor. antiqu. ex Ms. Cod.* Lutet. Paris. 1619. pag. 983. heißt es beim Jahre 1148: Obiit Bechardus, VI. Abbas Becci, cui successit Rogerius. Magister Vuacarius, gente Longobardus, vir honestus et iuris peritus, cum leges romanas anno ab incarnatione domini MCXLIX. in Anglia discipulos doceret, et multi tam divites quam pauperes ad eum causa discendi confluerent, suggestione pauperum de Codice et Digesta (sic) exceptos IX. libros composuit, qui sufficiunt ad omnes legum lites, quae in scholis frequentari solent, decidendas, si quis eas perfecte noverit.

Uebereinstimmung ihres Planes mit jener eben beschriebenen Arbeit zu einer solchen Vermuthung Anlaß. Das Fragment dieser Handschrift enthält nehmlich eine Compilation aus Justinian's Pandekten und Codex, ohne Einmischung irgend einer Bestimmung anderer Rechtsquellen; wodurch die wissenschaftliche Tendenz des ganzen Unternehmens außer Zweifel gesetzt wird. Die Excerpte sind in Bücher geordnet, und nach der Reihenfolge der Titel des Justinianischen Codex zusammengestellt, deren Rubriken in dem größern sorgfältiger geschriebenen Theile des Manuscripts auch überall vorgesetzt sind. In denjenigen Titeln des Codex, welchen gleiche Titel der Pandekten entsprechen, stehen zu Anfang Excerpte aus den Pandekten, mit dem Namen desjenigen Juristen bezeichnet, welchen das zuerst recipirte Fragment zum Verfasser hat; daran schließen sich die Auszüge aus dem Codex, welche immer durch das abgekürzte Zeichen **Impr.** hervorgehoben werden. Nur auf wenigen Seiten ist dem Text eine, von der Accursischen ganz verschiedene, Glosse beigeschrieben; sonst ist keine Rand- oder Interlinear-Glosse sichtbar. Das Fragment hebt in der Mitte der *L.* 2. *C. ut lite pendente* 1. 21. an, geht ohne eine sichtbare Unterbrechung bis Lib. 3. Tit. 31. des *Cod.* fort, wo bei *L.* 13. §. 9. *D. de hereditat. petit.* mit einem neuen Blatte sogleich Lib. VII. beginnt, und bis zu Lib. VIII. Tit. 43. des *Cod.* fortgeht, wo die Handschrift ganz abbricht.

Mit einer andern uns bekannten Rechtssammlung des Mittelalters kommt diese Compilation nicht überein, während die Uebereinstimmung derselben mit der Arbeit des Vacarius höchst auffallend ist, und daher unsere obige Annahme außer Zweifel zu setzen scheint. Das hohe Interesse, welches die Compilation des Vacarius für die Kritik des Textes von Justinian's Pandekten und Codex hat, leuchtet von selbst ein. Denn da dieser Jurist zu einer Zeit blühte, in welcher die Recensio Bononiensis der Justinianischen Rechtsbücher längst noch nicht abgeschlossen war, so muß er seine Excerpte aus Handschriften geschöpft haben, welche einen großen Vorrath Ante-Bononiensischer Lesarten enthielten, und von unsern *Codicibus Vulgatis* wesentlich verschieden waren. Auch bethätigt die Vergleichung der Königsberger Handschrift des Vacarius ganz das Urtheil Savigny's[14]) über die muthmaaßlich sehr große Willkührlichkeit in dem Text derjenigen Pandekten-Manuscripte, welche vor Bildung der Lectio Vulgata und unabhängig von dieser entstanden sind; denn unsere Handschrift, welche nur durch wenige Schreibfehler entstellt wird, enthält zum Theil die seltsämsten Varianten, und verräth Spuren einer ganz regellosen Kritik.

Der Verfasser, welcher das ganze Fragment des Vacarius sorgsam verglichen hat, wollte daraus zuvörderst mittheilen, was ihm für die Kritik des Pandekten-Textes von Interesse zu seyn schien. Er konnte sich jedoch nicht entschließen, eine bloße Sammlung von Varianten zu geben. Es schien ihm zweckmäßig, auf den Apparat von Varianten in der Glossa perpetua, auf welchen schon mehrmals aufmerksam gemacht worden ist,[15]) in ei-

14) a. a. O. S. 150.

15) Schrader Abhandlungen aus dem Civilrecht.

nem größern Umfange, als bisher geschehn, Rücksicht zu nehmen, vorzüglich um das Verhältnis des Textes bei Vacarius zu der Recensio Bononiensis zu bestimmen. Sodann ließ er es sich besonders angelegen seyn, die Quellen nachzuweisen, aus welchen Haloander seine oft so auffallenden Textesverbesserungen geschöpft hat. Bekanntlich hat Haloander, nach Art der alten Editoren, die Handschriften, welche er benutzte, nicht näher bezeichnet, ja fast niemals zu erkennen gegeben, wo seine Emendationen auf bloßer Conjectur, und wo dieselben auf der Autorität von Manuscripten beruhen. Dieser Umstand konnte einer gerechten Würdigung seiner Kritik unmöglich Vorschub thun. Daher die so ungleichen Urtheile über das Verdienst seiner Arbeit, von denen jedoch die der älteren Civilisten ungleich billiger sind als die der neueren. Cujacius äußert sich oft lobend über neue Lesarten der Haloandrischen Ausgaben von Justinian's Rechtsbüchern;[16]) doch ist er auch wiederum an andern Orten nicht zurückhaltend mit seinem Tadel über sie;[17]) wie denn überhaupt bei diesem scharfsinnigsten und beweglichsten unter allen Civilisten das Urtheil über litterarisches Verdienst andrer gar sehr durch den augenblicklichen Eindruck bestimmt wurde, welchen eine geistreiche oder eine verkehrte Idee auf ihn

Bd. I. S. 272. fgg. und desselben *Titt. Dig. de condict. ob turp. caus.* etc. pag. LVI. fgg.

16) Vergl. Dessen *Observation.* Lib. 2. c. 33. Lib. 18. c. 9. Lib. 19. c. 37. Lib. 20. c. 28.

17) Ebendas. Lib. 3. c. 24. Lib. 4. c. 3. Lib. 6. c. 18. Lib. 9. c. 17. 27. Lib. 19. c. 36.

machte; daher er auch nicht das mindeste Bedenken trägt, denselben Autor, z. B. den Glossator Accursius, welchen er auf der einen Seite erhoben hat, auf der andern als lächerlich darzustellen.[18]) Ungleich gründlicher ist Ant. Augustinus in seinem Urtheil über Haloander. Er entschuldigt die Willkühr desselben nicht, aber er läßt seiner Pandektenausgabe ihren kritischen Werth,[19]) und er rechtfertigt die theilweise Vernachlässigung richtiger Florentinischer Lesarten bei demselben dadurch, daß Haloander nicht die vollständige Vergleichung der Florentinischen Handschrift vor sich hatte, sondern blos die Auszüge des Angel. Politianus aus derselben benutzen konnte;[20]) wie dies auch in der Vorrede zur Haloandrischen Pandektenausgabe ausdrücklich bemerkt ist. Unter den neueren Juristen findet man selten billige Beurtheiler der Verdienste Haloanders;[21]) die meisten werden in seiner Recension blos die Resultate einer willkührlichen Conjecturalkritik gewahr. Und zu einer solchen schiefen Beurtheilung hat die Gebauer-Spangenbergische Aus-

---

18) Ebendas. Lib. 3. c. 11. c. 20. c. 33. Lib. 4. c. 3. c. 31. Lib. 5. c. 26. Lib. 8. c. 9. Lib. 11. c. 26. c. 28.

19) Vergl. dessen *Emendation. et Opinion.* Lib. 1. c. 2. 3. 4. 7. Lib. 2. c. 1. 2. 4. 6. Lib. 3. c. 1. 2. 3. 6. 7. 9. Lib. 4. c. 1. 5. 8. 17.

20) Ebendas. Lib. 4. c. 14. 16.

21) Cramer in Savigny's Zeitschrift für geschichtl. Rechtswisschft. Bd. II. S. 301. Haubold in Hugo's civilist. Magaz. Bd. II. S. 293. Schrader a. a. O. *(Titt. Dig. etc.)* pag. IV. u. LII.

gabe des Corpus Juris Civilis das ihrige beigetragen. Die Neueren lernen fast ohne Ausnahme Haloandrische Lesarten und deren Verhältnis zur Vulgata nur aus der eben genannten Ausgabe kennen; diese aber führt sehr häufig als *Lectio Haloandr.* an, was offenbar Lesart der *Codd. Vulgg.* ist, wie die Uebereinstimmung mehrerer Handschriften zeigt; und Gebauer, von der verkehrten Idee ausgehend, daß Haloanders Text ein von der Lectio Vulgata und Florentina unabhängiges Element bilde, hat geflissentlich verabsäumt das Verhältnis der Haloandrischen Lesarten zum Text der Vulgata festzustellen. Wer nun aber auch nur die Vorrede zu Haloanders Pandektenausgabe mit Aufmerksamkeit gelesen hat, dem muß es klar geworden seyn, daß Haloanders Plan darauf ausging, eine im weitesten Umfange geläuterte und durch die Florentina berichtigte Lectio Vulgata herzustellen. Er wollte die Verschiedenheiten unter den früheren Ausgaben ausgleichen, von welchen keine auf einer umfassenden Vergleichung aller bekannten Codices Vulgati beruhte, sondern sich einzelnen Handschriften anschloß. Er gründete seine Kritik unfehlbar auf eine bedeutende Anzahl von Mss.; wie er dies selbst sagt;[22]) und er suchte den Vorzug einzelner Varianten

22) In der Vorrede zu seiner Ausgabe der Pandekten: „Maxime si antiquorum codicum consensus, *quos neque paucos neque pessimos cum iis contuli*, accederet etc. — Capiant de me exemplum, qui rei litterariae bene cupiunt: nactique meliores codices — benigne in publicum consulendo — (hoc) studii genus adiuvent.

nach ihrem innern Gehalte zu bestimmen. Daß er hierbei nicht selten auf Irrwege gerathen ist, und mancher verkehrten Lesart, ihrer Originalität wegen, den Vorzug gegeben hat, wird kein billiger Richter in Abrede stellen;[23]) aber diese Mängel seiner Kritik werden nicht blos durch unendliche Vorzüge derselben aufgewogen, sondern auch dadurch entschuldigt, daß die besten Hülfsmittel, nehmlich die Benutzung des vollständigen Florentinischen Textes, und die Vergleichung der Basiliken, ihm abgingen. Es scheint nun aber in jeder Hinsicht interessant, zu untersuchen, wo angebliche Conjecturen Haloanders die Autorität der Codices Vulgati für sich haben; und wie schon für mehrere derselben, welche Ant. Augustinus[24]) zusammengestellt hat, sich Beläge in den Brenkmannschen Collationen gefunden haben,[25]) so glaubt der Verfasser auch in den folgenden Blättern einen nicht unbedeutenden Beitrag hierzu aus den Königsberger Handschriften zu liefern.

Ferner ist der Verfasser bedacht gewesen, bei den von ihm verglichenen Stellen überall die Basiliken zu Rathe zu ziehn, und er hat sich zu zeigen bemüht, daß die Scholien zu den Basiliken ein vortreffliches kriti-

---

23) Vergl. Schrader a. a. O. pag. LII.

24) a. a. O. Lib. 1. c. 2. Lib. 3. c. 6. 7. 9. Lib. 4. c. 4. 10. 17.

25) Vergl. z. B. *L. 66. §. 2. D. de legat. II. L. 6. D. de coniungend. cum emancip. liber. L. 40. de contrah. emt. L. 33. de obligat. et action. L. 31. de servitutt. praed. rustic.* u. a. m.

sches Material enthalten, besonders in denjenigen Fragmenten, deren Inhalt im Text der Basiliken zusammengezogen ist, bei deren Erklärung aber die Scholiasten unverkennbar auf den vollständigen Text der Justinianischen Rechtsbücher zurückgegangen sind. Endlich sind hier auch die Bemerkungen andrer Kritiker, besonders die von Cujacius und Hoffmann, nicht unbenutzt geblieben. Bekannt ist es, wie sehr die Gebauer-Spangenbergische Ausgabe des Corpus Juris Civilis diesen Theil der kritischen Hülfsmittel vernachlässigt hat.[26]) Des Cujacius Observationen, welche einen Schatz vortrefflicher kritischer Bemerkungen enthalten, die überdem zum großen Theil auf den Angaben alter von Cujacius verglichener Handschriften beruhen, führt Gebauer bisweilen an, aber nur da, wo er ein solches Citat aus den Noten des Dion. Gothofredus abschreiben konnte: dies zeigen die fehlerhaften Nachweisungen, bei welchen er seinem Gewährsmanne blind gefolgt ist. Hoffmanns kritische Versuche über Stellen der Pandekten, welche sich vorzüglich den Basiliken anschließen, und sehr feine Bemerkungen enthalten,[27]) sind nicht blos Gebauer'n, sondern überhaupt den meisten neueren Juristen,[27 a]) un-

26) Schrader Abhandlungen aus dem Civilrecht. 1r Bd. S. 273. fgg.

27) *Io. Guil. Hoffmann Meletematum academicor. ad Pandectas semestria duo.* Francof. ad Viadr. 1735. 4.

27 a) Eine Ausnahme macht *Nic. Smallenburg* in den *animadversionib. ad Schultingii notas ad Digesta.* Vol. I. II. Lugd. Bat. 1804. 8.

bekannt geblieben; aber mit Recht hat Haubold[28]) das Andenken derselben erneuert.

Von gedruckten Ausgaben der Pandekten aus dem funfzehnten Jahrhundert standen dem Verfasser nur wenige zu Gebot: nehmlich vom Digestum Vetus eine Venetianer[29]) und eine Nürnberger[30]) Ausgabe; vom Digestum Infortiatum zwei Venetianer Ausgaben;[31]) vom Digestum Novum eine Venetianer Ausgabe.[32]) Die für diese, so wie für die Haloandrische,[32a]) Taurellische und andre Ausgaben, imgleichen die für die Handschriften gewählten Bezeichnungen schließen sich den allgemein eingeführten Bezeichnungsarten möglichst an.[33]) Noch ist zu erinnern, daß bei der

---

28) S. dessen *Manuale Basilicorum.* Lips. 1819. 4. Index Interpretum. pag. XIV.

29) Arte et impensis *Andreae Papiensis.* Ao. dom. 1486. fol.

30) Impens. *Ant. Koburger.* 1482. fol.

31) Per *Andr. Calabrens. de Papia.* 1489. fol. und die andere per *Baptist. de Tortis.* 1491. fol.

32) Per *Andr. Calabrens. de Papia.* 1489. fol.

32 a) Von der Haloandrischen Ausgabe hat der Verfasser nur den Basler Nachdruck von 1570 Fol. benutzen können.

33) *Kob.* (Zeichen für die Nürnberger Ausgabe des Digestum Vetus.) *Ven.* (Venetianer Ausgabe; für welche es beim Digestum Vetus und Novum keiner weitern Unterscheidung bedarf; beim Digestum Infortiatum aber sind die beiden Drucke durch beigesetzte Zahlen kenntlich gemacht. No. 1. 2.) *Flor.* und *Taur.* (zur Bezeichnung des

Prüfung der verglichenen Pandektenstellen der Florentinische Text, nach der Gebauer-Spangenbergschen Ausgabe, zum Grunde gelegt ist. Da, wo des Vacarius nicht ausdrücklich Erwähnung geschieht, ist dies ein Zeichen, daß das verglichene Fragment in seiner Compilation fehlt.

Die Wahl, welche für die folgende Darstellung unter den zahllosen für den Kritiker merkwürdigen Pandektenstellen getroffen ist, wird die Kenner wenig befriedigen; allein diese mögen bedenken, daß eine vollständige Vergleichung der Königsberger Pandektenhandschrift, mit Bezugnahme auf alle kritisch bedenklichen Fragmente, über den Plan und die Kräfte des Verfassers hinausging, welcher, überzeugt von der Geringfügigkeit seines Talents, nur die Aufmerksamkeit der Kritiker auf die hiesigen Handschriften hinleiten, seine Darstellung aber nicht über die Grenzen eines Versuches ausdehnen wollte. Uebrigens bedarf es wol keiner besondern Rechtfertigung, daß der Verfasser nur da, wo die Wahl zwischen dem Florentini-

---

Florentinischen Textes, nach der Ausgabe von *Taurellus.*) *Hal.* (Ausgabe von Haloander.) *Vulg.* (Lectio Vulgata.) *Codd. Vulgg.* (Codices Vulgati.) *Bas.* (*Libri Basilicorum.*) *C. Rehd.* (*Codex Rehdigeranus*, nach Gebauer's Collation.) *C. Reg.* (*Codex Regiomontanus.*) *Vac.* (*Vacarius*, nach der Königsberger Handschrift.) *Baud.* (Die Ausgabe des Corpus Juris Civ. von Baudoza. Lyon. 1600. 4. Voll. IV.) *Br.* und *Geb.* (Brenkmanns und Gebauer's Noten in der Gebauer-Spangenbergschen Ausgabe.) *Smal.* (Smallenburg in dem not. 27 a. citirten Werke.)

schen Text und den Lesarten andrer Handschriften gegründetes Bedenken haben kann, sich für eine Lesart bestimmt entschieden hat, während die Mehrzahl der von ihm angeführten Varianten, deren Kenntnis kein anderes Interesse gewährt, als, die Einsicht in die Bildung des Textes der Vulgata, oder Haloanders, u. a. m. zu befördern, von eigenen Bemerkungen nicht begleitet ist.

Const. Deo auctore. (de concept. Digestor.)

§. 9. Der Text bei Taur: vel propter *repletionem*, den auch Hal. hat, ist nicht der ursprüngliche in der Flor. enthaltene, in welcher, wie Br. erinnert, *vel propterletionem* steht, wozu erst eine neuere Hand ein p gefügt hat. Gronovius (Emendation. c. 10.) hat: *vel propter lectionem*, emendirt; was aber wenig Beifall verdient. Sehr beachtenswerth ist dagegen der Vorschlag von Hoffmann, (a. a. O. Diss. 1. §. 1.) mittelst Anwendung der Gemination zu lesen: *vel propter relationem;* was Hoffmann von der, in kaiserlichen Constitutionen häufig vorkommenden, Bezugnahme (relatio) auf die Meinungen der klassischen Juristen erklärt.

— §. 13. non per *sinplorum* captiones. So liest das Original der Flor., indem erst eine spätere Hand emendirt hat: *singlorum;* woraus sowol der Text bei Hal. *(signorum,)* als auch der bei Geb. *(siglorum,)* entstanden ist. Hoffmann a. a. O. §. 2. emendirt, mit möglichster Schonung der ursprünglichen Schriftzüge der Flor.: *simbolorum.*

Const. Omnem reipublicae.

§. 1. Bei den Worten iam quodammodo male *consue-*

tum inconsequentiae cursum verläßt sich Geb. auf die Angabe von Br., daß Hal. hier so wie die Flor. lese; allein Hal. hat: iam quod malè consequentiae cursum (ohne consuetum.) Hoffmann a. a. O. §. 4. vertheidigt wol mit Recht die Flor. Der C. Reg. liest wie die Vulg.: male constitutum etc.

— §. 5. Die Lesart der Flor.: pro responsis autem — Pauli, quae antea ex libris *viginti tribus* etc. stimmt mit der Angabe der Bücherzahl des genannten Werkes von Paulus im Index Florentinus überein, und ist deshalb der Lect. Hal.: *triginta tribus* vorzuziehn. Indeß diese Lesart findet sich nicht bei Hal. allein, wie man nach Geb. glauben sollte; sowol Kob. als auch der C. Reg. haben dieselbe, und Baud. führt sie unter den Varianten am Rande an.

L. 2. *D. de origine iuris.* 1. 2.

§. 11. Die Lesart der Flor.: nam Senatus non perinde omnes provincias *probe gerere poterant* wird gegen die Aenderung bei Hal.: probe *regere poterat* von manchen mit Unrecht in Schutz genommen. (Vergl. *Smal.* a. a. O. not. 2.) Hal. scheint seinen Text hier aus den besten Codd. Vulgg. genommen zu haben. Kob., C. Reg. u. Ven. lesen eben so, nur daß die beiden erstern *probe* ganz weglassen, und der letztere statt dessen *proide* (wol für *provide*) liest.

— §. 13. Der Text bei Taur.: *quantum* est enim ius in civitate esse, nisi sint, qui iura *regere* possint, entstellt den Sinn keineswegs, und läßt sich insofern wohl vertheidigen. (Vergl. *Smal.* h. l.) Unfehlbar aber gebührt der Lesart bei Hal. *parum* est enim etc. —

qui iura *reddere* possint, der Vorzug; überdem, da dies keine bloße Conjectur ist, denn C. Reg., Kob. u. Ven. lesen auch genau so.

— §. 38. Post hos fuit Tiberius Coruncanius, — cuius tamen scriptum nullum exstat, sed responsa complura etc. Die Vulg. stimmt hier im Ganzen der Flor. bei; Kob. liest: responsa quidem plura; und C. Reg.: scriptum nullum *erat*, sed responsa quidem plura. Auf den ersten Blick scheint dieser Lesart der Vorzug zu gebühren, indem der Nachsatz andeutet, daß es überhaupt an schriftstellerischen Werken dieses alten Juristen gefehlt habe. Die Bemerkung jedoch, daß sich Pomponius in der ganzen L. 2. D. h. t. stets der wiederkehrenden Formel bedient: libri exstant; und daß der Ausdruck scriptum nullum *erat* hierselbst bei einem nachlässigen Autor nicht zu entschuldigen seyn dürfte, entscheidet zu Gunsten der Flor., wenigstens hinsichtlich des *exstat;* die Lesart *quidem plura* dagegen dürfte sich mit Grund vertheidigen lassen.

— §. 44. Ab hoc plurimi *profecerunt.* Zu diesen Worten der Flor. bemerkt Geb., daß die Vulg. für *profecerunt* lese *profluxerunt.* Kob. und Ven. haben aber: plurimi *ac perfecti profluxerunt;* andrer Varianten, wie z. B. *profecti* nicht zu gedenken. (Vergl. *Smal.* h. l. not. 1.) Der C. Reg. scheint ganz der Flor. beizutreten, denn er liest: Ab hoc plurimi profer...

Der verdächtige Name *Gaius*, zwischen *Varus* und *Ofilius*, findet sich gleichfalls in der Vulg.; und unter den Versuchen die Sache auszugleichen, ist der Vorschlag von Hal., den Ausdruck *Gaius* zu den Vornamen des *Ofilius* zu ziehn, unfehlbar der schonendste. Der C. Reg. liest *Gallus* anstatt *Gaius*, was auf den in diese Zeit gehörenden *Gallus Aelius* bezogen werden könnte, welcher zugleich als Jurist viel zu bedeutend war, als daß Pomponius ihn ganz hätte übergehn können. Daß unter dieser Voraussetzung die folgenden Worte: Ex his *decem* etc. nicht passen würden, kann, bei der Unsicherheit der Zahlzeichen in den Mss., nicht viel entscheiden. (Vergl. *Smal.* h. l. not. 1.)

Für quorum omnes, qui *fuerunt*, libri etc. liest der C. Reg.: quorum omnes *fere* libri etc.; was aber durch Verwechslung mit den Anfangsworten des §.: fere tamen hi libros etc. entstanden seyn kann.

Statt: nam de legibus *vicensimae* primus conscribit, welche Worte nicht mit dem Zeitalter der leges vicesimariae (in der Mehrzahl nehmlich,) übereinzukommen scheinen, (vergl. *Smal.* h. l. not. 3.) liest der C. Reg.: nam de legibus XXI. conscripsit; was einen guten Sinn giebt, sobald man supplirt: scil. libros. Denn der Index Florentinus führt unter den Werken der spätern Juristen häufig *libros de legibus* an; Ofilius könnte also vielleicht der erste gewesen seyn, welcher die *Leges* insgesammt commentirte, während seine Vorgänger nur Commentare zu einzelnen Gesetzen, namentlich zu den Zwölf Tafeln, verfaßt hatten. Auch mag sich die gewöhnliche Lesart durch Wiederholung des Ausdruckes *Primus* aus den folgenden Worten: Idem edictum Praetoris primus etc. gebildet haben.

— §. 47. Die Lesart bei Hal.: Itaque reliquit (Labeo) quadraginta (für quadringenta, Flor.) volumina, hat nicht blos die leichte Verwechslung der Zahlzeichen, (*Smal.* h. l. not. 3.) sondern auch die einstimmige Anerkennung von C. Reg., Kob. und Ven. für sich.

L. 32. *pr. D. de legib.* 1. 3. Der C. Reg. schiebt nach id custodiri oportet die Worte ein: provinciae proprium; was zwar einen guten Gegensatz gegen die folgenden Worte: tunc ius, quo urbs Roma utitur etc. zu bilden scheint, aber weder durch Mss. noch durch die Bas. unterstützt wird. Dagegen liest der C. Reg. ganz übereinstimmend mit Kob. und Ven.: quod moribus et consuetudine *introductum* (so hat auch Hal., für inductum, Flor.) est, et si qua in re hoc *defecerit* (für deficeret, Flor.) etc. Beide zuletzt genannte Varianten haben Vorzüge vor der Flor., wiewol hinsichtlich des *defecerit* der Text der Bas. (ἐκλείπει) sich mehr zur Flor. neigt.

L. un. pr. de offic. Praefect. Praet. 1. 11.

Der Text bei Hal.: qui adsociati principali (für participales, Flor.) militiae gratia (anstatt admilitiae gratia, Flor.), welcher zu der bekannten Bestimmung der *Magistri Equitum* wohl paßt, wird auch durch das einstimmige Zeugnis von Kob., Ven. und C. Reg. bestätigt, welcher letztere nur, der Flor. sich nähernd, liest: ad militiae gratiam. Auch die Glosse weicht in ihrer Erklärung der obigen Worte (Principali, i. e. maiori, scil. dictatorum) von der Flor. ab, indem sie zu der Lesart participales gar nicht paßt. (Vergl. Smal. h. l. not. 2.)

Für data est plenior licentia ad disciplinae etc. schlägt Hoffmann a. a. O. Diss. 2. §. 6. vor zu lesen: data eis pleniore licentia; wobei er das Zeugnis der Ausgabe von *Aemon. a Porta.* Lugd. 1541. für sich anführt. Eben so lesen nicht blos spätere Ausgaben (vergl. *Smal.* h. l. not. 3.) sondern auch Hal.; ja die Flor. hat zum Theil denselben Text, denn sie liest data est *pleniore* licentia. Von Mss. stimmen einige bei Geb. benannte, und auch der C. Reg., mit Hal.

L. 1. §. 12. *de offic. Praef. Urb.* 1. 12.

Taur. und Hal. lesen: ad referendum sibi *quid ubi* agatur. Die Codd. Vulgg. schwanken zwischen: *quid in urbe*, und: *quid ubique*; (s. Geb.) doch wird die letzte Lesart von der Mehrzahl der Mss. anerkannt, z. B. auch von dem C. Reg., von Kob. und Ven. (die letzte hat: quod ubique.) Hoffmann a. a. O. Diss. 2. §. 7. verwirft mit Recht die Emendation des Ausdruckes *sibi* in *si vi*, welche Jos. Nerius (Analect. Lib. 1. c. 5.) vorgeschlagen hat: allein nicht einzusehen ist es, warum er der Lesart: *in urbe*, vor: *ubique*, den Vorzug giebt; denn auch die Bas. (*τὰ πανταχοῦ κινούμενα*) zeugen für *ubique*, und dies ist auf jeden Fall richtiger als das simple *ubi* der Flor., auch zugegeben, daß der Sinn darnach der nehmliche ist. (Vergl. *Smal.* h. l. not. 4.)

L. 6. §. 3. *D. de offic. Procons.* 1. 16.

Für modum adiicere, wie Flor. und Vulg. haben, liest Vac.: modum adhibere. Ven. hat: modum adiacere.

Ad xeniola non pertinet, sed ad ea, quae edulium excedant usum. Hal. liest: ad xenia iam non pertinet etc. Damit stimmen auch überein die Lesart von Kob. (ad exennia iam non pertinet,) und die des Vac. (quae ad xenia iam non pertinent.)

L. 3. *de offic. Praesid.* 1. 18.

Si quid *manu* commiserint. Kob. liest: si quid *malum* commiserint. Dieselbe Variante, nur etwas verdorben, steckt auch im Text des C. Reg. (si quis malum commiserint,) und kritisch verbessert in der Lesart einiger Ausgaben: si quod malum etc. (vergl. Baud.) Dagegen Ven. hat: si quid in alium commiserint. Aus der Combination der letzten Lesart und der Flor. ist der Text bei Hal. gebildet: si quid in alium manu commiserint. Ueber die Emendationen neuerer Kritiker vergl. *Smal.* h. l. not. 1.

L. 4. *ibid.*

Nach habet omnibus schiebt der C. Reg. ein: tribunalibus; was aber weder durch Mss. noch durch die Bas. unterstützt wird, und augenscheinlich durch Verwechslung mit den in der Inscription von L. 5. h. t. vorkommenden Worten: Idem lib. 1. de omnibus tribunalibus, entstanden ist.

L. 6. *pr. ib.*

Für *et violentia factas* haben Vac., C. Reg., Kob. und Ven. einstimmig: *et violentias factas.* Der Text der Bas. (*καὶ βιαίας πράξεις*) streitet aber für den Vorzug der Flor.

L. 15. *D. de iurisdict.* 2. 1.

Die Worte: consensisse eos in Praesidem, sind längst für verdächtig erklärt, und Emendationen des Ausdruckes *Praesidem* versucht worden, z. B. von Cujacius (Observation. Lib. 1. c. 32.) in *praesentem*, von andern in *Praetorem; vergl. Smal.* h. l.) welches letztere sich auf die Autorität derjenigen Mss., welche blos die Abkürzung *Pr.* haben, zu stützen scheint. (Vergl. *Baud.* in der Randbemerkung.) Die Lesart der Flor. aber, der auch Hal. gefolgt ist, und für welche sich die Mehrzahl der Codd. Vulgg. erklärt, z. B. auch Vac., C. Reg., Kob. und Ven., dürfte sich gegen alle Anfechtungen vertheidigen lassen, und zwar durch die Erklärung des Edm. Merillius (variant: ex *Cuiacio.* Lib. 3. c. 24.), daß der Ausdruck *Praeses* durch die Umschreibung: is, qui praeest iurisdictioni, aufzulösen sei. Denn ähnlich heißt es in *L.* 3. *C. de iurisdict. omn. iudic.:* Privatorum consensus iudicem non facit eum, qui nulli praeest iudicio, und der Einwand von Schulting, (in den Noten zu des Bertrandus Vita *Ulpiani*, in der Iurisprudent. Ante-Iustinianea. edit. Lips. 1737. 4. pag. 549.), daß die Römer den Ausdruck *Praeses* nirgend in dieser Beziehung gebraucht haben, dürfte nicht unüberwindlich seyn: da die römischen Juristen die Umschreibung: is, qui praeest iuri dicundo, nur da anwenden, wo sie die Ausdrücke der Gesetze wiederholen oder nachahmen; auch scheinen die allgemein gefaßten Worte, deren sich die Bas. an diesem Orte bedienen, (παρα ἀπροσφόρῳ δικαςῇ) der gewöhnlichen Lesart durchaus günstig zu seyn.

L. 2. §. 1. *D. Quod quisque iur. in alter.* 2. 2.

adversario postulante eodem iure uti debet. Vac.

hat hier *debebit* für *debet;* was dem bekannten Gebrauch des tempus futurum im Prätorischen Edict, und in den römischen Gesetzesurkunden überhaupt, vollkommen entspricht. Andere Autoritäten unterstützen diese Aenderung freilich nicht, auch nicht die Bas., welche *τῷ αὐτῷ δικαίῳ ὑπόκειται* lesen.

— ut, quod ipse quis in alterius persona etc. Vac. liest hier gut: ut, quod ipse quidem etc. Die Vulg. hat weder *quis*, noch ein andres Wort an dessen Stelle.

L. 3. §. 3. *ib.*

Für: tu non utaris, nec poena etc., liest Hal.: tu vero non uteris etc. Ganz übereinstimmend mit Hal. sind Kob. und Ven., auch bestätigt sich diese Lesart durch die Combination des Textes von Vac. und C. Reg.; der erste hat nehmlich: tu *vero* non *utaris;* der letzte: tu non *uteris.*

L. 4. §. 3. *de in ius voc.* 2. 4.

Die Lesart: ut Servius (für Severus) dicebat, ad solos iustos liberos pertinet, (wovon das letzte Wort bei Taur. ganz fehlt,) wird von Geb. dem Hal. allein beigelegt. Allein Kob. und Ven. lesen durchaus eben so; der C. Reg. stimmt wenigstens hinsichtlich des Ausdruckes *Servius* überein, was auch entschieden Lect. Vulg. ist, indem die Glosse zu dieser Stelle den Namen oft wiederholt, und eben so wie Hal. liest. Ein Zusatz nach liberos, welcher auch durchaus Noth thut, kommt bei Vac. vor, nur mit folgender Aenderung im Texte: quod (für nec) tamen, ut Severus dicebat, ad solos iustos liberos *extenditur*. Sed (ohne et) si vulgo etc.

L. 3. *D. Qui satisd. cogant.* 2. 8.

Für: quia tanti nec esse intelligitur, hat Hal. wol besser quanti res esse intelligemus. Damit im Ganzen übereinstimmend lesen Kob. und Ven.: quanti res esse intelligitur, und C. Reg.: quanti ea res intelligitur.

L. 7. *pr. ib.*

Für: non usurum eum privilegio, hat der C. Reg.: non fruiturum eum privilegio, was freilich durch kein anderes Ms. unterstützt wird, aber dem Sprachgebrauche Ulpians nicht entgegen ist. (Vergl. des Verf. Bruchstücke aus den Schriften römischer Juristen. S. 108. Königsb. 1814. 8. und Cajacius Observ. Lib. 10. c. 26.)

L. 8. §. 4. *ib.*

de re restituenda domino proprietatis, cuius ususfructus etc. Hal. liest ungleich besser: de restituenda domino proprietate is, cui ususfructus etc., und ganz übereinstimmend mit Hal. sind C. Reg., Kob. und Ven.

L. 12. *ib.*

Gegen das Ende hat Geb. vor conditionem existentem die Worte et ante nicht, welche weder bei Taur., noch in irgend einer guten Handschrift oder Ausgabe fehlen: aber schon *Smal.* h. l. not. 1. hat bemerkt, daß dies blos ein arger Druckfehler bei Geb. ist.

L. 1. *pr. si ex noxali causa agat.* 2. 9.

Praetor ait: In eadem causa eum exhibere. Hier

scheint *exhibere* nicht zu passen; Hal. liest daher *exhibeto*, und Neuere haben vorgeschlagen *exhiberi* zu setzen. (vergl. *Smal.* h. l. not. 1.) Die Codd. Vulgg. und alten Drucke, z. B. Kob. und Ven., scheinen ganz mit der Flor. übereinzukommen; der C. Reg. liest aber recht schicklich: *eum exhibere debere;* was überdem die Bas. (ὀφέιλει — περιςῶν) für sich hat.

L. 1. §. 1. *de eo, per qu. fact. er., quomin. qu. in iud.* 2. 10.

sive ignorantes quid esset; quod *comminisceretur.* Geb. bemerkt bei dem letzten Worte, daß die Vulg. lese *committeretur.* Dies bestätigen allerdings alte Ausgaben, z. B. Kob., so wie die Erklärung, welche die Glosse hierzu giebt. (*Committeretur*, i. e. quod fieret, vel quod detineretur.) Indeß nicht alle Codd. Vulgg. lesen so; denn Ven. und C. Reg. haben einstimmig: *commisceretur*, was, wegen der blos übersehenen Abbreviatur, (*cōmisceretur*) der Flor., welcher hier auch Hal. gefolgt ist, ganz nahe steht.

L. 2. *pr. de feriis et dilation.* 2. 12.

ut officii admoneantur cessantes, excusationes allegentur. Die Lesart *amoveantur*, und das Hinüberziehen von *cessantes* zum Folgenden, mit dieser Abänderung: ut officia amoveantur: cessantis excusationes allegentur, scheint in den Codd. Vulgg. ungleich constanter zu seyn, als die Noten von Br. und Geb. vermuthen lassen. Sie findet sich in Kob. und Ven.; auch bei Hal., welcher sich jedoch mehr der

Flor. nähert, indem er also liest: ut officia admoneantur: cessantis excusationes etc. Der C. Reg. hat: ut officia amoveantur cessantes: excusationes etc.; was vermittelst der leichten Substitution von *officio* für *officia*, zu einer vollkommenen Uebereinstimmung mit den Bas. (*καὶ οἱ ῥαθύμως διοικοῦντες ὑπομιμνήσκονται*) und zu einem kritisch untadelhaften Text führt. Ueber die Emendationen Neuerer vergl. *Smal.* h. l. not. 1.

L. 6. §. 1. *D. de edendo.* 2. 13.

sed si omnes habeant, et unus ediderit. Geb. bemerkt hier nicht die, zwar unrichtige und auch nicht durch die Bas. bestätigte, aber dennoch sehr verbreitete, Variante: ét ünus edi sibï desideret, welche sich in C. Reg., Kob. und Baud. findet.

L. 9. *pr. ib.*

non cogitur a Praetore per metum in factum actionis rationes edere. Geb. hat hier gar keine Variante, und doch bemerken schon die gewöhnlichen Ausgaben dergleichen; z. B. Baud. hat am Rande: alias *a Praetore per metum actionis, in fact.* etc. Kob. hat auch: non cogitur a Praetore *poenae metu* actionis in factum etc.; eben so auch Ven., nur mit Veränderung von *cogitur* in *cogetur.* Der Zusatz *poenae* scheint auch entschieden Lect. Vulg. zu seyn. Der C. Reg. liest: non cogitur a Praetore per poenae metum in factum actionis etc.; ähnlich auch Vac.: non cog. a Pr. *per metum poenae vel* (sic) *factum actionis* etc.

L. 17. *pr. de pact.* 2. 14.

Si tibi decem dem. Hal. schiebt mutua vor dem ein. Dies, mit der Abweichung *mutuo*, ist von ihm unfehlbar aus Mss. geschöpft, welche diesen Ausdruck aus der Interpretation der Glosse aufgenommen haben; denn diese sagt: *Si tibi decem milia dem.* Ex causa mutui; ut subiicit: „re enim etc.“ Schon hieraus erhellet, daß der Zusatz nicht der Vulg. angehört. Vac. hat mutuo, der C. Reg. aber nicht, auch fehlt es bei Kob., Ven. und in den Bas.

L. 27. §. 2. *ib.*

non poterit postea paciscendo, ut agere possit, agere. Die unfehlbar bessere Lesart von Hal.: non poterit postea paciscendo efficere, ut agi possit, quia etc. wird einstimmig von Vac., C. Reg., Kob. und Ven. unterstützt, welche jedoch sämmtlich für agi das agere der Flor. beibehalten.

L. 34. *ib.*

Bei *nolle suum esse* verweist Geb. blos auf Duker, und dennoch ist die Lesart: nolle suum *liberum* esse, unfehlbar als Lect. Vulg. zu betrachten; nicht deshalb, weil sie in mehreren späteren Ausgaben vorkommt, (vergl. *Smal.* h. l.) und weil sie sich auch in Vac., C. Reg., Kob. und Ven. findet, sondern vornehmlich weil sie der Erklärung der Glosse zum Grunde liegt, in welcher es heißt: *liberum*, i. e. filium.

L. 43. *ib.*

quid praestare debitor debeat. Die bessere Lesart von Hal. u. a. m.: quid pr. *venditor* debeat, kommt nicht blos in spätern Ausgaben vielfältig vor, (*Smal.*

h. l.) sondern auch in den Bas., in C. Reg.. Kob. und Ven.

L. 51. *pr. ib.*

debitori tuo existimas, pactus sit etc. Hal. hat: deb. tuo existimares, pactus sis. Kob. und Ven. lesen: existimas: pactus sis; der C. Reg. aber: *existimans*, pactus *sis*: die Bas. unterstützen die Lesart *existimans* (νομίζων) nicht aber pactus sis, indem sie in der ersten Person sprechen.

L. 14. *de transaction.* 2. 15.

si iidem creditores essent, qui transactionem fecissent; si alii etc. Die nach fecissent in der Flor. fehlenden; in alle guten Codd. Vulgg. aber, und auch von Hal., recipirten Worte: id observandum de aere alieno, quod inter eos convenisset, können gar nicht entbehrt werden, (vergl. Clossius a. a. O. oben not. 7. S. 152. fgg.) und finden sich übereinstimmend in Vac., C. Reg., Kob., Ven., auch in den Bas. (ἕπονται τοῖς συμφωνηθεῖσιν.)

L. 13. §. 2. *de his qui not. infam* 3. 2.

sed si in id tempus concurrant. Hoffmann a. a. O. Diss. 4. §. 2. emendirt: sed si in *idem* temp. conc. So lesen schon Hal., Kob. und der C. Reg.

— §. 7. verum hanc rem existimationem ei non conservasse. Hal. liest: verum *hac re* etc.; damit kommt der Text bei Vac. überein: verum *hac ratione* etc.

L. 7. *de procurator.* 3. 3.

Et ideo procurator eius praesenti esse videtur. Br. bemerkt, daß die Lect. Vulg. *ei praesenti* habe;

wofür es aber an der nöthigen Begründung fehlt; vielmehr scheint unter den übrigen von ihm angeführten Varianten: eius praesens etc. und eius praesentis etc. die letzte nicht blos den meisten innern Werth, sondern auch die zahlreichsten äußern Autoritäten für sich zu haben: denn nicht allein die Bas. lesen so, sondern auch Vac., Ven. und der C. Reg., nur daß der letzte hat: eius praesentis loco. Kob. liest: eius praesens esse. Ueber die Versuche den Text der Flor. zu rechtfertigen vergl. Br. und Smal. h. l.

L. 17. *pr. ib.*

vel in se litem transferre a vivo procuratore. Die von Hal. am Rande bemerkte Variante: ab invito procuratore, findet sich im Text bei Kob., auch im C. Reg., nur daß dieser liest: vel in se — vel invito procuratore. Vac. aber folgt der Flor.

L. 30. *ib.*

ut sibi ex iudicatione satisfiat. Die Lesart: ex iudicati actione, welche Br. blos auf die Autorität von Hervag und Russard den Codd. Vulgg. beilegt, ist allerdings als Lect. Vulg. zu betrachten. Sie findet sich übereinstimmend in Vac., C. Reg., Kob. und Ven. Der Vorzug der Flor. aber, welcher auch die Bas. beitreten, (*διὰ του ψήφου*) kann kein gegründetes Bedenken haben. (Vergl. *Smal.* ad L. 29. h. t. not. 1.)

L. 63. *ib.*

cui res administrandae mandatae sunt. Die Lesart *commissae* für mandatae, welche Geb. dem Hal.

allein beilegt, findet sich auch bei Vac. und Kob., während C. Reg. und Ven. die Lect. Flor. haben.

L. 34. *de negot. gest.* 3. 5.
tam filium, quam familiam eius exhibuisse. Hal. liest: tam filium eius, quam filiam; und genau so lesen auch C. Reg., Kob. und Ven., von welchen die letzte blos eius hinter filiam setzt. Der richtige, durch die Bas. ganz unzweideutig bekräftigte, Text der Flor. findet sich bei Vac.

L. 14. §. 10. *Quod metus causa.* 4. 2.
poenae autem usque ad triplum stetur. Hal. liest: poena autem usque ad triplum praestetur. Eben so hat auch C. Reg., und ähnlich Vac.: poenam a. u. a. tr. praestet.

— §. 11. si intra tempora iudicati actionis moriatur. Die Vulg. hat: *iudicationis*, was auch in die Flor. hineincorrigirt ist: eben so C. Reg., Ven. und Kob. Vac. dagegen, welcher iudicatae actionis liest, tritt dem richtigen Text der Flor. bei, welchen auch die Bas. unterstützen. (*εἴσω τοῦ χρόνου τῆς καταδίκης τελευτήσῃς.*) Vergl. *Smal.* h. l. not. 2.

— sed et si non culpa ab eo, quo cum agitur, aberit. Br. bemerkt bei *aberit* blos, daß Hal. statt dessen *obierit* habe, und die Bas. damit übereinstimmen. (*ἀπόληται τὸ πρᾶγμα.*) Vergl. *Smal.* h. l. Allein schon die Glosse weist folgende Varianten nach: alias: *obierit*, et alias: abierit; auch findet sich *abierit* in Ven. Vac. hat, wie Hal. *obierit*; Kob. liest wie die Flor., *aberit*, und C. Reg. hat, wahrscheinlich durch Verwechslung mit aberit, die Lesart *oberit*.

L. 23. §. 1. *ib.*

res suae aequitati per Praesidem Provinciae restituitur. Die Richtigkeit dieser, freilich nicht ganz gewöhnlichen, Wendung, welche sogleich in §. 2. wiederkehrt, ist längst schon anerkannt. (Vergl. *Smal.* h. l.) Allein das Schweigen von Geb. darf uns nicht auf Uebereinstimmung der Codd. Vulgg. mit der Flor. bei diesen Wörten schließen lassen. Kob. und Ven. lesen in §. 1.: rei suae aequitati etc., in §. 2. aber: rem suae aequitati. Der C. Reg. hat in §. 1. rei suae aequitate restituitur, und in §. 2.: rem suae aequitati. Vac. liest in §. 1. rei suae aequitate restituetur; der §. 2. fehlt bei ihm.

L. 1. §. 2. *D. de dolo malo.* 4. 3.

qui per eiusmodi dissimulationem deserviant. Die Vulg. hat servant. Unter den vielen Emendationen, welche zwischen der Flor. und Vulg. einen Mittelweg suchen, (vergl. *Smal.* h. l.) verdient die Conjectur von Hoffmann a. a. O. Diss. 5. §. 2. „*deserunt*," alle Beachtung. Doch läßt sich die Lect. Flor. vertheidigen, und ihr tritt eine bedeutende Anzahl von Codd. Vulgg. bei. Schon die Glosse bemerkt: alias: *servant;* et alias: *deserviunt;* und Kob., Ven., so wie der C. Reg. lesen wie die Flor., nur mit Abänderung des letzten Wortes in deserviunt. Daraus ist ohne Zweifel auch die verkehrte Lesart *decernunt* bei Vac. entstanden, welcher übrigens *simulationem* für dissimulationem hat.

L. 7. §. 4. *ib.*

legis Aquiliae actioni et ad exhibendum accidit.

Geb. bemerkt hier blos die Lect. Hal. *id accedit*, für accidit. Vac. liest *accedit*, ohne id; was ohne Zweifel auch die ursprüngliche Lesart der Flor. gewesen ist, und durch die Bas. unterstützt wird. (*χώρα τῇ ἐξ ἀρνήσεως μὲν εἰς τὸ διπλάσιον, ἐξ ὁμολογίας δὲ εἰς τὸ ἁπλοῦν ἀπαιτούσῃ ἀγωνῇ, καὶ τῇ παραςατικῇ του πράγματος.*) Der C. Reg., Kob. und Ven. haben für accidit einstimmig *subiacebit*, was auch in spätere Ausgaben übergegangen ist.

L. 11. §. 1. *ib.*

puta plebeio adversus Consularem receptae auctoritatis. Geb. hat hier keine Variante, und allerdings stimmt nicht blos Hal., sondern auch die Vulg. mit der Flor. Indeß schon die Glosse bemerkt bei *receptae*: alias *praeceptae*, i. e. prae aliis acceptae vel habitae. Kob. und C. Reg. lesen *perceptae*; Ven. *praeceptae*, und Vac. *praecipuae*. In den Bas. fehlt der Zusatz receptae auctoritatis ganz.

L. 14. *ib.*

vel si de tutore mentitus, pecuniam accepit. C. Reg. und Ven. haben nach *mentitus* den Zusatz: *qui non erat*; was vollkommen mit den Bas. übereinstimmt. (*περὶ τοῦ μὴ ὄντος ἐπιτρόπου ψευσάμενος.*)

L. 18. §. 3. *ib.*

De eo, qui sciens commodasset pondera. Die bei Hal. aufgenommene Lesart: falsa pondera, jedoch ohne Aenderung des commodasset in commendasset, findet sich in C. Reg., Kob. und Ven., während Vac. ganz der Flor. beitritt.

L. 7. pr. de minor. 4. 4.

Wenn gleich die in der Vulg. vor gestum esse dicetur eingeschobenen Worte: quod cum minore XXV. annis natu, welche auch Vac., C. Reg. und Ven. nicht haben, während Kob. ganz der Vulg. folgt, überflüssig sind, so dürfte doch das *Quod* allein, vor *gestum*, welches sich in beiden eben genannten Mss. findet, empfehlenswerth seyn.

L. 24. §. 4. *ib.*

sicuti facit in ea pecunia, quae ei consumturo creditur. Hal. folgt der Flor. und ändert lediglich *creditur* in *crederetur.* Mit ihm stimmt Kob. ganz überein. Ven. und C. Reg. weichen gar nicht von der Flor. ab. Die Bas. geben zur Berichtigung des Textes keinen erheblichen Beitrag. (*ὥςπερ ἐπὶ τοῦ δανείζοντος τῷ μέλλοντι κακῶς δαπανᾶν λέγομεν.*) Sehr beachtenswerth ist es aber, daß ursprünglich in der Flor. *quaesiconsumturo* gestanden hat, und allen Beifall verdient daher der Text des Vac.: sicuti fit, cum pecunia mea quasi ei consumturo creditur.

L. 47. *pr. ib.*

quod tutor delicto vacaret. Die Lect. Hal. *caret* für *vacaret*, haben auch C. Reg., Kob. und Ven.

L. 15. *pr. ex quib. caus. maior.* 4. 6.

Die seltsam fehlerhafte Lesart: qui in hostium potestate positus est, welche Br. nur in einem Ms. vorgefunden hat, liegt auch dem C. Reg. zum Grunde; dagegen Kob. und Ven. folgen der Vulg.

L. 32. §. 1. *de receptis.* 4. 8.

Die unfehlbar richtige Lesart mehrerer Codd. Vulgg.:

nisi poena compromissa sit, (für si poena commissa sit,) welche auch Hal. aufgenommen hat, findet sich ebenmäßig in C. Reg., Kob. und Ven. (Vergl. *Smal.* h. l.) Dagegen Vac. stimmt mit der Flor. überein.

— §. 2. non erit pecunia compromissa. Die Lect. Vulg.: *non erit poena commissa*, welche den Vorzug zu verdienen scheint, wird von Vac. und C. Reg. anerkannt; Hal. liest: *non erit poena compromissa*, und so haben auch Kob. und Ven.

— §. 11. is, qui commisit, damnandus est. Die Lect. Hal.: is, qui compromisit etc. kann freilich nicht gerechtfertigt werden, da auch die Bas. den Text der Flor. unterstützen; (*ὁ ὑποπεσών, ἀπαιτεῖται τὴν ποινήν, κ. τ. λ.*); allein so wie Hal. lesen auch Kob., Ven., Vac. und C. Reg. (der letzte hat: *compromiserit*).

L. 4. §. 1. *nautae caupon.* 4. 9.
caupo cauponis receperit aeque tenebitur. Br. bemerkt blos, daß Hal. und die Vulg. vor receperit einschieben: *res;* was der Zusammenhang nöthig macht, und die Anwendung der Gemination rechtfertigt. (Vergl. *Smal.* h. l.) Allein die Lesart *receperit* scheint nicht in den Codd. Vulgg. constant zu seyn, wiewol Kob. und Ven. dieselbe annehmen: denn C. Reg. liest *res suscepit;* Vac. aber *res subripiat,* (was wahrscheinlich durch Verwechslung mit dem in Pr. vorkommenden Ausdruck subripiantur entstanden ist,) und hinterher *tenebuntur.*

L. 3. *de iudic.* 5. 1.

non videtur frustrandae actionis causa latitare. Geb. bemerkt hier auch nicht eine Variante, wahrscheinlich weil Hal. und Vulg. mit Taur. übereinstimmen. Aber schon die Anmerkungen von Charondas hätten ihn belehren können, daß einige Mss. lesen: *frustrationis causa*, andere *frustrandae dilationis causa*. Zu der zuletzt erwähnten Lesart scheint sich die Mehrzahl der Codd. Vulgg. zu bekennen; sie findet sich nehmlich in C. Reg., Kob. und Ven., auch ist aus ihr der Text bei Vac.: *frustratorie dilationis causa*, entstanden.

L. 18. §. 1. *ib.*

ut, si res non ex maleficio veniat, sed ex contractu, debeat filius agere utili iudicio. Geb. hat hierbei nur der Emendation von Hal. erwähnt: ut, si res moneat, nec ex maleficio veniat, sed ex contractu debeatur, filius possit agere etc. Einer Abweichung der Vulg. vom Text der Flor. wird von ihm gar nicht gedacht; und doch fehlen die Worte non ex maleficio veniat, sed ex contractu, debeat, in mehreren Codd. Vulgg., während der, als bloße Conjectur von Hal. dargestellte, Ausdruck: *moneat*, durch eben diese Mss. anerkannt wird. Bei Kob. findet sich folgender Text: ut, si res *moveat*, filium agere utili iudicio, ohne Spur eines Zwischensatzes. Ven. hat: ut, si res *moneat*. filius *agat* utili iudicio. C. Reg. und Vac. lesen einstimmig: ut, si res *moneat*, filius *ageret* utili iudicio, (Vac. hat mittelst eines Schreibfehlers, *in tali*, für *utili*,) und diese Lesart, welche die eigentliche Lect. Vulg. zu enthalten scheint, ist auch in spätere Ausgaben übergegangen. (Vergl. Baud.) Hal. hat seinen Text offenbar aus der Lect. Flor. und Vulg. zusammengeschmolzen. Ueber die Emendationen Neuerer vergl. *Smal.* h. l. Da die Worte: *non ex maleficio*, auch in den Bas. fehlen, während dieselben den Zwischensatz: *ex contractu*, anerkennen, so scheint folgende Aenderung des Textes die natürlichste zu seyn: ut, si res ex contractu veniat, filius ageret utili iudicio.

L. 32. *ib.*

tanta ex integro tempora in persona eius praestituta intelligemus. Die unfehlbar bessere Lesart: *praestita intelligemus*, wie Geb. aus einer Handschrift anführt, findet sich in C. Reg., Kob., Ven. und hat die Autorität der Bas. für sich. (*καὶ αὐτῷ τοσοῦτος δοκεῖ δίδοσθαι χρόνος.*) Vac. liest: *data intelligemus*. Vergl. auch *Smal.* h. l.

L. 78. *de rei vindicat.* 6. 1.

nihil eius fundi fructuum nomine te dare oportet. Br. bemerkt, daß Hal. und die Vulg. *fructus nomine* haben; allein mehrere Codd. Vulgg. folgen der Flor.; so auch Kob.; C. Reg. und Ven. lesen *fructum* (wol abgekürzt für fructuum) nomine.

— sed etiam coepti ita percipi. Auch hier findet sich die Lect. Vulg.: sed etiam ita percepti, ut etc. bei weitem nicht in allen Codd. Vulgg., von denen mehrere sich der Flor. nähern. So lesen Kob. und Ven.: sed etiam cepti, id est ita percepti; und der C. Reg., die Entstehung der Abweichung von der Flor. noch näher erklärend, hat: *sed etiam cepti ita percepti.* Vergl. *Smal.* ad L. 77. h. t. not. 3.

L. 15. §. *fin. de usufr.* 7. 1.

Die übereinstimmende Lesart von Flor., Hal., Vulg.: Proprietatis dominus *ne quidem* consentiente fructuario, etc., welche auch die Bas. unterstützen, ist auf verschiedene Weise erklärt und emendirt worden; (vergl. *Smal.* h. l. not. 1.) vornehmlich aber hat der Vorschlag, *equidem* für *nequidem* zu lesen, vielen Beifall gefunden. C. Reg., Kob. und Ven. lesen, gleich einigen bei Geb. angeführten Mss., *nec quidem.*

L. 61. *ib.*

usufructuarius novum rivum parietibus non potest imponere. Br. führt hier blos eine bei Hal. am Rande bemerkte Variante an: *novum opus in parietibus* etc., und erinnert, daß er in allen von ihm verglichenen Mss. keine Abweichung von dem Text der Flor. entdeckt habe. Die Variante bei Hal. scheint in mehreren Codd. Vulgg. vorzukommen, wie eine Note in der edit. Digestor. von Chevallon, welche Baud. nachweist, vermuthen läßt. Die Lect. Flor. liegt allerdings auch der Vulg. zum Grunde, wie aus der Erklärung der Glosse hervorgeht. Der Vorschlag des Cujacius, (Observ. Lib. 1. c. 36.) in unserm Fragment, so wie in L. 44. D. h. t., zu lesen: *usufructuarius novum tectorium parietibus* etc. hat manche Anhänger, aber mit Recht auch vielen Widerspruch gefunden. (Vergl. *Smal.* h. l. not. 2.) Kob. und Ven. weichen gar nicht von der Flor. ab; der C. Reg. liest: rivum parietibus non potest *componere*, was sehr empfehlenswerth scheint, indem nicht der Ausdruck *rivus* an sich, sondern nur in Verbindung mit *imponere*, Ausstellungen gegen die gewöhnliche Lesart veranlaßt hat.

L. 15. §. 1. *de servitutib.* 8. 1.

aut amoeniorem prospectum praestet. Hoffmann a. a. O. Diss. 9. §. 1. schlägt vor zu lesen: *ut* amoeniorem etc., wie vor ihm schon Cujacius gewollt hat. (vergl. *Smal.* h. l. not. 2.) Hoffmann selbst hält aber die Aenderung nicht für nothwendig, indem *ut* auch in den Bas. nicht wiederholt wird. C. Reg. unterstützt jene Conjectur auf eine merkwürdige Weise, indem er *aut ut amoeniorem* etc. liest. Kob. und Ven. folgen ganz der Flor.

— aut in hoc, ut in suo pingat. Dieser ganze Satz fehlt in den Bas., und wir haben alle Ursache, ihn für nicht ganz unverdächtig zu halten. Geb. bemerkt bei *pingat* keine Variante, und doch weist schon Baud. aus den Ausgaben von Duaren und Chevallon die abweichende Lesart *pangat* nach. Kob. und Ven. stimmen mit der Flor.; C. Reg. liest: p̣ᶜ. . igat, indem die in der Mitte geschriebenen Buchstaben radirt sind.

L. 1. *pr. de servitutt. praedior. urbanor.* 8. 2.

sed immittendi, protegendi, prohibendi. Geb. legt die Lesart *proiiciendi* für *prohibendi*, blos dem Hal. bei; aber mit Unrecht, denn dieselbe scheint der Vulg. anzugehören. Sie wird von C. Reg., Kob. und Ven. anerkannt, und auch durch die Bas. bekräftigt, indem die Worte ἢ ἐξώστην ποιεῖν, welche die

Ausdrücke protegere und proiicere zusammen begreifen, jede Beziehung auf die Lesart prohibere ausschließen. Vergl. Clossius a. a. O. S. 192.

L. 10. *ib.*

Idem dicendum est, si alteri aedes, alteri aliarum usumfructum legaverit. Die auf den Text der Bas. gestützte Emendation von Cujacius, (Observat. Lib. 1. c. 7. Lib. 11. c. 11.): Idem dicendum est, si alterarum aedium usumfructum legaverit, (vergl. *Smal.* h. l.) wird durch C. Reg., Kob. und Ven. nicht unterstützt, welche sämmtlich der Flor. beitreten, nur daß der C. Reg. alteri usumfructum legaverit, ohne aliarum, liest.

— quia sine accessu nullum est fructus legatum. Die Vulg., welcher Kob. und Ven. beitreten, liest: nullus est fructus legatario. Der C. Reg. aber hat: nullius est ususfructus legatus.

L. 14. *ib.*

quae nulli servitutem debet. Die Conjectur des Cujacius (Observat. Lib. 1. c. 4.) quae luminum servitutem debet, hat die Autorität keines Ms. für sich, (vergl. die Randbemerkung bei Baud. und *Smal.* h. l.) auch C. Reg., Kob. und Ven. sind ihr entgegen.

— posse dominum vel alium. C. Reg. liest: vel *aliquem*; was zu der Conjectur: vel *alium quem*, berechtigt. Ven., welche gleich Kob. mit der Flor. übereinstimmt, hat in den folgenden Worten die seltsame Abweichung: vel alium voluntate eive eius etc.

L. 20. §. 4. *ib.*

postea ex tabulato, vel ex alia materia. Der C. Reg. fügt hieran die Worte: ex qua gravius cassitet. Dieser sich scheinbar empfehlende Zusatz hat keine andre Autorität für sich, und ist unfehlbar aus der Glosse geflossen, welche zu den Worten non potest bemerkt: si ex ea materia gravius cassitaverit.

L. 3. §. 2, *de servitutt. praedior. rustic.* 8. 3.

ius ei esse, terram, rudus, saxa iacere, posita habere. Zu den von Br. bemerkten abweichenden Lesarten der Vulg. und Hal. sind noch folgende hinzuzufügen. C. Reg. hat: ius ei esse, terram in tuo fundo et saxa iacere, et posita habere, et ut in tuum lapides revolvantur, etc. Kob. liest: ius esse ei, terram iacere saxaque posita habere, et ut in tuum lapides provolvantur. Ven.: ius ei esse, terram in fundo saxa iacere, et ut in tuum lapides provolvantur. Der Text von Hal. ist offenbar durch das Bestreben, die Flor. und Vulg. zu vereinigen, entstanden.

L. 5. §. 1. *ib.*

nec haustum pecoris, nec appulsum. Die Lesart von Hal.: nec haustum, nec appulsum pecoris, welche von spätern Kritikern häufig befolgt, von Köhler (Interpretatt. et Emendatt. Lib. 2. c. 10. §. 8.) aber ohne hinreichende Gründe der Flor. nachgesetzt ist, findet sich in mehreren Codd. Vulgg. anerkannt, z. B. auch in C. Reg., Kob. Ven.

L. 12. *ib.*

Actus vero, ubi et armenta traiicere. Das Schweigen von Geb. könnte zu dem Irrthum verleiten, daß die Vulg. hier ganz mit der Flor. übereinkomme. Allein die Glosse überzeugt uns, daß die Vulg. liest: armenta *trahere*, und sie giebt überdem noch von einer merkwürdigen Variante einiger Codd. Vulgg. Nachricht. Accursius nehmlich bemerkt: *Armenta;* alias: *armamenta*, i. e. instrumenta agrorum. Kob., Ven. und neuere Ausgaben, z. B. Baud., lesen armenta trahere; der C. R. hat armamenta trahere. Hal. folgt der Flor.

L. 7. *Quemadm. servit.* 8. 6.

si vero alternis diebus, aut die toto, aut tantum nocte. Geb. hat hier keine Variante. Hoffmann a. a. O. Diss. 9. §. 6. liest, mit alten Ausgaben, und mit den Bas. (ἢ μόνην τὴν ἡμέραν, ἢ μόνην τὴν νύκτα) aut die *tantum*, aut tantum nocte. Eben so lesen auch C. Reg., Ven. und neuere Ausgaben, z. B. Baud. Dagegen mit Taur. übereinstimmend sind Hal. und Kob.

L. 37. §. 1. *ad Leg. Aquil.* 9. 2.

noxae potius deditione defungi quam litis aestimatione. Die unnöthige, und dem Sprachgebrauch gewiß nicht entsprechende, Conjectur von Hoffmann a. a. O. Diss. 10. §. 7. vermittelst der Gemination zu lesen: noxae potius potuisse deditione etc. wird durch keine sonstige Autorität unterstützt. (vergl. *Smal.* h. l.) Die Lect. Vulg.: quam litis aestimationem praestare, findet sich in C. Reg. und Kob.; während Ven., gleich Hal., der Flor. folgt.

L. 5. §. 5. *de his qu. effuder.* 9. 3.
neque (in heredem, sed nec heredi, similibusque) personis. Die eingeschlossenen Worte fehlen in der Flor.; die Bas. aber erkennen dieselben an. (*οὔτε κληρονόμοις οὔτε κατὰ κληρονόμων δίδοται.*) Nach der Bemerkung von Br. sollte man schließen, daß die von ihm in den Text eingerückten Worte von allen Codd. Vulgg. anerkannt werden: allein zwischen diesen herrscht eine große Verschiedenheit. Nach der bei Baud. angeführten Bemerkung von Duaren und Chevallon sollen diese Worte in einigen Mss. ganz fehlen, so wie in der Flor. Kob. hat den von Br. recipirten Zusatz; Ven. liest: *neque heredem, sed heredi* similibusque personis; und C. Reg.: neque in heredem, sed nec heredibus, consimilibusque personis.

L. 7. *familiae herciscund.* 10. 2.
si heres unus, cum sub conditione adiectum coheredem, aut apud hostes adiectum eo haberet, dixerit se heredem esse. Die Richtigkeit dieses Textes ist sehr bestritten, (vergl. *Smal.* h. l.) und der schon von mehreren gethane Vorschlag, die Worte *adiectum eo*, welche durch Verwechslung mit dem früher gebrauchten Ausdruck *adiectum* und der ersten Silbe von *coheredem* entstanden zu seyn scheinen, ganz auszuscheiden, hat auf den ersten Blick manches für sich. Betrachten wir aber genauer die Bas., welche drei Gattungen von coheredibus hier unterscheiden, nehmlich den bedingt ernannten, (*συγκληρονόμον ὑπὸ αἵρεσιν,*) den in Feindesgewalt befindlichen, (*παρὰ τοῖς πολεμί-*

οις,) und den postumus, (κυοφορούμενον,) so scheint die Vermuthung sehr nahe zu liegen, daß in dem sinnlosen *adiectum eo* die Worte: *aut postumum*, untergegangen seien. Zwar kann man entgegnen, die Compilatoren der Bas. haben die Schlußworte unsres Fragments: idemque observandum, si postea etc., in welchen vom postumus gehandelt wird, sogleich zum Anfange gezogen; indeß es ist weit natürlicher, anzunehmen, daß der Jurist, welcher von dem bedingt ernannten und von dem gefangenen Miterben besonders handelt, auch die Betrachtung über den coheres postumus nur als Exposition an die frühere Aufzählung der verschiedenen Fälle angeknüpft habe. Der C. Reg. hat übrigens den Ausdruck *adiectum* das zweitemal auch, jedoch ohne eo; eben so auch Ven., wo aber, anstatt dixerit se heredem esse, gelesen wird: iusserit se heredem esse. Kob. liest: aut apud hostes adictum haberet, und unterstützt so den Text von Hal. Ueber die Gründe für Beibehaltung der Lect. Flor. vergl. Glück ausführliche Erläuterung der Pandekten. Bd. XI. S. 24. fgg. Clossius a. a. O. S. 194.

L. 37. *ib.*

non confitetur, adversarium sibi esse coheredem. Die hier sehr bestrittene, und auch in den Bas. nicht vorhandene, Negation (vergl. *Smal.* h. l.) ist als Lect. Vulg. zu betrachten, wie aus der Glosse unwiderleglich hervorgeht. C. Reg., Kob. und Ven. unterstützen gleichfalls die Flor., und lesen blos fuisse anstatt esse. Vergl. Clossius a. a. O. S. 194.

L. 39. *pr. ib.*

Die Worte: ob inultam mortem, welche nach Br. in den mehresten Codd. Vulgg. fehlen sollen, für deren Beibehaltung aber das Zeugnis der Bas. spricht, findet sich auch in C. Reg., Kob. und Ven.; nur ist in der zuletzt genannten Ausgabe *inultam* in *multam* verstümmelt. Vergl. *Smal.* h. l. und Clossius a. a. O. S. 195.

L. 20. *D. communi divid.* 10. 3.

ad delictum non respondit. Der Text der Flor. ist hier sehr streitig. (Vergl. *Smal.* h. l.) *Delictum* kann unmöglich richtig seyn, indem *respondere* dazu auf keine Weise paßt. Die Lesart: *delectum*, welche von vielen Seiten Beifall gefunden hat, scheint auf den ersten Blick sehr passend; stimmt aber nicht zu der gleich folgenden Erwähnung des *Iudex*, welcher im Zeitalter des Pomponius längst nicht mehr mit dem den delectus leitenden Militärbeamten eine Person war. Dazu kommt, daß die Bas. die bestimmte Quelle des Ungehorsams gegen den Richter nicht näher bezeichnen, (*ἑνὸς τῶν κοινωνῶν μὴ ὑπακούοντος,*) und daß auch in den Scholien nur Vermuthungen darüber mitgetheilt werden. (*τυχὸν ἐπὶ ἁμαρτήματος ἐνήγετο, καὶ κληθεὶς οὐχ ὑπήκουε.*) Deshalb empfiehlt sich die Lesart einiger Mss. *ad edictum non respondit*, welcher auch C. Reg., und Kob. beitreten, ungleich mehr. Ven. hat gar: *ad dictum* etc.

et ob id motu iudicis etc. So lesen, einstimmig mit Taur., C. Reg., Kob. und Ven., und mit Recht wird hier von Cujacius u. a. m. der Text der Flor.

gegen jeden Angriff in Schutz genommen. Vergl. *Smal.* h. l.

L. 16. *pr. de interrogat. in iure.* 11. 1.
quamvis iura postliminiorum possint efficere dubitare nos. Die gewiß hier ungleich schlechtere Lect. Vulg.: quamvis iura postliminii possint iterum nos reficere, (ohne dubitare,) wird von Kob. und Ven. anerkannt, indem die letztere blos postliminii in postliminiorum umändert. Hal. hat: quamvis iure postliminium possit interim nos efficere dubitare, und diesem Texte nähert sich der C. Reg., welcher so liest: quamvis iura postliminiorum interim possunt nos reficere dubitare; (bei reficere stehn die beiden ersten Buchstaben auf radirtem Grunde.) Die Scholien zu den Bas. erheben die Richtigkeit der Lect. Flor. über jeden Zweifel. (*ἐι γὰρ καὶ τὸ δίκαιον τοῦ ποςλιμινίου ποίει ἀμφιβάλλειν ἡμᾶς κ. τ. λ.*) Vergl. Clossius a. a. O. S. 197.

L. 9. §. *fin. de servo corrupto.* 11. 3.
quanti servus ob id, quod subreptus sit, minoris sit. Hoffmann a. a. O. Diss. 12. §. 4. schlägt vor, *subreptus* in *susceptus* zu ändern; was allerdings den Schriftzügen der Flor. am nächsten kommt, aber sonst durchaus nicht empfohlen werden kann. (vergl. *Smal.* h. l.) Die Lesart *corruptus sit*, welche Hal. und Vulg. haben, und die sich in C. Reg., Kob. und Ven. findet, hat das mehreste für sich, und wird auch durch die Scholien der Bas. (Tom. VII. pag. 200. z. E. ed. *Fabrot.*) bestätigt.

L. 1. *pr. de aleatorib.* 11. 5.
sive quid eo tempore dolo eius subtractum est. Hal. hat *domo* anstatt *dolo*, übereinstimmend mit den Bas. (ἐξ αὐτοῦ κλέψας.) Diese, von Vielen (vergl. *Smal.* h. l.) mit Recht gebilligte Lesart, findet sich auch in Ven., und C. Reg.; in dem letztern mit der guten Abänderung: de domo eius. Kob. dagegen folgt der Flor. Vergl. Clossius a. a. O. S. 198.

— uti quaeque res erit, animadvertam. Hal. hat hier, so wie in §. 4. desselben Fragments, *utique quae res* etc., und mit ihm ganz übereinstimmend sind C. Reg., Kob. und Ven. Dennoch ist die Lect. Flor., als der alterthümlichen Sprachform des Edicts angemessener, mehr empfehlenswerth; wie auch bereits von andern anerkannt ist. (S. *Smal.* h. l.)

L. 5. *pr. si mensor fals. mod.* 11. 6.
et ob hoc evenerit, ut venditor liberetur. Die Emendation des Cujacius (Observat. Lib. 7. c. 35.) venditor *laederetur*, wird durch mehrere Codd. Vulgg. unterstützt, wie aus der Bemerkung bei Baud. hervorgeht; wiewol Br. behauptet, in keinem Ms. eine Spur dieses Textes gefunden zu haben. Hal. und Vulg. stimmen allerdings mit der Flor. überein, und eben so auch C. Reg., Kob. und Ven.; auch streiten für diese Lesart die mehresten Gründe. (vergl. Hoffmann a. a. O. Diss. 12. §. 5. und *Smal.* h. l.) Daß die Bas. die Emendation des Cujacius unterstützen, wie Br. annimmt, bedarf einer genaueren Begründung. Der Text der Bas. (βλάψῃ τὸν πράτην) scheint zwar der Lesart *laederetur* günstig; aber die

Scholien (*καὶ ἐντεῦθεν ἐλευθερωθῇ τῆς ἐνοχῆς ὁ πράτης*) bestätigen ausdrücklich die Lect. Flor.

L. 37. *pr. de religios.* 11. 7.

et si qua vectigalia sunt, vel sarcophagi et vectura. Hal. und Vulg. lesen *vestiaria* für *vectigalia;* indeß schon die Glosse bemerkt: alias: *vestiaria;* alias: *vectigalia.* Ven. folgt der Flor.; C. Reg. und Kob. aber der Vulg. Cujacius (Observatt. Lib. 11. c. 21.) will zwar die Lesart *vectigalia* beibehalten wissen, weil in der, aus den Bas. restituirten *L. fin. C. de religios.* dergleichen vectigalia erwähnt werden; allein er streitet für die Aenderung des Ausdruckes *vectura* in *vestiaria.* Diese Emendation scheint nicht nöthig; Mss. oder alte Drucke sprechen nicht dafür, und neuere Juristen haben sich daher auch gegen dieselbe erklärt. (Vergl. *Smal.* h. l. und Clossius a. a. O. S. 198.)

L. 6. *de reb. credit.* 12. 1.

quatenus mutua vice fungantur, quae tantundem praestent. Die Vulg. hat: quat. mut. vice *res* fungantur, wie die Erklärung der Glosse ergiebt; und aus dem eingeschobenen *res* ist die sinnlose Variante einiger Mss., welche Hal. anführt: mutua vice *refundantur*, entstanden. Kob. und Ven. lesen wie die Vulg.; auch der C. Reg., nur daß dieser nach *quatenus* noch *ut* eingeschoben hat. Die Scholien des Stephanus zu den Bas. (Tom. III. pag. 245. z. E. edit. *Fabrot.* *αὐτὰ τὰ ὀνόματα ἀντὶ ἀλλήλων λεγόμενα, τὴν αὐτὴν σημασίαν δηλοῖ, κ. τ. λ.*) unterstützen die Lect. Flor.

L. 8. *ib.*

cum repudiatum sit legatum, aut adpositum. So lesen übereinstimmend Flor., Hal. und Vulg. Diejenigen Kritiker, welche für die Beibehaltung dieses Textes streiten, erklären den verdächtigen Ausdruck *adpositum* auf ganz entgegengesetzte Weise. Die Glosse und die Mehrzahl der späteren Juristen halten dafür, daß *adpositum* dem vorhergegangenen *repudiatum* correspondire, und denselben Begriff nur in einer andern Beziehung ausdrücke. Sie erklären daher *adpositum* durch *defectum*, scil. ob non existentem conditionem, und auf diesem Wege hat sich die durch Brissonius (*de verbor. significat.* v. adponere.) verbreitete Annahme gebildet, daß *adpositum* auch die Bedeutung von *repudiatum* habe; wofür aber eben unser Pandekten-Fragment als alleiniger Belag angeführt wird. Dagegen glaubt Hoffmann a. a. O. Diss. 13. §. 1., daß *adpositum* in unserer Stelle dem vorhergegangenen Ausdrucke *legatum* entspreche, und das Ganze also aufzulösen sei: cum legatum, aut id, quod legato adpositum erat, e. g. tutoris datio, repudiatum sit. Wenn nun gleich diese letzte Erklärung nicht Sprachwidrig ist, wie die erste, so stützt sie sich doch unfehlbar auf einen höchst ungewöhnlichen Redegebrauch, und ist der Genauigkeit des Ausdruckes auf keine Weise förderlich. Diejenigen, welche zur Emendation des Textes ihre Zuflucht nehmen, suchen einen Gegensatz gegen die repudiatio legati zu bilden, und emendiren daher adpositum entweder mit Baro (vergl. Baud. in der Randbemerkung) in *agnitum*, oder mit

Cujacius (Observatt. Lib. 2. c. 7.) in *adquisitum*. Für die letzte Conjectur sprechen bei weitem die meisten Gründe: vornehmlich der Umstand, daß im ursprünglichen Text der Flor. *admositum*, oder beinahe *adquoisitum*, steht; (vergl. Br. u. Hoffmann a. a. O.) sodann, daß die Handschrift, deren sich Russard bediente, *adquisitum* las, und daß wahrscheinlich auch auf die Autorität von Mss. Hugo a Porta dieselbe Lesart in seine Ausgabe aufgenommen hat; (vergl. Hoffmann a. a. O.) endlich daß die Bas. selbst zwar nicht den einen oder den andern Text unterstützen, indem die L. 8. h. t. in ihnen ganz zusammengezogen ist, aber in den Scholien des Stephanus (*Fabrot.* Tom. III. pag. 246. fg.) neben der repudiatio auch der adquisitio legati gedacht wird. Uebrigens stimmen Kob. und Ven. mit der Vulg. überein, der C. Reg. hat aber die verdorbene Lesart *propositum.*

L. 9. §. 8. ib.

ut nostro nomine creditor meus et futuro debitori nostro. Hal. und Vulg. haben *numeret* für *meus et*, wie dies der Zusammenhang der Stelle gebietet, und das Zeugnis des Scholiasten Cyrillus zu den Bas. (a. a. O. pag. 255. κελέυσω σοι ἀυτὰ ἀπαριθμῆσαι) unterstützt. Kob. und Ven. kommen mit der Vulg. überein. Der C. Reg. liest *muneret*, was freilich die Verwechslung mit *meus et* in der Flor. noch natürlicher erklärt, und bei der nicht ganz außergewöhnlichen activen Form von *munerari* (vergl. Heineccius zu Brissonius a. a. O. v. munerare) vielleicht geduldet werden könnte. (S. Clossius a. a. O. S. 199.)

L. 11. §. 1. *ib.*

Proculus ait, et recte, non amplius te etc. Hal. läßt *et* weg, und zieht *recte* zu den folgenden Worten (Proculus ait, recte non amplius etc.) Genau so liest Kob. Auch C. Reg. und Ven. unterstützen dies, nur mit der einfachen, und den Irrthum von Taur. noch mehr versinnlichenden, Verbesserung; daß sie *et recte* in *te recte* verwandeln, und das folgende *te* weglassen. (Proculus ait, te recte etc.)

L. 42. §. 1. *ib.*

Labeo ait, cum decem curari stipulatus sis. Hal. liest: decem dari curari. Nach Br. zu schließen, ist die Lect. Vulg.: cum decem tu dari stipulatus sis; und wir glauben, daß die mehresten von ihm verglichenen Codd. Vulgg. so lesen, denn auch C. Reg., Kob. und Ven. stimmen damit überein; jedoch die Glosse hätte ihn belehren können, daß die Lesart von Hal. sich schon in alten Mss. vorfand, und die Glossatoren dieselbe für nothwendig erklärt haben; denn Accursius sagt: si habeas: *dari curari*, bene est; si habeas tantum: *dari*, tunc subaudi: *curari;* et sic valet, alias non valet. Auch wird die Richtigkeit des Textes von Hal. durch die einstimmige Lesart in den Bas. und bei sämmtlichen Scholiasten derselben unterstützt. (a. a. O. pag. 231. u. 319. *ἐὰν ὁμολογήσω φροντίζειν τοῦ σχεῖν σε δέκα νομίσματα*; und: *ὁμολογῶ φροντίζειν δοθῆναι σοι δέκα νομίσματα.*)

L. 5. *de in litem iurando.* 12. 3.

quia iudex aestimare sine relatione iurisiurandi non potest rem, quae non exstat. Br. bemerkt blos, daß Hal. und Vulg. *delatione* für *relatione* lesen. Allein schon die Glosse enthält eine reichere Nachweisung von Varianten; denn es heißt in ihr: *Delatione.* Alias: *religione*, et alias: *relatione.* Dies bestätigen denn auch die uns zu Gebote stehenden kritischen Hülfsmittel, von denen Ven. *religione* liest, während C. Reg. und Kob. mit der Flor. übereinkommen. Der Text der Bas. (*ἄνευ γὰρ ὅρκου τὸ μὴ φαινόμενον ὁ δικαςὴς ἀποτιμᾶσθαι ὀυ δύναται*) scheint die Lesart *religione* zu unterstützen; aber die Scholien des Cyrillus (a. a. O. pag. 215. *ὀυ δύναται δίχα τῆς τοῦ ὅρκου ἐπαγωγῆς διατιμᾶσθαι ὁ δικαςὴς, ἀλλ' ἀναγκη αὐτῷ ὅρκον ἐπάγειν.*) entscheiden für den Vorzug der Lect. Vulg. (*delatione.*)

L. 8. *de condict. causa data.* 12. 4.

quod enim ex ea causa, nondum *coito matrimonio*, datur. Die Vulg. hat: *contracto matrimonio;* so auch Kob. und Ven. Der passive Gebrauch von coïre ist zwar nicht regelmäßig, aber auch nicht beispiellos, wie Br. erinnert. Der C. Reg. liest: *cognito matrimonio;* was zwar nicht empfehlenswerth ist, aber nur aus der Flor., und nicht aus der Vulg., entstanden seyn kann, mithin zur Beglaubigung jener beiträgt.

L. 12. *ib.*

cum quis mortis causa donationem, cum convaluisset donator etc. Hal. liest: *cui* quis m. c. donationem *fecerat*, cum *convaluit* donator etc. Der C. Reg. folgt ganz der Flor.; Kob. und Ven. aber haben *fecisset* nach donationem eingeschoben, was, nach Br., auch in der Flor. von neuer Hand an den Rand gesetzt ist, und in mehreren Codd. Vulgg. vorkommt.

— et partus, et quod adcrevit rei donatae. Hal. welcher hier der Flor. gefolgt ist, bemerkt bei *adcrevit*, als Variante: alias: *accessit*. Dies scheint die Lesart mehrerer Codd. Vulgg. zu seyn; sie findet sich genau so in Ven.; und in C. Reg. mit der Aenderung in *accesserit*. Kob. dagegen liest wie die Flor. Die Bas. bedienen sich hier eines Ausdruckes, welcher zu beiden Lesarten paßt: (*μετὰ τῶν καρπῶν, καὶ τοκετοῦ, καὶ πάσης ἐπαυξήσεως.*)

L. 32. *pr. de condict. indeb.* 12. 6.

id enim remanebit *in soluto*, quod superest. Br. erinnert, daß die eigentliche Lect. Flor. *in solutum* habe; und genau so lesen mehrere Ausgaben, welche in solutum nicht getrennt, sondern in ein Wort zusammengezogen (*insolutum*) haben. (Vergl. Baud.) So auch C. Reg., Kob. und Ven.

L. 36. *ib.*

a servo ei soluta esset. Br. bemerkt, daß nur ein Cod. Vulg. der Lect. Flor. *a servo* treu bleibe, indem die übrigen, mit der Vulg. *a servulo* lesen. Indeß auch der C. Reg. stimmt mit der Flor. überein.

L. 7. §. 1. *de eo, quod certo loco.* 13. 4.

si tamen certo loco traditurum se quis stipulatus sit. Die Lect. Vulg., welche *condicturum* für *traditurum* hat, findet sich auch in Kob., Ven. und C. Reg.; im letztern noch mit dem Zusatz: *ei promissum erat.* Die Bas. bestätigen die Lect. Flor. (*ἐὰν ἐν τῷ* πράσει δόξῃ-δοθῆναι τὶ ἔν τινὶ τόπῳ) führen jedoch zu der Vermuthung, daß anstatt *traditurum* zu lesen sei: *tradi rem;* was auch zu der hier zum Grunde liegenden Bedeutung von stipulari (für promittere) besser paßt. Bemerkenswerth sind noch einige von Br. und Geb. nicht angeführte Varianten. Baud. hat am Rande: Quidam Codices habent: *contracturum; condicturum;* alii: *conducturum.* Dies bestätigt auch die Glosse, durch folgende Worte: *condicturum,* i. e. acturum personaliter promisit. Et hoc, si habeas *condicturum.* Alias *conducturum;* utputa, habeo habitationes meas Romae; et tunc bene est etc. Et dic secundum utramque, stipulatus est, i. e. promisit.

L. 24. §. 2. 3. *de pign. act.* 13. 7.

Quod si accepit iam pecuniam, superfluum reddit. §. 3. In pignoratitio iudicio venit, et si res pignori datas male tractavit creditor, vel servos debilitavit. Plane si pro maleficiis suis coërcuit etc. Geb. führt hier blos den abweichenden Text von Hal. an: Quod si accepit iam pecuniam, nec superfluum reddit: in pignoratitio iudicio venit, quemadmodum et si res pignori datas male tractavit creditor, vel servos debilitavit: quamquam, si pro maleficiis suis coërcuit etc. Des von der Flor. abweichenden Textes der Codd. Vulgg. gedenken weder Br. noch Geb., wiewol auf diesen allein die Kritik von Hal. gegründet ist. C. Reg., Kob. und Ven. lesen nehmlich übereinstimmend so: Quod si accepit (C. Reg. *acceperit,)* iam pecuniam, nec superfluum reddidit; (Ven. reddit;) in pignoratitio iudicio venit. §. Et si res pignori datas male tractavit creditor, vel servos debilitavit: plane si pro maleficiis etc. Baud. bemerkt am Rande, daß eine alte Handschrift ebenmäßig lese: pecuniam, nec superfluum reddidit, in pignoratitio iudicio venit; und daß die bei Hal. vorkommende Lesart: quemadmodum et si res etc. schon in einem andern Ms. enthalten sei. Die Richtigkeit der Lect. Flor., welche schon Ant. Augustinus (Emendatt. et Opinion. Lib. 1. c. 2.) in Schutz genommen hat, kann hier um so weniger einem Zweifel unterliegen, da auch die Bas. dieselbe bestätigen.

L. 42. *ib.*

cum in venditione, quae fit, ex facto suum creditor negotium gerat. Geb. bemerkt hier, daß die Lesart: venditione, *quae rite est facta*, suum etc. sich bei Hal. findet; ohne aber anzudeuten, daß auch die Vulg. dieselbe hat. Dies geht nicht sowol aus der einstimmigen Anerkennung von C. Reg., Kob. und Ven., als vielmehr aus der Erklärung hervor, welche die Glosse von diesen Worten giebt. (*Quae rite.* Si enim minus rite facta esset venditio, etc.) Die Bemerkung bei Baud., daß einige Ausgaben lesen: quae, si ex facto etc. ist von keiner Bedeutung. Vergl. Clossius a. a. O. S. 200.

L. 43. *pr. ib.*

petit a creditore, ut instrumentum a se traditum auctoritatis exhiberet. In dem Worte *auctoritatis* weichen die Vulg. (welche *actori* hat,) und Hal. (der *auctionis* liest,) bedeutend von der Flor. ab. Eine Unterstützung für den Text der letztern führen Br. und Geb. nicht an. Die Bas. (*καὶ πρὸς ἀπόδειξιν αἰτήσω σε προκομίσαι τὰ δικαιώματα*) scheinen auf den ersten Blick für die Vulg. zu sprechen; jedoch, da sie den Inhalt dieses Fragments überhaupt zusammengezogen haben, so steht zu vermuthen, daß sie die genauere Bezeichnung der Urkunden hier für überflüssig hielten, und dieselbe daher unterließen. Ihr Zeugnis steht mithin dem Text der Flor. nicht entgegen, und dieser wird von C. Reg., Kob. und Ven. ausdrücklich bekräftigt.

L. 2. *pr. de Lege Rhodia de iactu.* 14. 2.

Imo et si retineat merces magister. Geb. erinnert, daß Hal. hier *non retineat* lese, und nur am Rande bemerke: alias deesse negationem. Wie Hal. liest aber schon die Vulg.; denn in der Glosse heißt es: *Non retineat. Py.* Alias non est: *non;* alias est in littera: *non;* und damit übereinstimmend sind C. Reg., Kob. und Ven., von denen die beiden letztern nur anstatt *etsi* haben: *etiamsi.* Vergl. Clossius a. a. O. S. 200.

In den folgenden Worten: At si non (et) totam navem, etc., welche sehr bestritten sind, bieten C. Reg., Kob. und Ven. keine erhebliche Abweichung von der Vulg. dar. Vergl. Clossius a. a. O.

L. 10. §. 1. *ib.*

nec per eum staret, quominus remissa sibi ea poena spectaret. Idem iuris in eodem genere cogitationis, etc. Hoffmann a. a. O. Diss. 14. §. 9.

verwirft die Emendation von Cujacius, (Observatt. Lib. 3. c. 2.) welcher *remissam sibi eam poenam* liest; jedoch im Grunde genommen schließt er sich wieder derselben an, indem er vorschlägt, mit Anwendung der Gemination, zu lesen: *remissas sibi eas poenas* etc. Kob. und Ven. lesen wie die Flor., nur daß die Worte: nec per eum staret quominus, in beiden ganz fehlen. C. Reg. liest: nec per eum staret, quominus id faceret, remissa sibi ea poena *sp...ret;* wobei das letzte Wort von neuer Hand in *asportaret* (wie das Ms. von Bynkershoeck hat,) geändert ist. Uebrigens haben C. Reg., Kob. und Ven., gleich Hal. und mehreren Codd. Vulgg., *cognitionis* anstatt *cogitationis*.

L. 5. *pr. de institor. act.* 14. 3.

Cuicunque igitur negotio praepositus sit, institor recte appellabitur. Hal. hat *quicunque* für *cuicunque;* so auch C. Reg. Bei Kob., wo überall der Raum zu den Initialen aufgespart aber nicht ausgefüllt ist, kann die Lesart *uicunque* zur Unterstützung beider Texte dienen. Ven., welche ausgefüllte, und mit der Feder gezeichnete, Initialen hat, liest gleichfalls wie Hal. Indeß leidet die Richtigkeit der Lect. Flor. keinen Zweifel, wie auch das Zeugnis der Bas. bekräftigt. (προεςὼς γὰρ ἐςὶν ὁ προεςὼς οἱας-δήποτε πραγματέιας.)

L. 13. *pr. ib.*

Habebat quis servum merci oleariae praepositum Arelatae. Br. bemerkt richtig, daß *Arelate* gelesen werden müsse. (vergl. Brissonius a. a. O. v. Arelatae.) So haben auch C. Reg., Kob. und Ven.; und es mögen die meisten Mss., wahrscheinlich auch die Flor., so lesen, die Editoren aber, auf den Grund der bekannten Verwechslung von *e* und *ae* in Mss., *Arelate* in *Arelatae* emendirt haben, indem sie dies für richtiger hielten.

L. fin. ib.

cum id institoris officio, ad fidem mensae *protestandam*, scripsisset. Hal. und Vulg. lesen: *praestandam*, und Br. will, wegen der Bas. (*τοῦτο γὰρ δι' ἀπόδειξιν μόνην ἐποιήσεν,*) *probandam* lesen. Allein es ist kein hinreichender Grund vorhanden, den Text der Flor., welchen auch C. Reg., Kob. und Ven. anerkennen, zu ändern; denn *protestari* steht hier, wie auch an andern Orten, (vergl. Prooem. Institution. §. 1. und Brissonius *a. a. O.* v. protestari.) für pertestari oder testari. Auch ist nach dieser Erklärung der Text der Bas. mit der Flor. ganz in Uebereinstimmung.

L. 5. §. 13. *de tributor. act.* 14. 4.

si praeter mercem servus iste in tabernam habeat instrumentum etc. Br. bemerkt, daß Hal. und Vulg. *propter* für *praeter* lesen. Ven. und Kob. folgen der Vulg.; der C. Reg. aber hat die Lect. Flor.; auch wird diese durch die Bas. unterstützt, welche zwar den §. 13. mit §. 5. zusammenziehn, allein die instrumenta nicht in so unmittelbaren Zusammenhang mit den merces bringen.

L. 7. §. 1. *de pecul.* 15. 1.

si, ut quidam, inquit, putant, peculium servus

habere non potest. Ant. Augustinus a. a. O. Lib. 1. c. 9. schlägt vor zu lesen: sunt quidam, inquit, qui putant, peculium servum habere non posse; was unfehlbar besser ist. Schon früher hatte Hal. diese Lesart in den Text seiner Ausgabe aufgenommen, und dieselbe findet sich auch in C. Reg., Kob. und Ven.; nur daß der C. Reg. servo habere licere non posse liest, Kob. und Ven. aber servos habere non posse lesen.

L. 11. §. 8. *ib.*

utrum cum emtore, an cum venditore ageret. Hal. hat hier *agere velit*, was Duker, der darin eine bloße Conjecturalvariante zu finden glaubte, weit über die Gebühr getadelt hat. Uebereinstimmend mit Hal. sind C. Reg. und Kob.

L. 27. §. *fin. ib.*

Die eigentliche Lect. Flor.: a socio sociisve (ohne suis) suum ius consequi, wird von C. Reg. und Ven. anerkannt, während Kob. der Vulg. folgt.

L. 1. §. 9. *Quando de pecul. act.* 15. 2.

intra annum actionem dandam in usumfructuarium, Pomponius libro sexagesimo primo scripsit. Hal. hat: Pomponius libro undecimo scripsit, wahrscheinlich weil unter den Schriften des Pomponius keine, welche ein und sechzig Bücher zählte, in den Pandekten excerpirt ist; sodann wol auch, weil, bei der so häufigen Verwechslung der Zahlzeichen in den Mss., die Vermuthung entstehn konnte, die Flor. habe in der Zahl LXI. das *L.* von dem vorhergegangenen *Libro* wiederholt. Indeß der Text der Flor., welchem auch der C. Reg. folgt, ist unfehlbar richtiger; indem Ulpian sein Citat hier wol aus des Pomponius Commentar über das Edict entlehnt hat, aus welchem an andern Stellen sogar das neun und siebzigste Buch angeführt wird. Vergl. Hommel's Palingenesia I. R. Vol. II. pag. 376. fgg. Kob. und Ven. schließen diesen §. unsres Fragments mit *usumfructuarium*, und lassen mit den Worten des §. 10. ein neues Fragment beginnen, welchem sie die Ueberschrift: *Pomponius*, geben.

L. 18. *de in rem verso.* 15. 3.

quae ita contracta est, ut in rem meam *versaretur*. Br. bemerkt, daß er, mit Ausnahme von fünf Mss., überall nur die Lesart gefunden habe: ut in rem meam *verteretur*. Allein auch C. Reg., Kob. und Ven. folgen hier der Flor.

— ut unius dumtaxat in quoque contractu, de in rem verso sit actio. Br. gedenkt hierbei blos des abweichenden Textes der Vulg.: ut uni dumtaxat, cum quo contractum est, etc. Diese Lesart scheint freilich allen Codd. Vulgg. zum Grunde zu liegen, jedoch in einigen derselben dem Text der Flor. zum Theil näher gebracht zu seyn. Der C. Reg. hat nehmlich: ut unius dumtaxat, *in quo* contractum est, etc. Ven. liest: ut *huius* dumtaxat, in quo contractum est, etc., und nur Kob. folgt ganz der Vulg.

L. 8. §. 2. *ad S. C. Velleian.* 16. 1.

in prima visione, ubi quasi debitrix delegata est. Br. erinnert, daß Hal. und Vulg. einstimmig lesen: *in Primi fideiussione*, *ubi* etc. Dies ist hinsichtlich der Vulg. unrichtig, indem die Glosse zwar die Lesart in Primi etc. berücksichtigt, aber doch dem Texte: *in prima fideiussione* etc. den Vorzug zu geben scheint. Azo sagt nehmlich in der Glosse: *In prima*. Sed in libro *Ioannis* est: *in Primi;* et tunc planum est. Alias: *in prima;* et tunc expone, ut modo dixi in glossa *Marcellus*. — Kob. und Ven. lesen auch: *in prima fideiussione*, und *cum quasi debitrix* etc. Der C. Reg. aber hat, so wie das bei Br. angeführte Ms. von Contius in prima *iussione*, (was aus der so leichten Verwechslung mit *visione* sich gebildet hat, und zugleich die Entstehung der Lesart fideiussione ganz natürlich erklärt,) cum quasi etc.

L. 19. §. 2. *ib.*

In proposita specie et illud tractandum est. Hal. hat: illud tractatum esse. Dies unterstützt der C. Reg., welcher tractatum est liest.

— indemnem hereditatem praestaret. Die Lesart: indemnem heredem praestaret, findet sich nicht blos bei Hal., wie Geb. andeutet; sie scheint vielmehr Lect. Vulg. zu seyn; wie aus der Glosse hervorgeht. (*Heredem*, scil. Titium.) Auch findet sich dieselbe in C. Reg., Kob. und Ven.

L. 1. §. 14. *depos.* 16. 3.

si vero suaseris mihi, ut magis apud eum deponam. Br. bemerkt nur, daß die Vulg. lese: si vero persuaseris etc. Jedoch der C. Reg. und Kob. folgen der Flor. In Ven. fehlen die Worte: si vero suaseris bis tecum nullam esse actionem, ganz.

L. 1. §. 32. *ib.*

si vero, cum sciret esse alienum, consumpserit, etc. Nach Br. und Geb. findet sich die Lect. Flor. nur in einem Cod. Vulg., indem alle Mss. und auch Hal. sciret rem alienam esse lesen. Diese Lesart findet sich freilich auch in Kob. und Ven.; aber der C. Reg. hat: sciret alienam esse, ohne rem, was sich wohl vertheidigen läßt.

L. 8. §. 2. *mandati.* 17. 1.

sed et de lite, quam suscepit exequendam, mandati eum teneri constat. Br. vertheidigt mit Recht die Lect. Hal.: sed et de lite, quam suscepit, exequenda mandati eum teneri constat; denn der innere Zusammenhang des Satzes macht diese Lesart nothwendig, und die Bas. rechtfertigen dieselbe. (*ἁρμόζει δὲ καὶ ἐπὶ τῷ πληρῶσαι τὸν διοικητὴν τὴν δίκην ὡς ὑπῆλθεν.*) Auch findet sie sich im C. Reg.; während Kob. und Ven. der Flor. beitreten.

L. 10. §. 8. *ib.*

ut Titio pecuniam meam credat sine usuris, isque non sine usuris crediderit, etc. Die Vulg. liest: isque sub usuris crediderit; so auch Kob. und Ven.; und dies scheint die Bas. durchaus für sich zu haben. (*ἐὰν ἐντείλωμαι τῷ διοικητῇ μου δανεῖσαί σοι χωρὶς τόκου, ὁ δὲ ἐπὶ τόκῳ δανείσῃ, κ. τ. λ.*) Der C. Reg. aber folgt der Flor.

— §. 9. nisi si salariarius fuit. In den Bas. fehlen diese Worte. Die Lect. Hal.: nisi si salarium fuit, hat auch der C. Reg.; und Kob. so wie Ven. unterstützen dies gewissermaaßen durch die Lesart: nisi si salarium fuerit, indem der karakteristische Zusatz der Vulg.: *datum*, ihnen fremd ist. Vergl. Clossius a. a. O. S. 202.

L. 20. §. 1. *ib.*

Fideiussori negotiorum gestorum est actio, si pro absente fideiusserit: nam mandati actio non potest competere, cum non antecesserit mandatum. Die Vulg. kommt hier mit der Flor. überein, auch ist nicht zu leugnen, daß die Worte *cum non antecesserit mandatum* einen ganz schicklichen Sinn geben, weshalb auch Bynkershoeck seine, auf keine äußere Autorität gestützte, Emendation: cum non accesserit mandatum, selbst zurückgenommen hat. (vergl. Geb.) Der C. Reg. aber liest: cum non *intercesserit* mandatum; und dies scheint sehr beachtenswerth, indem es mit den Bas. übereinkommt. (ὁ χωρὶς ἐντολῆς ἐγγυησάμενος ὑπὲρ τοῦ ἀπόντος, τὴν περὶ διοικήσεως πραγμάτων ἀγωγὴν ἔχει.)

L. 24. *ib.*

seu ob inanes rei actiones. Die Lect. Vulg.: immanes rei actiones, haben auch Koh. und Ven.; nur daß die zuerst genannte Ausgabe *reum* anstatt *rei* liest. Die richtige, auch durch die Bas. (ἡ ἀνίσχυρος ἦν ἡ ἀγωγή) bekräftigte, Lect. Flor. findet sich im C. Reg.

L. 33. — 35. *ib.*

Die Flor. hat hier in den Inscriptionen nicht die Namen der Verfasser; dieselben sind aus Codd. Vulgg. ergänzt, deren Angabe ganz unverdächtig ist, indem die Bas. dieselbe ausdrücklich unterstützen. Darum verdient die Abweichung im C. Reg., welcher die L. 33.

und L. 34. dem Ulpian, die L. 35. aber dem Paulus beilegt, weiter keine Beachtung.

L. 8. *pro socio.* 17. 2.

Quaestus enim intelligitur, qui ex opera cuius descendit. Hal. liest: qui ex opera cuiusque, und so ist auch von neuer Hand der Text der Flor. emendirt worden. C. Reg. und Kob. haben: quod ex opera cuiusque; Ven. aber: intelligitur, ex opere cuius quod descendit. Der ursprüngliche Text der Flor. scheint jedoch keiner Verbesserung zu bedürfen, wie die entsprechende Uebersetzung der Bas. zeigt. (Πόρος γὰρ ἐςὶν ὁ ἀπὸ καμάτου τινὶ περιγυνόμενος.)

L. 10. *ib.*

quasi debitum nobis hereditas obvenit. Hal. liest: quasi *debita* etc., und genau so lesen auch C. Reg., Kob. und Ven. Allein der Lect. Flor. gebührt der Vorzug, wie die Uebereinstimmung der Bas. darthut. (καὶ κληρονομίαι τῶν γονέων καὶ τῶν ἀπελευθέρων ὡς χρέος.)

L. 17. *ib.*

sed et socius, qui alienaverit, contra pactionem accipit, committit etc. Die Lesart, nach welcher *accipit* ganz ausscheidet, und *committit* unmittelbar zu *pactionem* gezogen wird, (contra pactionem committit,) findet sich nicht blos bei Hal., wie Geb. meint, sondern scheint Lect. Vulg. zu seyn, wie die Uebereinstimmung mehrerer Ausgaben vermuthen läßt. Auch C. Reg., Kob. und Ven. (Die letzte mit folgender Abweichung: sed et *si* socius, qui alienaverit, contra pactionem committat, etc.) schließen sich diesem Texte an, dessen Richtigkeit nicht blos der Zusammenhang, sondern auch die Autorität der Bas. bekräftigt. (καὶ ὁ παρὰ τὸ σύμφωνον πωλήσας, ἐνάγεται τῇ περὶ τῆς κοινωνίας ἀγωγῇ, κ. τ. λ.)

L. 21. *ib.*

nos ei cum eo non communicabimus. Das durchaus nicht zu duldende *ei* fehlt auch bei Kob., Ven., und im C. Reg., nur daß der letzte ganz schicklich *vero* anstatt *ei* setzt.

L. 22. *ib.*

nihil vetare, prius quam inter eum, qui admiserit etc. Das ganz überflüssige, und durch Irrthum aus dem Folgenden hieher gezogene, *quam* fehlt in C. Reg., Kob. und Ven.; die beiden eben genannten Ausgaben unterstützen überdem auch den Text von Hal., welcher *quem admiserit* hat.

L. 40. *ib.*

tamen ea, quae per defunctum inchoata sunt, per heredem explicari debent. Die Vulg. scheint hier mit der Flor. übereinzukommen, auch lesen Kob. und Ven. eben so. Der C. Reg. hat: *solent explicari;* was um so beachtenswerther erscheint, da es den Text der Bas. für sich hat. (ὁ κληρονόμος τοῦ κοινωνοῦ τὰ πρὸς αυτοῦ ἀρχθέντα πληροῖ.)

L. 52. §. 3. *ib.*

damna, quae imprudentibus accidunt. C. Reg. und Ven. lesen, wie ein von Br. verglichenes Ms., quae in prudentibus; Kob. hat: quae inprudentibus.

— §. 10. quamvis aut sortem cum certis usuris etc. In der Glosse des Accursius heißt es: *certis;* alias: *centesimis*. Der C. Reg. liest: cum *ceteris* usuris; eben so Kob. und Ven, jedoch mit folgenden Abweichungen: Ven.: quamvis autem sortem cum ceteris usuris etc., und Kob.: quamvis autem sortem cum in ceteris usuris. Die Bas. und deren Scholien lesen hier einstimmig: *τὰ δαπανηθέντα μετὰ τόκων*, was mehr die Lect. Flor., zu unterstützen scheint.

L. 63. §. 1. *ib.*

Idemque et in patroni defensore accipere debere ait. Hal. und Vulg. haben: accipi debere. Die von Br. mit Recht getadelte Lect. Flor. wird gleichwol von C. Reg., Kob. und Ven. anerkannt.

— §. 8. ut heres socius non sit, nisi fuerit adscitus. Br. bemerkt hier blos, daß Hal. fuerit adscriptus, die Vulg. aber fuerit accitus lese. Reicher ist die Nachweisung von Varianten in der Glosse des Accursius. Hier heißt es nehmlich: *Accitus;* alias: *adscriptus;* et alias: *accitus;* et alias: *actum*, secundum nos. Der C. Reg. hat *adscriptus;* Kob. und Ven. aber haben *actum*. Die Bas. scheinen die zuletzt angeführte Lesart, welcher auch die Glosse den Vorzug giebt, in Schutz zu nehmen. (*Fabrot*. Vol. II. pag. 17. z. E.: *καὶ ἐπὶ τῶν τελῶν καὶ τῶν λοιπῶν ὁ κληρονόμος τοῦ κοινωνοῦ κοινωνὸς οὐκ ἐστιν, εἰ μὴ συμφωνηθῇ.*)

L. 65. *pr. ib.*

quod iudicium ideo dictatum est, ut societas distrahatur. Die Lect. Vulg., welcher Kob. und Ven. beitreten, stimmt mit der Flor. überein, auch kann der Vorzug derselben vor der Lect. Hal. (iudicium *ita* dictatum) nicht gut bezweifelt werden, indem auch die Bas. dafür sprechen. (ὁ γαρ ἐπὶ διαλύσει τῆς κοινωνίας ἐνάγων.) Der Text von Hal. aber, welcher allerdings zu der Redensart dictare iudicium besser paßt, ist im C. Reg. anerkannt.

L. 68. *ib.*

Die Flor. legt dies Fragment dem Gajus, die Vulg. aber dem Paulus bei. Die Richtigkeit der Lect. Vulg., welcher Hal. gefolgt ist, wird durch die Bas. außer Zweifel gesetzt. Kob. und Ven. lesen wie die Vulg.; der C. Reg. dagegen wie die Flor.

L. 69. *ib.*

et conveniret, ut unus reliquis nundinas, id est epulas, praestaret eosque a negotio dimitteret. Cujacius (Observatt. Lib. 4. c. 17.), welcher dies Fragment für eines der schwierigsten hält, giebt der Lect. Vulg. (et conveniret, ut unus reliquis nundinarias epulas praestaret, eosque ad negotium dimitteret,) den Vorzug. Der C. Reg. schließt sich ganz der Flor. an, indem er blos conveniret in *convenerit*, und negotii in negotiis ändert. Dagegen Kob. und Ven. verbinden die Lect. Flor. und Vulg.; sie lesen nehmlich mit der Flor.: nundinas, id est epulas; dagegen mit der Vulg.: ad negotium dimitteret. Die Bas. haben weder im Text noch in den Scholien eine nähere Bezeichnung der epulae, und führen zu der Vermuthung, daß in den Worten: nundinas, id est epulas, ein Glossem stecke; dagegen hinsichtlich der Lesart: a negotio dimitteret, bestätigen sie ausdrücklich die Flor.; denn im Text der Bas. heißt es: καὶ ἀτελεῖς ποιῆσαι, und in den Scholien: καὶ πάσης αὐτοὺς ἐκτὸς καταςήσει φροντίδος; auch bemerkt schon die Glosse: alias: *ad negotium;* alias: *a negotio.*

L. 6. *pr. de contrah. emt.* 18. 1.

nec cuiuscunque rei, si scias alienationem non esse. C. Reg. und Kob. lesen mit Hal.: alienationem prohibitam esse; Ven. hat, wie die Vulg.: alienationem interdictam esse. Vergl. Clossius a. a. O. S. 164. fgg. S. 203.

L. 19. *ib.*

Quod vendidi, non aliter fit accipientis etc. Die von Hal. und der Vulg. nach *vendidi* eingeschobene Worte: *et tradidi,* verwerfen nicht blos die Bas. (ὅπερ ἐπώλησα, οὐ γίνεται τοῦ λαβόντος.) sondern dieselben fehlen überhaupt in Mss., wie Baud. am Rande bemerkt. Sie finden sich auch nicht im C. Reg.; dagegen Kob. und Ven. erkennen dieselben an.

L. 35. §. 3. *ib.*

si quis amico peregre eunti mandaverit, ut fugitivum suum quaerat. Hal. liest: fugitivum servum quaerat. Der Text der Flor. läßt sich wohl rechtfertigen, indem häufig der Ausdruck *fugitivi* ohne Beisatz zur Bezeichnung entlaufener Sklaven gebraucht wird. (Vergl. Brissonius a. a. O. v. fugitivus.) Indeß es fehlt der Lesart von Hal. keineswegs an äußerer Autorität; denn C. Reg. und Kob. stimmen damit vollkommen überein, während Ven. der Flor. folgt.

L. 40. §. 3. *ib.*

Respondit, maxime referre quid est actum: ceterum secundum verba esse actum etc., Hal. liest: secundum verba non esse actum; genau so haben auch Kob. und Ven., und Br. erinnert mit Recht, daß der Zusammenhang der Stelle die Negation ganz unentbehrlich mache.

L. 66. §. 2. *ib.*

Quintus Mucius scribit, qui scripsit: Ruta caesa quaeque etc. bis: idem scriptum. Br. bemerkt, daß Hal. und Vulg. die Worte *qui scripsit* ganz weglassen, und *nisi id scriptum est* anstatt bis idem scriptum setzen. C. Reg., Kob. und Ven. folgen freilich der fehlerhaften Lect. Vulg., jedoch lesen sie, der Flor. sich nähernd, *caesaque* etc.; und der C. Reg. hat: nisi idem sit primo scriptum für nisi id scriptum est.

L. 4. §. *fin. de in diem addict.* 18. 2.

et ita Pomponius libro nono ex Sabino scribit. Hal. hat: libro V. ad Sabinum; die Vulg. aber: libro VIII. ad Sabinum. Kob. stimmt mit Hal.; C. Reg. und Ven. aber mit der Flor., nur daß sie ad Sabinum für ex Sabino, lesen. Diese Abänderung hat keinen zureichenden Grund, indem die Ausdrücke libri ad Sabinum, und libri ex Sabino etc. als vollkommen gleichbedeutend gebraucht werden. Vergl. Hommel's Palingenes. Vol. II. pag. 340. fgg.

L. 6. §. 1. *ib.*

deinde prior emtor adversus eum licitatus sit, et penes eum emtorem manserit. Das später in die Flor. vor manserit eingeschobene, und in mehreren Codd. Vulgg. vorkommende, Wörtchen *res* fehlt in C. Reg., Kob. und Ven. Es scheint überhaupt aus der

Glosse, welche bei manserit bemerkt: scil. *res*, in den Text der Mss. übergegangen zu seyn. Vergl. Clossius a. a. O. S. 203.

L. 7. *ib.*

Hal. setzt in die Inscription dieses Fragments den Namen Pomponius, anstatt Paulus. Freilich ist kein Grund zur Aenderung der Lect. Flor., welche auch durch die Bas. bestätigt wird; allein mit Hal. übereinstimmend sind C. Reg., Kob. und Ven.

L. 14. §. 3. 4. *ib.*

contra se habebit, et erit hic similis egenti. §. Emtorem, qui meliorem conditionem attulerit, praeter corpus nihil sequitur, quod venierit. Hal. liest: contra se habebit: erit enim is egenti emtori similis, qui meliorem conditionem attulerit. Praeter corpus etc. Diese ganz veränderte Interpunktion hat Hal. nicht erfunden; sie liegt der Vulg. zum Grunde, und findet sich übereinstimmend in C. Reg., Kob. und Ven.; auch die Veränderungen der Worte in dem Text bei Hal. scheinen den Codd. Vulgg. abgeborgt zu seyn; denn Kob. und Ven. haben emtori anstatt emtorem.

L. 1. *de hereditat. vel action. vend.* 18. 4.

si hereditas venierit eius, qui vivit, aut nullus sit. Dion. Gothofredus in der Note bemerkt, daß Hal. lese: aut nullius sit; eben dasselbe erinnert Baud.: Geb. dagegen behauptet, die Angabe sei irrig; und Hal. habe *nullus*, gleich der Flor. Der Verfasser dieses Aufsatzes hat nicht Gelegenheit die Originalausgabe von Hal. zu vergleichen; in dem vor ihm liegenden Nachdruck derselben (Bas. 1570. fol. Pandectarum libri 50., ex edit. *Greg. Haloandri*, quoad eius fieri potuit, repraesentati,) steht allerdings *nullius*; auch läßt sich nicht bezweifeln, daß mehrere Codd. Vulgg. so lesen; denn nicht nur daß der C. Reg. damit übereinstimmt, sondern auch der Verfasser des Casus zu unsrer L. 1. sagt: Vendo hereditatem vivi etc. Et sic est in littera *nullius*. Vel si est in littera *nullus*, et sic melius, tunc dicit etc.

L. 10. *ib.*

nihil tamen eo praestabitur. Das *eo* scheint unpassend, was immerhin auch Bynkershoeck (bei Geb.) zu dessen Rechtfertigung sagen mag. Die Vulg. liest: *ab eo*. Kob. und Ven. haben: *ei ab eo*; der C. Reg. aber: nihil tamen eo nomine praestabitur, was allerdings empfehlenswerth ist.

L. 21. *pr. ib.*

rem hereditariam persecutus, alii vendidit. Die Vulg. hat: *consecutus*; C. Reg., Kob. und Ven. treten aber einstimmig der Flor. bei, welcher auch Hal. gefolgt ist.

L. 1. §. 2. *de peric. et comm.* 18. 6.

magis enim ne summutetur signari solere, quam ut tradere tum videatur. Hal. liest: ne submitteretur, und ut traditum videatur; genau so haben auch C. Reg. und Ven., im ganzen auch Kob., nur mit der Aenderung summittetur.

L. 6. *ib.*

et mihi expediat acida quoque accipere. Die bei Hal. und in der Vulg. nach acida eingeschobenen Worte: *et mucida*, fehlen im C. Reg., so wie in der Flor., dagegen Kob. und Ven. erkennen dieselben an.

L. 15. *ib.*

usque ad in eum diem, quo tolli deberent. C. Reg. liest: usque ad diem illum; Kob.: usque ad eum diem; Ven.: usque in eum diem.

L. 6. *pr. de action. emti vend.* 19. 1.

Tenetur ex emto venditor, etiam si agnoverit minorem fundi modum esse. Die richtigere Lesart von Hal.: etiam si ignoraverit, wird in C. Reg., Kob. und Ven. anerkannt. Vergl. Clossius a. a. O. S. 204.

L. 11. §. 5. *ib.*

et pretio restituto mulier reddatur. Die Lesart: ut et pretio, welche Br. nur in dem Ms. von Bynkershoeck angetroffen hat, findet sich in C. Reg. und Ven.; während Kob. ganz mit der Flor. übereinstimmt.

L. 13. §. 5. *ib.*

et mancipia Vellicus quidam subtraxisset. Die Lect. Vulg.: *villicus* quidam findet sich bei Kob.; C. Reg. und Ven. haben aber die beachtenswerthe Abweichung: villicus *quidem*.

— §. 6. si cum venditor sciret, fundum pluribus municipiis legata debere. Die Vulg. stimmt hier mit dem Text der Flor., auch kommen C. Reg., Kob. und Ven. damit ganz überein. Cujacius (Observatt. Lib. 5. c. 40.) emendirt auf den Grund des Textes der Bas., (*καὶ ὅτι ἐὰν ὁ πράϛης εἰδὼς διαφόροις ὑποκεῖσθαι τέλεσι τὸν ἀγρὸν*) *legata* in *vectigalia*;

was überdem durch die folgenden Worte: si qua tributorum, aut vectigalis etc. vollkommen gerechtfertigt zu werden scheint. Indeß, wenn wir bedenken, daß die Römer milde Stiftungen zu Gunsten einer städtischen Corporation dadurch zu sichern pflegten, daß sie das Stiftungscapital in eine jährliche, auf ein Grundstück gebrachte, Rente verwandelten, worüber uns Plinius (Epistolar. Lib. 7. ep. 18.) genügenden Aufschluß giebt, so dürfte sich der Text der Flor., und nicht weniger auch die Verdollmetschung der Bas. schlechthin vertheidigen lassen.

L. 14. *ib.*

id est, quo puteum operitur. Hal. liest *item* für *id est*, und bemerkt am Rande als Variante: alias, *id est id.* Der C. Reg. hat statt dessen: *sicut;* und Ven.: *idem est id.* Nur Kob. folgt der Flor.

L. 21. §. 2. *ib.*

cum in corpore consentiamus, de qualitate autem dissentiamus, emtionem esse. Die hier ganz unentbehrliche Negation (emtionem *non* esse,) findet sich nicht blos bei Hal., sondern auch in C. Reg., Kob. und Ven. (vergl. Cujacius Observatt. Lib. 2. c. 5. und die Citate bei Geb.)

L. 22. *ib.*

et in prato plus inveniri. Die bei Hal. und in der Vulg. nach *et* eingeschobenen Worte: *in vinea minus,* fehlen in C. Reg., Kob. und Ven., so wie in der Flor.

L. 38. *pr. ib.*

Si venditor hominis dixit, peculium eum habere

decem, nec quemquam ademturum, etc. Die letzten Worte fehlen in den Bas. Hal. und Vulg. lesen *quidquam* für *quemquam*, und Br. hat Recht, wenn er dieser Lesart den Vorzug vor der Flor. giebt, aber Unrecht, wenn er behauptet, daß die Lect. Flor. sonst keine Autorität für sich habe; denn C. Reg., Kob. und Ven. stimmen ganz mit ihr überein.

L. 39. *pr. ib.*

uti venumdatum esse videatur, quod intra terminos ipse possedit. Die Lesart *ut id venumdatum*, findet sich nicht blos bei Hal., wie Geb. glaubt, sondern auch in C. Reg., Kob. und Ven.

L. 40. *ib.*

et pro his rebus pecuniam accepit, et tradere nolebat: emtor etc. Hal. liest: acceperat, et cum eas tradere nolebat, emtor etc. Kob. und Ven. treten der Flor. bei; C. Reg. aber unterstützt zum Theil den Text von Hal., indem er nach *et* gleichfalls *cum* einschiebt, (et cum tradere,) und das Colon nach nolebat wegläßt.

L. 42. *pr. ib.* et alteri aliquid desiit, quamvis in altero exsuperet. Die Lect. Hal., welche *desit* für *desiit* setzt, und der Br. den Vorzug vor der Flor. mit Recht zugesteht, wird einstimmig von C. Reg., Kob. und Ven. anerkannt.

L. 43. *ib.*

Respondi, semper probavi Iuliani sententiam, putantis, manumissione non amittitur eo modo. De sumtibus vero etc. In den Codd. Vulgg. ist in der Lesart dieser Worte große Verschiedenheit sichtbar, wie die Collation von Br. zeigt; doch scheint der Text: manumissione non amitti eo modo ex emto actionem, sich als Lect. Vulg. festgesetzt zu haben. So lesen auch Kob. und Ven. Die seltnere Lesart: manumissione non adimi ex emto actionem, findet sich im C. Reg. Sinnreich, wiewol schwerlich zu billigen, ist der Vorschlag von Hoffmann a. a. O. Diss. 16. §. 2. zu folgender Aenderung: manumissione non amitti. Commode de sumtibus vero etc.

L. 47. *ib.*

ita, ut si non integras repraestaverit. Cujacius (Observatt. Lib. 3. c. 15.) emendirt: integras *repraesentaverit*, (ähnlich wie er in Ulpians Fragment. Tit. 6. §. 13. repensatio in repraesentatio geändert hat). Allerdings ist dies höchst scharfsinnig, und aus dem Uebersehn einer Abbreviatur in der Flor. leicht erklärlich. Dennoch dürfte die Lesart: integras res praestaverit, welche die nicht ganz ungewöhnliche Flexion von praestare voraussetzt, sich nicht blos eben so gut vertheidigen lassen, sondern auch dem Text der Flor. näher liegen. Dieselbe findet sich aber in Kob. und Ven. Der C. Reg. liest, sich mehr der Vulg. nähernd: integras res praestiterit.

L. 51. §. 1. *ib.*

per emtorem factum sit, quominus pecuniam solvat. Hal. hat: quominus ei pecunia solvatur, womit Kob. ganz übereinstimmt. Ven. liest wie die Flor.; und der C. Reg.: quominus solveretur. (ohne ei und pecunia.)

L. 11. §. 1. *locati.* 19. 2.

aliud est enim ignem innocentem habere: permittit enim habere, sed innoxium ignem. Die Vulg. liest: al. est en. ign. innoc. hab., aliud omnino non habere: permittitur enim etc. Der Zusatz der Vulg. ist nicht blos überflüssig, sondern steht mit den folgenden Worten im geraden Widerspruch, und ist durch mißverstandene Wiederholung der Anfangsworte des §. entstanden. Die Bas. haben denselben nicht. (ἕτερόν ἐστιν, ὅτε συμφωνηθῇ πῦρ ἔχειν ἀβλαβές) Der C. Reg. folgt, gleich Hal., der Flor.; Kob. und Ven. aber folgen der Vulg., nur mit Beibehaltung der Lesart: permittit.

— §. 4. deinde servus igne illato se occidit. Der Vorzug der Lect. Vulg. und Hal.: igne illato *succendit*, welcher auch C. Reg., Kob. und Ven. beitreten, kann keinem Zweifel unterliegen, da aus dem Zusammenhang dieses Fragments und der Vergleichung mit dem folgenden hervorgeht, daß der Jurist nur die herbeigeführte Feuersgefahr, nach Verschiedenheit der Person ihres Urhebers, in Untersuchung zog, und keine Veranlassung hatte, den hier ganz gleichgültigen Tod des Sklaven mit in Frage zu stellen. Daher denn auch der Text der Bas., so wie die Scholien dazu, hier der Brandstiftung allein Erwähnung thun. Hoffmann a. a. O. Diss. 16. §. 3. glaubt, es müsse *si accendit* gelesen werden, weil dies dem Text der Flor. näher kommt als die Lect. Vulg.; allein abgesehn davon, daß dadurch die Construction des Satzes erschwert wird, so ist auch die Vermuthung von Br. sehr natürlich, das *se occidit* der Flor. möge aus *soccedit* entstanden seyn.

L. 15. §. 6. *ib.*

Item cum quidam nave amissa vecturam, quam pro mutua acceperat, repeteretur etc. Der Text der Codd. Vulgg. ist hier sehr abweichend, wie die Collation von Br. zeigt. Die Lesart: quam pro invecto acceperat, ist wol als Lect. Vulg. anzusehn: (vergl. Clossius a. a. O. S. 205.) sie findet sich auch in C. Reg., Kob. und Ven.; aber sie ist eben so wenig von Bedeutung, als die bei Geb. nicht angeführte Variante: quam pro vehendo acceperat. (Vergl. Baud. in der Randbemerkung.) Die Emendation von Br.: quam promte nauta acceperat, enthält einen durchaus verunglückten Versuch. Der Text der Flor. giebt, mittelst der gelinden Verbesserung: quam *promutuam* acceperat, einen befriedigenden Sinn; denn nicht nur, daß *promutuum* zur Bezeichnung der Vorausbezahlung von den römischen Juristen gebraucht wird, (vergl. L. 40. §. 5. D. de statu liber. und Brissonius a. a. O. v. promutuum,) sondern Cyrillus in den Scholien zu den Bas. (Tom. II. pag. 458.) kann nur auf den Grund dieses Textes seine Uebersetzung unsrer Stelle gebildet haben: (ὁ πρόχρήσας τὸν ναῦλον, ἐι ἀπώληται ἡ ναῦς ἀναλαμβάνει ἀυτόν.)

L. 19. §. 2. *ib.*

quae ad praesentem usum colonum picare oportebit. Geb. bemerkt hier blos die Lect. Hal.: colono picare oportet. Allein schon die Randbemerkung bei

Baud. weist mehr Varianten nach. (Alias: *colono parare; et alias: colonum praestantem picare, pice inducere.)* C. Reg., Kob. und Ven. lesen: *colonum parare.* Die Richtigkeit der Lect. Flor. wird durch die Uebereinstimmung der Bas. bethätigt.

— §. 5. si inquilinus arcam *aeratam* in aedes contulerit etc. Geb. hat hier blos die dem Duker abgeborgte Nachweisung, daß Fornerius (rerum quotidianar. Lib. 2. c. 2.) durch Kritik den Text in: arcam *cameratam*, umgeschaffen habe. Indeß diese Lesart kommt nicht blos in Mss. vor, sondern sie ist entschieden Lect. Vulg., wie aus der Erklärung in der Glosse deutlich hervorgeht. (*Si inquilinus arcam cameratam*, i. e. habentem tres cameras. Hoc dicit, ut denotet eius magnitudinem.) Auch C. Reg., Kob. und Ven. (die letzte liest, vermittelst eines Druckfehlers, aream cameratam,) haben eben diese Lesart. Die Lect. Flor., welche auch Hal. beibehalten hat, wird aber durch den Text und die Scholien der Bas. unterstützt. (ἐὰν ὁ ἔνοικος εἰσαγάγῃ κιβωτὴν κεχαλκωμένην.)

L. 29. *ib.*

neve cingito, neve deurito. Nach der Bemerkung von Baud. lesen einige Mss. *deglabrato*, anstatt *cingito;* was offenbar aus der Erklärung der Glosse aufgenommen ist, (*Cingito;* cingere, id est deglabrare.) und den Text so wie die Scholien der Bas. (περιζωννύειν, περιτέμνειν, παραχαράττειν,) gegen sich hat. Die Lesart *urito*, für *deurito*, welche sich in zweien von Br. verglichenen Mss. findet, hat auch der C. Reg., und für die Richtigkeit derselben spricht die gleich folgende Wiederholung der Worte des Contrakts: neve quem cingere, caedere, urere sinito; und die Autorität der Bas., welche im Text so wie in den Scholien beide male den einfachen Ausdruck *καίειν* haben.

L. 30. §. 1. *ib.*

post tres menses incendio facto, respondit posse agi etc. Geb. bemerkt, daß Hal. nach incendio facto die Worte: *combusta sunt*, einschiebe; allein so liest bereits die Vulg., wie aus der Erklärung der Glosse hervorgeht. (*combusta sunt*, scil. balnea.) Der Zusatz kommt auch in allen Codd. Vulgg. vor, wiewol mit manchen Abweichungen. Kob. liest: *exusta sunt;* Ven.: *consumta vel exusta sunt;* C. Reg.: *combustae sunt aedes*, und die letzte Lesart kommt, nach der Randbemerkung bei Baud., öfter vor. Auch findet sich der Zusatz im Text so wie in den Scholien der Bas., denn die letztern lesen: *ἐμπρησμου δὲ γενομένου μετὰ τρεῖς μῆνας τῆς μισθώσεως, συνέβη τὸ βαλανεῖον ἀπολεσθῆναι.* Vergl. Clossius a. a. O. S. 173.

L. 60. §. 6. *ib.*

ac si propositum fuit, remissum videtur. Die Lect. Vulg., welche *videtur* ganz wegläßt, und remissum zu den unmittelbar vorhergehenden Worten zieht, wird von C. Reg., Kob. und Ven. anerkannt; und allerdings scheint der zweifelnde Ausdruck *videri* zu dem vorausgegangenen entscheidenden *dixi* nicht zu passen. Der Text der Bas., welcher aber freilich oft in die Uebertragung einen apodiktischen Ton legt, auch wo dieser dem Original fremd ist, unterstützt die Lect. Vulg.; dagegen die Scholien (ἔδοξα συγχωρεῖν τὰ τῷ προγράμματι περιεχόμενα,) streiten für die Flor., deren Text jedoch auf jeden Fall der Kritik bedürftig ist; vielleicht läßt sich die Emendation rechtfertigen: ac si, quod propositum fuit, remissum videretur.

— §. 7. si ipse se locasset, ex peculio dumtaxat, et in rem versum damnum tibi praestaturum dico. Die Lect. Vulg.: praestaturum locati iudicio wird von Kob. und Ven. anerkannt. Der C. Reg. hat die von Br. nur in zwei Mss. vorgefundene Lesart: *iudico*, für *dico*; aus welcher sowohl die ursprüngliche Schreibart in der Flor. (*dicio*) als auch die Abirrung der Vulg. sich einfach erklären läßt. Die bei Geb. nicht angeführte Variante von Contius: *indicio*, ist von keinem Werthe.

L. 19. *pr. de praescr. verb.* 19. 5.

tutius est ita agere, ut Labeo ait. Die Lect. Hal.: utilius est ita agere etc. haben auch C. Reg., Kob. und Ven.

L. 6. §. 1. *Qui potior. in pign.* 20. 4.

Item si quis in merces sibi obligatas crediderit. Das verdächtige *sibi* scheint von der Vulg. anerkannt zu seyn; es findet sich auch in Kob. und Ven. Hal. läßt es ganz weg; Hoffmann a. a. O. Diss. 18. §. 4. emendirt: *tibi* obligatas; was nicht allein einen befriedigenden Sinn giebt, sondern auch durch den C. Reg. unterstützt wird.

L. 10. *ib.*

privilegiis temporis fore potiorem heredem eius,

etc. Hal. liest: pr. temp. fortior est heres eius; und genau so lesen auch C. Reg., Kob. und Ven.

L. 16. *pr. ib.*

Quaerebatur, utrum tertius creditor etiam Turbonem superare deberet, qui primam creditricem: an etc. Die Vulg. setzt blos zum Text der Flor. nach creditricem das ganz unentbehrliche *expulerat* hinzu. Hal. liest: qui primam conditione expulerat; was allerdings sinnreich ist. Kob. und Ven. treten der Vulg. bei. Der C. Reg. hat: primam credic'e (credicere,) expulerat, und es steht zu vermuthen, daß Hal. in seinen Mss. eine ähnliche Lesart vorfand, in welcher er die verdorbene Bezeichnung für *conditione* zu erkennen glaubte.

L. 14. §. 1. *de Aedilit. edict.* 21. 1.

feminarum est, accipere ac tueri conceptum. Die bessere Lect. Hal.: concipere ac tueri conc. haben auch C. Reg., Kob und Ven.

L. 17. §. 15. *ib.*

servus ea mente, ne rediret ad eum, extra habitationem liberti fuit, etc. Die Lesart *fugit* für *fuit* legt Geb. allein dem Hal. bei; indeß sie scheint Lect. Vulg. zu seyn; auch erkennen C. Reg., Kob. und Ven. dieselbe an.

L. 20. *ib.*

Caelius Sabinus scribit, ex priore causa, quae statim, inquit, ut veniit id mancipium, eo nomine posse agere coepit. Die Vulg. folgt hier der Flor., so wie auch C. Reg., Kob. und Ven.; doch aber kann es kein Bedenken haben, daß der Text verdorben ist, und es schwerlich geduldet werden darf, den Ausdruck *inquit* mit der Glosse auf einen dritten Schriftsteller zu beziehn, dessen Namen die Justinianischen Compilatoren in der Eile des Excerpirens übergangen haben. Sehr empfehlenswerth erscheint daher die, auf eine schon von andern Editoren befolgte Transposition und eine einfache Emendation gestützte, Conjectur von Hoffmann, a. a. O. Diss. 19. §. 1.: Caelius Sabinus scribit, ex priore causa, quae statim incipit, ut veniit id mancipium, eo nomine posse agere.

L. 23. §. 3. *ib.*

utputa laqueum torsit, sive medicamentum pro veneno bibit. Vulg., C. Reg., Kob. und Ven. enthalten hier keine Abweichung von der Flor. Hoffmann a. a. O. Diss. 19. §. 2. sucht, in Uebereinstimmung mit Bynkershoeck (bei Geb.) durch Versetzung der Worte dem Text zu helfen, indem er so liest: *sive venenum pro medicamento bibit.* Allein zur Anwendung der Kritik haben wir hier keinen zureichenden Grund: denn da in dem ganzen §. 3. dieses Fragments von vereitelten Anschlägen des Sklaven gegen sein eignes Leben die Rede ist, so giebt die Stellung der Worte in der Flor. nicht blos einen genügenden, sondern auch einen ungleich bessern Sinn, als der aus der veränderten Ordnung hervorgeht.

L. 31. §. 14. *ib.*

et adiicit, quibus administratio rerum, culpam abesse etc. Die von Hal. nach *rerum* eingeschobenen Worte: *permissa est,* scheinen aus Codd. Vulgg. entlehnt zu seyn: sie finden sich auch bei Kob.; und C.

Reg. so wie Ven. haben dieselben mit der kleinen Abänderung: commissa est.

L. 15. §. 1. *de eviction.* 21, 2.

sed et si servus evincatur, quanti minoris ob id praedium est etc. Cujacius (Observatt. Lib. 2. c. 20.) emendirt servus in *servitus*; was sehr empfehlenswerth, und der von Bynkershoeck (bei Geb.) aus unzureichenden Gründen vertheidigten Lect. Flor. vorzuziehn ist. Die Vulg. bleibt hier der Flor. treu, wie die Glosse des Accursius darthut; (*Praedium*, cui inhaeret servus.) auch weichen C. Reg., Kob. und Ven. nicht davon ab. Allein beachtenswerth ist die Bemerkung von Charondas (am Rande bei Baud.), daß nach Odofredus die Lesart *servitus* schon in alten Codd. Vulgg. vorkommt, und daß andre Mss. lesen: *servus fundus*.

L. 4. *pr. de usur.* 22. 1.

potest dici, partus quoque rationem committi incerti stipulatione. Die richtige Lesart: partus quoque ratione committi incerti stipulationem, wird einstimmig von C. Reg., Kob. und Ven. anerkannt, und hat auch die Autorität des Scholiasten der Bas., Cyrillus, für sich. (*ἀπὸ δὲ τοῦ, καὶ σχολαίαν τὴν τούτου παραδιδόναι νομὴν, λαμβάνει καὶ τὸ τοκετόν.*)

L. 17. *pr. ib.*

Haec constitutio *adfinitum* modum excedit. Die Vulg. hat: ad infinitum modum, wie aus der Erklärung dieser Worte in der Glosse des Accursius hervorgeht: auch Kob., Ven. und C. Reg. lesen so; (der letzte mit der Abweichung: haec quaestio etc.) Die bei Geb. bemerkten Versuche, dem Text der Stelle durch Emendation zu helfen, haben wenig Erfolg gehabt. Am natürlichsten scheint es, die Lect. Flor. beizubehalten, *adfinitus* mit Brissonius h. v. durch *definitus* zu erklären, die Worte: adfinitum modum, auf die unmittelbar vorhergegangenen: modum iustae exactionis, zu beziehn, und den ganzen Satz mit dem folgenden: Quid ergo etc., zu der von Paulus aufgeworfenen Frage zu ziehn. Denn der ungenannte Scholiast der Bas., welcher uns den Gedankengang des Juristen bestimmt zu vergegenwärtigen sucht, führt, nachdem er den Inhalt der Constitution entwickelt hat, den Paulus also redend ein: καὶ ἐςὶ μὲν ἡ διάταξις ἀσαφής. ἐγὼ δὲ ὁ Παῦλος ὅυτως ἑρμηνέυων φημὶ ὥςε εἰς τὸν μετὰ τὴν ἀγνωμοσύνην καιρὸν κόμμιτέυεσθαι τὴν ἡμιεκατοςὴν, ὀυ μὴν καὶ ἐις τὸν παρῳχημένον χρόνον κ. τ. λ)

L. 4. *pr.* §. 1. *de naut. foen.* 22. 2.

titulo maioris usurae tenebuntur. §. Pro operis servi traiectitiae pecuniae gratia secuti, quod in singulos etc. Die fehlerhafte Abtheilung bei Hal., welcher das Punktum nach tenebuntur wegstreicht, und die folgenden Worte unmittelbar damit verbindet, mit quod in singulos aber einen neuen Satz anfängt, ist aus Codd. Vulgg. entlehnt, und findet sich auch übereinstimmend in C. Reg., Kob. und Ven. Vergl. noch Ant. Augustinus Emendatt. et Opin. Lib. 1. c. 9.

L. 3. §. 6. *de testib.* 22. 5.

Testes non temere evocandi sunt per longum iter: et multo minus milites avocandi sunt a signis vel muneribus. In der sehr bestrittenen Lesart der letzten Worte weicht die Vulg. nicht von der Flor. ab, auch findet sich in Mss. hier nur selten eine Variante, z. B. im C. Reg.: a signis et muneribus. Schrader in der neuesten kritischen Bearbeitung des *Tit. Dig. de testibus.* (Tubing. 1819. pag. 42.) hat gezeigt, daß zwar der Text der Bas. eine Aenderung der Lect. Flor. zu enthalten scheine, (ἀπὸ τῶν ἰδίων τάξεων ἢ ἀριθμῶν); allein Cyrillus in den Scholien (ἀπὸ τῶν σίγνων ἢ ἐξ ἑτέρων λειτουργιῶν) die Lesart der Flor. auf das ausdrücklichste bestätige. Es kommt mithin nur darauf an, dem Text der Flor. eine genügende Erklärung abzugewinnen; wozu hier der Versuch gemacht werden soll. Die Römer bezeichnen den Dienst des Soldaten bei der Fahne gewöhnlich mit dem Ausdruck: *in castris esse.* (Vergl. Ulpian Fragm. Tit. 23. §. 10. und Livius Lib. 2. c. 24., wo aus dem Edict des Consuls Pub. Servilius die Worte angeführt werden: Ne quis militis, *donec in castris esset*, bona possideret aut venderet; liberos nepotesve eius moraretur.) Von diesem activen Feld- und Lager-Dienst unterscheiden sie aber die sonstigen Dienstgeschäfte des Soldaten, z. B. die operae fabriles, (vergl. L. 12. D. de re militari.) die Absendung zur Aushebung oder Geleitung von Recruten, (L. 35. D. ex quib. caus. maior.) die legationes militares, (Capitolinus in Pertinac. c. 9.) und alles, was zum Garnisondienst gehörte. (Seneca de tranquillit. animi. c. 3.) Diese Geschäfte faßte die ältere Sprache in den Ausdruck *provincia* zusammen, (*Tab. He-*

racleens. Lin. 16.—18. Aer. Neap.: *nisi qui eorum stipendia — fecerit, quae stipendia in castris inve provincia — fecerit.* Vergl. des Verfassers Observation. ad Tab. Heracleens. part. alter. pag. 42. fgg. Berol. 1817.) Die neuere Sprache legte ihnen den Collectivnamen *munus* bei. (L. 18. D. de verbor. significat.) Diese munera führten zu den nehmlichen Bevorrechtungen, wie der Dienst bei der Fahne: sie wurden bei Berechnung der Dienstzeit mit veranschlagt; (*Tab. Heracl.* und Seneca a. a. O.) sie begründeten eine absentia reipublicae causa: (L. 35. D. ex quib. caus. maior.) sie verschafften einen gleichen Antheil an der dem Heere zugefallenen Beute; (wie dies der sehr merkwürdige Bericht des Polybius über das von den Römern bei der Plünderung befolgte Verfahren darthut. *Hist.* Lib. 10. c. 16. edit. *Schweighaeus.*: Πάντες οἱ πρὸς τὴν ἁρπαγὴν ἀπομερισθέντες ἀναφέρουσι τὰς ὠφελείας, ἕκαστοι τοῖς ἑαυτῶν στρατοπέδοις. κἄπειτα πραθέντων τούτων, οἱ χιλίαρχοι διανέμουσι πᾶσιν ἴσον, οὐ μόνον τοῖς μείνασιν ἐν ταῖς ἐφεδρείαις, ἀλλὰ καὶ τοῖς τὰς σκηνὰς φυλάττουσι, τοῖς τε ἀῤῥωστοῦσι, καὶ τοῖς ἐπί τινα λειτουργίαν ἀπεσταλμένοις. Omnes, qui ad diripiendam urbem fuerunt selecti, praedam universam ad suas quique legiones referunt. Qua vendita, tribuni deinde aequis portionibus inter omnes pecuniam dividunt; et habetur ratio non eorum tantum, qui in subsidiis manserunt, sed et illorum, qui tentoria custodierunt, item aegrotorum, et si qui ad muneris alicuius curationem fuerint alio missi.) So will denn auch in unserm Fragment die avocatio militis a signis vel a muneribus nichts andres sagen, als die Unterscheidung von stipendia in castris vel in provincia facere, in der *Tab. Heracl.*; und der Jurist entscheidet ganz richtig, daß, da der bei der Fahne dienende, so wie der in Dienstgeschäften abwesende Soldat reipublicae causa absentes sind, beide auch nicht zur Ablegung eines Zeugnisses gezwungen werden können.

L. 6. *de sponsal.* 23. 1.

si puellae tutores ad *finienda* sponsalia nuntium miserunt. Hal. und Vulg. lesen: ad *infringenda* sponsalia; so auch Kob.: dagegen C. Reg. und Ven. behalten den Text der Flor. bei, welcher sich auch sehr wohl rechtfertigen läßt.

L. 9. *ib.*

an sponsalia sint ante duodecimum annum, si fuerint nuptiae *collatae*. Geb. bemerkt hierbei nur die ganz lächerliche Conjectur von Bynkershoeck: nuptiae *conflatae*. Hal. und Vulg. stimmen mit der Flor. Cujacius (Observatt. Lib. 11. c. 15.) und nach ihm Hoffmann a. a. O. Diss. 3. §. 1. haben gezeigt, daß mit Anwendung der Gemination gelesen werden müsse: nuptiae *collocatae*; welche Lesart durch den C. Reg. ausdrücklich unterstützt wird.

L. 10. *ib.*

ut si nuptiis non consentiret, vel contractis, vel non contractis, repeteret. Hal. läßt die Worte: vel contractis, vel non contractis, weg; freilich ohne zureichenden Grund, da auch die Bas. dieselben anerkennen, aber wahrscheinlich auf die Autorität von

Mss.; denn z. B. der C. Reg. hat die Worte: vel non contractis, nicht.

L. 19. *de ritu nuptiar.* 23. 2.

Dies Fragment erst mit den Worten: Qui liberos etc. anfangen zu lassen, ist nicht eine Erfindung von Hal., wie Geb. uns glauben macht, sondern entschieden Lect. Vulg., welcher auch C. Reg., Kob. und Ven. beitreten.

L. 39. §. 1. *ib.*

si quis ex his, quas moribus prohibemur uxores ducere etc. Die von der Vulg. nach quas eingeschobenen Worte: legibus vel, finden sich auch in Kob. und Ven.; dagegen C. Reg. folgt der Flor., deren Text sich auch, bei dem bekannten Unterschiede des Incestes nach Jus Gentium und nach Jus Civile, vollkommen rechtfertigen läßt.

L. 44. *pr. ib.*

neposve ex filio, proneposve ex filio nato. Hal. hat: proneposve ex eius filio natus. Der C. Reg. kommt dieser Lesart sehr nahe, indem er blos *ex* wegläßt. Kob. hat: proneposve ex filio natus; Ven. aber: proneposve ex filio vel ex filia natus; und mit dem letztern stimmen auch andere Ausgaben überein. Vergl. Baud.

L. 45. *pr. ib.*

In eo iure, quod dicit etc. Hal. liest: quo dicitur; was, nach Br. gegen die Bas. seyn soll: allein nur der Text der Bas. hat: λέγει ὁ νόμος; die Scholien dagegen, welche den Anfang dieses Fragments weit genauer wiedergeben, haben: ἐν τῷ νόμῳ τῷ λέγοντι κ.

τ. λ., was der Lect. Hal. nicht geradezu widerstreitet. Der C. Reg. liest ganz wie Hal.; Kob., wie die Flor.; Ven. hat: in eo iure, quod (ohne dicit, oder dicitur.)

L. 33. *pr. de iure dot.* 23. 3. isque defectus sit facultatibus: imputabitur marito etc. Die von der Vulg. nach facultatibus eingeschobenen Worte: antequam dotem daret, werden vom C. Reg. verworfen, und mit Recht, so wie dieselben auch in den Bas. fehlen.

L. 44. §. 1. *ib.*

utique si post nuptias promissa, eius temporis peculium aestimari debet, etc. Die Vulg. hat: utique si post secutas nuptias: si vero ante nuptias promissa est, eius etc. worauf der Text von Hal. gebaut ist: utique si post nuptias promissa est dos: si vero ante nuptias, eius temporis etc. Kob. liest wie die Vulg., nur daß nach promissa est noch dos eingeschoben ist. Der C. Reg. aber folgt der Flor., und hat auch nach promissa den Zusatz: est dos. Auch Ven. liest wie die Flor., nur mit folgender Abänderung: si post secutas nuptias promissa est. Der Vorzug der Lect. Vulg. vor der Flor. kann hier keinen Zweifel leiden, wegen der ausdrücklichen Beistimmung der Bas. (εἰ μὴ ἄρα πρὸ τῶν γάμων ἡ ἐπαγγελία γέγονεν, τότε γὰρ ἐκείνου τοῦ χρόνου κ. τ. λ.)

L. 59. §. 1. *ib.*

vereor, non sit obligatus: nam mulieri etc. Die Lect. Hal.: vereor, ne non sit obligatus etc., welche Br. in keinem Ms. gefunden haben will, wird einstimmig von C. Reg., Kob. und Ven. anerkannt.

L. 61. §. 1. *ib.*

ut iterum ei causa cognita etiam viro absente permittat. Die Lect. Hal.: ut *interim* ei etc. haben auch C. Reg. und Ven.; wozu der Text der Bas. ungleich besser paßt als zur Lect. Flor. (*καὶ τοῦ ἀνδρὸς ἀπόντος τῆς αἰτίας διαγνωσθείσης ἐπιτρεπέσθω κ. τ. λ.*

L. 8. *de pact. dotal.* 23. 4.

necessario etiam pactio cum ipsis dumtaxat dotis nomine fieri potuit. Die ursprüngliche Lesart der Flor. ist: fieri poterit. Diese hat auch der C. Reg., und den Bas. scheint sie gleichfalls zum Grunde zu liegen. (*μόνοι συμφωνοῦσι περὶ τῆς προικὸς*) Br. behauptet, daß der fehlerhafte Text (potuit) in allen Mss. und Ausgaben vorkomme.

L. 17. *ib.*

ut propiore tempore — reddatur, stari eo debere. Hal. hat: stari ab eo debere; die Vulg.: stari ei pacto debere. Der C. Reg. liest ganz wie die Flor.; Kob. und Ven. folgen der Vulg., jedoch mit der Aenderung: stari eo pacto etc.

— quaeque et post nuptias data fuerit. Hal. läßt die Worte quaeque et ganz weg; so auch der C. Reg.

— si propiore, quam in reddenda dote. Hal. liest: si propiore tempore; die Vulg.: si priore tempore. C. Reg. und Kob. folgen der Flor.; Ven. aber hat: si pro priore tempore.

L. 20. *pr. ib.*

Ob res quoque donatas, vel amotas etc. Cujacius (Observ. Lib. 11. c. 29.) will hier gelesen wissen: Ob mores quoque, et ob res donatas etc. Er stützt sich auf die Bas., welche nicht blos diesen Zusatz haben, sondern auch des vertragsmäßigen Erlasses der Culpa Erwähnung thun. (συμφρωνοῦσιν περὶ συγχωρήσεως κακοτροπίας, καὶ ῥαθυμίας.) Hal. und Vulg. wissen nichts von diesen Zusätzen; eben so wenig C. Reg., Kob. und Ven. Dennoch streitet die Vermuthung gar sehr dafür, daß dieselben echt, und nur durch Schuld der Abschreiber verloren gegangen sind. Denn von der *actio de moribus* haben sich mehrere Spuren in den Pandekten erhalten, (vergl. L. 5. pr. D. h. t., wo auch die Worte: ne de moribus agatur, in manchen Codd. Vulgg. fehlen, z. B. im C. Reg.) und die ähnlichen Worte, ob res und ob mores konnten leicht einen Irrthum herbeiführen.

L. 26. §. 3. *ib.*

Convenit, ut mulier viri sumtibus, quoquo iret, veheretur. Hal. liest: quoquo iret, quoquo veheretur, uteretur etc. Die Vulg. hat: viri sumtibus uteretur, quoquo iret vel veheretur. Hoffmann a. a. O. Diss. 21. §. 5. bemerkt, daß einige Ausgaben lesen: viri sumtibus tueretur, quoquo iret vel veheretur; daß aber den Bas. die Lesart: viri sumtibus aleretur, zum Grunde zu liegen scheine. (ἀνὴρ συνεφώνησε τὴν γυναῖκα τρέφειν ἀπιοῦσαν ὁπουδήποτε.) Sehr merkwürdig ist es nun, daß der C. Reg. die Autorität der Bas. unterstützt; er liest nehmlich: ut mulier viri sumtibus, quocunque iret, aleretur. Kob. und Ven. haben: viri sumtibus tueretur, quocunque iret.

— in qua Centurio merebat. Geb. legt die Lesart: in qua Cent. morabatur, blos dem Hal. bei. Allein Cyrillus in den Scholien zu den Bas. liest eben so. (ἐν ᾗ διῆγεν ὁ ταύτης ἀνὴρ, ὀφφίκιον χειρίζων στρατιωτικόν.) Auch der C. Reg. stimmt ganz mit Hal. überein; und Kob. so wie Ven. lesen: in qua Cent. commorabatur.

L. 3. pr. de fundo dotali. 23. 5.

Fundus dotali servo legatus ad Legem Iuliam pertinet. Br. bemerkt, daß die Lect. Flor. durch die Bas. bestätigt werde, daß aber die Vulg. lese: fundus dotalis etc. Das letzte steht zu bezweifeln; denn die Erklärung der Glosse (*Fundus. Servo.* Dato in dotem, ita, quod testator nolit ad maritum pertinere.) scheint auf eine vollkommene Uebereinstimmung mit dem Text der Flor. zu deuten, von welchem auch C. Reg. und Kob. nicht abweichen. Nur Ven. hat: fundus dotalis etc.

L. 1. de donat. int. vir. et uxor. 24. 1.

donationibus non temperantes, sed profusa erga se facilitate. Die unrichtige, und durch die Scholien der Bas. (ἀφειδῶς ἀλλήλοις δωρούμενοι) hinreichend widerlegte Lesart: donationibus non obtemperantes, findet sich nicht blos bei Hal., wie Geb. zu glauben scheint, sondern auch in C. Reg. und Ven. Eben so wenig ist der Zusatz: *utentes*, nach facilitate, eine Erfindung von Hal., wiewol er aus der Glosse, (welche bei facilitate bemerkt: scil. *abutentes*,) in den Text der Codd. Vulgg. übergegangen zu seyn scheint. C. Reg. und Ven. haben *agentes*, für utentes; und nur Kob. folgt ganz der Flor. Für die Beibehaltung eines solchen Zusatzes zum Text der Vulg. streiten die Scholien zu den Bas. (καὶ μὴ συγκρίνοντες τὸ πρᾶγμα διὰ τὴν ἐκκεχυμένην περὶ ἀλλήλοις εὐχέρειαν) Vergl. Clossius a. a. O. S. 175. fgg.

L. 3. §. 9. *ib.*

non tantum autem per se maritus et uxor ceteraeque personae dare non possunt. Hal. liest: ceteraeque personae donare non possunt, sed nec per alios. Vulg. hat: donare non possunt; sed nec per alias interpositas personas. Ven. folgt der Vulg.; Kob. und C. Reg. schließen sich der Lect. Hal. an, nur daß der letzte das *dare* der Flor. beibehält. Der Text der Bas. (τὰ κεκωλυμένα πρόσωπα οὔτε διὰ παρενθέτου δύνανται δωρεῖσθαι.) spricht nicht blos für die Nothwendigkeit eines Zusatzes, sondern unterstützt auch die Lect. Vulg. Vergl. Clossius a. a. O. S. 176.

L. 5. §. 9. *ib.*

Haec res et illud suadet, si uxori maritus sepulturae causa donaverit. Geb. bemerkt hier blos die Lesart von Hal.: hoc et illud suadet etc. Mit der Flor. übereinstimmend ist Ven.; dagegen Kob. und C. Reg. lassen die Worte: *haec res*, ganz weg, ohne etwas anderes zu substituiren; und zwar liest Kob.: *Et illud suadet* etc.; C. Reg. aber: *Et illud suadetur* etc.

L. 7. §. 3. *ib.*

Idemque ait, et si vir uxori pecuniam donaverit, ipsaque ex ea praedium emerit. Diese von Taur. aus Codd. Vulgg. ergänzten Worte fehlen durchaus in der Flor.; die Nothwendigkeit und Richtigkeit derselben wird aber durch die Bas. (ἐὰν ἐκ τῶν δωρηθέντων χρημάτων ἀγρὸν ἀγοράσῃ) außer Zweifel gesetzt, und es kann daher nur über die Wahl der Ausdrücke gestritten werden. Die Vulg. liest: Idem ait, si vir uxori pecuniam donaverit, ex eaque praedium emerit. Hal. hat: Idemque ait, si maritus uxori pecuniam donaverit, ipsaque ex ea pecunia praedia comparaverit. Kob. und Ven. folgen der Vulg., nur daß Kob. zu Anfang liest: Idem Divus ait etc. Dagegen der C. Reg. schließt sich an Hal. an, nur daß der §., ohne die gewöhnlichen Anfangsworte, gleich so beginnt: si vir uxori pecuniam donaverit, et ea pecunia sibi donata praedia comparaverit. Vergl. Clossius a. a. O. S. 176. fgg.

L. 11. §. 10. *ib.*

Iulianus scripsit, infirmari donationem, nec impendere. Hal. liest: nec eam in pendenti esse. Hoffmann a. a. O. Diss. 22. §. 3. billigt diese Lesart, und will nur *eam* weggelassen wissen, indem aus der Schreibart: nec impend. ese, durch Gemination leicht der Text: nec in pendenti esse gebildet werden, so wie umgekehrt die irrige Lesart: nec impendere entstehen könne. Ven. und Kob. lesen wie Hal.; C. Reg. aber hat nec in pendenti esse, ohne eam.

L. 32. §. 12. *ib.*

Quod si divortium non intercesserit, sed fribusculum. Geb. beschwert sich über Br., daß derselbe an dieser Stelle nicht die Mss. verglichen habe; Geb. selbst hat aber weder die Glosse noch eine alte Ausgabe deshalb zu Rathe gezogen. Die Glosse bemerkt hier: *fri-*

vusculum, i. e. dissolutum non fuerit ob frivusculum matrimonium. *R.* Eben so lesen Kob. und Ven Der C. Reg. hat: friviusculum.

— §. 16. contra heredes orationis sententia videtur intervenire. Br. sieht den in einigen Ausgaben und Mss. hier eingeschalteten Satz: post mortem eius heredes distrahere donationes non possunt; quoniam orationis sententia videtur intervenire, als entschiedene Lect. Vulg. an; aber mit Unrecht. Die Glosse enthält davon keine Spur; und C. Reg., so wie Kob. und Ven. stimmen ganz mit der Flor. überein, nur daß Ven. *coheredes* für *heredes* liest.

— eadem beneficium datum imploravit. C. Reg., Kob. und Ven. enthalten hier keine Abweichung vom Text der Flor.; aber Hoffmann a. a. O. Diss. 22. §. 4. stellt die scharfsinnige Vermuthung auf, es sei *improbavit* anstatt *imploravit* zu lesen.

L. 7. §. 12. *sol. matrim.* 24. 3.

Puto autem, si arbores caeduae fuerunt, vel *gremiales.* Geb. führt hier blos die Lect. Hal. an: vel *cremiales;* allein schon die Glosse hätte ihn belehren können, daß die Lesart der Vulg. sei: vel *germinales.* (Die Glosse sagt nehmlich: *Germinales,* quae a caespite (andre lesen stipite,) aliarum nascuntur fultae et densae, ut granum nascitur; quae alias dicuntur pedamenta. Et est alias: *germinales;* alias: *creminales;* et idem est sensus.) Ven. 1. 2. folgen der Lect. Vulg.; C. Reg. liest wie die Flor., aber in Folge einer neueren Emendation, indem der ursprüngliche Text radirt ist. Den Bas.

liegt unfehlbar die Lect. Flor. zum Grunde, da im Text so wie in den Scholien übersetzt ist: τὰ ἐν ἀγκάλαις φερόμενα, oder συλλέγομενα. Hoffmann a. a. O. §. 6. aber, wiewol gerade er die Bas. gründlich kannte und zu schätzen wußte, giebt der Lect. Vulg. hier den Vorzug vor der Flor., und erklärt die Autorität der Griechen in diesem Falle für verdächtig. (Multum eis [scil. Graecis, sagt er] tribuimus in constituenda lectione; non multum in id genus explicationibus, quae ex latinae linguae genio depromendae sunt.)

L. 22. §. 6. *ib.*

Quid enim, si filia verecunde per absentiam patri condicat? Die von Hal. angenommene, und durch Hoffmann a. a. O. §. 6. vertheidigte, Lesart: patri *contradicat*, findet sich schon in der Vulg., wie aus der Glosse des Azo hervorgeht. C. Reg., so wie Ven. 1. und 2. erkennen dieselbe an, und den Bas. (ἀντιλέγει) liegt sie im Text so wie in den Scholien zum Grunde.

L. 40. *ib.*

Post dotem datam et nuptias contractas, stipulatus est pater filiae voluntate, divortio facto dotem dari. Cujacius (Observatt. Lib. 4. c. 21.) emendirt: stipulatus est pater *sine* filiae voluntate; was allerdings das ausdrückliche Zeugnis des Textes und der Scholien der Bas. für sich hat. (παρὰ γνώμην τῆς θυγατρός) Indeß da alle Mss. (auch der C. Reg.) mit der Flor. übereinstimmen; so bleibt jene gewaltsame Aenderung des Textes immer höchst bedenklich, und die

Gesetze der Kritik verlangen, daß zuvor mit gelinden Mitteln ein Versuch gemacht werde. Nun aber liegt die Vermuthung sehr nahe, daß bei dem Worte *pater* ein Colon zu setzen, die Worte filiae voluntate divortio facto dotem dari zusammen als Inhalt der Stipulation zu betrachten, mithin die Ausdrücke filiae voluntate zur conditio zu ziehen seien, und zur näheren Bestimmung des divortii gehören. Die Gründe hiefür sind in Folgendem enthalten. Das vorhergehende so wie das folgende Fragment handeln von dem Fall der verschuldeten Ehescheidung. Unsre L. 40. stellt zwar alles auf den Tod der Frau; aber dies erklärt sich daraus, weil beim Leben der Tochter der Vater nur mit deren Zustimmung die Dos repetiren konnte, (Ulpian Fragm. Tit. 6. §. 6.) hier aber, im Fall die Ehescheidung durch die Frau herbeigeführt worden, der Schuldner eine exceptio aus dem Betragen der Frau herleiten, und sich der retentiones dotis bedienen dürfte. (Ulpian a. a. O. §. 9. 10. 12.) Auch ist der Fall, si filia sine liberis decesserit, hier gewiß nicht ohne Grund vom Juristen hervorgehoben worden, um nehmlich jeden Anlaß zur Retention (propter liberos; Ulpian a. a. O.) aus dem Wege zu räumen. Ob Bynkershöck bereits eine ähnliche Erklärung gewollt hat, läßt sich aus seiner bei Geb. ganz fragmentarisch angeführten Conjectur (Ego vocem *filiae* geminandam puto, ita nempe: „*stipulatus est pater filiae, filiae voluntate* etc.“) nicht abnehmen.

L. 8. *de tutel.* 26. 1.

et si qua in fraudem debitorum, quamvis pupilli

liberti, gesta sunt etc. Br. bemerkt, daß Hal. der Flor. folge, aber am Rande anführe, daß einige Mss. *creditorum* für *debitorum* lesen, andre das Wort ganz ausfallen lassen, und daß die Vulg. es mit den zuletzt genannten halte. Dabei sucht Br. den Text der Flor. in Schutz zu nehmen, indem er äußerst gezwungen den Ausdruck *debitorum* durch eorum, quae debentur erklärt. Schon Cujacius (Observatt. Lib. 7. c. 40.) hat aufmerksam darauf gemacht, daß die Lesart in fraudem *creditorum*, die Autorität der Bas. (*καὶ ἔι τὶ πράξει ἐις περιγραφὴν τῶν δανειςῶν*,) für sich habe, und unbedenklich zu recipiren sei. Die Codd. Vulgg. scheinen allerdings hier sehr zu variiren; der C. Reg. folgt der Flor., Ven. 2. hat *creditorum*, und Ven. 1. si qua in fraudem, quamvis etc. ohne weitern Beisatz.

L. 6. §. 8. *de excusation.* 27. 1.

Hal. übersetzt hier die griechischen Worte des Modestinus: *μήτε ἐις ςρατείαν καταλέγεσθαι ἄκοντας*, durch: neque in militia numerari *invitos*, während die Vulg. numerari *nolentes* hat. Hal. ist deshalb von Ant. Augustinus (Emendatt. et Opinion. Lib. 1. c. 2.) sehr ohne Grund getadelt worden. Bei der Befreiung von bürgerlichen Leistungen, welche die römischen Gesetze privilegirten Individuen zusichern, fügen sie jederzeit die Clausel hinzu: dies Subject solle nicht wider seinen Willen zur Uebernahme des in Frage stehenden bürgerlichen onus angehalten werden können; und der Gebrauch des Ausdruckes *invitus* ist bei dieser Gelegenheit ganz solenn. So berichtet Livius Lib.

31. c. 8., beim Jahre 552, als Inhalt eines Senatus Consultes: Sulpicio Consuli — permissum, ut de exercitu, quem P. Scipio ex Africa deportasset, voluntarios, quos posset, duceret: invitum ne quem militem veterem ducendi ius esset. So heißt es in der *Tab. Heracl.* Lin. 19. 20. Aer. Neap. von den der Militär-Conscription nicht unterworfenen Personen: aut ei vacatio rei militaris legibus, plebisvescitis, exve foedere erit, *quocirca eum invitum merere non oporteat.* (in seinen Observation. ad Tab. Heracl. pag. 53. 54. hat der Verfasser anderweitige Beweisstellen für diesen Sprachgebrauch angeführt.) So sagt auch der Jurist in *L.* 39. *D. de iniur.:* nisi ita coniunctus est adfinitate, ut *invitus* in reum testimonium dicere cogi non possit; wo *invitus* als Kunstausdruck absichtlich beibehalten zu seyn scheint, wiewol man ihn, wegen der folgenden Worte *cogi non possit*, leicht für tautologisch halten dürfte.

L. 10. *Quod falso tutore auct.* 27. 6.

si falso tutore actum sit — ac si illo tempore vero tutore auctore egisset. Bei actum sit bemerkt Br., daß die Vulg. nach falso tutore einschiebe: auctore, und darin von den Bas. unterstützt werde. Auch haben Ven. 1. 2., so wie C. Reg. (letzterer mit der Abweichung: tutore auctore *auctum* sit,) einstimmig diesen Zusatz. Bei *illo tempore* hat Geb. gar keine Variante, wiewol schon die Glosse bemerkt: *Illo;* alias est: *alio;* et ita est in libro domini mei. C. Reg. und Ven. 1. lesen auch: *alio* tempore; Ven. 2. aber bleibt, gleich Hal., der Flor. getreu, welcher auch die Bas. (ὅπερ ἤμελλεν ἔχειν, ἀληθοῦς ὄντος ἐπιτρόπου) günstiger sind als der andern Lesart.

L. 5. §. 11. *de reb. eor. qui sub tut.* 27. 9.

itemque synopsin bonorum pupillarium, advocatumque pupillo dare. Geb. führt hier nur die Lect. Hal. an: itemque si opus sit, pupillarium bonorum advocatum pupillo etc. mit der Randbemerkung von Hal.: alias: *Item qui σύνωψ sit;* et alias: *advocatumque.* Er gedenkt aber mit keiner Silbe der Lect. Vulg.: *itemque si inops sit*, und noch viel weniger derjenigen Mss., welche die Lect. Hal. haben. Nun aber bemerkt schon Accursius in der Glosse: Alias est: *si inops*, et tunc dat advocatum cum salario de publico; alias est: *si opus sit.* Ven. 1. 2. lesen: itemque si inops sit, pupillarium bonorum advocatum pupillo dare. Der C. Reg. stimmt damit überein, hat jedoch bei dem Worte *inops* die beiden Silben getrennt, so daß er sich der Lesart von Hal.: sin opus sit, nähert. Die Lect. Flor. wird durch die Uebereinstimmung der Bas. (καὶ τὴν σύνοψιν τῆς ὀυσίας· διδότω δὲ καὶ συνήγορον) bedeutend unterstützt.

L. 3. §. 4. *de iniusto rupto.* 28. 3.

sed et si sit ante hoc aliud testamentum, a quo postumus exheredatus sit. Die Lesart: sed et *si stante* hoc aliud testamentum, a quo postumus exheredatus *non* sit, factum sit etc. wird von Geb. blos dem Hal. beigelegt, ohne Andeutung, daß die Vulg. hiermit übereinstimme, wie doch schon Ant. Augustinus (Emendatt. Lib. 1. c. 2.) ausdrücklich anerkannt hat. Ven. 1. 2. bekräftigen dies auch; eben so im Ganzen der C. Reg., wiewol mit folgender Abweichung: sed et si constante hoc aliud testamentum, a quo postumus exheredatus sit, *non factum sit*. Uebrigens nimmt Augustinus a. a. O. die Lect. Flor. mit vollem Recht in Schutz, so wie dieselbe auch durch die Bas. (*ἐὰν ἐν πρώτῃ διαθήκῃ ἀπόκληρον ποιήσω τὸν κυοφούμενον.*) hinlänglich bestätigt wird.

L. 27. *de milit. testam.* 29. 1.

secundo testamento postumos heredes instituit, neque substitutos dedit: quibus non additis etc. Geb. hat hier keine Variante; und allerdings folgt Hal. der Flor.; so wie auch die Vulg. davon nicht abweicht, nach der Erklärung zu schließen, welche die Glosse des Accursius bei den Worten *testatus est* giebt. Indeß nach Hoffmann a. a. O. Diss. 25. §. 2. haben Cujacius und Zoannettus, statt der verdächtigen Worte *quibus non additis*, in Mss. die Lesart: quibus non *editis* gefunden, und dieser mit Recht den Vorzug gegeben. Im Sinne ganz mit ihnen einverstanden, versucht Hoffmann eine schonendere Emendation. Er glaubt nehmlich, daß in ältern Handschriften gestanden habe: quibus *nonatis*, was durch den Schreiber der Flor. in non additis verunstaltet, durch Gemination aber in *non natis* aufzulösen sei. Nichts desto weniger ist die Lesart non editis weit natürlicher. Ven. 1. und 2. haben: *non aditis;* und der C. Reg. liest gar quibus non *auditis*.

L. 60. *de adquir. vel omitt. hered.* 29. 2.

Paulus. Et Proculus Labeonis sententiam improbat, et in Iavoleni sententia est. Die Lesart: Paulus et Proculus Labeonis sententiam improbant, welche Br. blos dem Hal. beilegt, findet sich schon in der Vulg., nur daß diese hinzusetzt: et in Iavoleni sententia sunt. So haben auch Ven. 1. 2. Der C. Reg. folgt der Flor., nur mit der Abweichung: et Iavoleni sententia est vera. Am natürlichsten ist wol der Vorschlag von Hoffmann Diss. 25. §. 3., den Text der Flor. beizubehalten, und blos anstatt et *in* Iavoleni zu lesen: et *id* Iavoleni etc.

L. 89. *pr. de legat.* 2. (31.)

Quaero, cum testamento significaverit, si quid obsignatum recepisset, id vice codicillorum valeret. Geb. hat bei recepisset keine Variante, wiewol schon Accursius in der Glosse bemerkt: Alias: *reperisti;* alias: *recepisset.* Aus der ersten von diesen beiden Lesarten ist unfehlbar durch Kritik der, in mehrere Ausgaben (z. B. von Senneton, Hugo a Porta, Baudoza u. a. m.) übergegangene, Text gebildet: si quid obsignatum *reperisset.* Hoffmann a. a. O. Diss. 26. §. 2. emendirt: *praecepisset.* C. Reg. und Ven. 1. 2. folgen der Lect. Flor., welche sich auch rechtfertigen läßt, sobald man bei dem Ausdruck *recipere* die Bedeutung von *excipere* zum Grunde legt, (vergl. Brissonius v. recipere.) welche hier eine Beziehung auf den Erblasser so wie auf den Erben zuläßt.

L. 52. §. 2. *de legat.* 3. (32.)

si Homeri corpus sit legatum — quantaecunque partes hodie inveniantur etc. Ant. Augustinus

a. a. O. Lib. 4. c. 2. zählt zu den unbezweifelten Berichtigungen des Textes, welche die Flor. darbietet, auch die, daß dieselbe an dieser Stelle *rhapsodiae* für *partes hodie* liest. Taur. bemerkt, daß ursprünglich in der Flor. *partes hodie* gestanden habe, und dies erst von neuer Hand in *rarshodiae* umgebildet sei; er selbst nimmt keinen Anstand, der Lesart *partes hodie* den Vorzug zu geben. Allein mit Recht tritt Br. dem Ant. Augustinus bei, da auch einige Codd. Vulgg. rhapsodiae lesen. Zu diesen kann denn auch der C. Reg. gezählt werden, welcher unverkennbare Spuren eines griechischen Ausdrucks hat; (er liest nehmlich: *circarte.*)

L. 68. §. 1. *ib.*

Ex his verbis: *curate agros attendere* etc. Geb. führt hier blos die Randvariante von Hal. an: alias: *accendere.* Die Glosse aber bemerkt: alias: *attendere;* alias: *vendere;* und alte Ausgaben fügen noch hinzu: alias: *attente vendere.* Hoffmann a. a. O. Diss. 26. §. 7. emendirt unglücklich: *durate attendere.* Ven. 1. hat: curare agros attendere; Ven. 2. folgt der Flor. Der C. Reg. liest: *curare agros attente,* was, mittelst der Aenderung von *curare* in *curate,* zu einer befriedigenden Lesart führt.

L. 27. *de condit. et demonstr.* 35. 1.

tametsi in scriptura non tum esset. Geb. gedenkt hier weder des in Codd. Vulgg. sehr verbreiteten Textes: tametsi in scriptura ita nondum esset, welchem auch C. Reg. und Ven. 1. 2. folgen, noch der Emendationen mehrerer Ausgaben. (z. B. der von

Hugo a Porta und Baud.: *tametsi in scriptura nomen deesset;* oder der von Bapt. de Tortis: *tametsi in scriptura ita non esset;* oder der von Senneton: *tametsi in scriptura nomen dedisset.)* Sinnreich ist die Conjectur von Hoffmann Diss. 27. §. 6. *tametsi in scriptura non tutum esset.*

L. 39. *ib.*

Quae conditio ad genus personarum, non ad certas et notas personas pertineat. Hal. und Vulg. bleiben hier der Flor. treu, auch C. Reg. und Ven. 1. 2., und es ist kein hinreichender Grund zu der von Hoffmann a. a. O. §. 7. versuchten Emendation: certas et notatas personas, vorhanden.

L. 5. *pr. de iure patronat.* 37. 14.

Divus Claudius libertum, qui probatus *fuerit* patrono delatores summisisse etc. Hal. und Vulg. lesen: probatus *fuerat;* die Flor. aber hat eigentlich: prob. fuit. Allerdings gebührt der Lesart *fuerit* der Vorzug, welche auch Ven. 1. 2. haben; allein der von Göschen (in Savigny's Zeitschrift für geschichtl. Rechtswissschft. Bd. III. S. 279. not. 39.) dafür angeführte Grund, weil sonst die Verordnung von Claudius den Karakter eines allgemeinen Gesetzes verlieren würde, ist nicht überzeugend. Häufig sind ja persönliche Constitutionen in der Folge generalisirt worden, und dennoch werden sie mit Hindeutung auf ihre ursprüngliche Bestimmung angeführt; z. B. mit den Worten: Imperator in persona eius constituit etc. Br. erinnert, daß keine Handschrift oder Ausgabe die echte Lect. Flor. probatus *fuit*, anerkenne; allein der C. Reg. macht hier eine Ausnahme, denn in ihm findet sich genau diese Lesart.

L. 1. §. 13. *de operis novi nuntiat.* 39. 1. *si quis aedificium vetus fulciat.* Bei vetus hat Geb. keine Variante, und doch ist dies Wort in einigen Ausgaben eingeklammert, zum Zeichen, daß mehrere Mss. dasselbe nicht anerkennen. Es fehlt wirklich auch in Vac. und C. Reg. Bei fulciat führt Geb. nur an, daß der C. Rehd. *reficiat* lese. Aber schon die Glosse weist hier nach: alias: *fulciat;* alias: *reficiat;* alias: *resarciat.* C. Reg. liest auch *reficiat;* Vac. aber und Ven. folgen der Flor.

— §. 17. ib. Nuntiamus autem, quia ius aliquod prohibendi habemus: vel ut damni infecti caveatur nobis. Die Glosse bemerkt hier: Alii habent: *velut.* Sed tu habeas secundum *Io. vel ut;* wodurch also die Lect. Flor. auch als Lect. Vulg. anerkannt wird. C. Reg. und Ven. folgen auch der Flor., aber Vac. liest: *veluti ut.*

— quibus ex causis et interdicta proponuntur. Die Vulg. hat: interdicta pronuntiantur, und unfehlbar richtiger; denn der Lect. Flor. scheint die Verwechslung der Ausdrücke interdicta und edicta zum Grunde zu liegen, und daß beim Interdictsproceß das Aussprechen der im Edict enthaltenen Interdictsformel durch den Magistratus P. R. die Regel bildete, ergeben die neu aufgefundenen Institutionen des Gajus. (Vergl. Haubold Ueber die Stelle von den Interdicten in den Veronesischen Handschriften. S. 370. der Savigny'schen Zeitschrift. Bd. III.) C. Reg.,

Vac. und Ven. treten einstimmig der Lect. Vulg. bei.

L. 5. §. 14. *ib.*

idcirco non exigitur, ut iuret is ante, qui iusiurandum exigat. Bei exigitur bemerkt Geb. keine Abweichung im Texte; die Glosse aber hat: alias: *exigat*, scil. is, cui nuntiatur. *Azo.* Alias: *exigitur*, ab eo, cui nuntiatur novum opus. C. Reg. und Ven. stimmen mit der Flor.; Vac. aber hat: exigetur. In der Lesart der folgenden Worte: ut iuret is etc. stimmt die Vulg. keineswegs mit der Flor. überein, wie das Schweigen von Geb. vermuthen lassen dürfte. Nehmlich die meisten Codd. Vulgg. scheinen zu lesen: ut iuret is, antequam iusiurandum exigatur. So hat der C. Reg.; so auch Vac. und Ven., wiewol mit Abänderungen im einzelnen, denn Vac. liest: ut iuremus, antequam iusiurandum exigatur; Ven. aber, wahrscheinlich in Folge einer irrigen Wiederholung der früheren Worte dieses und der Anfangsworte des folgenden §., ut iuret is, qui nuntiat, antequam iusiurandum Praetore auctore exigatur.

L. 13. §. 1. *ib.*

Cujacius (Observatt. Lib. 5. c. 40.) behauptet, der §. 1. dieses Fragments sei mit dem Pr. zusammenzuziehn, und jedes Unterscheidungszeichen zwischen beiden aufzuheben. Er stützt sich dabei auf das Zeugnis der Bas. Uebereinstimmend damit ist der C. Reg., in welchem zwischen beiden Abschnitten gar keine Spur einer Trennung sichtbar, und zwar das Zeichen eines

§. von ganz neuer Hand an den Rand gesetzt, aber die Interpunktion ungeändert geblieben ist. Ven. dagegen schließt sich der Flor. an.

L. 14. *ib.*

si opus novum nuntiaverit adversus eum, qui *in via* aedificat. Geb. hat hier blos die Angabe, daß der C. Rehd. *in viam* aedificat lese. Baud. bemerkt am Rande, daß in Mss. die Lesart: qui *viam* aedificat vorkomme; dieselbe findet sich auch im C. Reg., und scheint der Erklärung zum Grunde zu liegen, welche die Glosse von diesen Worten giebt: *aedificat*, reficiendo. *B.* Vel id est reformat; vel id est in via aedificat. Vac. und Ven. haben die Lect. Flor.

L. 15. *ib.*

nec opus novum se nuntiaturum, nec aedificanti vim facturum. Geb. weiß nichts von den zahlreichen Varianten, welche die Glosse hier anführt. Accursius nehmlich sagt: alias: *aedificatori offecturum*; alias: *nec aedificium facturum*. — Alias *Py. nec aedificanti nociturum.* Der C. Reg. liest: *nec aedificium facturum*, und dieser Text liegt auch der bei Geb. angeführten Variante des C. Rehd. (nuntiaturum per vim, nec aedificia facturum) offenbar zum Grunde, nur daß die Lect. Flor. damit in Verbindung gebracht ist. Vac. und Ven. folgen dagegen der Flor.

L. 20. §. 1. *ib.*

antequam vel nuntiatio *missa fiat*, vel vice nuntiationis *missae* etc. Br. bemerkt als Lect. Vulg.: nuntiatio *remissa sit*, was aber zu bezweifeln steht; wiewol von allen Lesarten gerade diese sich den Bas. am meisten nähert. (ἐὰν τὶς — ἐποικοδομήσῃ, μὴ αἰτήσας συγχώρησιν.) Vac. hat: nuntiatio *omissa fiat*, und C. Reg.: nuntiatio *obmissa fuerit*; beide aber lesen hinterher: vice nuntiationis *omissae*; was nach Geb. im C. Rehd. als Variante beigeschrieben ist. Ven. hat: vel nuntiatio *remissa fiat*.

— tamen contra *interdictum* praetoris facere videtur. Cujacius (Observatt. Lib. 5. c. 17.) emendirt hier: contra *edictum* Praetoris. Dies wird, außer dem C. Rehd., auch durch Vac. unterstützt; C. Reg. und Ven. dagegen lesen wie die Flor.

— §. fin. Hoc interdictum *etiam* post annum, et heredi ceterisque successoribus competit. Br. und Geb. bemerken hier blos, daß die Vulg. und der C. Rehd. anstatt *etiam* lesen *cessat*. Weit genauer drückt sich die Glosse aus: *Cessat*; alias: *cessit*; et alias: *cesset*; et dic secundum *H.* etc. Sic ergo *cessat* etc. C. Reg. und Ven. haben auch *cessat*; Vac. dagegen läßt *etiam* weg, ohne etwas anderes zu substituiren, und liest übrigens wie die Flor.

L. 21. *pr. ib.*

quotiens vicinus dicit, ius sibi esse, prohibere vicinum, opus novum invito se facere. Merkwürdig, indeß durch keine andere Autorität unterstützt, ist die Lesart des Vac.: quotiens *vicarius* dicit — opus novum *vitiose* facere.

L. 4. *pr. de damno infecto.* 39. 2.

ex causa vel reum notare, vel protelare eum. Die Lesart: ex causa vel renovare wird von Geb. mit Unrecht einigen Codd. Vulgg. und Hal. allein zugeschrieben. Sie ist entschieden als Lect. Vulg. zu betrachten, wie aus der Erklärung in der Glosse hervorgeht. (*Renovare*, si finitus sit dies. *Protelare*, scil. si adhuc duret.) Auch Vac., C. Reg. und Ven. erkennen einstimmig dieselbe an.

L. 7. *pr. ib.*

postulabitur, ire, et cum iusta causa esse videbitur, etc. Br. bemerkt hier als übereinstimmende Lect. Vulg. und Hal.: postulabitur, recte ire eum, cuius causa iusta esse videbitur. Ven. und C. Reg. haben die Lect. Vulg. (der letzte nur mit Auslassung des Wortes *ire.*) Vac. aber liest ganz eigenthümlich: postulabitur, mitti jubebo, et cum iusta causa esse videbitur etc.

— §. 2. neque dominus rudera velit egerere. Bei *egerere* führt Geb. blos *legere* als Lect. Hal. an, wiewol schon die Glosse von Accursius bemerkt: alias: *legere;* alias: *eiicere.* C. Reg. liest wie die Flor.; Vac. wie Hal.; und Ven. hat gar: rudera *agere.*

L. 9. *pr. ib.*

non *inique* Praetorem curaturum. Vac. und C. Reg. lesen hier einstimmig: non *utique* Praetorem etc., indem Vac. überdem noch curaturum in esse facturum verwandelt. Dies wird weder durch den innern Zusammenhang noch durch eine äußere Autorität unterstützt.

— §. 2. dandum in te judicium de damno iam facto. Br. und Geb. bemerken, daß Hal., Vulg. und C. Rehd. de damno *infecto* lesen. Die Glosse hat:

alias: *infecto;* alias: *iam facto;* et prima bona. Vac. folgt der Flor., Ven. der Vulg., und der C. Reg. liest, mittelst Uebertragung der Glosse in den Text: de damno iam facto vel infecto.

L. 15. §. 2. *ib.*

Hic igitur satisdatio, et tempus stipulationi praestituit. Bei *igitur* hat Geb. keine Variante, und doch liest die Vulg. statt dessen: *exigitur.* So haben auch Vac., C. Reg., Ven. und mehrere Ausgaben. Bei *praestituit* erinnert Br., daß Hal. *praestituitur* lese, und die Vulg. et tempus est stipulationi praestitutum habe. Vac. stimmt mit Hal., der C. Reg. mit der Flor.; und Ven. mit den Vulg., jedoch mit Abänderung des Ausdruckes praestitutum in *praefinitum.*

L. 1. §. 6. *de aqua et aqu. pluv.* 39. 3.

si quis salicta *posuerit.* Hier hat Geb. keine Variante, und doch scheinen die Codd. Vulgg. sich fast durchgängig des Ausdrucks *plantare* für *ponere* zu bedienen. C. Reg. und Ven., nebst mehreren Ausgaben (vergl. Baud.) lesen: salicta plantet; Vac. aber salicta plantaret.

— §. 11. aquam pluviam in suo retinere, vel *superficientem* ex vicini in suum derivare. Hal. und Vulg. lesen: vel *superfluentem*, und Br. führt keine andre Autorität für den Text der Flor. an. Dennoch findet sich dieser genau in Vac. und C. Reg.; auch dürfte der Umstand, daß die Glossatoren es für nöthig erachteten, den hier gebrauchten Ausdruck noch besonders zu erklären, (durch superabundantem,) es in nicht geringem Grade wahrscheinlich machen, daß dieselben die ungewöhnlichere Lesart superficientem als Lect. Vulg. anerkannt haben.

— §. 16. Imbre autem crescere eam aquam, quae colorem mutat, vel increscit. Daß die Lect. Vulg. hier mit der Flor. in Uebereinstimmung ist, geht aus der Glosse des Azo hervor. (*Increscit*, i. e. valde crescit.) C. Reg. und Ven. enthalten auch keine Abweichung; aber Vac. liest merkwürdig genug: *vel nigrescit.*

L. 6. *pr. ib.*

posse me vel cum primo, vel cum tertio, omisso primo, agere. Geb. weiß hier nur von der Lesart des C. Rehd.: remisso primo, agere. Die Glosse aber sagt: Quidam habent: *cum tertio*, *remisso primo;* alii: *cum tertio missore.* Merkwürdig stimmt mit der letzten Variante der Text des Vac. überein, welcher: cum tertio *messore* primo, hat. Ven. liest: primo remisso, und C. Reg.: misso primo.

L. 19. *ib.*

Labeo ait, si patiente vicino opus faciam. Geb. läßt die in der Glosse berührte Variante (Alias incipit: *Labeo;* et alias: *Sabinus.)* unberücksichtigt. Bei *patiente* führt er, als ein egregium exemplum lectionis variantis in textum receptae, die Lesart des C. Rehd. an: *si patiente*, *alias sapiente vicino.* Mit dieser Variante verwandt ist der Text des Vac.: si *sciente* vicino. C. Reg. und Ven. weichen nicht von der Flor. ab.

L. 24. §. 1. *ib.*

hosce ut operiret, per arbitrum aquae pluviae arcendae posse cogere. Die Glosse bemerkt hier: *cogere posse;* alias: *agere hoc posse.* Die zuletzt angeführte Variante, welche auch dem C. Rehd. (posse hoc agere) zum Grunde liegt, wird von C. Reg. und Ven. anerkannt. Vac. aber hat: posse hoc cogere.

L. 7. *pr. de publican.* 39. 4.

Der C. Reg. hat hier genau die vollständige Inscription der Flor., welche auch durch die Bas. unterstützt wird; während Hal. und Vulg. den Papinian als Verfasser des Fragments nennen.

— Imperatores Antoninus et Verus. Die Vulg. liest: et Severus; so auch der C. Reg.

— eoque *exemplo* actionem, si ignoraverint, habituros. Cujacius (Observatt. Lib. 1. c. 5.) bedient sich hier der, zwar gelinden aber unnöthigen, Emendation: eoque *ex empto* actionem etc. Keine sonstige Autorität spricht dafür, und die Bas. bestätigen die Lect. Flor. ausdrücklich. (*καὶ ἐὰν τοῦτο ἠγνόησεν, ἔχει ἀγωγήν.*)

L. 7. *pr. de donation.* 39. 5.

Filiusfamilias donare non potest. Weder Hal. noch Vulg. weichen hier von der Flor. ab; Vac. aber liest ganz eigenthümlich: filiusfam. passim donare non potest. Die Bas. unterstützen einen solchen Zusatz; (*οὐ καλῶς δωρεῖται;*) wiewol man vermuthen sollte, daß sie eher: recte donare non potest, in ihrem Original gelesen haben.

L. 10. *pr. ib.*

Absenti, sive mittas, qui ferat, sive quod ipse habeat. Br. bemerkt, daß die Vulg. lese: quod ipse *apud se* habeat. So liest auch Ven. Die Codd. Vulgg. aber schwanken sehr hinsichtlich dieses Zusatzes; daher auch diese Worte in den Ausgaben nicht selten gesperrt gedruckt sind. C. Reg. folgt der Flor.; Vac. liest: apud se, ohne ipse. Der Text, so wie die Scholien der Bas. (*τὸ ὂν παρ' αὐτῷ.*) streiten für den Vorzug der Lect. Vulg.

L. 14. *ib.*

quia domini res ab eo iniectas continuo efficit. Der C. Rehd. liest: rem ab eo die iniectam; so auch einige Ausgaben, z. B. Baud. C. Reg. hat: rem ab eo die *invectam.* Ven.: rem ab eo iniectam. Den Text der Flor. bestätigen die Bas. (*τὰ ἐμβληθέντα ποιεῖ τῆς ἐκείνου δεσποτείας.*)

L. 15. *ib.*

Post contractum capitale crimen donationes factae *non* valent. Geb. bemerkt blos, daß die Negation im C. Rehd. fehlt. Dasselbe ist aber auch in gedruckten Ausgaben der Fall, z. B. bei Baud.; auch zeigt die Erklärung der Glosse (*Valent;* nam et solvere et solvi ei potest.) bestimmt genug an, daß die Lect. Vulg. ebenmäßig damit übereinstimmt. C. Reg., Vac. und Ven. haben gleichfalls die Negation nicht. Dennoch kann die Richtigkeit der Lect. Flor., welcher auch Hal. gefolgt ist, um so weniger einem Zweifel unterliegen; da die Bas. im Text so wie in den Scholien dieselbe durch ihr Zeugnis bekräftigen.

L. 27. ib.

Aquilius Regulus iuvenis ad Nicostratum rhetorem ita scripsit. Br. bemerkt, daß die Vulg. für *rhetorem* lese: *praeceptorem*, und daß zwar die Bas. diese Lesart unterstützen, indeß, als eine freie Paraphrase, hier nicht unbedingten Glauben verdienen. Dies hat allerdings seine Richtigkeit, da die Bas. durchaus nicht auf die in unserm Fragment bezeichneten Personen Rücksicht nehmen, sondern ganz allgemein die Regel aussprechen: *ἐὰν γράψω τῷ διδασκάλῳ μου κ. τ. λ.*, so daß es unpassend gewesen seyn würde, sich auf die im Original angedeutete Art von Lehrern zu beschränken. Demnach wird die Lect. Flor. durch die Bas. keineswegs entkräftet. Die von Geb. angeführte Variante des C. Rehd.: ad Nicostratum Praetorem, scheint alt und sehr verbreitet zu seyn; denn nicht genug, daß sie in Vac., C. Reg und Ven. gleichfalls vorkommt, sondern schon Accursius sagt in der Glosse: alias: *praeceptorem;* alias: *Praetorem.* Aehnliche Bewandnis dürfte es mit der, im Verfolg dieses Fragments bei den Worten: dixi posse defendi, angezogenen Lesart des C. Rehd.: dici posse respondi, haben; denn Vac. liest eben so; C. Reg. und Ven. folgen aber der Flor.

L. 31. §. fin. ib.

ratae donationes esse non possunt, etc. Die Lesart: *perfectae* donationes, welche sich bei Hal. und im C. Rehd. findet, haben auch Vac., C. Reg. und Ven.; indeß der Text der Flor. entspricht mehr dem Sprachgebrauch der Römer.

L. 5. *de mort. c. donation.* 39. 6.

Aut aetate fessus. Geb. bemerkt, daß der C. Rehd. lese: *aut aetate confectus vel fessus.* Dies ist offenbar eine Cumulation von Varianten, gleichwie oben bei L. 19. D. de aqua et aqu. pluv.; denn *aetate confectus* lesen mehrere Codd. Vulgg., z. B. der C. Reg., und andere, welche Baud. namhaft macht. Ven. hat: aetate *confessus.*

L. 13. §. 1. *ib.*

si iam mutata voluntate restitui sibi voluerit. Hal. liest: si *tamen* mutata etc., eben so auch C. Reg. und Ven.; ähnlich hat Vac.: si *tantum* mutata etc.

— id est, nec si convaluerit quidem donator. Hal. und C. Rehd. lesen: *et ideo*, *nec si* etc. Ganz übereinstimmend damit sind Vac., C. Reg. und Ven.

L. 17. §. 1. *de manumiss. vind.* 40. 2.

Sed et apud Legatum eius manumittere possumus. Geb. hat hier keine Variante, wiewol der Zusatz bei Hal. u. a. m. *ex quo provinciam ingressus est*, eine Erwähnung verdient hätte. Cujacius (Observatt. Lib. 1. c. 1.) will hier gelesen wissen: manumittere *non* possumus. Bei Baud. wird diese Lesart am Rande angeführt, mit dem Bemerken, sie finde sich in keinem Ms. Dies ist unrichtig; denn Cujacius beruft sich hier ausdrücklich auf das Zeugnis von Mss., welche er selbst verglichen hat, und der C. Reg. unterstützt seine Angabe, indem er die Negation mit Recht gleich zu Anfang setzt: Sed *non* apud Legatum eius manumittere possumus.

L. 29. pr. de statuliber. 40. 7.

Et ideo in publicis quoque iudiciis easdem poenas patiuntur, quas ceteri servi.. Geb. bemerkt hier blos die Variante von Hal.: *Ideo et* etc. Nach der Randbemerkung bei Baud. lesen einige Mss.: Et ideo paene in publicis iudiciis. Cujacius (a. a. O. Lib. 1. c. 37.) emendirt, zum Theil auf den Grund handschriftlicher Lesarten: Sed *non* in publicis quoque iudiciis. C. Reg. und Ven. sind dagegen; eben so die Bas., welche sich im Text so wie in den Scholien an die Flor. anschließen: (*καὶ ἐν τοῖς ἄλλοις ἐγκλήμασι τὰ αὐτὰ τοῖς ἄλλοις δούλοις ὑφίσανται.*)

L. 27. §. 2. de liberali causa. 40. 12.

Quod si is, qui pro sua libertate litigat, desit, contradictor vero praesens sit; melius erit *inaugeri* causam eius, sententiamque proferri. Cujacius (a. a. O. Lib. 6. c. 27.) emendirt: melius erit *inaudiri* causam eius etc. Dies hat allerdings sehr vieles für sich, denn, nach der Randbemerkung bei Baud., kommt hier in Mss. die Lesart vor: melius erit *audiri* causam etc., und der Text der Bas. stimmt damit ganz überein. (*εἰ δὲ ὁ περὶ τύχης ἐναγόμενος ἀπολειφθῇ, σκοπεῖται καὶ μονομερῶς ἡ δίκη.*) Der C. Reg. liest: melius erit *agi* causam, wie auch einige Ausgaben lesen, z. B. Baud. Ven. hat: melius erit *augeri* causam.

L. 7. §. 12. de adquir. rer. domin. 41. 1.

nam si scit, culpa ei obiici potest, quod temere aedificavit etc. Die Lect. Hal.: nam scienti alienum esse solum, potest culpa obiici, quia temere etc. ist nicht ohne Grund für ein Glossem gehalten worden. (Vergl. Die Culpa des röm. Rechts von Hasse. S. 14. not. a. Kiel. 1815. 8.) Allein Hal. hat diesen Text weder erfunden, noch ihn zuerst recipirt; denn derselbe wird von C. Reg. und Ven. einstimmig anerkannt.

L. 13. *ib.*

dominium mihi, id est proprietas, acquiritur. Br. bemerkt hier, daß Hal. und Vulg. lesen: dominium mihi et proprietas etc. Der C. Reg. folgt hier der Flor.; Ven. der Vulg.; und Vac. erweitert die letzte noch auf folgende Weise: dominii mihi iura et proprietas acquiruntur.

L. 16. *ib.*

agrum autem manucaptum limitatum fuisse, ut sciretur — quid in publico relictum esset. Cujacius (a. a. O. Lib. 2. c. 9.) emendirt: quid veteri possessori relictum esset. Hal. folgt der Flor.; eben so die Vulg., wie aus der Erklärung hervorgeht, welche die Glosse von diesen Worten giebt; (*Relictum*, scil. neque adsignatum, neque venditum.) auch enthalten C. Reg. und Ven. keine Abweichung. Der gewöhnliche Text läßt sich auch sehr wohl rechtfertigen, und wird überdem durch die Bas. ausdrücklich unterstützt. Lib. 50. Tit. 1. in *Meermann* Thesaur. Tom. V. pag. 37. *ὃυ μέρος ἔμεινεν ἐν τῷ δημοσίῳ.*)

L. 27. *pr. ib.*

Quidquid in facto argento alieni argenti addideris. Daß *infacto* zusammengehöre und die richtige Lect. Vulg. (*infecto*) blos in einer etwas ungewöhnlichen

Wortform wiedergebe, ist schon sonst bemerkt worden. (Vergl. Reitz zu den Bas. a. a. O. pag. 36. not. 62.) Vac., C. Reg. und Ven. haben auch die Lect. Vulg., für deren Richtigkeit das Zeugnis der Bas. spricht. (a. a. O., ἐι τῷ ἀργῷ σου ἀργύρῳ τὸν ἐμὸν ἄργυρον προσθῇς).

— §. 2. suam cuiusque rem manere. Vac. und C. Reg. lesen: suam cuiusque *remanere*, was, unter Voraussetzung der mit *suam* in *suum* vorzunehmenden Aenderung, nicht allein einen bessern Sinn giebt, sondern sich auch mehr dem Text der Bas. nähert. (a. a. O. ἑκάςῳ τὸ ἴδιον ὑπομένει.)

L. 33. §. 2. *ib.*

ex persona defuncti vires consumit, ut Iuliano placet: cuius et valuit sententia. Br. erklärt die Lect. Vulg.: vires *assumit*, und: *praevaluit* sententia, nicht nur für vorzüglicher, sondern er glaubt auch, daß die irrige Lesart der Flor. schon frühe geändert worden sei. Dies wagen wir indeß in Zweifel zu ziehn; nicht hinsichtlich des *assumit*, welches gleich Hal. auch Vac. und C. Reg. haben; wol aber für *praevaluit;* denn Vac. liest hier: *valet;* und C. Reg.: *convaluit.*

L. 48. *pr. ib.*

veluti si pupilli sit, aut vi possessa. Cujacius (a. a. O. Lib. 11. c. 12.) emendirt: veluti si *Populi* sit, etc. Die Vulg. folgt hier streng der Flor., wie aus der Erklärung in der Glosse erhellet; auch Vac., C. Reg. und Ven. kommen damit überein. Indeß die Lesart von Cujacius wird durch die Bas. unterstützt.

(bei *Fabrot.* Tom. VI. pag. 805. und bei *Meermann* a. a. O. pag. 40. *ὡς τοῦ δήμου ὄντα.*)

— §. 1. *Pomponius*, verendum ne non sit b. f. possessor. Die Lesart: *Puto* verendum etc., welche Geb. nur dem C. Rehd. beilegt, ist entschieden als Lect. Vulg. zu betrachten; denn Accursius sagt in der Glosse: *Puto*, scil. ego. Eben so lesen auch Vac. und Ven.; dagegen der C. Reg. fängt den Satz mit Verendum an, und läßt das vorausgeschickte Wort ganz weg.

L. 56. *pr. ib.*

et insula initio propior fundo tuo fuit, quam eius. Die Lesart *propior* ist eine Emendation von Taur.; denn die Flor. hat *prior.* Die Mss. weichen hier auch unglaublich von einander ab, wie die Collation bei Br. zeigt. Beiträge hiezu geben: Vac.: *et insula in initio proximior fundo.* C. Reg.: *et insula initio vicinior propius fundo.*

L. 13. §. 10. *de adquir. vel amitt. possess.* 41. 2.

si legatum *vere fuit*, vel fideicommissum. Der C. Reg. folgt der Flor. und hat blos *fuerit* anstatt *fuit.* Die Vulg. aber liest: si legatum *ei fuerit;* (vergl. Baud.) so auch Ven.; Vac. dagegen liest eigenthümlich: si legatum *iure ei fuerit.*

L. 40. §. 1. *ib.*

ut per colonum possessio et retineretur et *contineretur.* Die unfehlbar bessere Lesart: *et continuaretur*, findet sich nicht blos bei Hal. und im C. Rehd. wie Geb. uns glauben macht; sie scheint vielmehr der

Vulg. anzugehören. Vac., C. Reg. und Ven. erkennen dieselbe einstimmig an.

L. 2. de usurpation. 41. 3.

Oratores autem *usucapionem* frequentem usum vocant. Geb. bemerkt bei usucapionem gar keine Variante; Hal., Vulg. und alle Mss. lesen aber statt dessen: *usurpationem;* was der Zusammenhang auch unerläßlich fordert. Vergleicht man nun die Ausgabe von Taur., so ergiebt sich, daß dem Text bei Geb. blos ein arger Druckfehler zum Grunde liegt.

L. 4. §. fin. ib.

Libertatem servitutium usucapi posse verius est: quia eam usucapionem sustulit Lex *Scribonia.* Die Lect. Hal.: sustulit *Lex Voconia*, ist keinesweges eine Erfindung von Hal., wie Geb. und Glück (Ausführl. Erläuterung der Pandekten. Bd. IX. S. 111.) anzunehmen scheinen, sondern gewiß aus Mss. geflossen; denn dieselbe Lesart hat auch der C. Reg.

L. 15. pr. ib.

Nam hereditatem in quibusdam vice personae fungi receptum est; ideoque in successoribus locum non habere usucapionem. Bei den Worten: *locum non habere* hat Geb. keine Variante; auch weichen Hal., Vac., (denn daß dieser *locata* non habere für locum non habere liest, kann kaum in Betracht kommen,) C. Reg. und Ven. nicht vom Text der Flor. ab, welcher überdem noch durch die Bas. (bei *Meermann* a. a. O. pag. 52.) bestätigt wird. Allein die Glosse bemerkt bei *receptum est:* Sed in isto casu non. Et hoc, si habeas litteram sequentem:

non habere (scil. locum;) et hoc cum *non* est communior littera; et ita in libro domini mei *Azo.* Et alias est sine *non;* et tunc dic etc. Gleich darauf sagt Accursius zu den Worten: *locum non habere:* Alias: *habere;* et alias: *non habere.* Auch erinnert Ant. Augustinus (a. a. O. Lib. 1. c. 2.) daß in einer alten Handschrift hier die Negation fehle.

L. 23. *pr. ib.*

et universitas earum possessionem temporis immobilium rerum *omnium* mutet. Die von Geb. nur dem Hal. und C. Rehd. beigelegte Lesart: rerum *dominium* mutet, scheint in Codd. Vulgg. allgemein verbreitet zu seyn. Vac., C. Reg. und Ven. erkennen dieselbe einstimmig an.

L. 34. *pr. ib.*

si servus *insciente* domino rem peculiarem vendidisset. Wiewol der Text dieser Stelle äußerst bestritten ist, so hat doch Geb. keine Variante. Hal. stimmt freilich mit der Flor. überein; eben so die Vulg., wie aus der in der Glosse erhaltenen Erklärung dieser Worte hervorgeht; auch findet sich in C. Reg. und Ven. keine Abweichung vom Text der Flor.; ja die Bas. bestätigen denselben ausdrücklich. (bei *Meermann.* a. a. O. pag. 55.) Indeß in einigen Codd. Vulgg. kommt die Lesart: *non* insciente domino vor, welcher manche Kritiker den Vorzug gegeben haben. (Vergl. Baud. in der Randbemerkung, Cujacius Observatt. Lib. 15. c. 18. und Heineccius zu Brissonius de verbor. significat. v. insciens.) Diejenigen, welche den gewöhnlichen Text beibehalten, erklären denselben sehr verschieden: bald, indem sie *in* hier als verstärkende Partikel betrachten, und *insciens* durch probe sciens umschreiben; bald, indem sie *insciens* in der gewöhnlichen Bedeutung nehmen, und durch nesciens wiedergeben. Die letzte Auslegung findet sich nicht blos in der Glosse, sondern auch in den Bas. (a. a. O. εἰ πεκουλιάριον ἀπὸ τοῦ δούλου μου πρᾶγμα ἐν ἀγνοίᾳ μου ἀγοράσῃς, διὰ τῆς χρονίας νομῆς δεσπόζεις.) Diese Autorität ist hier freilich nicht von Gewicht, wie Reitz ad h. l. not. 40. glaubt, denn als Exegeten können die Uebersetzer der Bas. uns nicht zum Muster dienen; aber aus innern Gründen, welche Jo. Robertus gut aus einandergesetzt hat, (vergl. Heineccius a. a. O.) scheint die Erklärung, welche den Bas. und der Glosse zum Grunde liegt, den Vorzug zu verdienen.

L. 13. §. 1. *de re iudic.* 42. 1.

Si quis promiserit prohibere se, ut aliquid damnum stipulator patiatur, et faciat: neque ex ea re damnum stipulator patietur, et faciat: ita habeatur facit, quod promisit. Der vorliegende Text der Flor. giebt allerdings keinen Sinn; aber weniger in Folge der Worte, als wegen der ganz lächerlichen Interpunktion. Hal. liest: Si quis promiserit prohibere se, *ne quid damni stipulator patiatur;* et faciat, *ne quod ex ea re damnum stipulator habeat;* facit quod promisit. Dies scheint auch entschieden Lect. Vulg. zu seyn; denn schon die Collation von Mss. bei Br. läßt dies abnehmen, und ein noch deutlicheres Bild davon geben C. Reg. und Ven., welche mit Hal. übereinstimmen, kleine Abweichungen abgerechnet: (so lesen beide: ne aliquod damnum stipulator patiatur; Ven. aber allein liest: et facit, ne quod etc.; und C. Reg.: ne quod ex ea re damnum stipulator patiatur.) Dies leidet denn auch die genügende Auslegung, daß das generelle Versprechen zur Leistung von diligentia, welches der Schuldner durch die Worte der Stipulation: *prohibiturum se, ne quid damni stipulator patiatur*, eingegangen war, nicht auf alle mögliche Fälle, wo das Interesse des Creditors in Gefahr geräth, passe, sondern sich lediglich innerhalb der Grenzen des concreten Falles bewege; es also so anzunehmen sei, als ob der Schuldner gleich anfangs promittirt hätte: *se prohibiturum, ne stipulator ex ea re* (scil. de qua agebatur,) *aliquod damnum* sentiret. Cujacius a. a. O. Lib. 21. c. 1. glaubt, der Text der Vulg. und Flor. enthalte in den wiederkehrenden Ausdrücken: neque ex ea re damnum stipulator etc. ein Glossem, oder vielmehr eine in den Text übergegangene Variante, und es müsse daher so gelesen werden: Si quis promiserit prohibere se, ne quid ex ea re damnum stipulator patiatur, et faciat, facit quod promisit. Dadurch wird aber der Inhalt des Fragments mehr als nüchtern. Die Bas. freilich unterstützen diese Ansicht; (ἐι ὁμολογήσω κωλύειν ζημιωθῆναί σὲ, ἐι μὲν κωλύσω, ἐπλήρωσα τὸ ὁμολογηθέν.) allein es ist bekannt, wie häufig die Bas. durch das Zusammenziehen eines Fragments den Sinn desselben entstellt haben.

L. 15. §. 3. *ib.*

quia velut pacto transegisse de credito videtur. Geb. legt die Lesart: transegisse *de cetero* lediglich dem Hal. bei. Allein die Erklärung, welche die Glosse hierzu giebt, (*De cetero,* scil. debito; adeo ut probatio in contrarium non admittatur) läßt keinen Zweifel, daß die Lect. Vulg. mit der von Hal. genau übereinkommt. Auch haben Vac. und Ven. eben diese Lesart; dagegen C. Reg. folgt der Flor.

L. 35. *ib.*

Papirius Iustus Constitutionum Lib. II. Impp. Antoninus et Verus rescripserunt. Hal. hat: Lib. XIV., was dem Index Florentinus nicht widerstreitet, und durch Vac. bestätigt wird, der dasselbe Zahlzeichen hat, nur, was nicht selten vorkommt, rückwärts geschrieben. (Lib. VIX.) C. Reg. und Ven. haben blos den Namen des Juristen, und überdem entstellt, wie in der Vulg. (Papinian. Iustus.) Uebrigens lesen Vac., C. Reg. und Ven., übereinstimmend mit dem C. Rehd.: Antoninus et *Severus*.

L. 63. *pr. ib.*

nam sententia inter alios dicta aliis quibusdam etiam scientibus obest. Bei *etiam scientibus* führt Geb. nicht folgende Bemerkung der Glosse an: alias: *scientibus;* alias: *consentientibus.* Die von Cujacius a. a. O. Lib. 12. c. 25. aus unzureichenden Gründen gebilligte Lesart: *non obest*, wird von Geb. dem Hal. allein zugeschrieben, indeß auch Ven. hat dieselbe. C. Reg. liest wie die Flor.

— scientibus sententia, quae inter alios data est, obest. Die Lect. Hal.: quae — dicta est, unterstützen Vac. und C. Reg., welche einstimmig so lesen: Sed scientibus sententia inter alios dicta, obest. (ohne quae und est.)

L. 6. §. 1. *de confessis.* 42. 2.

Si quis incertum confiteatur, vel corpus sit confessus, Stichum vel fundum dare se oportere. Geb. bemerkt, daß Hal. und C. Rehd. lesen: veluti si corpus etc. Diese vorzuziehende Lesart haben auch C. Reg., Ven. und Vac., letzterer jedoch ohne *si*. Bei *Stichum* erinnert Br., daß Hal. *si Stichum*, und die Vulg. *sed et si Stichum*, lese. Die letzte Angabe ist indeß nicht ganz genau; denn die Glosse sagt hier: Alias: *Sed si Stichum;* et alias: *Sed et si Stichum*. Ven. hat: sed et si Stichum; Vac. und C. Reg. dagegen lesen einstimmig, und besser: *vel Stichum* etc.

L. 8. *de cessione bonor.* 42. 3.

Ulpianus Lib. XXVI. Geb. hat hier verschwiegen, daß mehrere Ausgaben den Namen des Werkes von Ulpian (ad Edictum) suppliren.

Bei den Schlußworten dieses Fragments: *audiri non debet*, giebt Geb. keine Nachweisung von Varianten. Allerdings ist die Richtigkeit der Lect. Flor., welche auch die Bas. anerkennen, (*ου δεῖ ἀκούεσθαι.*) nicht in Zweifel zu ziehn; indeß die Bemerkung durfte nicht vorenthalten werden, daß in mehreren Codd. Vulgg. das *non* hier ganz fehlt, (wie Br. am Rande nachweist,) und daß die Glosse sich hierüber also ausläßt:

Non debet. Si habes secundum *Pi. non*, erit ratio, quia creditor dicit etc. Si autem creditor dicat, cedat, et ego probabo etc. Et sic potest legi sine *non.* Vac. und Ven. lesen wie die Flor.; im C. Reg. dagegen fehlt die Negation, und über die Zeile ist von neuer Hand geschrieben: alias est: *non.*

L. 7. §. 9. *Quib. ex caus. in possess. eat.* 42. 4. Adeo autem latitatio animum et affectum *latitantis se* desiderat. Vac. liest: affectum *occultandi se* (woraus die bei Geb. angeführte, und in den Text von C. Reg. und Ven. übergegangene Variante: occultantis se, entstanden ist.) Dies ist der Lect. Flor. unbedenklich vorzuziehn; denn, wenn die Wiederholung des Ausdrucks: *latitare* auch keinen Anstoß finden sollte, so ist doch die Verbindung desselben mit *se* durchaus nicht zu dulden.

— §. 13. Denique eum quoque, qui in foro eodem agat, si circa columnas aut *stationes* se occultet, videri latitare. Cujacius (Observatt. Lib. 1. c. 13. Lib. 2. c. 40. Lib. 11. c. 8.) emendirt: columnas *aut statuas;* was durch keine äußere Autorität unterstützt wird, und durchaus unnöthig ist. Die Bas. bekräftigen den Text der Flor., (περὶ — τὰς στατιόνας ἐπιτηδεύων κρύπτεσθαι.) und der Ausdruck *stationes*, in der Bedeutung von: loci, quo homines convenire, stare, et in circulos cogi consueverant, kommt nicht selten in juristischen und nichtjuristischen Quellen vor. Vergl. Brissonius a. a. O. v. statio. No. 3.

L. 8. *ib.*

et si ita res urgeat vel conditio, bonum etiam hoc erit concedendum, ut curator constituatur. Br. erkennt die Fehlerhaftigkeit der Lect. Flor. an, verwirft aber die Emendation einiger Ausgaben, welche: vel conditio bonorum, etiam etc. lesen, und tröstet sich damit, daß alle von ihm verglichene Mss. den Text der Flor. beibehalten. Auch C. Reg. und Ven. thun dasselbe; Vac. aber hat: bene etiam etc. Nach den Bas. (ἔσθ' ὅτε δὲ καὶ κουράτωρ τῇ οὐσίᾳ δίδοται,) ist es höchst wahrscheinlich, daß *bonum* in *bonorum* oder *bonis* zu ändern, und vor *constituatur* zu setzen sei.

L. 6. §. 7. *Quae in fraud. creditor.* 42. 8.

ut, qui debitam pecuniam recepit, antequam bona debitoris possideantur. Br. bemerkt, daß die Vulg. pecuniam *accepit* lese; allein schon Accursius erinnert in der Glosse: Alias: *accepit;* alias: *recepit;* auch treten Vac. und C. Reg. der Flor. bei, und nur Ven. folgt der Vulg.

— Qui vero post bona possessa debitum suum recepit. Hal. und Vulg. lesen: debitum suum *fecerit.* Uebereinstimmend hiermit sind auch C. Reg., Ven. und Vac.; der letztere aber hat überdem: post bona *sua* possessa, und giebt somit eine Erklärung für diese seltsame Lesart; denn man kann daraus abnehmen, daß die Vulg. voraussetzte, es sei hier nicht vom Schuldner, sondern vom Gläubiger die Rede. Die Sprachwidrigkeit wird dadurch freilich gehoben, aber nicht der Irrthum in der Lesart, da die folgenden Worte deutlich zeigen, daß der Jurist hier nur den Debitor vor Augen gehabt habe; auch unterstützen die Bas. ganz unzweideutig die Lect. Flor. (ὁ δὲ μετὰ τὴν νομὴν λαβὼν, συμμερίζεται τοῖς λοιποῖς δανεισταῖς.)

— neque enim debuit *praeripere* caeteris. Die Lect. Vulg.: *praecipere* caeteris, haben auch C. Reg. und Ven.; dagegen Vac. liest ganz eigenthümlich: *praecellere* caeteris.

L. 10. §. 10. *ib.*

si vero passi sunt necessarium creditores, et quasi *in creditum habuerunt* nomen eius, vel dulcitudine usurarum, vel qua alia ratione secuti sunt. Cujacius (a. a. O. Lib. 7. c. 40.) proponirt folgende sehr überzeugende Verbesserung des Textes: et quasi in creditum *abierunt*, vel nomen eius dulcedine usurarum, vel qua alia ratione secuti sunt. Er selbst bemerkt, daß in allen Mss. die fehlerhafte Lesart vorkomme, auch giebt die Collation von Br. keinen Trost, nur daß die Lesart des C. Rehd.: in creditum *habierunt*, den Text des Cujacius hinsichtlich der Worte: in creditum abierunt, zu unterstützen scheint. Die Bas., welche unsern §. zusammenziehn, unterstützen die Lesart des Cujacius nur indirect. (εἰ δὲ κατεδέξαντο αὐτὸν οἱ δανεισταὶ, ἢ ὡσανεὶ ἐπίσουσαν αὐτῷ τόκοις λαβόντες.) Dagegen auf eine wirklich überraschende Weise wird des Cujacius Emendation durch den C. Reg. bestätigt, welcher genau also liest: Si vero passi sunt necessarium creditores, et quasi in creditum *abierunt;* et nomen eius vel dulcitudine (von neuer Hand ist über die Zeile geschrieben: alias: *multitudine)* usurarum, vel qua alia ratione secuti sunt; dicendum est etc.

— §. fin. sed et in heredes similesque personas datur. Geb. hat hier keine Variante; auch stimmen die Bas. genau mit der Flor.; eben so die Vulg., wie aus der Erklärung in der Glosse hervorgeht. Daß aber in mehreren Codd. Vulgg. gelesen wird: *non* datur, erhellet aus der Randbemerkung bei Baud., und eben so liest auch Vac. Der C. Reg. hat: similesque personas datur, alias non datur; (wahrscheinlich sind die letzten Worte eine in den Text übergegangene Variante, indem am Rande von Mss. gestanden haben mag: alias: *non datur)*. Ven. folgt der Flor.

L. 14. *ib.*

verum etiam actiones *restaurantur*. Hal. und Vulg. stimmen mit der Flor., so auch C. Reg. und Ven. Einige Ausgaben lesen aber: *instaurantur*, (vergl. Baud.) und Vac. liest: *restituantur;* was wahrscheinlich durch Verwechslung mit dem folgenden restituant veranlaßt ist.

— Ea propter competit haec actio et adversus eos, qui res non possident. Geb. bemerkt hier blos, daß *non* bei Hal. fehle. Freilich haben Vac. und C. Reg. das *non*, gleich der Flor.; daß aber alte Mss. es nicht gehabt haben, ja daß die Vulg. dem Texte ohne die Negation den Vorzug einräumt, erhellet nicht blos aus der Uebereinstimmung der Ven. mit Hal., sondern vornehmlich aus folgenden Worten der Glosse: *Qui res*, scil. corporales; si habeas *non*. Alias sine *non*, et plana est. Ja auch den Bas. (ἡ παροῦσα ἀγωγὴ, καὶ δεσποτείαν ἀπὸ τῶν νεμομένων ἀνακαλεῖται) liegt nicht die Lect. Flor., sondern der Text von Hal. zum Grunde.

L. 25. §. *fin. ib.*

si vere quaedam disperdidisset, si nulla restitutione reciperari possent. Hal. liest: deperdidisset sic, ut nulla ratione recuperari etc. C. Reg. folgt der Flor. Vac. liest gut: si vero quaedam disperdidissent, si nulla ratione *reparari* possent; und Ven. hat: si vero quaedam de his disperdidisset sic, ut nulla *actione* recuperari possent.

L. 1. §. 2. *de interdict.* 43. 1.

Interdictorum quaedam in praesens, quaedam in praeteritum *regeruntur.* Hoffmann a. a. O. Diss. 30. §. 1. emendirt: *referuntur.* So liest schon Hal., und so auch Vac., C. Reg. und Ven.

L. 2. §. 3. *Quod legator.* 43. 3.

si legatarius pignoribus *noluit* sibi caveri. Br. bemerkt, daß Hal. und alle Mss. *voluit* lesen. Allein daß auch Codd. Vulgg. hier mit der Flor. übereinkommen, zeigt nicht blos die Uebereinstimmung von Vac. und C. Reg., welche *noluit* lesen, sondern schon die Nachweisung der Glosse von Accursius (Alias: *voluit*, ut, quia et heres voluit etc. Alias: *noluit* etc.)

L. 1. §. 1. *Ne vis fiat ei, qui in poss. miss.* 43. 4.

Hoc *edictum* summa providentia Praetor proposuit. Hal. und C. Rehd. lesen: hoc *interdictum;* eben so Vac., C. Reg. und Ven. Indeß der Vorzug der Lect. Flor. ist unbedenklich, da die römischen Juristen sich des Ausdruckes *hoc edictum* für *haec pars edicti* regelmäßig bedienen, und die Exegese einer Stelle des Edicts gewöhnlich mit einer ganz entsprechenden Wendung beginnen. (Vergl. L. 1. pr. D. de minor. L. 2. de capit. minut. L. 1. L. 2. ex quib. caus. maior. L. 1. §. 1. nautae caupon. L. 1. §. 1. de his qui effuder. u. a. m.)

— §. 2. habent ex hoc edicto in factum actionem, *sive doli*, sive *aliter* prohibuerint. Die Lesart von Hal.: sive *dominus*, sive *alter* prohibuerit, ist auch als Lect. Vulg. zu betrachten, wie nicht blos aus den von Br. verglichenen Mss., und der Uebereinstimmung von Vac., C. Reg. und Ven., sondern auch aus der Erklärung hervorgeht, welche die Glosse zu diesen Worten giebt. Uebrigens streitet Br. mit Recht für den Vorzug der Lect. Flor., welcher auch die Bas. beitreten. (bei *Fabrot.* Tom. VI. pag. 792. und bei *Meermann* a. a. O. pag. 94.)

L. 2. pr. ne quid in loco publ. vel itin. 43. 8.

de eo, quod factum erit, interdictum *non* dabo. Nach Geb. fehlt *non* im C. Rehd. und in einigen Mss., welche Dion. Gothofredus benutzt hat. In der Glosse heißt es: *Pi.* est: *non dabo;* alias deest *non.* Dices ergo etc. Et sic utraque littera est bona. Vac. liest wie die Flor.; dagegen C. Reg. und Ven. haben die Negation nicht, wofür sich auch die Bas., welche das Verbot generell aussprechen, zu entscheiden scheinen.

L. 3. pr. de via publ. 43. 11.

tantum in eum viae *receptae* actio dabitur. Die

Lesart: viae *reiectae*, gehört nicht blos Hal. und C. Rehd. an, wie Geb. glaubt, sondern dieselbe ist als Lect. Vulg. zu betrachten, nach den Aeußerungen in der Glosse des Accursius. Auch C. Reg. und Ven. haben dieselbe.

L. 1. §. 19. *de fluminib.* 43. 12.

sive quid in id flumen ripamve eius immissum habes. Der Zusatz bei Hal. factum vel immissum habes, ist freilich nicht zu billigen, da des facere schon eben zuvor gedacht worden ist; allein Vac., C. Reg. und Ven. stimmen ganz damit überein.

L. 1. §. 3. *ne quid in flum. publ. fiat.* 43. 13.

Et si quod aliud vitii *accolae* ex facto eius etc. Geb. hat hier nur dürftige Varianten. Die Glosse aber bemerkt: Alias: *accolae;* et alias: *accolentes.* Ven., Vac. und C. Reg. folgen der Flor., doch in beiden Mss. fehlt *aliud;* und Vac. hat *quid* für *quod,* und *vicini* für *vitii.*

L. 1. §. 5. *de ripa munienda.* 43. 15.

etiam si quid damni postea datum fuerit. Geb. hat hier keine Variante. Die Glosse bemerkt: alias: *datum;* et alias: *factum.* Im C. Reg. steht blos: si quid damni postea fuerit. Ven. und Vac. lesen wie die Flor., nur fehlt in dem letztern *etiam.*

L. 1. §. 7. *de vi et vi arm.* 43. 16.

Si quis de nave vi *deiectus* est — argumento eius, qui de vehiculo *detractus* est. Br. erinnert richtig, daß die Vulg. lese: de vehiculo *deiectus*, der Text der Flor. aber durch die Bas. ausdrücklich bestätigt werde. Die Glosse indeß bemerkt bei *deiectus*, (die

Editoren ziehen diese Anmerkung zu dem ersten *deiectus*, sie gehört aber offenbar zu dem zweiten,) Alias: *detractus;* alias: *deiectus*. C. Reg. folgt der Flor.; Ven. aber der Vulg.

— §. 8. quia *qualequale* sit, quod solo cohaereat. Geb. weist nach, daß der C. Rehd. lese: quia *quale quidve* sit, etc.; so liest auch Ven., und schon die Glosse sagt: Alias: ut *Py.*, *qualequale;* alias: *quale quidve*. C. Reg. hat: quia *qualeconque* sit. Die Scholien der Bas. (*Fabrot.* Tom. VII. pag. 421.) lesen: ὁποῖον δήποτε.

— §. 9. nam et naturalis possessio ad hoc interdictum pertinet. Die Vulg. schiebt nach *possessio* die Worte ein: *et pro suo*. Nicht blos Ven. und C. Reg. (letzterer mit der Abänderung: nam et naturalis et civilis pro suo possessio,) haben diesen Zusatz, welcher den Bas. im Text so wie in den Scholien fremd ist; sondern auch Vac. erkennt denselben an, (nur auf folgende Weise entstellt: nam et naturalis etiam *pro servo* possessio.) Merkwürdig aber ist die Aeußerung der Glosse: *Placent.* exponit: *naturalis et pro suo;* adiecta copula etc. Alii non habent: *pro suo*. Vergl. Savigny Recht des Besitzes, 3te Aufl. S. 76. not. 1.

— §. 15. nam *non* gravabitur hoc nomine. Geb. weiß hier nichts von folgender Anmerkung der Glosse: *Non gravabitur* nisi in servis; alias sine *non*. C. Reg. und Ven. erkennen die Negation an, (die letztere hat auch den Zusatz: *dominus.*)

— noxae dedendo indemnis erit. Geb. hat hier keine Variante; die Glosse aber sagt: Alias est: *non erit;* et tunc plana; alias sine *non*, et tunc dic etc. *Azo.* — C. Reg. und Ven. folgen ganz der Flor., deren Text auch durch die Bas. bekräftigt wird.

— in damno debet reputare. Br. bemerkt, daß es *non* debet heißen müsse, und daß Hal. und C. Rehd. auch die Negation anerkennen. Schon die Glosse erinnert hier: Alias cum *non*, et alias sine *non*. Die Bas. bekennen sich ebenmäßig zu der Lesart: *non debet*, nicht blos in der Uebersetzung, sondern auch in den Scholien, wo dies umständlicher motivirt wird. (τὸ γὰρ ἀναγκάζεσθαι τὸν δεσπότην ἐις νόξαν ἐκδιδόναι τὸν ἁμαρτήσαντα οἰκέτην, ὀυ πιςεύεται ἀυτῷ ἐπιζήμιον ἐινᾶι, κ. τ. λ.)

— §. 28. adquisitam per vim possessionem obtinet: aut qui in hoc ipsum aptatus et praeparatus venit etc. Br. erinnert, daß die Vulg. nach *per vim* noch *rerum* einschiebe, daß dies aber wahrscheinlich auf einer bloßen irrigen Wiederholung desselben Ausdrucks beruhe. Diese Vermuthung wird dadurch unterstützt, daß C. Reg. *per vim* allein liest, wie die Flor.; Vac. dagegen *rerum* allein hat, ohne per vim. Ven. folgt der Vulg. Die Bas. unterstützen die Flor. (βίᾳ τῆς νομῆς ἐπελάβετο.) Bei *aut qui in hoc ipsum* hat Geb. keine Spur einer Variante, und doch bemerkt schon die Glosse: alias: *ut;* et alias: *aut.* C. Reg. und Ven. stimmen mit der Flor., welche auch die Autorität der Bas. für sich hat. (ἢ ὁ παρασκευάσας κ. τ. λ.)

— §. 29. Sed Pomponius ait, vim sine *corporali vi* locum non habere. *Ego* etiam etc. Die Lesart: sine *corpore aliquo* locum etc. gehört allerdings der Vulg. an, wie die Erklärung der Glosse ergiebt; auch findet sich dieselbe in C. Reg. und Ven. Allein Vac. stimmt ganz mit der Flor., deren Text auch durch die Scholien zu den Bas. (*βία γὰρ δίχα σωματικῆς βίας οὐ δύναται χώραν ἔχειν κατὰ τὸν Πομπώνιον.*) auf das unzweideutigste gerechtfertigt wird. Bei *Ego etiam* bemerken Br. und Geb., daß Vulg. und C. Rehd. lesen: *Ergo etiam.* Allein daß auch Codd. Vulgg. *Ego* etiam haben, zeigt nicht blos die Uebereinstimmung von Vac. und C. Reg. mit der Flor., sondern vornehmlich die Bemerkung der Glosse: alias: *ergo;* alias: *ego.*

— §. 33. vel si quae ei *collocatae* sunt. Hal. und die Vulg. lesen, nach Br.: *locatae* sunt, und die Bas. unterstützen dies. Auch C. Reg., Ven. und Vac. kommen damit überein, indem der letzte noch hinzufügt: quoquo modo locatae.

— §. 39. Annus in hoc interdicto utilis est. Geb. hat hier keine Variante. Die Glosse sagt: Alias: *edicto;* alias: *interdicto.* Vac., C. Reg. und Ven. folgen jedoch einstimmig der Flor., für welche auch die allgemein gefaßte Bezeichnung in den Bas. (*ἐνταῦθα*) zu sprechen scheint.

— §. 41. quanti sua interesset, se vi deiectum non esse. Die Glosse bemerkt: Alias: *se vi deiectum non esse;* alias: *si vi deiectus non esset.* (Die Ausgaben stellen auch diese Anmerkung unrichtig zu den früheren Worten unsres §.: qui deiectus est, si vi deiectus non esset.) Br. erinnert, daß Hal. und Vulg. lesen: si vi deiectus non esset. Der C. Reg. folgt aber der Flor.; und wiewol die Bas. (καὶ ἁπλῶς εἰπεῖν, ἔτι διέφερεν αὐτῷ εἰ μὴ ἐβιάσθη) mehr für die Vulg. zu streiten scheinen, so spricht doch der entschiedene Sprachgebrauch der Römer zu Gunsten der Lect. Flor.

— §. 45. Non alii autem, quam ei, qui possidet, interdictum unde vi competere, argumentum praebet etc. Daß die Lect. Vulg.: ei, qui *non* possidet, welcher auch C. Reg. und Ven. beitreten, wegen des Zusammenhangs der ganzen Stelle, unbedingt vorzuziehen sei, hat Savigny a. a. O. S. 147. fgg. unwiderleglich dargethan. Bei *argumentum praebet* schweigt Geb. von Varianten, auch folgen Hal., C. Reg. und Ven. der Flor. Die Glosse aber erinnert: alias: *praebet*; et alias: *probat.*

L. 3. §. 4. *ib.*

si in ipsa *concertatione*, qui inermes venerant, eo processerunt. Br. führt an, daß Hal. lese: si in ipsa *contrectatione*, was ohne Zweifel eine auf einem Schreibfehler beruhende Umgestaltung der Lect. Flor. ist. Weit reicher ist die Nachweisung von Varianten in der Glosse: alias: *concertatione*; et alias: *deiectione*; et alias: *certamine*. C. Reg. und Ven. haben den Text der Flor.; Vac. aber liest ganz eigenthümlich: *concursione*. Die Uebersetzung der Bas. (ἐν τῇ μάχῃ,) entscheidet zwar gegen die Lect. Hal. so wie gegen die

Lesart: *deiectione*, läßt aber zwischen den übrigen Varianten die Wahl.

L. 5. *ib.*

si *rerum* tibi possessionem tradidero. Die Glosse bemerkt hier: Alias incipit: *si metu;* et alias: *si rerum.* Hal. u. a. m. haben: Si *iterum* tibi etc. Nach *possessionem* schiebt aber die Vulg. ein: *vi.* Der C. Reg. hat unverändert die Lect. Flor. Die Bas. lesen: ἐι κατὰ βίαν παραδώσω σοι νομὴν, und diesem scheint die, auch durch Savigny a. a. O. S. 458. not. 2. gebilligte, Emendation von Cras: *Si per vim tibi possessionem tradidero*, am nächsten zu kommen; um so mehr, da das von der Vulg. nach possessionem eingeschobene *vi* sich nur verlaufen zu haben scheint. Dennoch dürfte die Lesart: *Si metu tibi possessionem tradidero*, ihr leicht den Rang streitig machen; denn sie wird nicht blos in der Glosse erwähnt, sondern sie findet sich auch bei Vac., überdem im C. Rehd., wiewol hier mit der Lect. Flor. gepaart: (si metu rerum tibi,) und der Scholiast der Bas. erwähnt hier ausdrücklich der actio quod metus causa.

— quoniam non est vi deiectus, qui compulsus est etc. Hoffmann a. a. O. Diss. 30. §. 3. emendirt, mit Hülfe der Gemination: quoniam non est vi deiectus, qui *vi* compulsus etc. Allein abgesehn davon, daß kein Ms. dies unterstützt, dürfte es natürlicher seyn, den Ausdruck *vi* vor deiectus zu streichen und vor compulsus zu setzen.

L. 9. §. 1. *ib.*

Deiectum ab usufructu in eandem causam Praetor

restitui iubet etc. Geb. bemerkt, daß Hal. und C. Rehd. lesen: in eadem causa Praetor restituere debet; womit auch C. Reg. und Ven. übereinstimmen. Die Glosse enthält noch die Notiz: alias: *sustinere;* alias: *restituere.* Für die Beibehaltung der Lect. Flor. streitet aber das Zeugnis der Scholien zu den Bas. (ὅτε τὶς ὀυσούφρουκτον ἔχων ἐκβληθῇ, κελεύει ὁ πραίτωρ ἐις τὴν αὐτὴν τύχην ἀυτὸν καθίςασθαι κ. τ. λ.)

L. 19. *ib.*

aliisve rebus *causa* intercidentibus. Hier liegt ein Druckfehler bei Geb. zum Grunde, indem alle Mss. und Ausgaben, auch Taur., lesen: *casu* intercidentibus.

L. 1. §. 1. *de superficieb.* 43. 18.

sin autem ab alio prohibeatur, praestare ei actiones etc. Geb. hat hier keine Ahnung von einer Variante; wiewol es in der Glosse heißt: Quidam habent: *ab alio prohibeatur;* alii: *alius prohibeat.* C. Reg. und Ven. weichen nicht von der Flor. ab.

— §. 6. et quasi usumfructum, sive usum quendam eius esse. Br. erinnert, daß Hal. und Vulg. lesen: usum quendam *inesse.* Nicht ganz damit übereinstimmend sind Vac. und Ven., welche: usum quem iam inesse, haben.

L. 5. §. 1. *de aqua quotid.* 43. 20.

ut permutatis inter se temporibus aqua uterentur. C. Reg. und Ven. lesen hier wie die Flor.; aber die

Glosse bemerkt: Alias: *interim;* et alias: *interea;* et alias: *inter se.*

— quaero, cum amplius tempore servitutibus praefinito etc. Auch hier hat die Glosse: Alias: *amplius*, ut hic; et alias: *ampliori.* C. Reg. und Ven. lesen wie die Flor.

L. 1. *pr. de rivis.* 43. 21.

non clam, non precario a te duxit. Die Lesart: *ante*, für *a te*, welche Geb. dem C. Rehd. beilegt, haben auch Vac. (welcher *antea* liest,) und C. Reg.; beide Mss. lesen überdem: nec clam, nec etc.

L. 1. §. 5. *Quod vi aut clam.* 43. 24.

et mihi videtur *plena* esse Qu. Mucii definitio. Vulg. und Hal. haben: *plana* esse; aber C. Reg. folgt dem Text der Flor., und Vac. verstärkt denselben noch, indem er liest: *plenissima esse.*

L. 7. §. 2. *ib.*

clamque facere, nec ante remissionem nec postea existimandus est. Hal. schiebt nach facere die Worte ein: *quamvis prohibeatur;* und da dieselben auch im C. Rehd. vorkommen, so meint Geb., es sei zweifelhaft, ob Hal. diesen Zusatz ersonnen, oder aus Mss. geschöpft habe. Indeß nicht blos Vac., C. Reg. und Ven. haben den nehmlichen Zusatz, sondern nach der Erklärung, welche die Glosse von unsrer Stelle giebt, liegt derselbe auch der Vulg. zum Grunde.

— §. 6. si quis a cervum stercoris circa agrum *pinguem* disiecerit. Die Vulg. hat: circa agrum *pinguedinis causa*, und eben so liest auch C. Reg., welcher überdem, gleich dem C. Rehd., die Abweichung: *deiecerit*, hat. Aber nach der Randbemerkung bei Baud. lesen andere Mss.: *impinguandi causa;* und in diese Classe gehört die Lesart von Vac.: *pinguandi causa.*

L. 9. §. *fin. ib.*

ut non ad usum agri convertat, interdicto locus erit. Alle Mss. und sämmtliche Ausgaben, auch Taur., lesen: locus *non* erit. Wir haben also wieder einen argen Druckfehler im Text bei Geb.

L. 11. §. 2. *ib.*

si qua sepulchri *ornandi* causa adposita sint. Geb. bemerkt nur, daß der C. Rehd. und einige neuere Ausgaben lesen: *ordinandi* causa. Allein schon die Glosse sagt: alias; *ornandi;* et alias: *ordinandi.* C. Reg. und Ven. haben die Lect. Flor.

— et si ostium *avellet.* Br. erinnert, daß Hal. *evellat*, andere *avellat* lesen. Weit reichlicher weist die Glosse Varianten nach: *Avellat.* Alias: *evellat;* alias: *appellat;* et alias: *appulerit.* C. Reg. liest wie die Flor., Ven. aber hat: *evellat.*

L. 15. §. 7. *ib.*

Hoc interdicto tanti lis aestimatur, quanti actoris interest, id opus factum esse. Die weit wahrscheinlichere Lesart von Hal. und C. Rehd. factum *non* esse, wird von Vac., C. Reg. und Ven. einstimmig anerkannt.

L. 19. §. 2. *de precario.* 43. 26.

sed et incerti condictione, id est praescriptis verhis. Der C. Rehd. hat: sed et incerta actione, etc. und eben so lesen Vac., C. Reg. und Ven.

L. 3. §. 4. *de homine lib. exhib.* 43. 29.
pietas enim *genuina* efficit sine dolo malo retineri. Geb. hat hier keine Note; die Vulg. aber liest; pietas *gemina;* wie die Erklärung dieser Worte durch die Glosse darthut. Auch C. Reg. und Ven. lesen so; dagegen Vac. hat die Lect. Flor., welcher auch die Bas., in der Uebersetzung so wie in den Scholien, beipflichten. (διὰ τὴν προσγενῆ εὐσέβειαν.)

— §. 7. non oportet praeiudicium fieri alienae *cognitioni.* Die Lesart der Flor. wird durch die Bas. bestätigt; (τῇ καταστατικῇ δίκῃ); auch findet sie sich im C. Reg., wo aber von neuer Hand über die Zeile geschrieben ist: alias: *conditioni;* und damit stimmt die Anmerkung der Glosse überein: alias: *cognitioni;* et alias: *conditioni.*

L. 1. §. 1. *de Salviano interdicto.* 43. 33.
inter ipsos vero si reddatur hoc interdictum. Die Vulg. fügt hier die Worte hinzu: propter parem scilicet causam. C. Reg. und Ven. haben diesen Zusatz; in den Bas. dagegen, im Text so wie in den Scholien, fehlt jede Spur davon; und merkwürdig ist es, daß auch Vac. ihn verwirft: wodurch die Vermuthung, daß derselbe ein bloßes Glossem sei, bedeutend unterstützt wird.

L. 3. *de exception.* 44. 1.
Procuratoriae quoque exceptiones dilatoriae sunt, quae evitari possunt. Die nach *quae* eingeschobenen

Worte: non semper locum habent, sed interdum evitari etc. kommen nicht blos im C. Rehd. vor, wie Geb. äußert, sondern auch in gedruckten Ausgaben, z. B. in Ven. und Baud., C. Reg. und Vac. erkennen dieselben freilich nicht an; doch schiebt der erstere nach quae ein: *interdum.*

L. 7. *pr. de exc. rei iud.* 44. 2.
Item si quis fundum petierit, mox arbores excisas ex eo fundo petat etc. So haben auch C. Reg. und Ven.; dagegen Vac. liest: mox arborem *etiam* ex eo etc., was der Lesart eines von Br. verglichenen Ms. (arborem *caesam)* nahe kommt.

— §. 3. magisque est, ut ista exceptio *non* noceat. Vac. und C. Reg. lesen wie die Flor.; nur daß dieser nach exceptio einschiebt: *petitioni;* (ähnlich wie die Vulg., welcher Ven. folgt, hier *petitori* hat.) Baud. bemerkt am Rande, in einigen Mss. stehe noceat ohne non; und dies bekräftigt die Glosse in folgenden Worten: Si habeas sine *non*, plana est etc. Si vero habeas: *non noceat*, ut habent fere omnes communiter, tunc etc.

L. 2. *de divers. tempor. praescr.* 44. 3.
dies intercalaris proficiet *tempori.* Die unfehlbar richtigere Lect. Vulg.: proficiet *emptori*, findet sich in Vac., C. Reg. und Ven.; auch liegt sie unfehlbar dem Text der Bas. zum Grunde. (bei *Meermann* a. a. O. pag. 86. *ου προςίθεται τῷ ἀγοραςῇ.*)

L. 4. §. 27. *de doli except.* 44. 4.
et peraeque traditur. Nach Br. lesen Hal. und

Vulg.: et per hoc aeque; so liest auch Ven. Aber die Glosse bemerkt: alias deest *aeque;* und dies bestätigt Vac., welcher liest: et per hoc traditur. C. Reg. folgt der Flor.

— §. 29. aliud autem est enim emere. Hal. und Vulg. lesen: aliud est enim emere, ohne autem; so haben auch C. Reg. und Ven. Dagegen Vac. liest: aliud est autem emere, ohne enim.

L. 1. §. 1. *de litigios.* 44. 6.

et quod fieri potest, ut duo in necem eius etc. Die Vulg. hat: et quia fieri potest; und die Glosse bemerkt dabei: alias: *quod*, i. e. quia. C. Reg. und Ven. stimmen der Flor. bei; Vac. aber liest gut: et quidem fieri potest.

L. 1. §. 1. *de verbor. obligation.* 45. 1.

antequam sibi responderetur, discessit. Der C. Rehd. schiebt vor discessit das Wörtchen *mox* ein, so auch Vac. und Ven., überhaupt die Vulg. Indeß die Glosse scheint diesen Zusatz als verdächtig zu bezeichnen, indem sie sagt: sit hic *mox*, vel non sit. C. Reg. hat den Ausdruck nicht.

— intervallum enim medium non vitiavit obligationem. Br. bemerkt, daß die Vulg. hier lese: intervallum enim *medii temporis modicum.* Indeß wenn gleich mehrere Codd. Vulgg. und Ausgaben, z. B. auch Ven., diese Lesart haben mögen, so ist dieselbe darum noch nicht Lect. Vulg.; vielmehr ist als solche der Text: intervallum enim medii temporis, ohne modicum, zu betrachten; denn die Glosse führt *modicum* nur unter den Varianten an. (*Medii;* alias: *modici.*) Beachtenswerth ist es, daß Vac. und C. Reg. hier die Lect. Flor. haben, gleich Hal., und daß jener blos mutavit für vitiavit liest.

— §. 2. non tantum autem civiliter. Hal. hat: non tantum enim non civiliter. Vielleicht liegt diese Lesart, wiewol verdorben, dem Text von Vac. zum Grunde: non tamen inutiliter.

— §. 3. si quis simpliciter interrogatus, responderit. Der Zusatz nach interrogatus, welchen der C. Rehd., und zum Theil auch Hal., hat: fuerit, et ille sub conditione resp., kommt ebenmäßig in C. Reg. und Ven. vor, nicht aber bei Vac.

— §. 6. sed et verum *patitur*, ut omnis sermo etc. Die Lesart: sed et verum *puto* etc. kommt nicht blos dem C. Rehd. zu, wie Geb. glaubt, sondern ist Lect. Vulg.; denn Accursius sagt in der Glosse: Alias sic: *puto;* et alias: *patitur.* Et dic: *et verum,* i. e. et veritas. C. Reg. liest wie die Flor., Ven. wie die Vulg.

L. 2. §. 1. *ib.*

quaedam partis quidem dationem natura recipiunt. Die Vulg. liest: partis quidem praestationem natura sui recipiunt. Ven. stimmt mit dem Text der Vulg., dagegen Vac. und C. Reg. mit dem der Flor., nur daß Vac. donationem für dationem setzt.

L. 4. §. 1. *ib.*

individuum sit, veluti iter fieri. Der Zusatz: *vel*

non fieri, welchen Geb. dem C. Rehd. allein beilegt, kommt nach der Randbemerkung bei Baud. gleichfalls in alten Ausgaben vor, und er findet sich auch in Vac., C. Reg. und Ven. Die Glosse aber bemerkt hier: *Vel non fieri;* scil. cum promisit, per me non fieri, quominus per fundum meum tibi agere liceat. *R.* Et secundum hoc supplebis: *non fieri.*

— quod nisi in solidum *peccari* non poterit. Die Lesart: *praestari* non poterit, welche sich bei Hal. am Rande, und im C. Rehd. im Text befindet, ist eigentliche Lect. Vulg., wie aus der Glosse hervorgeht. (*Praestari;* alias: *peccari.*) Vac., C. Reg. und Ven. haben aber die Lect. Flor.

— Titium heredemque eius ratum habiturum. Der Zusatz: Paulus respondit, non esse idem, ist dem C. Rehd. gleichfalls nicht ausschließlich eigen, wie Geb. glaubt, sondern Lect. Vulg.; wie aus der Bemerkung der Glosse zu den Worten *non esse idem* hervorgeht. (*P y.* est *non;* sed alias deest *non.*) Ven. folgt der Vulg.; C. Reg. der Flor.

L. 8. *ib.*

et licet *ad* conditionem committi videatur, dies tamen superest. Cujacius (Observatt. Lib. 1. c. 22.) emendirt diese Worte sehr sinnreich so: et licet *ante diem* (als Auflösung der Sigle *AD.*) conditio committi videatur etc. Die Vulg. scheint zu lesen: et licet *ante* conditionem etc., (vergl. Baud.) und so liest auch Ven. Nach der Randbemerkung bei Baud. aber haben andere Ausgaben: licet *a* conditione;

noch andere: licet *quoad* conditionem; und der C. Reg. hat sogar: licet *sub* conditione. Bei Geb. herrscht über alle diese Varianten tiefes Schweigen.

L. 18. *ib.*

id eo iure amplius quam semel non tenetur. Hal. liest: id *ipso iure;* eben so Vac., C. Reg. und Ven.

L. 99. *pr. ib.*

ac fere secundum promissorem interpretamur. Die Lesart: aut certe secundum etc., welche Geb. lediglich im C. Rehd. gefunden haben will, kömmt auch in gedruckten Ausgaben vor, z. B. bei Baud. Auch Vac. und Ven. lesen so; dagegen C. Reg. hat die Lect. Flor., welche durch die Bas. (ὡς ἐπιπολὺ) unterstützt wird.

L. 137. §. 2. *ib.*

ut, qui Ephesi daturum se spoponderit. Der C. Rehd. setzt promiserat für spoponderit; eben so Vac., nur mit der Aenderung in: promiserit. C. Reg. und Ven. weichen nicht von der Flor. ab.

— quia in eo, quod tempore atque facto finitum est. Genau so liest auch Vac., während C. Reg. und Ven. die unrichtige Lect. Vulg. haben: eo quidem tempore.

— nullus est coniecturae locus. Vac., C. Reg. und Ven. stimmen hier mit der Flor. überein; allein die Glosse bemerkt: alias: *nullius;* alias: *nulli.*

— §. 3. nec rursus utroque aut altero contentus esse. Die Vulg. setzt allerdings *uno* für utroque, wie Geb.

erinnert; aber die Glosse bemerkt dabei: alias: *utroque*. Vac., C. Reg. und Ven. haben die Lect. Flor.

— consummare *oportuerit*, si postea *aedificetur*. Geb. erinnert nur, daß der C. Rehd. *potuerit*, anstatt oportuerit, habe; Ven. folgt ganz der Flor.; Vac. liest: *optaverit*, für oportuerit, und C. Reg. hat übereinstimmend mit Vac. *efficitur*, anstatt aedificetur, nur daß in jener Handschrift neu über die Zeile geschrieben ist: alias *aedificetur*.

— §. 4. *aut si* non multum referre videatur. Die Lect. Vulg.: *ut sic* non multum etc. findet sich in Ven. Dagegen Vac. liest gut: ut non multum; und C. Reg.: ut si non multum.

L. 3. §. 1. *de duob. reis constit.* 45. 2.
et partes autem a singulis peti posse. Die Lect. Hal.: partes autem et a singulis etc. findet sich genau in Ven., und ihr nahe kommt die Lesart bei Vac.: partes aut et a singulis etc. Die Lect. Vulg., welche nur das *et* aus dem Text der Flor. wegläßt, ist im C. Reg. anerkannt.

L. 2. *de fideiussor.* 46. 1.
si aut dolo malo, aut culpa hi fecerunt. C. Rehd. liest: id fecerunt, und ähnlich hat Vac.: culpa idem fecerint. Dies unterstützen die Bas. (*δόλον ἢ ῥαθυμίαν ἐις ἀυτὸ ποιήσωσιν.*) C. Reg. und Ven. weichen nicht von der Flor. ab.

L. 16. §. *fin. ib.*
ut cum appellatus — antequam appellaretur. Die

Codd. Vulgg. bedienen sich hier des Ausdrucks *interpellare* für *appellare*, bald in beiden Fällen, bald nur das letztemal. (wie z. B. C. Rehd. und Ven.) Allein Vac. und C. Reg. schließen sich hier mit Recht ganz der Flor. an.

— quia hoc quoque casu verum esse. Die Lect Hal.: quasi hoc quoque casu verum esset, unterstützen C. Reg. und Ven.; dagegen Vac. liest: quia — esset.

L. 27. §. 1. *ib.*

Praeterea si fideiussor exstiterit fideiussori, sive plures. Die Vulg. schiebt nach fideiussor ein: *heres*, und Hal. liest: exstitit fideiussori, sive unus sive plures. Ven. und C. Reg. stimmen hier mit der Lect. Vulg. und Hal.; nur stehn im C. Reg. alle diese Worte auf radirtem Grunde. Die Glosse bemerkt: Alias est: *si fideiussor exstitit heres fideiussori;* et tunc dic etc. Alias deficit: *heres;* et tunc dic etc. Der Text der Flor. wird aber durch die Bas. bestätigt: (*καὶ εἰς τοὺς ἐγγυητὰς τῶν ἐγγυητῶν ἀνήκει ἡ νόμιμος βοήθεια.*)

— §. 4. non poterit desiderare fideiussor, ut inter se et eum etc. C. Rehd. liest: desiderare fideiussor fideiussoris; so auch Vac.; welchem die Bas. beitreten. (*ὁ δοθεὶς παρὰ τοῦ ἐγγυητοῦ ἐγγυητῆς.*) Dagegen C. Reg. und Ven. haben die Lect. Flor.

L. 31. §. 1. *de novation.* 46. 2.

commune ius *stipulantis* est, *amittere* debitorem posse. Geb. bemerkt als gemeinsame Variante von Hal. und Vulg.: commune ius *stipulandi;* und als eigenthümliche Lesart von Hal.: *admittere* debitorem posse. Ven. liest wie die Vulg.; Vac. und C. Reg. (welcher letztere jedoch *stipulanti* hat,) stimmen mit der Flor. überein. Die Glosse erinnert bei *stipulandi:* alias: *stipulantis;* alias: *stipulationis;* bei *amittere* aber: alias: *admittere.*

L. 1. *de solution.* 46. 3.

Possumus enim certam legem dicere ei, quod solvimus. Alte Ausgaben lesen, nach der Randbemerkung bei Baud.: ei, *cui* solvimus; was auch wol dem Texte des Vac. (ei, *cuius* solvimus,) zum Grunde liegt. C. Reg. und Ven. haben die Lect. Flor., welche gleichfalls in den Bas. anerkannt wird. (*λέγειν ἐν τῷ καταβάλλειν εἰς ποῖον δίδωσι χρέος.*)

— quotiens vero non dicimus id. Geb. erinnert blos, daß der C. Rehd. lese: quod cum non dicimus; woraus wol der verdorbene Text des C. Reg. entstanden ist: quod si cum dicimus, ohne non. Die Glosse bemerkt bei *quotiens:* alias: *Quos vero;* et alias: *Quod si.* Vac. und Ven. lesen wie die Flor., nur daß der erstere vor *non* noch *cum* einschiebt. Die Bas. haben blos: *εἰ δὲ μὴ εἴπῃ.*

— id est in id debitum, quod non est in controversia. Die Bas. übersetzen: *οὕτω μέντοι ἵνα μὴ εἰς ἀμφίβολον.* Vac. und Ven. stimmen mit der Flor.; C. Reg. liest: idem et in id debitum etc.

L. 45. *ib.*

Bei der Inscription und den Anfangsworten dieses Fragments ist zu bemerken: C. Reg. liest wie die

Flor., nur daß die Worte: Calippo respondit, ganz fehlen. Die Glosse sagt: Alias: *Quamvis;* et alias: *Callipodius respondit. Quamvis* etc. Die zuletzt angeführte Lesart findet sich in Ven.

L. 49. *ib.*

solutionis quidem verbum non proficiet, sed *satisdationis sufficit.* Geb. erinnert blos, daß Hal. *proficit* für *sufficit* lese; aber die Glosse bemerkt schon bei *satisdationis:* alias: *satisfactionis;* und bei *sufficit:* alias: *proficit.* Vac., C. Reg. und Ven. haben die Lect. Flor.

L. 21. *pr. de furt.* 47. 2.

qui ex frumento *modium* sustulit. Hoffmann a. a. O. Diss. 31. §. 2. emendirt sehr sinnreich: ex frumento *modicum*, und er bemerkt selbst, daß durch die Uebereinstimmung der Scholien der Bas. mit dem Text der Flor. seine Conjectur noch nicht ausgeschlossen werde. Ven. stimmt mit der Flor. überein; aber C. Reg. unterstützt ausdrücklich die Lesart von Hoffmann.

— sed et qui segetem luce secat et contrectat. Hoffmann a. a. O. emendirt: et nocte trectat. Der C. Reg. unterstützt dies zum Theil durch die Lesart: si quis segetem ante lucem secat et contrectat. Die Bas. sind dagegen, im Text so wie in den Scholien.

L. 52. §. 20. *ib.*

quod et Herennio Modestino, *studioso meo*, de Dalmatia consulenti rescripsi. Nach Geb. hat der

C. Rehd. Modestino, Consuli meo; eben so liest auch der C. Reg., und Ven. hat: Consuli nostro. In einigen Ausgaben, z. B. bei Baud., findet sich die Lesart: Modestino Proconsuli, me de Dalmatia consulenti etc.

L. 67. §. 1. *ib.*

ideoque sufferre eam necesse fuit. Nach Geb. liest der C. Rehd. *sufficere* anstatt *sufferre;* übereinstimmend damit sind C. Reg. und Ven., auch bemerkt schon die Glosse: alias: *sufferre;* et tunc plana; alias: *sufficere;* et tunc i. e. praestare. Die Scholien zu den Bas. unterstützen die Lect. Flor. (καὶ μὴ δυνηθεὶς παρασχεῖν αὐτὸ ὑποπέσῃς τῷ προστίμῳ.)

L. 5. *de sepulcro viol.* 47. 12.

iter *eius*, aditus, ambitus funeris faciendi sit. Die Vulg. hat: iter *eis*, aditus etc. Cujacius (Observatt. Lib. 13. c. 36.) emendirt: iter *et ius* aditus; was schlechthin verwerflich ist; indem die Römer sich in dieser, auf Inschriften häufig vorkommenden, Verbindung von *iter*, (oder *itus*,) *aditus*, *ambitus*, niemals des Ausdruckes *ius aditus* bedienen. (Vergl. *Gruter* Thesaur. Inscription. pag. 560. No. 5. pag. 662. No. 5. pag. 611. No. 15. pag. 1081. No. 1.) Die Lesart des C. Reg.: item ei aditus etc., beruht wahrscheinlich auf einem Schreibfehler. Die Lect. Vulg., welcher auch Ven. beitritt, hat wol das mehreste für sich, und die Scholien der Bas. unterstützen dieselbe auch.

L. 3. §. 1. *de abigeis.* 47. 14.

Eum quoque *plenius* coërcendum, qui a stabulo

abegit domitum pecus. Cujacius (a. a. O. Lib. 6. c. 8.) emendirt: Eum quoque *lenius* coërcendum etc. C. Reg. liest wie die Flor., und Ven. hat weder *plenius* noch ein entsprechendes Wort. Die Scholien der Bas. (πρᾳοτέρως κολάζεται) bestätigen die Lesart von Cujacius.

L. 22. §. 1. *ad Leg. Iul. de adulter.* 48. 5.

In *accusationem* viduae filiae non habet pater ius praecipuum. Cujacius (a. a. O. Lib. 6. c. 14.) verbessert hier den Text so: In *occisione* viduae etc., wogegen der Zusammenhang des ganzen Fragments, so wie das Zeugnis der Bas., in Text und Scholien, deutlich spricht. Auch weichen C. Reg. und Ven. nicht von der Lect. Flor. ab.

L. 10. — *L.* 19. *de interd. et relegat.* 48. 22.

Diese Fragmente fehlen bekanntlich in allen Mss., auch in der Flor., und sind erst aus den Bas. restituirt worden. In einigen Mss. ist nach L. 9. h. t. eine Lücke, in andern nicht. Im C. Reg. steht am Schlusse von L. 9. h. t.: Lex graeca deest. Dies führt zu der Vermuthung, daß L. 10. auch im Original griechisch verfaßt gewesen sei, und die folgenden Fragmente als Citate zu derselben gehört haben. Der Umstand, daß die Bas. die Mehrzahl dieser Fragmente dem Μαρκ., d. h. wahrscheinlich dem Juristen Marcianus, zuschreiben, scheint dies freilich nicht zu unterstützen; denn der liber de iudiciis publicis dieses Juristen ist zwar in eben diesem Pandektentitel epitomirt, aber die Fragmente daraus sind in lateinischer Sprache geschrieben; und von Marcellus, auf welchen das Namenszeichen in den Bas. noch bezogen werden könnte, sind auch nicht griechisch verfaßte Werke bekannt.

L. 1. §. 4. *de appellation. et relat.* 49. 1.
Libelli, qui dantur appellatorii. Vac., C. Reg. und Ven. stimmen hier mit der Flor. überein; die Glosse aber sagt: Alias: *appellatorii* etc. Sed in libro *Al.* est: *appellationis.*

L. 3. §. 1. *ib.*
et quorundam nomina libellis sint *plexa.* Hal. hat: *complexa*, und die Vulg. liest: *comprehensa.* Ven. hat die Lect. Vulg.; Vac. die Lect. Hal., und diese letztere liegt auch, wiewol verdorben, dem Text des C. Reg. (*completa*) zum Grunde.

L. 15. *ib.*
qui sententiam tristem passus est, auxilium etc. Hal. und Vulg. lesen: qui sententiam passus est, triste auxilium etc. Accursius sagt in der Glosse: Alias: *triste;* et alias: *tristem*, scil. sententiam. Vac., C. Reg. und Ven. lesen wie Hal. Die Lect. Flor., welche Cujacius (a. a. O. Lib. 25. c. 6.) vertheidigt, hat aber allerdings Vorzüge.

L. 21. §. *fin. ib.*
tamen cum *populitarentur* ab adversario. Vac. liest: *populantur;* C. Reg. hat von neuer Hand, auf radirtem Grunde: *depopularetur.* Hoffmann a. a. O. Diss. 32. c. 1. erklärt sich mit Recht für die Lect. Flor., und zeigt, daß der Uebersetzung der Bas.

(ἀλλ' ὅτε ἄνηβοι δικασάμενοι διασύρονται παρὰ τῶν ἀντιδίκων αὐτῶν) der sinnlose Text: pupilli vexarentur, zum Grunde liegen müsse.

L. 48. §. 1. *de iure fisci* 49. 14.
cum heres scripta condemnata esset a fisco, et omnia bona mulieris occuparentur, etc. Die unfehlbar richtigere Lect. Vulg.: condemnata esset, et a fisco omnia bona etc. wird einstimmig von C. Reg. und Ven. anerkannt. Vergl. Ant. Schulting Diss. de recusatione iudic. Cap. 7. §. 1. 3. E.

L. 21. §. *fin. ad municipal.* 50. 1.
Idem respondit, si civitas etc. Cujacius (a. a. O. Lib. 2. c. 24.) emendirt: Iidem rescripserunt, si etc. Dadurch wird allerdings die Verbindung mit dem vorhergehenden §. erleichtert, allein die Mss. sind nicht dafür, und es bedarf auch nicht der Kritik; denn in dem übrigen Theil des Fragments kommt die Formel: Idem respondit, oft vor, und es steht kaum zu bezweifeln, daß in dem Originalwerk des Juristen die drei letzten §§. dieses Fragments nicht unmittelbar zusammengehangen haben, mithin darf die Störung in der Einheit der Construction der Sätze, welche den Compilatoren Justinians gewiß gleichgültig war, uns nicht beunruhigen.

L. 8. §. 2. *de vacation. et excusat.* 50. 5.
Vacationum privilegia non *vetant* liberos veteranorum. Die Vulg. hat: non *spectant* liberos. C. Reg. und Ven. lesen: privilegium non spectat etc. Dies macht die Emendation von Hoffmann

Indem der Verfasser diese Abhandlungen dem gelehrten Publikum übergiebt, glaubt er sich auf die Untersuchung nicht einlassen zu dürfen: aus welchen Gründen er seine Forschung auf Gegenstände gerichtet habe, welche selbst den sogenannten eleganten Juristen nur entfernt interessiren? Denn er würde hier auf die Geschichte seiner eignen Bildung zurückgehn müssen, und er hat von sich selbst eine viel zu geringe, so wie von seinen Lesern eine zu hohe Meinung, um sich dazu zu bequemen. Ist seine Arbeit gelungen, so hat er überdem von dem billigen Richter keine lästige Erörterung des warum zu befürchten; ist sie aber mislungen, so ist jeder Versuch, die Existenz derselben für legitim zu erklären, überflüssig.

Indeß die Beantwortung folgender Fragen kann der Verfasser nicht von sich ablehnen.

Warum werden diese Abhandlungen mit dem Titel civilistische bezeichnet, da ihnen das Prädikat antiquarische, wenigstens dem größern Theile nach, mit mehrerem Rechte zu gebühren scheint? Zum Gebiete des Civilisten gehört unfehlbar alles, was die Kenntnis und Auslegung der Quellen des Civilrechts auf unmittelbare Weise fördert. Nun aber ist in jeder einzelnen der Abhandlungen dieses Bandes mannichfach auf die Kritik oder Auslegung der Quellen des Römischen Rechts

Bezug genommen; und deshalb verdienen sie ci- vilistische Untersuchungen genannt zu werden, wenn sie gleich nicht das Gebiet der sogenannten civilistischen Praxis brandschatzen.

Bei zweien dieser Aufsätze ist im Eingange bemerkt worden, daß sie zum Theil früher schon als akademische Gelegenheitsschriften erschienen sind; warum werden diese also von neuem dem Publi- kum vorgelegt? Die frühere Bearbeitung dieser Gegenstände war eine blos fragmentarische, welche lediglich dazu dienen sollte, die Ideen des Verfas- sers im allgemeinen zu bezeichnen; die Ausführung und eigentliche Begründung derselben ist erst durch eine wiederholte Untersuchung bewirkt worden. Daß aber diese zweite Bearbeitung von der ersten in Ausführlichkeit und Bestimmtheit wesentlich ver- schieden ist, wird eine Vergleichung von beiden unfehlbar zeigen. Die Eitelkeit des Verfassers ist bei dieser zweiten Bekanntmachung nicht in's Spiel gekommen; und so wie es niemals für ihn einen Reitz gehabt hat, seinen Namen gedruckt zü sehn, so ist ihm noch mehr die Erbärmlichkeit fremd geblieben, das bereits im Publikum bekannt gemachte, und kaum bemerkte, in erneuter Gestalt zur Messe zu bringen.

a. a. O. Diss. 32. §. 3. privilegia non *levant* liberos, überflüssig.

Wir knüpfen an diese Proben von Varianten aus der Königsberger Handschrift der Pandekten und des Vacarius einige allgemeine Bemerkungen, welche auf die Bildung der Lectio Vulgata, oder Recensio Bononiensis, Bezug haben.

Nirgend finden sich willkührliche, und zum Theil sinnlose, Varianten bei Stellen der Pandekten in den Codd. Vulgg. häufiger, als da, wo die Florentinische Handschrift lückenhaft oder verdorben ist. Der große Einfluß, welchen eben diese Handschrift bei der von den Glossatoren ausgegangenen Recension des Textes für die Pandekten gehabt hat, wird also auch hiedurch bestätigt, und die Annahme immer mehr begründet, daß die Uebereinstimmung der Flor. mit Codd. Vulgg., namentlich in der fehlerhaften Anordnung der Fragmente des letzten Pandektentitels, (wo der vorgefallene Irrthum den Glossatoren, welche die Fragmente nicht nach Zahlen citirten, kaum bemerkbar war,) nicht auf einer diplomatischen Abstammung beruhe, sondern das Werk einer gelehrten Kritik sei.

Mehrere Zusätze im Text der Pandekten, welche nur in Codd. Vulgg. vorkommen, fehlen bei Vac., andre dagegen werden bei ihm angetroffen. Es entsteht daher die dringende Vermuthung, daß die letztern echt, und nicht eine Erfindung der Glossatoren, seien.

Die Glosse gründet häufig Varianten, welche sie anführt, auf die Autorität eines einzelnen von ihr benannten Juristen aus der Glossatorenschule zu Bologna, während sie bei andern eine handschriftliche Urkunde anführt. Schon dieser Umstand spricht für den bedeutenden Gebrauch, welchen die Glossatoren bei ihrer Recension des Textes der Justinianischen Rechtsbücher von der Conjecturalkritik gemacht haben.

An manchen Stellen, wo die Vulg. von dem bessern Text der Flor. abweicht, und die Glosse die der Flor. zum Grunde liegende Lesart unter den nichtrecipirten Varianten nennt, hat Vac. einen mit der Flor. übereinstimmenden Text: zum sichern Wahrzeichen, daß die Kritik der Glossatoren nicht überall den Text, welchen sie in den ihnen zugänglichen Mss. verdorben antrafen, geheilt, sondern auch wol den ursprünglich gesunden verschlechtert, oder unter abweichenden Lesarten sich für die schlechtere entschieden hat. Weit zahlreicher sind freilich die in des Vacarius Compilation enthaltenen Beispiele, daß die Glossatoren den willkührlich und fehlerhaft gestalteten Text der von ihnen vorgefundenen Handschriften durch Kritik verbessert haben. Denn es ist schon im Eingange dieser Abhandlung bemerkt worden, daß Vac. nicht selten Varianten enthalte, welche fehlerhaft, und nicht als Irrthümer des Abschreibers, sondern als Resultate einer höchst willkührlichen Textesrecension erscheinen. Die Beläge hiefür glaubt der Verfasser zwar in den oben mitgetheilten Proben aus Vac. bereits geliefert zu haben, doch hofft er den Lesern durch einen Nachtrag von eigenthümlichen und willkührlichen Varianten aus Vac. einen Dienst zu erzeigen.

L. 10. *pr. D. de offic. Procons.* 1. 16. Ergo in adventum successoris debet ius dicere. Vac.: ergo et in adiutorium successoris etc.

L. 11. *ib.* reiicere Legatus apud Proconsulem debet. Vac.: referre Leg. ad Proc. debet.

L. 13. *pr. de offic. Praesid.* 1. 18. quod non difficile obtinebit, si sollicite agat. Vac.: quod difficile obtinebitur, nisi soll. ag.

L. 4. *pr. de in ius voc.* 2. 4. Parentes patroni patronae. Vac.: parentesque vel patrem patronae.

L. 22. §. 1, *ib.* si quis eius personam defendet. Vac.: si quis eius persona defraudet.

L. 1. *si quis caution.* 2. 11. neutri litigatorum onerosa est. Vac.: neutri parti onerosa est.

L. 4. §. 1. *de edendo.* 2. 13. id, quod mei causa confecit. Vac.: id, quod mei causa constitit.

L. 2. §. 1. *de pact.* 2. 14. Et ideo, si debitori meo. Vac.: Et ideo si emtori meo.

L. 3. *ib.* debitum peti posse dubium non est. Vac.: quantum peti etc.

L. 7. §. 1. *ib.* Quae pariunt actiones. Vac.: quae perimunt act.

— in suo nomine non stant. Vac.: in suo generali nom. etc.

— §. 5. formät ipsam actionem. Vac.: form. ips. veterem act.

— sed ex parte rei locum habebit pactum. Hier setzt Vac. actio für pactum.

— §. 8. Pedius ait, persona pacto inseritur. Vac. hat: pacto permittitur.

L. 27. §. 2. *ib.* posterius pactum potest renovare primum contractum. Vac. setzt revocare für renovare.

L. 52. §. 2. *ib.* tributiones praedii pignori nexi factas. Vac.: traditiones pignori etc.

L. 5. *de transaction.* 2. 15. de quibus non est cogitatum. Vac.: de quib. movere cogitant.

L. 10. *ib.* minime eis obesse placet. Vac.: min. eis obiicere pl.

L. 13. §. 7. *de his qui notant. infam.* 3. 2. oneratum quidem reum poena aucta. Vac. hat: poena dura.

L. 8. §. 2. *de procur.* 3. 3. quocunque casu praetermissum. Vac.: quacunque ratione pr.

L. 15. *pr. ib.* inscium quidem procuratorem teneri. Vac.: in suum quidem proc. reverti.

L. 65. *ib.* litteras suas ad adversarium dirigere. Vac.: litt. ad adv. suum mittere.

L. 6. §. 11. *de negot. gest.* 3. 5. insulam fulsero hereditariam. Vac.: ins. fuls. alienam.

L. 11. *ib.* venales novitios *coëmendo.* Vac.: novales novitios commendando.

L. 26. *ib.* idoneos creaverunt. Vac.: idoneos caverint.

L. 1. *Quod met. causa.* 4. 2. ideo, quia quodcunque vi atroci fit. Vac.: ideoque, quod atrocitate fit.

L. 3. §. 1. *ib.* quam magistratus recte intulit. Vac. hat: recte intendit.

L. 14. §. 11. *ib.* cautio ab eo extorquenda est. Vac.: cautio pro eo interponenda est.

L. 1 §. 3. *de dolo malo.* 4. 3. et pro sollertia hoc nomen accipiebant. Vac.: et pro fallacia etc.

L. 7. *pr.* *ib.* ut ex emto teneri non possit. Vac.: ut exceptione teneri etc.

L. 9. §. *fin.* *ib.* nam ecce in primis. Vac.: nam ecce in pecuniis.

L. 27. *ib.* quominus pervenerit. Vac.: quatenus perv.

L. 33. *ib.* sua indemnitate competere. Vac.: s. ind. contexere.

L. 7. §. 8. *de minor.* 4. 4. Et destricte probandum est. Vac.: et distincte etc.

L. 18. §. 1. *ib.* et induci in auditorium suum. Vac.: et adducere in adiutorium suum.

L. 37. §. 1. *ib.* utique atrocioribus: nisi quatenus etc. Vac.: utique a maioribus, nisi etc.

L. 43. *ib.* quia per eam probationem. Vac.: qu. p. e. actionem.

L. 18. *Ex quib. caus. maior.* 4. 6. restitutionis auxilium maioribus damus. Vac.: restitutio facienda est maioribus.

L. 26. §. 2. *ib.* sine permissu suo vocari. Vac.: sine iussu suo vocare.

L. 3. §. 3. *de recept.* 4. 8. quod susceperit, perfungi. Vac.: qu. suscepit, perfrui.

L. 23. *pr.* *ib.* poenam petere non potest. Vac.: poen. exigere n. p.

L. 27. §. 3. *ib.* licebit sententia eorum non stari. Vac.: lic. nomine eor. n. st.

L. 12. §. 1. *de iudic.* 5. 1. concessum est propter vim imperii. Vac.: conc. e. pr. iura imp.

L. 15. §. 1. *ib.* aestimationem litis praestare cogatur. Vac.: aest. lit. *facere* cog.

L. 23. *ib.* ideoque alia interpellatione opus est. Vac.: id. al. interpretatione o. e.

L. 35. *ib.* iudicium vero antequam aliquid debeatur. Vac.: iud. autem numquam, nisi aliquid etc.

L. 20. §. 9. *de oper. novi nunt.* 39. 1. aut per te stat, quominus satisdetur. Vac.: aut protestatum, quominus etc.

L. 7. §. 2. *de damno infect.* 39. 2. stipulatio interponeretur, aedes vitiosae corruissent. Vac.: stip. committeretur et interponeretur etc.

L. 15. §. 16. *ib.* per longum tempus dominium capere. Vac.: per l. t. dom. quaerere.

L. 28. *ib.* Idemque iuris esse, cum propter etc. Vac.: Idemque dicimus esse, cum etc.

L. 1. §. 5. *de aqua et aqu. pluv.* 39. 3. ut in unam pergant partem, ius esse facere. Vac.: ut in viam vacuam perg., ius eis facere.

— §. 8. opus manu factum in hanc actionem. Vac.: op. manifestum etc.

L. 3. §. 3. *ib.* et publicum interveniat, de toto agi posse. Vac.: et pactum interveniat etc.

L. 25. *ib.* quoniam deteriore via facta etc. Vac.: quam ipsa det. etc.

L. 4. *de donation.* 39. 5. donatio consummari potest. Vac.: don. conservari pot.

L. 7. §. 3. *ib.* hoc colligi: pone enim etc. Vac.: hoc intelligi etc.

— §. 4. inhibebitur haec quoque donatio. Vac.: etiam habebitur donatio.

L. 19. *de mort. c. donat.* 39. 6. At si pater familias, cum m. c. donationem. Vac.: si minor, cum etc.

L. 30. §. 3. *de adquir. rer. domin.* 41. 1. flumina enim censitorum vice — in publicum addicant. Vac.: amissa enim etc. — in publicos redigantur.

L. 3. §. 14. *de adquir. vel amitt. poss.* 41. 2. quas vivariis incluserimus. Vac.: quas in variis vel artis locis miserimus.

L. 19. §. 4. *ib.* partem, quam intraverit, obtinet. Vac.: partem obtinet, quam ingressus est.

L. 23. *pr. ib.* omnia quidem iura ad nos transeunt. Vac.: omnia, quae iure hereditario ad nos etc.

L. 44. §. *fin. ib.* separatio est, nam saltus hibernos etc. Vac.: species est etc.

L. 4. §. 20. *de usurpat.* 41. 3. verius est, ut substantiam etc. Vac.: necesse est, ut etc.

L. 4. §. 6. *de re iudic.* 42. 1. ut sententia valeat. Vac.: u. s. maneat.

L. 19. §. 1. *ib.* occupantis potior erit causa. Vac.: occ. melior est conditio.

L. 53. §. 2. *ib.* non patitur, quem adversa valetudo. Vac.: contemnit, quando adv. etc.

L. 12. *quib. ex caus. in poss.* 42. 4. et observationem nobis concedit. Vac.: et ob. nob. committit.

L. 19. §. 1. *de reb. auct. iud.* 42. 5. pro tutore negotia gessit — ceterique successores. Vac.: provinciae neg. gess. — cet. fideiussores.

L. 3. §. 1. *Quae in fraud. cred.* 42. 8. quae contrahens gesserit aliquis — ut tempore liberetur. Vac.: quae contra heredes gess. etc. — ut ipse lib.

L. 2. §. 2. *de interdict.* 43. 1. veluti de itinere actuque privato. Vac.: veluti de itin. communi atque priv.

L. 2. §. 4. *quod legator.* 43. 3. non competit interdictum, nisi satisdatum sit. Item etc. Vac.: cessat edictum. Item etc.

L. 1. §. 5. *ne vis fiat ei.* 43. 4. Proinde si ob falsum creditum. Vac.: Porro si ob factum cred.

L. 2. §. 16. *ne quid in loco publ.* 43. 8. ut cum incommodo alicuius id fiat. Vac.: ut c. i. al. aedificet.

L. 1. §. 1. *de via publ.* 43. 11. ad libramentum proprium redigere. Vac.: ad lib. pr. reducere.

L. 3. §. 3. *uti possidet.* 43. 17. ne habitaret, sed ne possideret. Vac.: ne hoc faceret, sed etc.

— §. 11. condemnationis summa refertur ad rei ipsius etc. Vac.: cond. sententia ref. etc.

L. 1. §. 4. *de superficieb.* 43. 18. competere, multo magis quis dixerit. Vac.: comp. multo fortius quis etc.

— §. 9. Praetorio iure constituentur. Vac.: precario iure constituuntur.

L. 2. *ib.* quae in conducto solo positae sint. Vac.: qu. in cond. loco pos. sunt.

L. 1. §. 4. *de rivis.* 43. 21. qualibet alia materia sint. Vac.: quolibet alio modo.

— §. 6. in pristinum statum restaurare. Vac.: in pr. st. revocare vel restituere.

L. 5. §. 4. *de verbor. oblig.* 45. 1. Idemque est de poena etc. Vac.: Interque est et de poena etc.

L. 12. §. *fin. de solution.* 46. 3. rati enim habitio mandato comparatur. Vac.: rati autem habitio mandato temperatur.

Druckfehler und Verbesserungen.

S. 5. Z. 1. v. o. für: Freiheiten, lies: Feinheiten.
— 7. — 26. — — urbi l. *ubi.*
— 10. — 9. — — libertine l. *libertino.*
— 11. — 8. 9. — — von Athenern l. von den Athenern.
— — — 17. — — Erzählung l. Erwähnung.
— 19. — 14. — — weil l. wie.
— 21. — 9. — — das Recht l. die Rechtspflege.
— 32. — 18. — — diese Regel l. dieses die Regel.
— 34. — 29. — — linguarum l. *linguarum.*
— 40. — 23. — — Calligula l. *Caligula.*
— — — 24. — — Nerva l. *Nerone.*
— 45. — 24. — — Lib. 4. c. 59. l. *c. 59. Lib. 4. c. 62.*
— — — 25. — nach: c. 15, füge hinzu: *c. 23.*
— 47. — 7. — für: in iactu l. *de iactu.*
— 49. — 4. — — των l. *τῶν.*
— 52. — 5. — — Lib. l. *Lex 6.*
— 70. — 6. — nach: Jahre d. St. füge hinzu: 724.
— 83. — 25. — für: L. 50. l. *L. 5.*
— 84. — 18. — — L. II. l. *L. XI.*
— 97. — 8. — — Antonius l. Antoninus.
— 107. Z. 26. v. o. für: labioriosi l. *laboriosi.*
— 108. — 13. — — συγκλήσῳ l. *συγκλήτῳ.*
— — — 15. — — ἐπιτιμησεως l. *ἐπιτιμήσεως.*
— 109. — 4. — — ihn l. ihm.
— 153. — 29. 30. — — discrimine l. *discrimine.*
— 158. — 16. — — bestandene l. bestehende.
— 179. — 27. — — μένσοι l. *μέντοι.*
— — — 28. — — ἐγιγνοντο l. *ἐγίγνοντο.*
— 184. — 2. — — Nauricianus l. *Mauricianus.*
— 185. — 24. — — aus den l. aus dem.
— 189. — 29. — — Lib. 57. c. 20. l. *Lib. 60. c. 15. 16.*
— 194. — 2. — nach: Ausmittelung, fehlen die Worte: der Eigenthümlichkeiten.
— 196. — 12. — für: Erhitzung l. Ersitzung.
— 199. — 21. — nach: prudentissimi, fehlt: *viri.*
— 205. — 28. — für: §. 8. 9. l. *L. 8. §. 9.*
— 212. — 24. — — c. 6 l. *c. 7.*
— 213. — 16. — — Titel l. Tutel.
— — — 29. — nach: §. 189. fehlt: *§. 193.*
— 217. — 27. — für: quoque l. *quoquo.*
— 226. — 27. — — Eam vero l. *Eum vero.*

S. 232. Z. 9. v. o. für: Justinianus l. Justinian's
— 234. — 3. — — peculium l. *peculium.*
— 236. — 9. — — demselben l. denselben.
— 249. — 26. — nach: figeretur, fehlen die Worte: *meministi ipse de exulibus.*
— 251. — 28. — für: τῶ :ὁμῳ l. τῷ νομῳ.
— 255. — 26. — — Commentair l. *Commentaire.*
— 283. — 9. — — halbjährig l. alljährig.
— 285. — 27. — nach: viderimus, fehlt: *libertis.*
— 300. — 23. — für: L. 21. l. *L. 61.*
— 305. — 19. — — ante, l. *Ante-.*
— 316. — 7. — nach: insbesondre setze statt des ; ein,
— 320. — 3. — — entstanden setze für ; ein,
— 337. — 27. — für: παρα l. παρὰ.
— 339. — 4. — — necesse l. *res esse.*
— — — 15. — — Cajacius l. Cujacius.
— 347. — 6. — — ἀγωνῇ l. ἀγωγῇ.
— — — 9. — nach: ist, füge hinzu: vergl. *Smal. h. l.*
— 378. — 28. — für: Die l. die.
— 381. — 21. — — negotii l. *negotio.*
— 382. — 2. — — ἐκτὸς l. ἐκ τὸς
— 386. — 29. — — πράσης l. πράτης.
— 409. — 1. — — vusculum l. *visculum* und f. frivusculum l. *friviscululm.*
— 409. — 27. — — creminales l. *cremiales.*
— 424. — 13. — — den Vulg. l. der *Vulg.*
— 430. — 23. — — δίκῃ l. δίκη.

FSC
www.fsc.org
MIX
Papier | Fördert gute Waldnutzung
FSC® C083411

Kolibri 360 GmbH
Ferdinand-Jühlke-Straße 7
99095 Erfurt, Deutschland
produktsicherheit@kolibri360.de